정상에서
만납시다

See You At The Top

정상에서
만납시다

• 지그 지글러 지음 | 정성국 옮김 •

홍신문화사

프랭클린 자서전

초판 발행   2010년 11월 10일
중판 발행   2014년 3월 20일

지은이   벤저민 프랭클린
옮긴이   김경진
펴낸이   지재진
펴낸곳   인터미디어

출판등록   1999년 1월 12일(제6-0621호)
주소   서울시 동대문구 용두2동 730-4 (4층)
대표전화   (02) 953-0476
팩스   (02) 953-0605

ISBN   978-89-8098-101-4   13840

나의 신념

다른 사람이 원하는 것을 이룰 수 있도록 도와준다면 당신도 원하는
바를 모두 성취할 수 있을 것이다.

인간이라면 누구나 현재보다 좀더 나아지기를 바라며, 더 이상 나아질 수 없는 궁극의 지점에 이르고 싶다는 욕망을 가졌다는 것에 이의를 제기할 사람은 아무도 없을 것이다.

《정상에서 만납시다》는 한마디로 말해서 이런 인간의 원초적인 욕망에 활력을 불어넣고 구체적인 방향과 방법을 제시해 주는 책이다. 사람은 태어날 때 단지 남자 아니면 여자로 태어날 뿐이다. 그런데 세상을 떠날 때는 학자 · 의사 · 정치가 · 실업가 · 범죄자 · 마약중독자 · 거지 등 여러 가지 모습으로 죽어가는 것은 무슨 까닭인가?

저자인 지그 지글러는 얼핏 보면 단순하면서도 의미심장한 질문을 던지고 있다. 똑같이 가난하게 태어나지만 한 사람은 부자로, 또 한 사람은 가난뱅이로 일생을 마친다. 똑같이 불구자로 태어나지만 한 사람은 오히려 정상인들을 능가하는 사회적 지위와 부를 누리는데 비해 또 한 사람은 사회의 그늘에서 실의와 불평 속에 살다가 불행하게 죽어간다.

지글러는 '그 누구도 내 허락 없이는 나를 불행하게 만들 수 없다' 는 지극히 명료한 성공철학을 우리에게 일깨워주고 있다.

인간은 누구나 성공할 수 있고 성공할 수 있는 자질을 가지고 태어나지만, 자기개발을 하지 않기 때문에 실패자가 된다는 것이다. 그는 자기 이미지 → 대인관계 → 목표 → 자세 → 일 → 욕망의 여섯 단계를 실천하면 누구나 성공할 수 있다고 구체적으로 설명하고 있다. 그는 오늘날 로널드 레이건, 채피 제임스 장군, 폴 하비, 노먼 빈센트 필 박사 등과 같이 미국의 정신적 지도자로 활약하고 있다.

그는 미국 방방곡곡을 찾아다니며 3000번 넘게 강의를 했으며, '더욱 풍요로운 인생을'이라는 타이틀의 카세트 테이프는 초베스트셀러가 되었다. 그의 강연이나 테이프를 듣고 실패의 늪에서 빠져 나와 빛나는 성공을 거둔 사람들은 헤아릴 수 없을 정도로 많다. 이렇듯 지글러의 저서나 테이프가 폭발적으로 팔리며 독자들을 성공인으로 변화시키는 원인은, 그 내용이 저자의 생생한 체험과 성공인들의 실화로 가득 차 있어 흥미를 줄 뿐더러 성공의 비결을 합리적이면서도 쉽게 제시했기 때문이다.

《정상에서 만납시다》는 성공의 바이블이다. 그러므로 신분과 나이와 학력에 상관없이 성공하고 싶은 사람은 누구나 한 번쯤은 꼭 읽어야 할 필독서라고 감히 말한다.

끝으로 이 책은 1980년 출판된 것을 개정 맞춤법에 맞추어 다시 수정한 개정판임을 밝힌다. 그리고 1976년 PELICAN PUBLISHING COMPANY에서 지그 지글러(Zig Ziglar)의 《See You At The ToP》을 번역한 것임도 아울러 밝혀 둔다.

나의 신념

모든 인간은 그 어떤 것을 성취하기 위해 만들어졌으며, 성공할 수
있도록 설계되었으며, 유리하게 될 소질을 갖고 태어났다.

여러 해 동안 나에게 도움을 주었던 사람들은 헤아릴 수 없이 많다. 그중에서도 몇몇 사람들은 내게 큰 영향을 미쳤다. 짧은 지면이나마 이 기회를 통해 인사를 하고 싶다. 먼저 내 인생에 의미를 부여해 주고 나의 생활을 즐겁고 가치있는 것으로 만들어 준 내 아내에게 감사한다. 그녀의 사랑은 환경의 변화에도 불구하고 항상 변함이 없었으며, 지금도 여전히 삶의 동기를 불러일으키는 원천이 되고 있다.

신앙생활의 본보기를 보여주었던 내 어머니의 상식과 격려, 그리고 사랑은 내 인생의 기초를 다져주었으며 이 책을 집필하는 데 필요한 많은 소재를 제공해 주었다. 나의 대부인 존 R. 앤더슨 부부는 내 생활에 많은 영향을 주었다. 그들은 깊은 사랑으로 나를 아들처럼 대해 주었으며, 필요하다고 생각될 때는 벌을 내려 주셨다. 월튼 헤이닝 씨는 세상살이의 상식을 많이 가르쳐 주었으며 대중에 대한 공포감을 사라지게 해주었다. 또한 나의 첫번째 세일즈 매니저였던 빌 크랜포드 씨의 관심도 정상적인 세일즈 매니저와 세일즈맨과의 관계를 초월한 것이었다.

P. C. 메렐 씨와 함께 지낸 기간은 더없이 중요한 시간이었다. 그는 내게 자신감이라는 선물을 주어 나를 변화시켜 주었다. 할 크라우스 씨는 그의 회사를 통해서 내가 전국적으로 또 국제적

으로 명성을 떨칠 수 있게 해주었으며, 훨씬 더 빨리 웅변가와 작가로서의 길을 가게 해주었다. 강단의 동료인 카베트 로버트, 봅 리처드, 빌 코브, 딕 가드너, 켄 맥팔랜드, 그리고 고인이 된 찰리 컬렌—이들은 모두 내게 가르침을 베풀고 격려와 영감을 주었다.

나의 생활철학인 '지그맨십'을 확립하는 데 필요한 충고와 도움 및 찬사, 그리고 믿음을 안겨준 버니 로프칙은 내 인생을 심화시키는 데 중요한 역할을 했다. 내 친구이며 과거 웅변연사 동료였던 댄 벨루스의 경험은 이 책의 출간에 많은 도움을 주었다. 또한 캐롤 필립스의 세심한 배려와 각별한 지도는 이 책의 효과와 순수성에 큰 기여를 했다. 파티 본드는 이 책을 모두 타이프해 주었으며, 내 비서 조리타 시밍턴은 처음부터 끝까지 모든 것을 도와주었다. 다시 한 번 그들의 노고에 감사한다.

앤 앤더슨은 내게 예수 그리스도를 믿으면 영생할 수 있다는 신념을 일깨워 주었고, 더욱 알차고 풍요로운 삶을 영위하는 기쁨의 눈을 뜨게 해주었다. 그에게도 역시 감사를 드린다.

내 형제 자매들이 내게 베풀어 준 도움 역시 빠뜨릴 수 없는 것으로서 깊이 감사드린다. 이 책의 출간이 그들 각자에게도 의미 있는 것이 되기를 희망한다.

마지막으로 사랑스런 내 아이들이 있다. 큰 딸 수잔은 내게 자극적인 격려를 많이 해주었다. 둘째아이 신디는 어디에든 자신의 존재가 드러나도록 행동했고, 다음으로 줄리와 아들 톰은 내게 젊음과 생기를 불어넣어 주었다. 그 애들은 제각기 내게 많은 즐거움을 준다. 때때로 말썽도 피우지만 그들은 모두가 하나님의 선물이며, 나는 매일 하나님께 감사 기도를 드린다.

내가 지금까지 열거한 모든 이에게 다시 한 번 깊은 감사를 드린다. 그밖에도 많은 사람들이 있다. 여기에 일일이 다 이름을 밝히지는 못했지만 결코 그들에 대하여 내가 감사하지 않는 것은 아니며, 그들이 생각하는 것보다 더 많이 생각한다는 사실을 알아주기 바란다.

여러분 모두에게 행운과 신의 가호가 있기를 바란다. 그리고 나는 정상에서 여러분을 만나게 될 것이라고 확신한다.

여러분은 이 책의 각 페이지를 넘길 때마다 '다르다(different)'는 단어를 떠올리게 될 것이다. 책의 제목도 남다르고 '끝(The End)' 이라는 부분부터 책이 시작되는 것도 매우 이색적이다. 또 이 책을 읽을 때 받는 느낌이나 그 속에 담겨진 주제, 그리고 글의 기교에 있어서도 다른 책과는 다르다. 예를 들면 나는 당신에게 종종 사고방식의 변화를 요구할 것이며, 비유와 예를 들어가면서 당신이 읽어나가기를 멈추고 그 속에 담긴 뜻을 충분히 이해하도록 하기 위해 앞의 글을 다시 읽도록 유도할 것이다. 당신이 다른 사람이 원하는 것을 얻도록 도와준다면 당신도 얻고자 하는 것을 모두 얻을 수 있다는, 조금은 색다른 주제를 중점적으로 다룰 것이다.

　나는 저자로서 이 책이 좀 색다르고 효과적이라는 것을 믿고 있지만, 이 책을 쓴 목적이 단순히 다르다는 느낌을 주기 위한 것은 아니었다. 내가 강연을 한 대로 이 책을 썼기 때문에 다르다는 느낌을 받는 것이다. 지난 19년 동안 나는 이 책의 원제목인 〈비스킷, 벼룩, 그리고 호들갑스러운 악수들〉이라는 제목으로 3000번 이상 강연을 했다. 몇 년이 흐르자 45분짜리 이야기는 이 책의 분량만큼 늘어났으며, 미국 전역의 학교와 교회, 그리고 기업에서 개인적인 성장과 개발을 돕는 강의 코스로까지 발전되었다.

이 책에서 많은 주제들을 다루고 있지만 주목표는 신앙과 사랑, 낙관주의와 열정에 대한 내 생각을 전달하는 것이다. 오늘날 많은 사람들은 진정한 사랑과 진정한 신앙이 무엇인지 혼란을 겪고 있으며, 또 진실한 감정을 드러내어 어떤 구체적인 열정을 솔직하게 표현할 수 없기 때문에 이것은 매우 중요하다.

사랑에 대해—나는 하나님과 나의 아내, 내 가정, 내 동료와 미국을 사랑함에 부족함이 많다는 것을 인정한다.

신앙에 대해—나는 내일 어떻게 될지 모른다. 그러나 내일을 좌우하는 분이 누구인지는 알고 있다. 그래서 나는 확신과 감사의 마음으로 신앙생활을 한다. 성경은 나의 과거가 용서받고 망각 속에 묻힌다는 것을 확신시켜 준다. 성경은 내 과거를 돌봐준다. 예수 그리스도는 말씀하셨다. '나는 너희의 삶을 더욱 풍요롭게 하기 위해서 왔다.' 성경은 현재를 돌보아준다. 〈요한복음〉 3장 16절은 영생을 얻으리라는 것을 확신시켜 준다. 나의 과거가 용서함을 받았고, 나의 현재가 안전하고, 나의 미래가 보장되었는데 내가 낙관론자가 되지 않을 이유가 어디에 있단 말인가?

《정상에서 만납시다》는 하나의 철학이다. 이 책에는 이론은 거의 없다. 아이디어와 절차, 기교들은 일상생활에서 얻을 것이다. 이 철학은 29년에 걸친 나의 판매 경험과 인간개발 경험뿐만 아니라 전세계 모든 분야의 최고 전문가들로부터 비롯된 것이다. 이 책에 있는 아이디어들과 테크닉들을 배운다면, 당신은 다른 사람의 이론을 배우는 게 아니라 경험을 배우는 것이다. 혼자의 경험으로 모든 것을 배운다는 것은 비용과 시간을 많이 필요로 할 뿐 아니라 거의 불가능하다. 때문에 이 책을 이용하는 것이 가장 현실적인 방법일 것이다.

나는 확신과 신념을 갖고 말할 수 있다. 내가 인생이라는 게임에서 경쟁하기 시작했을 때 이 특수한 책은 효과가 있었고, 이 책으로 나의 발전은 좀더 빨라졌으며, 나의 위치도 훨씬 더 확고하게 좋아졌다. 1500시간 이상을 소비해서 쓴 이 철학을 활용한다면 당신은 여러 면에서 더 풍부해질 것이라고 나는 분명히 믿고 있다.

이 책에서 나는 800개 이상의 비유와 예화, 그리고 흥미로운 사람들의 이야기와 재미있는 사건들을 인용했다. 그 목적은 당신에게 흥미를 주어 책 속에 포함된 전체적인 메시지에 몰두하도록 하기 위해서이다. 바라건대 여러분들도 이 책의 초판을 읽고 결코 잊을 수 없다고 말한 어느 독자처럼 되었으면 한다.

이 책을 읽으면서 메시지를 끄집어내고 그것을 마음에 새겨라. 그리고 하나의 생활양식으로 그 메시지를 활용하라. 당신에게 신의 축복이 내리길 기도한다. 만일 이 책에 담긴 메시지를 모두 이해하고 활용한다면 당신은 정상에 오르게 될 것이다.

지그 지글러

깊이 명심하라
당신은 당신의 능력을 사용할 수 있는 유일한 존재이다.
그리고 그것은 막중한 책임이다.

contents

끝 (The End)

이런 식으로 책이 시작되는 것은 좀 특이한 방법일 것이다. 이 책은 독특한 책이다. 당신과 당신의 가족과 당신의 미래에 관한 책이다. 그리고 당신이 다른 사람에게 더 많이 줌으로써 더 많이 받을 수 있는 방법에 대해 이야기해 준다.

우리는 이것이 소극적인 사고방식과 소극적인 행동, 그리고 소극적인 반응의 끝이라는 것을, 그렇지 않으면 최소한 그러한 것이 끝나기 시작하는 단계라고 믿는다. 패배주의로 인한 낙담의 끝, 보상을 받을 수 없는 상태와 얻을 수 있는 능력이 결여된 채 굳어진 무사안일한 상태의 끝, 간단히 말해서 당신의 몹쓸 병이 지상에서 끝장나는 것이다. 그리고 당신을 보다 적극적인 자세로 개조해 주는 것이다. 당신이 이 놀라운 세계로 들어오는 것을 환영한다.

See you at the Top

정상으로 가는 6단계

◐ 목적

1. 당신의 마음을 활짝 열고, 당신의 상상력을 자극시키며, 당신을 생각하는 사람으로 만든다. 당신의 호기심을 불러일으키고 당신의 현위치에 대한 불만스러운 감정을 일깨워준다.

2. 당신의 인생이 요구하는 것이 무엇인가를 확실히 깨우쳐주며, 그 것을 위해 취해야 할 일련의 행동을 도표화한다.

3. 당신의 내부에 잠자고 있는 거대한 능력을 일깨운다.

4. 실패에 대한 약점을 인정하고 그것을 극복할 수 있도록 도와준다.

01

다양한 생활방식

2시 20분발 보스턴행 비행기

존 존스는 뉴욕 시에 살고 있었다. 그는 보스턴에 갈 일이 있어서 공항에서 보스턴행 비행기표를 샀다. 시간이 약간 남아 있었으므로 그는 체중계 위에 올라가서 동전을 집어넣었다. 그러자 그에 대한 명세서가 나왔다. '당신의 이름은 존 존스. 체중 85킬로그램. 2시 20분발 보스턴행 비행기를 탈 예정임.'

그는 그 내용이 너무 정확하여 매우 놀랐다. 다음 순간, 그는 이것은 분명히 속임수라고 생각했다. 그래서 다시 동전 하나를 넣었더니 또다시 종이가 나왔다. '당신의 이름은 여전히 존 존스. 체중 역시 85킬로그램. 2시 20분발 보스턴행 비행기를 탈 예정임.'

그는 점점 더 혼돈에 빠졌다. 그는 누군가가 몰래 지켜보고 그런 명세서가 나오도록 조작하고 있는 것이라고 생각했다. 그

25¢

당신의
몸무게와
운명

는 휴게실에서 옷을 바꿔입고는 또다시 체중계 위에 올라섰다. 동전을 넣으니 좀전처럼 종이가 한 장 나왔다. '당신의 이름은 여전히 존 존스. 체중 역시 85킬로그램. 그러나 당신은 지금 막 2시 20분발 보스턴행 비행기를 놓쳤음.'

이 책은 2시 20분발 보스턴행 비행기를 놓친 사람들과, 어떤 이유로든 목적지에 도착하기 전에 내린 사람들을 위해서 씌어진 것이다. 간단히 말해서 이 책은 삶의 대부분을 아무 보람 없이 소비해 버렸거나 소비해 가고 있는 사람들을 위한 책이며, 당신이 얻고 싶고 또 얻을 수 있는 것들을 얻도록 도와주기 위해 씌어진 책이다.

이 책 속에 씌어진 단어와 사상은 하나하나가 각고의 노력 끝에 다듬어진 것들이다. 나는 당신과 당신의 미래에 대해 논의함에 있어서 당신과 내가 친근감을 가질 수 있도록 대화체 형식을 사용했다. 내가 알고 있는 모든 희망과 낙관의 메시지를 대중에게 알리고 싶고, 여러분이 이러한 희망과 낙관을 누릴 수 있도록 하기 위해서 나는 이 책을 썼다.

한 장의 그림이 만 마디의 말과 비교될 만한 가치가 있는가?

예부터 말하기를 한 장의 그림은 만 마디의 말과 같은 가치가 있다고 했다. 많은 사람들이 그 얘기를 해왔고 더 많은 사람들이 그것을 믿어왔다. 그러나 그 이야기를 믿는 사람들은 실제로 링컨의 〈게티스버그 연설〉이나 영국의 《권리장전》을 한 번도 읽어본 적이 없었을 것이라고 나는 생각한다. 뿐만 아니라 그들은 〈시편〉 23장을 읽어보지도, 이해해 본 적도 없을 것이며, 〈주기도문〉을 읊조려 본 적도 없을 것이다. 이러한 것들은 말로 이루어져 있다. 단순히 말로 이루어져 있지만 그것은 국가의 운명이나 역사의 흐름, 그리고 수백만 사람들의 삶을 바꾸어 놓았다.

말이 생활에 미치는 극적인 영향에 대한 실례를 들어보자. 여러 해 전에 〈피터라는 이름의 사나이(A Man Called Peter)〉라는 영화가 상영된 적이 있었는데, 나는 그 영화의 한 장면을 결코 잊을 수가 없다. 영화 속의 주인공 피터 마샬이 신앙에 대해 설교하는 장면이 있었다. 설교가 끝나자 청중들은 피터의 설교에 찬사를 보내며 자리에서 일어나 피터가 있는 곳으로 걸어나왔다.

그들 중에는 마조리 램뷰라는 여자도 있었다. 피터의 설교에 찬사를 보내기 위해 걸어나가는 그녀의 가슴은 감동으로 가득차 있었을 것이다. 왜냐하면 마조리 램뷰는 자동차 사고로 불구가 되어 1년 동안 꼼짝할 수가 없었던 것이다. 그러나 그녀는 믿음과 격려의 말을 들으면서 그 말이 전하는 메시지에 감동을 받았고, 믿었으며, 마침내 일어났고, 걸을 수 있었던 것이다.

나는 이 책에서 말이 인류의 역사를 바꾸어 놓는다거나 마조리 램뷰의 이야기처럼 극적인 효과를 가져온다고 말하려는 것은 아니다. 그러나 여기에 수록된 철학이 당신을 위해 보다 근본적인 변화를 가져올 수 있다고 분명히 믿고 있다. '지그맨십

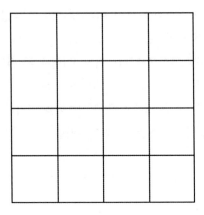

철학(Zigmanship Philosophy)'이라고 표현되는 이 책에 대해 각
계각층에서 수많은 감사장이 날아들고 있다는 사실이 그것을
입증해 주고 있다.

그러면 우리의 사고력을 테스트해 보자. 위의 그림에서 당신
은 몇 개의 정사각형을 볼 수 있는가? 만일 16개라고 말한다면
당신은 많은 사람들로부터 맞았다는 이야기는 듣겠지만, 정답
은 아니다. 또한 17개라고 한다면 좀더 해답에 접근한 그룹에
속하겠지만 여전히 틀렸다. 답을 말하기 전에 왜 당신은 발견할
수 있는 더 많은 정사각형을 보지 못했을까.

다음 페이지의 그림을 보라. 정사각형은 30개이다. 당신은
혼자서 이 책을 보고 있기 때문에 아무도 정사각형이 몇 개인지
가르쳐 줄 수가 없다. 나는 단지 그 정사각형이 있는 곳을 그림
으로 보여주었다. 이것은 두 가지의 중요한 사실을 알려준다.
첫째, 자세히 살펴보면 일상적인 것보다 더 많은 것들을 볼 수

정사각형은 몇 개인가?

있다는 것이다. 그것은 정사각형 찾기에서뿐만 아니라 당신 자신과 당신의 잠재능력, 그리고 당신의 미래에 있어서도 마찬가지이다. 둘째로 우리들 대부분은 종종 그 해답을 끄집어내 줄 사람을 필요로 한다는 것이다.

교육이란 '끄집어내 주는 것(Pull out, draw out)'이다. 그리고 이 책의 목적 또한 끄집어내 주는 것이다. 나는 당신이 이 책에서 많은 것들을 끄집어낼 것이라고 확신한다.

동기가 되는 아이디어

나는 개인적으로 당신과 얘기하고 당신에게 질문하고 싶다. 많은 질문들이 필연적으로 '예' 또는 '아니오'라는 대답을 요구하게 될 것이다. 그때마다 나는 당신이 여유를 가지고 그 답을 신중하게 생각해 주기 바란다. 또한 얼마나 빨리 책을 읽을 수 있는가에 신경쓰지 말고 이 책이 당신의 내부에서 얼마나 많은 것을 끄집어내 주는가에 관심을 갖기 바란다. 처음에 당신은 이 책을 매우 빠른 속도로 읽을 것이다. 그러나 그 다음 읽을 때에는 당신을 좀더 풍요로운 생활양식에로 인도할 영감과 정보를 제공해 줄 것이다.

그런 것을 얻을 기회는 많다. 예컨대 라디오를 듣거나 책을 읽을 때 당신은 상상력의 계기를 만들어주는 어떤 부분에 접한 적이 많이 있을 것이다. 그 경우 아마 당신은 '내게 어떤 아이디어가 떠오른다'라고 생각했을 것이다. 그러나 대부분의 사람들은 시간이 지나면 전에는 아주 분명하던 생각이나 아이디어를 잊어버리게 된다. 그렇기 때문에 나는 당신에게 아이디어철을 갖도록 강력히 권한다. 그림의 예처럼 페이지를 둘로 나누라. 화살표는 도움이 되지만 반드시 필요한 것은 아니다. 생각이나 아이디어가 떠오를 때 이 책을 읽는 것을 멈추고 그것을 기록하기 위해서 항상 이 '아이디어철'을 지녀라. 이것은 당신을 능동적인 독자가 되게 해줄 것이다. 오래 전에 한 시인이 이렇게 말했다.

"나는 들으면 잊어버린다. 보고 들으면 기억한다. 그러나 나는 보고 듣고 행한 것은 이해할 수 있다." 아주 재미있는 표현이다. 당신은 이 책을 두 번째로 읽을 때 처음보다 더 많은 것을 발견하게 될 것이다.

그것은 실제로 우리들의 책이다

당신의 아이디어를 기록할 때에는 빨간색과 검은색 펜을 준비하는 게 좋다. 처음 읽을 때 발견한 것은 '빨간색 펜'을 사용하고, 두 번째 읽을 때 떠오르는 것을 기록하는 때는 '검은색 펜'을 사용하라. 또한 의미가 있는 부분은 밑줄을 긋거나 표시해 두도록 권한다. 당신이 기록한 아이디어와 이러한 표시들은 이 책이 당신의 것이라는 표시가 된다. 일단 이렇게 되면 그것을 당신의 모든 일에 있어서 참고할 수 있게 되는 것이다.

어떤 사람이든 자기가 알고 있는 것을 모두 기억할 수는 없다.

아이디어 철

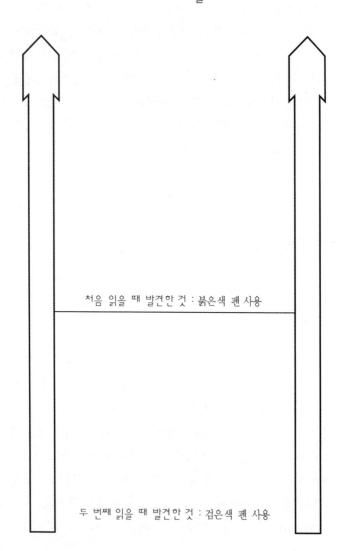

처음 읽을 때 발견한 것 : 붉은색 펜 사용

두 번째 읽을 때 발견한 것 : 검은색 펜 사용

그러므로 이러한 습관은 아주 좋은 것이다. 이렇게 함으로써 또한 당신과 내가 자신 있게 '우리의 책'이라고 이름할 수 있게 되는 것이다. 그것은 분명히 기억면에서의 승리를 의미한다.

소원성취의 비결

성실·정직·신념·인격, 그리고 충성심 등의 기본 원리들은 건강과 부, 그리고 행복을 포함하는 균형잡힌 성공을 위해 필요한 것들이다. 인생이라는 경주에서 이것들 중 어느 하나라도 무시한다면 당신은 낙오자로서 인생을 마치게 될 것이다. 만일 당신이 불성실이나 기만, 또는 사기를 치면 돈을 벌 수도 있을 것이다. 그러나 진정한 친구는 없어질 것이고 마음의 평화 역시 없어질 것이다. 그것은 성공이 아니다. 나는 이 말을 매우 좋아한다. '계단을 밟아 오르는 자만이 정상에 오를 수 있다 (You climb the highest by staying on the level).'

비록 100만 달러를 벌더라도 돈을 버는 동안 건강을 해친 사람은 진정으로 성공한 사람이 아니다. 정상은 정복했지만 가족을 불행에 빠뜨린 경영자나 일류 건축가를 성공한 사람이라고 볼 수는 없다. 그는 그것을 가져갈 수가 없다. 누구에게 그것을 물려줄 것인가?

나는 세월이 흐를수록, 성공한 사람들을 많이 만날수록 이 기본 원리들이 우리가 가지고 있는 가장 중요한 성공의 무기라는 사실을 확신하게 된다. 능력은 중요한 것이다. 그러나 믿음을 주는 것은 더욱 중요하다.

대부분의 사람들은 자신의 인생을 높이 쌓으려고 하지 않는다. 왜냐하면 그런 인생을 설계할 기초를 지니고 있지 않기 때문이다. 그러나 일단 '일' 그 자체가 아닌 당신 자신에게 성공의 기회가 주어진다는 것과, 당신이 밑바닥에서 얻은 것들이 당신을 정상으로 인도하는 데 가장 큰 밑거름이 된다는 것을 이해한다면 그때 당신은 진정 정상을 향한 계단에 서 있는 것이다.

먼저 당신이 원하는 것을 종이에 적어보라. 그리고 살아가면서 거기에 또 다른 목표들을 추가할 수도 있다. 이런 목표들을 향한 출발자로서의 당신은 처음부터 많은 친구, 인간적 성장, 건강, 많은 돈, 승진의 기회, 여가, 마음의 평화, 진실한 사랑, 더욱 안정된 상태, 더 뛰어난 능력과 이웃에게 봉사할 수 있는 사람이 되기를 원할 것이다. 다음 그림은 당신이 원하는 것과 그것을 얻으려면 무엇을 갖추어야 하는지를 보여준다.

만일 당신이 위에서 열거한 것만이라도 소유하고 있다면 당신의 생활은 여유 있고 윤기가 날 것이라고 확신한다. 그러나 이 순간 원하는 것을 모두 갖고 있지 못하며, 앞으로 갖기를 원한다는 이유 때문에 그것을 이룰 수 있는 기회를 붙잡아야 한다는 것을 말하고 싶다.

정상으로 가는 6계단과 당신의 위치

진실로 자신의 꿈을 실현시키고 싶다면 특수한 6계단을 밟아야만 한다. 야구선수가 베이스를 밟지 않으면 아웃당하는 것과 같이, 당신이 이 6계단 중 어느 한 단계라도 생략해 버린다면 야구선수처럼 인생의 게임에서 아웃을 당하기 때문이다.

탁월한 세일즈맨인 내 친구 딕 가드너는 이 6계단을 '보행의 길잡이'라 불렀다. 그는 이것의 중요성을 강조하며 다음과 같은 예를 들고 있다.

한 남자가 여자를 소개받자마자 키스를 하려고 덤벼든다면 그는 구혼자의 명단에 오를 가능성이 없을 것이다. 초보적인 수학 지식을 가지고 기하학을 정복하려고 덤빈다면 그 학생은 곧 절망적인 상황에 직면하게 될 것이다. 구매 가능성이 있는 고객을 만난 세일즈맨이 자기소개 후 즉시 주문서에 서명하라고 재촉한다면 그는 상품을 하나도 팔지 못할 것이다.

여기에 나오는 구혼자, 학생, 세일즈맨은 모두 일정한 단계 (절차)를 무시했기 때문에 실패를 하게 되는 것이다. 그러나 이들이 정상으로 향한 6계단을 밟는다면 성공할 가능성이 보다 높아진다. 어떤 사람은 이 정상으로 향한 계단을 남들보다 더 빨리 오른다. 간단히 말해서, 당신이 만일 꿈을 빨리 실현시키고 싶다면 되도록 빨리 이 정상으로 향한 계단을 올라가야 할 것이다.

정상으로 향한 당신의 층계 옆에는 엘리베이터도 있다. 그러나 보시다시피 엘리베이터는 고장이 나 있다. 그 엘리베이터는 언제나 고장이다. 따라서 당신은 계단을 이용할 수밖에 없다. 그리고 한 번에 한 계단씩만 밟아야 한다. 다행스럽게도 그 계단은 당신의 바로 앞에 똑바로 나 있기 때문에 당신이 올라가야 할 계단들의 이름이 뚜렷하게 나타나 있다.

첫 계단은 건전한 자기 이미지의 계발이다. 둘째 계단은 타인의 능력과 가치를 인정하고 그들과 효율적으로 공존하며 일할 수 있어야 한다는 것이다. 셋째 계단은 목표의 설정이다. 집을 짓는 데도 계획을 세워야 한다. 아울러 인생을 위한 계획이나 목표는 더욱 중요하다. 넷째와 다섯째 계단은 올바른 마음가짐과 일에 대해 의욕을 갖는 것이다. 여섯째 계단은 불타는 욕망이다.

다행히도 당신은 벌써 성공에 필요한 모든 특성을 가지고 있다. 즉, 당신은 믿음과 인격과 성실, 그리고 충성심을 어느 정도 가지고 있다는 것이다. 당신은 어떤 목표를 세우고 있고 올바른 마음자세도 어느 정도 갖고 있다. 그리고 분명히 어떤 일을 하고 있으며 열정도 얼마 정도 가지고 있다. 그렇다면 당신이 해야 할 일은 자신이 가진 것을 사용하는 일이며 가지고 있는 특성이 성장할 기회를 주는 것이다. 당신이 이러한 조건들을 더 많이 실현하면 할수록 더욱 큰 성공을 거둘 수 있을 것이다.

예를 들어보자. 젊은 남녀가 시골에서 길을 잃었다. 그들은 늙은 농부를 발견하고는 차를 멈추고 물었다. "아저씨, 이 길로 가면 어디가 나옵니까?" 그 늙은 농부는 조금도 주저하지 않고 대답했다. "자네가 곧바로만 나간다면 이 길은 자네가 가려고 하는 어느 곳으로라도 통할 걸세."

그러나 당신이 아무리 올바른 길 위에 서 있다고 해도 제자리에 가만히 있는다면 어떤 목표도 달성할 수 없다.

어느 젊은 회사 중역이 다음날의 중요한 회의에서 발표할 자

보고만 있을 것인가,
아니면
올라갈 것인가?

료를 집으로 가져왔다. 그러나 다섯 살짜리 아들이 몇 분 간격
으로 질문을 던져와서 생각을 정리할 수가 없었다. 몇 번의 방
해를 받은 후 그는 세계지도가 그려진 석간신문을 여러 조각으
로 잘랐다. 그리고 아들에게 그 지도를 맞춰오라고 했다. 아들
에게 몇 시간이 걸릴 일이라고 생각한 그는 그 동안 자신의 일
을 끝낼 수 있으리라 생각했던 것이다. 그러나 3분 정도 지난
후 아들은 아버지에게 지도를 모두 맞추었다고 들뜬 목소리로
말했다. 중역은 놀라서 어떻게 그렇게 빨리 할 수 있었느냐고
물었다. 아들은 이렇게 말했다. "뒷면에 사람 사진이 있었어요.
그래서 모두 뒤집어서 사람 사진을 맞췄거든요. 그런 다음 젖히
니까 세계지도가 맞춰져 있었던 거예요."

02

때는 지금이다

당신은 현명할 수도, 그 반대일 수도 있다

수년 전에 한 늙은 인디언이 소유하고 있는 오클라호마의 땅에서 유전이 발견되었다. 그 인디언은 그때까지 가난하게 살아왔지만 유전의 발견으로 부유한 생활을 누리게 되었다. 부자가 된 후 그가 처음으로 한 일은 대형 캐딜락을 산 것이었다. 그 당시 여행용 자동차는 뒤에 두 개의 스페어 타이어를 부착했었다. 그러나 그 늙은 인디언은 그 지역에서 가장 오래 달리는 차를 갖고 싶은 욕심에 스페어 타이어를 네 개나 부착했다.

그는 머리를 땋아내린 채 에이브러햄 링컨형의 실크 모자를 쓰고 나비 넥타이를 맸으며 커다란 검은 담배를 물고 다녔다. 그는 매일 근처의 덥고 더우우며 조그마한 오클라호마 목축마을로 드라이브를 하곤 했다. 그는 모든 사람들이 자기를 보아주기를 바랐다. 그래서 마을을 드라이브할 때마다 애기를 나눌 만

한 사람을 찾기 위해 두리번거리곤 했다. 흥미롭게도 그는 자동차 사고를 내본 적이 없었다. 이유는 간단했다. 그 크고 아름다운 자동차 앞에는 두 마리의 말이 매어져 있어서 말들이 자동차를 끌고 다녔던 것이다.

사용하고 사용하라

정비공이 그 차에는 아무런 이상이 없다고 말했지만 늙은 인디언은 자동차 키를 어떻게 끼우며 시동을 어떻게 거는지를 결코 배우려 하지 않았다. 그 차는 100마력의 성능을 갖고 있었다. 그러나 그 인디언은 단지 2마력의 성능을 가진 두 마리 말을 사용했다. 많은 사람들이 내부에 100마력 이상의 힘을 간직하고도 그것을 깨닫지 못하고 외부의 2마력에만 눈을 돌리는 실수를 범한다. 심리학자들에 의하면 인간은 자신이 가지고 있는 능력의 2 내지 5퍼센트밖에 사용하지 못한다고 한다.

올리버 웬델 홈스는 이렇게 말한다. "미국의 최대 비극은 천연자원의 낭비가 아니라 인간자원의 낭비이다." 홈스는 대부분의 사람들이 자신의 내부에 잠자고 있는 음악을 그대로 지닌 채 무덤으로 간다는 사실을 지적했다. 그래서 불행하게도 가장 아름다운 멜로디는 연주될 기회를 얻지 못하게 되는 것이다.

오래 전 나는 인간의 최대 비극은 임종 바로 직전에 자신의 토지에서 유전이나 금광을 발견하게 되는 것이라고 생각했었다. 그러나 지금은 각 개인의 내부에 있는 훨씬 더 큰 부를 발견하지 못하는 것이 더욱 큰 비극이라는 사실을 알게 되었다. 당신이 이런 비극을 당하지 않도록 도와주기 위해 나는 이 책을 쓰고 있다. 이 책을 통해서 나는 당신이 자신의 내부에 있는 금광이나 유전을 발견하고 사용할 수 있게 되기를 희망한다. 지구의 천연자원과는 달리 당신의 인간자원은 사용되지 않을 경우 낭비되거나 소진될 것이다. 그래서 나의 목적은 당신의 재능을 행동으로 옮기도록 하는 것이다. 그리하면 당신과 여러 사람들이 당신이 제공하는 것들로 즐길 수 있다. 당신 안에 재능이 간직되어 있다는 것에 추호도 의심을 갖지 말라. 그리고 이제 당신은 그것을 사용하라. 현명할 수도 그 반대일 수도 있는 이 상태에서 당신은 현명하게 빛을 발할 것으로 믿는다.

쓰레기 같은 사고방식

수년 전에 나는 한 철학자의 말을 들은 적이 있었다. "당신이 원했기 때문에 당신은 현 위치에 있는 것이다." 나는 그 말을 높이 평가했다. 그래서 나도 종종 다른 사람들에게 그 말을 하곤 했다. 그러나 나는 얼마 후에 그것이 옳지 않다는 것을 알게 되었다. 어느 날 밤 나는 미시시피의 메리디안으로 가기 위해 앨라배마의 버밍햄에 들렀다. 다음날 아침까지 메리디안에 도착하지 않으면 안되는 매우 중요한 일이 있었다. 그런데 도로가 보수 중에 있었기 때문에 난 주유소에 멈추었다. 한 직원이 내게 가장 빨리 갈 수 있는 다른 길을 가르쳐주고 약도까지 그려주었다. 그리고 그는 만일 자신의 지시대로만 따르면 시간 안에 메리디안에 도착하고도 남을 것이라고 덧붙였다. 나는 정확히 그가 지시한 방향을 따라 운전했다. 그러나 한 시간 뒤 오히려 메리디안의 반대방향으로 45마일이나 더 와 있다는 것을 알았다. 내가 원했기 때문에 그곳에 있었던 것은 분명히 아니다. 누군가가 잘못된 방향을 가르쳐주었기 때문에 거기 있었던 것이다.

나는 당신에게도 같은 말을 하고 싶다. 만일 당신이 원하는 만큼 돈을 벌지 못했거나 행복하지 않거나 원하는 사업이나 경력을 갖고 있지 못하다면 그것은 누군가가 당신에게 잘못된 방향을 가르쳐주었기 때문일 것이다. 결론적으로 당신은 '쓰레기 같은 사고방식(썩어빠진 사고방식)'의 와중에서 고통을 받고 있는 것이다.

예를 들어보자. 남부의 어느 도시에서 예전의 쓰레기장 위에 거대한 쇼핑센터를 새로 건립했다. 1세기가 넘도록 사람들은 이 장소를 '쓰레기장'으로밖에 취급하지 않았다. 그러나 약 25년 전에 몇몇 진보적인 시민들이 그 장소 위에 하나의 아름다운 쇼핑센터를 세울 것을 구상하기 시작했다. 그들은 즉시 쓰레기 버리는 일을 중지시키고 건축하기에 적합한 기초를 다지기 위해 그 위를 단단한 것들로 메우기 시작했다. 그들은 기초가 충분히 다져질 때까지 그 일을 계속했다. 그들이 웅장한 새 쇼핑센터를 세운 것은 이 기초공사 위에서였다. 쇼핑센터가 쓰레기더미 위에 세워진 것인가? 그렇지 않다.

나는 당신의 마음에 사람들이 수없이 많은 쓰레기를 버렸기 때문에 이런 말을 하고 있는 것이다. 그러나 중요한 것은 과거에 당신의 마음속에 버려진 쓰레기가 있든 없든 문제가 되지 않는다는 점이다. 사실 당신은 그 쓰레기를 모두 극복할 수 있다. 그래서 나는 당신에게 '생일을 축하합니다'라고 말하고 싶다. 그 이유는 오늘이 당신의 남은 인생이 시작되는 날이기 때문이다. 과거는 끝났다. 그리고 당신이 이 책을 읽고 있다는 사실은, 당신이 지금 좀더 굉장한 미래를 위한 기초공사를 하고 있는 과정인 것이다.

'쓰레기'는 당신의 마음속에 아주 오랫동안 쌓여 왔다. 이때 우리가 할 수 있는 일이란 적극적인 사고방식과 올바른 정신자세로 그 쓰레기 더미에 엷은 막을 입히는 것이다. 물론 쓰레기 중의 어떤 것들은 주기적으로 그 막을 뚫고 나올 것이다. 그리하여 당신은 사고하는 데 다시 고통을 받게 될 것이다. 그러나 계속 책을 읽어라. 왜냐하면 당신이 흡수하는 이 책의 각각의 부분들이 결국은 그 쓰레기를 묻어버릴 것이기 때문이다. 그러나 우리는 부정적이고 소극적인 사회에 살고 있기 때문에 매일의 생활에서 우리의 마음속에는 새로운 쓰레기가 쌓이고 있다. 친구, 친척 혹은 엿듣는 이야기들은 우리의 마음속에 더 빨리 쓰레기를 쌓아올린다. 텔레비전이나 라디오, 그리고 그밖의 것들도 우리의 마음에 쓰레기를 퍼붓는다. 그러면 우리는 이제 사고방식에 문제가 있음을 알게 되었다. 그러므로 이제 우리가 해야 할 일은 계속해서 책을 읽는 것이다. 그 쓰레기들을 없애버릴 수 있는 방법이 이 책의 다른 부분에서 자세히 제시되어 있다.

심리학의 흥미 있는 새 분야가 개발되어 왔다. 그것은 과거의 묵은 쓰레기를 파헤치는 것이 아니라 미래의 희망을 다루고 있다. 그것은 문제의식이 아니라 해결의식이다. 그리고 그 결과는 대단한 것이다. 윌리엄 글래서의 유명한 저서 《실패 없는 학습》은 그와 같은 근본 철학을 강조하고 있다.

글래서는 그 책에서 패배와 실망과 실패에 관한 것들만 알고 있는 젊은이들의 문제점을 지적하고 있다. 거기에는 긍정적인 접근 방법을 채택하여 학생들을 격려했더니 놀라운 효과를 거둘 수 있었다는 이야기가 나온다.

실제로 바울은 성서를 통해 우리에게 2000년 동안 이것을 말해주고 있다. 〈빌립 보서〉 3장 13, 14절에서 그는 이렇게 말한다. "형제들아, 나는 아직 내가 잡은 줄로 여기지 아니하고 오직 한 일, 즉 뒤에 있는 것은 잊어 버리고 앞에 있는 것을 잡으려고 푯대를 향하여 그리스도 예수 안에서 하나님이 위에서 부르신 부름의 상을 위하여 쫓아가노라." 중요한 것은 바울이 로마의 감옥에서 죽음을 눈앞에 두고 그것을 썼다는 점이다. 바울은 역시 이기기 위한 삶의 전쟁터에서 '싸웠다'는 것을 강조했다. 나의 접근 방법도 이와 같다. 나는 승리가 모든 것이 아니며 이기기 위한 노력이 중요하다는 것을 인정한다.

실패자의 기질

어느 특정인이 쓰레기 같은 사고방식(썩어빠진 사고방식)의 제물이 될 때 그는 실패자로서의 변명을 찾아낸다. 당신이 풋볼 경기에 참가한 적이 있거나 텔레비전에서 경기를 본 적이 있다면 당신은 패배자가 어떤 것인지를 분명히 알 것이다. 공격선수들은 몰래 수비선수들의 뒤로 간다. 그리고 밀쳐 버리곤 엔드라인까지 간다. 수비수들은 맹렬히 추격한다. 공격수가 엔드라인 18미터 전방에 이르면 수비수는 그를 잡을 수 없다는 사실을 깨닫게 된다. 관중들도 모두 그것을 알게 된다. 순간 그 수비수는 다리를 절면서 뛴다. 그러면 관중들은 말한다.

"아하, 그래서 그를 잡을 수가 없었군. 저것 봐, 다리를 절고 있어." 이것이 그 실패자의 변명이다. 당신의 경우는 어떠한가?"

자연스러운 탄생

당신이 가지고 있는 능력을 발휘하려면 실패자의 변명을 버리는 것부터 시작해야 한다. 대표적인 실패자의 변명은 "난 세일즈맨의 소질을 갖고 태어난 게 아니다. 또 난 타고난 소질이 있는 의사·법률가·예술가·건축가·엔지니어 등이 아니다."라는 것이다. 나는 이 점을 강조하고 싶다. 나는 여행 중에 오스트리아의 지방, 북아메리카와 유럽의 도시들에서 발간된 신문들을 사 보았으며, 거기에서 여인들이 자녀를 분만했다는 기사를 자주 읽었다. 그러나 어떤 여인이 세일즈맨이나 의사·법률가·예술가·엔지니어 등을 분만했다는 기사는 읽은 적이 없다. 그러나 의사·법률가·세일즈맨 등이 죽었다는 기사는 읽었다. 그들은 태어나면서부터 만들어져 있었던 것이 아니고 만들어진 후에 죽었기 때문이다. 선택과 훈련을 통해서 그들은 자신이 원하는 사람이 된 것이다.

사실 나는 여인이 성공자나 실패자를 낳는 것을 본 적이 없다. 단순히 딸 아니면 아들을 낳은 것이다. 나는 "난 내 힘으로 성공했다."고 말하는 사람은 가끔 보았지만 "난 나 스스로 실패했다."고 말하는 사람은 본 적이 없다. 그들은 이렇게 말한다. "난 내 부모 때문에 성공하지 못했고 따라서 불행하다." 또는 이렇게 말하기도 한다. "내 아내 또는 내 남편이 나를 이해해 주지 않는다." 어떤 이들은 선생이나 직장의 상사를 비난한다. 어떤 이들은 피부색이나 교육의 부족, 육체적 열세, 종교 때문이라고 불평한다. 어떤 이들은 너무 늙거나 젊었다고, 너무 뚱뚱하거나 말랐다고, 또 너무 크거나 작거나 환경이 나쁘다고 불평한다.

믿어지지 않겠지만 어떤 이들은 심지어 태어난 달이나 별자리가 나빴다고까지 얘기한다. 개인적으로 나는 점성술을 믿지 않는다. 그러나 그 별자리를 만든 유일한 분은 믿는다. 또한 실패자의 변명이 쓰레기 같은 사고방식이라는 것을 믿는다. 그리고 당신이 운명이란 것을 무시해 버린다면 당신의 인생 위에 위대한 것을 쌓아올릴 수 있다.

어떤 이들은 심지어 자기가 작은 그룹의 일원이 아니거나 여자가 아니기 때문에 차별을 받는다고 말한다. 또 그 사회에서 차지할 성공자의 자리가 제한되어 있다고 말하면서 사회의 모든 사람들에게 자신들의 실패에 대한 비난의 화살을 돌린다. 그러나 여기서 한 가지 사실을 주목하라. 당신이 손가락 하나로 남을 지탄하고 있을 때 나머지 손가락 중 셋은 자신을 향하여 손가락질하고 있다는 것을. 당신의 성공과 행복은 당신에게서 나온다.

이 책의 메시지를 많이 소화·흡수할수록 당신은 당신의 미래를 더욱 잘 조절할 수 있게 되며, 따라서 그만큼 더 행복해질 것이다. 어쩌면 당신은 난생 처음으로 자신 속에 있는 거대한 잠재력을 발견하게 될 것이다.

희망의 포로들

인생을 통해서 가장 슬픈 경험 중의 하나는 이런 이야기를 듣는 것이다. "내가 그 또는 그녀처럼 말할 수 있고, 뛸 수 있고, 노래할 수 있고, 춤출 수 있고, 생각할 수 있고, 집중할 수 있다면……." 이 이야기는 "만일 내가 어떤 사람과 같은 능력을 가질 수만 있다면 하지 못할 것이 어디 있겠는가"라는 뜻이다. 나의 친구여, 그 대답은 "만일 당신이 갖고 있는 능력을 사용하지 않는다면, 당신은 이미 어느 누구의 능력으로도 목화를 따는 손쉬운 일조차 할 수 없다."라는 것이다. 그것은 당신의 성실성을 해친다. 조심하지 않는다면 당신은 '희망의 포로들'

중 하나가 될 것이다.

우리는 미국의 어느 도시에서나 그런 사람들을 만날 수 있다. 희망의 포로들이란 거리를 걸어가다가 자신들의 개인적인 운명을 담아둔 상자나 벽을 차버리고 싶어하는 사람들이다. 당신은 또한 해변에서 그런 사람들을 볼 수 있다. 그들은 배가 결코 부두에 닿을 수 없다는 것을 알면서도 배가 무사히 항해해 오기를 바라고 있다. 그렇다. 그들은 희망의 포로들이다. 그들은 언제나 다른 사람들의 능력을 부러워한다. 그러나 걱정하지 말라. 당신은 이미 성공에 필요한 능력을 갖고 있다. 당신이 만일 소유하고 있는 능력을 사용한다면 당신은 경험을 통해서 더욱더 많은 능력을 가지게 된다는 사실을 알 수 있을 것이다. 또한 당신이 능력을 사용하지 않는다면 그 능력을 영영 잃어버리고 말 것이다.

이런 사람이 멋진 사람이다

제트 여객기를 타고 세계여행을 하면서 즐거운 게임을 하는 사람이 멋진 사람은 분명 아니다. 진실로 멋진 사람은 바로 우리의 생활 속에 있다고 나는 생각한다. 그들은 실패자의 변명을 용납하려 하지 않는다. 그들은 성공적이고 잘 조화된 개성을 지니고 있다. 그들은 여러 종류의 피부색과 3류에서부터 박사까지의 다양한 교육적 배경을 갖고 있다.

나는 때때로 지독한 핸디캡에도 불구하고 성공을 거둔 사람들을 본다. 이런 사람들은 다음과 같은 말을 굳게 믿고 있다. '인간은 성공하도록 설계되고 만들어졌으며, 바로 그 위대함의 씨앗을 부여받았다.' 당신이 이 말을 믿는다면 어떤 문제에서든 누구도 비난할 필요가 없다는 것을 알게 될 것이다. 간단히 말해서 도움을 주는 것이 능력 있는 당신의 손이라는 사실을 깨달을 때 당신은 당신의 길을 갈 수 있을 것이다. 나는 가끔 성공하지 못한 사람을 본다. 그러나 성공할 수 없는 사람은 거의 보지 못했다. 이 순간부터 당신의 미래가 당신의 손에 달려 있다는 사실을 받아들여라.

그것은 당신의 손아귀에 있다

다음의 이야기를 들어보면 내 말을 쉽게 이해할 수 있을 것이다. 이탈리아의 아름다운 도시 베니스가 내려다보이는 언덕에 한 천재 노인이 살고 있었다. 이 노인은 어떤 질문에도 대답할 수 있었다고 한다. 어느 날 두 소년이 이 노인을 바보로 만들겠다고 장담하면서 조그마한 새 한 마리를 들고 그의 집으로 갔다. 그들 중 한 소년이 새를 손아귀에 움켜잡은 채 그 새가 죽었는지 살았는지를 노인에게 물었다. 노인은 주저하지 않고 대답했다. "얘야, 내가 만일 그 새가 살아 있다고 하면 너는 손에 힘을 주어 새를 죽여버릴 것이고, 만일 내가 그 반대라고 말하면 너는 손을 벌려 새를 날려보낼 것이다. 얘야, 그 새의 생사는 너의 손에 달려 있단다."

이와 마찬가지로 당신은 실패의 씨앗이나 위대함의 잠재력을 당신의 손아귀에 쥐고 있다. 당신의 손아귀에는 능력이 있다. 그러나 그것은 사용되어야 하며, 특히 좋은 목적을 위하여 사용되어야 한다.

지금 나를 떠나지 말라

이 책을 통해서 나는 당신에게 많은 이야기를 들려줄 것이다. 왜냐하면 인생 그 자체가 끝없는 이야기이기 때문이다. 나는 또한 당신의 주의를 집중시키기 위하여 온갖 방법을 다 동원할 것이다.

그 이유는 간단하다. 당신은 아마도 1분에 200 내지 400 단어를 읽을 것이다. 그러나 당신의 내적인 기능은 1분에 800 내지 1800 단어를 읽을 수 있다. 그러므로 이 여분의 시간에 수천의 연관성 없는 생각들 사이를 방황하는 것은 정상적인 현상이다. 또한 몇 페이지를 아무 생각없이 읽어내릴 수도 있다.

예를 들면 이 책을 읽는 동안 당신의 정신은 이미 열두 번도 더 나를 떠났었다. 당신은 물건을 팔거나, 축구 경기를 구경하거나, 거실에서 쉬거나 했을 것이다. 이 말이 믿기 어려우면 당신이 이미 읽은 앞 페이지를 펼쳐보라. 그리고 주의 깊게 다시 읽어보라. 차이가 있을 것이다. 당신이 처음 읽을 때 놓쳐 버린 좋은 단어와 아이디어들을 만날 수 있을 것이다. 덧붙여 말하지만 이것은 당신의 지성에 대한 모욕이 아니다. 사실 대체로 독자가 총명하면 할수록 이런 일이 더욱 빈번해진다.

또 한 가지 덧붙여 말하면, 당신이 총명하면 할수록, 야망이 크면 클수록 이런 일이 일어나지 않도록 더욱 노력을 기울여야 한다는 것이다. 이 책을 읽으면서 중요한 내용은 밑줄을 긋고 '아이디어철'에 메모해 둔다면 당신은 수동적이 아닌 진실로 능동적인 독자이다. 이것은 다시 검토할 경우 도움을 준다. 정보의 재독과 검토는 매우 중요하다. 미국을 이끌어가는 대학들 가운데 한 대학에서 연구한 바에 의하면 새로운 것을 한 번 본 사람은 2주 후에 그것의 2퍼센트밖에 기억할 수 없다고 한다. 그러나 만일 계속해서 6일 동안 같은 것을 본다면 2주 후에는 그것의 62퍼센트를 기억하게 된다는 것이다.

그러나 그보다 더 중요한 사실이 있다. 당신이 똑같은 정보를 오래 대하면 대할수록 그것을 행동화할 가능성이 높아진다는 것이다. 그리고 당신을 행동하게 만드는 것이 나의 목적이다. 행동은 배움의 증거이다. '행동 없는 신앙은 죽은 것이다'라는 말 그대로 행동 없는 배움은 배움이 아니다.

비뚤어진 용기에 구워진 비스킷

대개의 경우 사람들은 내가 중요한 정보를 알려주려 하면 이미 알고 있다거나 들은 적이 있다고 일축한다. 이 경우 나는 그들에게 이렇게 물어보고 싶은 충동을 느낀다. "알고 있어서 행한 것이 하나라도 있느냐"라고. 배웠으나 행하지 않는다면 배우지 않은 것만 못하다. 성공의 원칙과 정보를 알지만 사용하지 않으려는 사람들은 그것을 모르는 사람보다 나을 게 하나도 없다. 분명히 당신은 어떤 행동을 시작하려 한다. 그렇지 않은가? (그렇다고 대답하라.)

당신이 그렇다고 대답했기 때문에 나는 이렇게 말한다. "축하한다. 당신은 이제 성공할 수 있다!" 나는 성공이 운명이 아니라 당신이 여행하는 방향이기 때문에 이렇게 말했다. 당신은 시작했을 뿐만 아니라 올바른 방향으로 접어들었다. 나는 당신이 보통 사람과는 다르기 때문에 진심으로 축하한다.

대부분의 사람들은 행동하지 않고 모든 것이 제대로 되어가기만을 기다린다. 그들은 과일이 나뭇가지에 달려 있다는 사실을 모르기 때문에 과일을 따러 나뭇가지로 올라가기를 거부한다. 이미 그들의 게임은 끝났다. 그리고 그들은 인생의 경주에서 패배했다. 그들의 묘비명은 간단히 새겨질 것이다. '1942년 출생, 1974년 사망, 1997년 매장됨.' 또는 심장이 최후로 박동한 때를 적을 것이다. 그들은 비뚤어진 용기에 구워낸 비스킷과 같다. 즉 고정관념의 소유자인 것이다.

예를 들어보겠다. 내가 미시시피의 야주 시에서 소년시절을 보낼 때 우리 집 옆에 부유한 사람이 살고 있었다. 나는 그 집에 요리사가 있고, 요리사가 요리할 음식이 있었기 때문에 부자라고 생각했다. 그리고 당시 1930년경에는 그 정도면 부자라는 소리를 들었다.

어느 날 나는 그 집에서 점심식사를 하게 되었다. 난 평상시처럼 행동하려고 애를 썼다(오해하지 말라. 우리 집에도 먹을 것은

그래,
이 비스킷들은 비뚤어진 용기에서 구워졌기 때문에
이렇게 비뚤어진 거야.

풍부했다. 그것은 내가 집에서 식사하다가 빈 접시를 내밀면 "안돼, 너는 이미 너무 많이 먹었어"라는 말을 들었기 때문이다). 그 집의 요리사가 비스킷을 가져왔다. 그런데 그 비스킷이 동전만큼이나 얇아 보여 내가 물었다.

"아줌마, 이 비스킷 왜 이래요."

그러자 그녀는 웃으며 이렇게 말했다.

"이 비스킷들은 비뚤어진 용기에 구웠기 때문에 쭈그러들었단다."

마음이 내키지 않는 사람과 마음만 먹는 사람

당신은 비뚤어진 용기에 담겨진 비스킷처럼 고정관념을 가진 사람들을 알고 있는가? 당신은 아이들이 학교에 간 뒤에, 혹은 학교에서 돌아온 다음에 어떤 일을 시작하려 한다는 사람을 알고 있는가? 어떤 사람들은 날씨가 추워지거나 추위가 끝나면 일을 시작하겠다는 핑계를 댄다. 한마디로 말해서 어떤 일을 시작도 하기 전에 그 일이 필요한 상황에 부딪히게 되는 사람은 바로 비뚤어진 용기 속의 비스킷과 같은 사람이다.

당신은 체중을 줄이는 것을, 학교에 가는 것을, 웅변학원에 가서 공부하는 것을, 잔디 가꾸는 것을 마음 내켜 하지 않는 사람들을 알고 있는가? 마음이 내키지 않는 사람이나 하려는 마음만 먹는 사람들처럼 모든 조건이 완전히 갖추어질 때까지 기다리는 사람들은 세월을 낭비하는 불행한 이들이다. 그들은 결코 어떤 일도 해낼 수 없을 것이다. 내 표현대로 그들은 고정관념의 소유자요, 비뚤어진 용기 속의 비스킷이다.

꼭 그런 것만은 아니다

이 책을 통하여 나는 성공하기 위해서는 사람을 이용하고, 특히 악용하고 불성실하게 대해야 한다는 당신의 생각을 완전히 지워버릴 작정이다. 나는 정말로 성공할 수 있는 유일한 길은 당신 자신과 동료에게 성실해야 하는 것이라는 이론을 증명해 보일 것이다. 당신이 다른 사람이 원하는 것을 얻도록 도와준다면 당신도 원하는 것을 모두 얻을 수 있다. 이것은 당신이 세일즈맨이거나 의사·아버지·어머니·사업가·학생·성직자·기술자, 심지어는 선거에 당선된 정부의 관리이든 상관없이 진리이다.

내 이야기는 당신의 머릿속에서 계산된 것이 모두 정확한 것은 아니라는 점을 이해할 수 있도록 도와줄 것이다.

풍선장수

수년 전 뉴욕의 거리에서 한 사람이 풍선을 팔고 있었다. 그는 장사가 안될 때마다 풍선을 하나씩 하늘로 날려보내곤 했다. 풍선이 하늘로 떠오를 때마다 사람들이 모여들어 잠시 동안은 장사가 잘되곤 했다. 그는 각기 다른 색깔의 풍선을 날려 보냈다. 처음엔 흰색, 다음에는 붉은색, 그리고 노란색 풍선을. 잠시 후 한 흑인 소년이 풍선장수를 올려다보며 이렇게 질문했다. "아저씨, 검은 풍선도 하늘로 날아갈 수 있나요." 풍선장수는 꼬마를 내려다보며 동정심과 이해심에 넘치는 말을 했다. "애야, 풍선이 떠오르는 것은 색깔이 아니라, 안에 무엇이 들어 있느냐에 달려 있는 것이란다." 그 꼬마가 물질보다 인간의 정신이 더 중요하다는 사실을 알고 있는 사람을 만난 것은 정말 행운이었다. 풍선 속의 공기가 풍선을 하늘로 날아가게 하듯이 당신의 앞날을 좌우하는 것은 당신 자신의 정신이다. 당신은 뛰고, 걷고, 일하고, 노는 것을 좋은 눈으로 볼 수 있다. 그러나 마음으로 볼 수 있는 사람은 다른 사람의 정신을 볼 수 있다. 그렇다. 그 풍선장수는 올바른 정신을 갖고 있다. 당신을 떠오르게 하는 것은 당신의 내부에 있다.

자, 친구들이여, 당신이 결심의 계곡을 헤매거나 주저의 언덕에 있거나 또는 당신의 경력과 인간적인 삶이 이미 높은 단계에 이르렀다 할지라도 당신은 정상에 도달하기 위하여 여행하는 도중이기 때문에 허리띠를 단단히 졸라맬 것을 감히 부탁한다. 정상에 도달하기 위해서는 끊임없는 행동, 즉 여행을 계속해야 하기 때문이다. 그것은 알프레드 히치콕의 영화보다 더 스릴과 서스펜스가 있고, 존 웨인의 서부극보다 더 액션이 넘치며, 셰익스피어의 연극보다 더 극적이고, 세 개의 링을 사용하는 서커스보다 더 재미있는 여행이다. 그것은 사랑과 웃음으로 가득 찬 여행이며, 솔로몬의 보물보다 더 좋은 보상을 가져다주는 여행이다.

　당신이 이 책의 가르침을 따른다면 당신은 원하는 것을 얻을 수 있다. 당신이 이 말을 믿는다면 성공하기는 쉽다. 그러나 반드시 우선 이 말을 믿어야 한다. 이 책을 곁에 두고 계속 읽어라. 그러면 당신은 믿게 될 것이고, 믿게 된다는 것은 곧 당신이 올바른 길을 가고 있음을 뜻하는 것이다.

자기 이미지

◑ 목적

1. 건전한 자기 이미지의 중요성을 설명한다.

2. 불건전한 자기 이미지를 갖게 되는 원인을 분석한다.

3. 불건전한 자기 이미지가 나타내는 현상을 설명한다.

4. 자기 이미지를 개선하는 데 필요한 13가지 방법을 제시한다.

5. 당신에게 그 방법들 중 하나를 선택하게 하며 그것을 간직하고 건
   전한 자기 이미지를 갖는 길로 유도한다.

03

도둑들

진품과 모조품

1887년, 시골의 조그마한 잡화상에서의 일이다. 50대 후반이나 60대 초반의 품위 있어 보이는 한 신사가 채소를 사고 있었다. 그는 20달러를 지불하고 잔돈을 받기 위해 서 있었다. 점원은 그 돈을 받아 서랍에 넣고 거스름돈을 계산하려고 했다. 그때 그녀의 손에 물기가 있었는데, 그 손으로 지폐를 만지자 잉크가 묻었다. 그녀는 충격을 받았다. 그리고 어떻게 해야 할지 잠시 생각했다. 손님은 이웃 친구이자 고객인 임마누엘 닝거 씨로 분명 위조지폐를 사용할 인물로는 생각할 수 없었다. 그래서 그녀는 그에게 잔돈을 내주었고, 그는 그곳을 떠났다.

1887년 당시 20달러는 큰돈이었으므로 그녀는 다시금 그 돈에 대해 생각해 보지 않을 수 없었다. 그녀는 경찰을 불렀다. 한 경찰관은 그 20달러는 위조지폐가 아니라고 단언했다. 나머지 경찰관은 돈에서 묻어난 잉크 때문에 확신을 하지 못했다. 결국 그들은 책임감과 호기심을 이기지 못하고 닝거 씨의 가택수색 영장을 발부받았다. 그들은 다락방에서 그리다 만 위조지폐를 찾아냈다. 또한 그가 그린 석 장의 초상화도 발견했다. 그는 매우 유명한 화가였던 것이다. 그는 재능이 뛰어난 화가였으므로 그가 그린 위조지폐는 그 점원에 의해 발각될 때까지 모든 사람의 눈을 속일 수 있었다.

그가 체포된 후 그가 그린 초상화는 한 폭에 5000달러 이상, 세 폭에 1만 6000달러에 공매되었다. 이 이야기의 아이러니는 그가 5000달러 상당의 초상화를 그리는 데 소요된 시간과 20달러짜리 지폐를 그리는 데 소요된 시간이 거의 같았다는 것이다. 그렇다. 이 천재적이고 재능 있는 사내는 도둑이었다. 불행히도 임마누엘 닝거는 자기 자신에게서 가장 많은 것을 훔쳤던 도둑이었다. 그가 자신의 능력을 합법적으로 사용했더라면 부자가 될 수 있었을 뿐만 아니라 그림을 그리는 동안 동료들에게 많은 즐거움과 좋은 일을 할 수 있었을 것이다. 그러나 그는 자기의 능력을 남용했기 때문에 도둑이 된 것이다. 도둑은 결국 남의 것을 훔치는 것이 아니라 자기 자신의 재산을 훔치는 어리석은 인간이다.

이 도둑은 가짜 신사였다

내가 말하고 싶은 두 번째 도둑은 아서 배리라는 사람이다.

그 역시 좀 색다른 도둑이었다. 그는 대서양의 북위 20~30도 해역에서 활동한 보석 도둑이었다. 배리는 당대의 뛰어난 보석 도둑으로 국제적인 명성을 얻었으며, 예술품의 감정가이기도 했다. 그의 고객은 돈과 보석을 갖고 있어야 했고, 그 이름이 사회 고위층에 올라 있어야 했다. 이 신사 도둑의 방문을 받고 재물을 도난당한다는 것이 곧 그 사람의 지위를 나타내주는 것처럼 되어버렸다. 이런 생각은 경찰을 크게 당황하게 했다.

어느 날 배리는 도둑질을 하다가 발각되어 총격을 당했다. 몸에 총탄이 박히고 눈에도 유리 파편이 박혀 고문받는 듯한 고통을 느끼면서 그는 결심했다. '결코 다시는 이 짓을 하지 않을 것이다.' 기적적으로 도망친 그는 3년 동안 숨어 지냈다. 그런데 한 여자의 고발로 체포되었고, 18년의 징역형을 선고받았다. 그후 출감했을 때도 여전히 그 결심을 잊지 않고 있었다. 그는 조그마한 뉴잉글랜드 작은 마을에 정착해서 착실하게 생활했다. 그 지방 시민들은 그를 지역대표로 선출함으로써 그에게 존경을 표시했다.

그러자 그 유명한 보석 도둑의 이야기는 퍼져나갔고 전국에서 기자들이 인터뷰하기 위해 그 조그마한 마을로 모여들었다. 그들은 그에게 수많은 질문을 했다. 그리고 최후로 한 젊은 기자가 날카로운 질문을 했을 때 모두가 궁금해하던 수수께끼가 마침내 풀렸다. 젊은 기자가 물었다. "배리 씨, 당신은 부호들의 재물을 훔쳐냈다는 얘기를 들었는데 도대체 그중 누구의 것을 가장 많이 훔쳤는지요." 배리는 조금도 주저하지 않고 다음과 같이 대답했다. "그것은 쉬운 질문이오. 내가 가장 많은 재산을 훔쳐낸 사람은 바로 나 아서 배리요. 나는 성공적인 사업가가 될 수도 있었고 월 가(街)의 실업가 또는 사회의 공헌자가 될 수도 있었을 것이오. 그러나 나는 도둑이 되었고, 때문에 감옥에서 내 인생의 3분의 2를 소비했소."

그렇다. 아서 배리는 자기 자신의 재산을 훔쳐낸 도둑이었다.

당신은 이 도둑을 알고 있다

내가 얘기하고 싶은 세 번째 도둑은 바로 당신이다. 자기 자신을 믿지 않고 자신의 능력을 충분히 사용하지 않는 사람은 자신 및 자신이 사랑하는 것과, 자신의 인생의 과정을 도둑질하고 있는 것이기 때문에 나는 당신을 도둑이라고 부르려는 것이다. 사회 전체의 생산성이 떨어진다는 면에서 볼 때 당신은 또한 사회로부터도 도둑질을 하고 있는 것이다. 알면서 자기 자신에게서 도둑질하는 사람은 없을 것이기 때문에 분명 무의식적으로 그럴 것이다. 그럼에도 불구하고 고의적인 강탈처럼 그 손실이 너무 크기 때문에 그 죄는 아주 심각하다.

그러므로 이런 질문을 해 볼 필요가 있다. 이제 당신은 자신으로부터의 도둑질을 멈출 것인가? 나는 아주 낙천적이기 때문에 당신이 정상을 향해 올라가기 시작했다는 사실을 믿는다. 당신이나 다른 많은 사람들을 위해서 이 책은 그 기나긴 길을 가기 위한 동기를 유발시키고, 영감을 주고, 지식을 제공할 것이다. 그러나 당신에게 경고해 둘 것은, 당신이 이 책을 다 읽는다 해도 이런 분야에서의 당신의 교육이 모두 완성된 것은 아니라는 사실이다. 당신의 육체가 매일 필요한 만큼의 영양분을 공급해 주는 음식을 필요로 하듯이 당신의 마음도 그와 같이 심적인 영양을 필요로 한다. 그러므로 계속해서 읽어라. 그러면 당신이 거울을 볼 때마다 과거의 도둑의 얼굴이 보이게 될 것이다.

전화벨이 울린다

우리의 목표에 도달하기 위한 첫번째, 가장 중요한 단계는 건전한 자기 이미지라고 나는 확신한다. 첫 단계를 거치지 않으면 정상에 도착할 수 없다는 것은 확실하다.

잠시 게임을 해 보자. 당신의 전화벨이 울리고 목소리가 울려나온다.

"자넨가? 돈을 빌려 달라는 것도 또 빌려주겠다는 것도 아니고, 그저 내가 자네를 지상에서 가장 멋진 사람 중 한 명이라고 생각한다는 것을 전하고 싶었을 뿐이었네. 자네는 직업에 있어서나 지역사회에 있어서 아주 많은 공헌을 하고 있네. 자네는 항상 같이 있고 싶은 사람이야. 그 이유는 자네에게서 언제나 좀더 좋은 일을 위한 영감과 동기를 발견할 수 있기 때문이지. 자네는 진실로 나를 최선의 길로 이끌어주기 때문에 난 매일 자네를 만나고 싶다네. 그것이 내가 말하고 싶었던 전부일세. 자네를 다시 만나길 학수고대하고 있네."

자, 한 친구가 당신에게 전화를 걸어서 이런 얘기를 한다면 그날 당신의 기분은 어떻겠는가? 아주 절친한 친구이기 때문에 그 말이 진실임을 당신은 알 것이다.

만일 당신이 의사라면 당신은 더 좋은 의사가 되려 할 것이다. 당신이 선생님이나 어머니라면 더 좋은 선생님이나 어머니가 되려고 할 것이다. 당신이 세일즈맨이나 아버지나 코치나 운동선수라면 더 좋은 세일즈맨이나 아버지, 코치, 운동선수가 되려고 할 것이다. 요컨대 당신은 현재보다 더 나아지려 할 것이다. 당신이 누구이며 직업이 무엇이든 마음속으로 당신은 현재의 위치에서 잘되고 보다 더 행복해지려 한다는 사실을 알고 있다. 그렇지 않은가?(그렇다고 대답하라.)

여기서 하나의 의문이 생긴다. 앞에서의 대화에 비추어 당신은 의사라는 지위에 대해 얼마나 더 알게 될 것인가? 또는 세일즈맨이나 코치나 운동선수의 경우에도 마찬가지이다. 당신이 이런 전화를 받았다면 당신은 얼마나 더 알려고 노력할 것인가? 당신은 분명히 그 이상은 알지 못할 것이다. 그러나 이제 당신은 마음속으로 자신의 위치에서 더 잘되고 더 행복해지려 한다는 사실을 알고 있다. 그 이유는 간단하다. 당신은 이미지의 변화를 겪은 것이다. 당신은 이렇게 말할 것이다. "나는 직업에 있어서나 사회에 있어서 많은 공헌을 하고 있다."고. 당신은 자신을 다른 면에서 보게 될 것이다. 당신의 자기 이미지는 변할 것이고, 그렇게 되면 재미있는 일이 발생한다. 당신의 자신감은 높아지고 그와 동시에 당신의 능력은 더욱 커진다. 쉽게 말해서 당신의 자기 이미지가 변할 때 당신의 업적도 변한다.

이런 종류의 전화가 당신을 위한 것이라는 사실을 알고 있으면서 왜 당신은 다른 사람을 위해 같은 일을 하지 않는가? 왜 당신은 이 책을 내려놓고 전화를 집어들지 않는가? (지금이 새벽 2시이거나 그밖에 전화를 거는 것이 아주 곤란한 상황에 있지 않는 한 말이다.) 당신이 진심으로 좋아하고 존경하는 사람에게 전화를 걸어라. 그리고 그의 직업과 당신에게 있어서 그의 존재가 얼마나 가치 있는가를 말해 주어라. 그 사람은 감사하게 생각할 것이고, 당신은 그 일로 기분이 좋아질 것이다. 당신은 다른 사람을 도와준 결과 당신 자신을 더 좋아하게 될 것이다.

다음의 이야기들은 건전한 자기 이미지의 중요성과, 자기 이미지가 변할 때는 어떤 일이 생기는지 분명하게 보여준다.

저능아에서 천재로 가는 손쉬운 하나의 단계

빅터 세리브리아코프가 열다섯 살이었을 때 그의 선생님은 그가 결코 학교를 졸업할 수 없을 것이므로 공부를 그만두고 장사를 배워야 한다고 말했다. 빅터는 그 충고를 받아들였고, 그 후 17년 동안 별의별 직업을 다 가져보았다. 그는 저능아라는 소리를 들었으므로 17년 동안 저능아처럼 행동했다. 그러나 그가 서른두 살이 되었을 때 놀라운 변화가 일어났다. 한 평가에서 I.Q. 161의 천재라는 사실이 드러난 것이다. 상상이나 했었겠는가? 그러나 그것은 사실이었다. 그후 그는 천재처럼 행동하기 시작했다. 그는 책을 쓰고 많은 특허를 냈으며, 성공적인 기업가가 되었다. 그중에서도 가장 중요한 사건은 그가 국제 멘사(Mensa)협회의 의장이 된 것이다. 멘사협회는 I.Q. 132 이하는 회원이 될 수 없는 단체였다.

이 이야기는 많은 천재들이 저능아라는 소리를 들으면서 저능아처럼 행동하고 있을지도 모른다는 교훈을 준다. 분명 빅터는 하루아침에 막대한 분량의 지식을 흡수한 것은 아니다. 그는 막대한 분량의 자신을 흡수한 것이다. 그 결과 그는 더 효과적이고 더 생산성이 높아졌던 것이다. 그는 자신을 다른 면에서 보게 되자 다르게 행동하기 시작하였다. 그는 다른 결과를 기대하기 시작하였으며, 그리하여 다른 결과를 얻게 되었던 것이다.

당신의 자기 이미지는 얼마나 중요할까?

밀드레드 뉴먼과 버나드 버코윗츠 박사의 공저인 《당신 자신의 가장 친한 친구가 되는 법》이라는 책에서는 이런 질문을 던지고 있다. "만일 우리가 자신을 사랑할 수 없다면 어떻게 남을 사랑할 수 있을까?" 당신은 자신이 갖고 있지 않은 것은 줄 수가 없다. 성서에도 '이웃 사랑하기를 네 몸같이 하라'고 씌어 있다.

도로시 존게워드와 뮤리엘 제임스의 공저 《이기기 위해 태어났다》에서는, 인간은 이기기 위해 태어났지만 일생을 통해 패배할 환경이나 조건도 조성되어 있다는 점을 지적했다. 그 책은 또한 건전한 자기 이미지가 성공으로 가는 행렬에서 결정적인 위치를 차지한다고 강조했다.

당신은 자신을 바라보는 태도와 다른 형태로 일을 수행할 수는 없다. 당신의 자기 이미지는 당신을 정상으로 인도할 것이다. 또는 그 반대로 당신을 밑바닥으로 내려보낼 에스컬레이터 위에 올려놓을 수도 있다. 당신 자신을 보상을 받을 만한 가치가 있는 사람으로 생각하라. 그러면 당신은 그렇게 될 것이고 할 수 있으며 가질 수 있다. 당신 자신을 가치 있는 인간으로 보라. 그러면 당신은 그렇게 된다. 다행스럽게도, 당신이 과거에 자신을 어떻게 보았든 이제 이 책을 읽은 당신은 자기 이미지를 바꾸고 싶은 동기유발과 그 방법, 그리고 능력을 갖추게 되었다. 그 변화는 더 좋은 것을 향한 변화이다. 창조주께서 우리에게 준 모든 선물 가운데 가장 위대한 선물 중의 하나는 우리가 원하는 길을 선택할 수 있게 해주셨다는 것이다.

자기 이미지의 중요성은 다음의 예에서도 알 수 있다. 즉 인간은 생각대로 행동하게 된다. 예를 들어 30센티미터 두께의 널빤지를 마루 위에 놓고 그 위로 걸어가는 것은 쉬운 일이다. 그러나 건물 사이에 그 널빤지를 놓고 걸어가는 것은 어려운 일이다. 당신은 자신을 쉽게 보라. 그러면 마루 위에 놓인 널빤지처럼 안전하게 걸을 수 있다. 반대로 빌딩 사이에 놓인 널빤지에서처럼 위험하다는 생각을 갖고 걸을 수도 있다. 이처럼 자기 이미지의 중요성은 대단한 것이다. 또한 골프를 치는 사람이 목표에 적중하지 못했을 때 "그럴 줄 알았다" 하고 말한다. 이 말은 골프선수가 공을 치기 전에 이미 마음속에 자신감이 없었기 때문에 불안하게 생각했고, 그러한 생각이 행동으로 나타나게 된 것이다. 육체는 마음의 생각대로 행동하게 되는 것이다. 미켈란젤로는 모세의 상을 조각하기 전에 이미 모세의 모습을 마음속에 그릴 수 있었기 때문에 그것을 완성시킬 수가 있었다.

스트라이크 스리 (Strike Three)

야구경기 중 가장 당황하고 실망스러운 일은 타자가 그라운드에 올라간 뒤 투수가 연거푸 세 개의 스트라이크를 던질 때이다. 타자에겐 적어도 세 번의 황금 같은 기회가 있었다. 그는 1루에 진출할 수도 홈런을 칠 수도 있었다. 그러나 그는 결코 한 번도 어깨에서 야구 방망이를 움직이지 않았다. 이유는 간단하다. 그는 자신이 스트라이크 아웃을 당하거나 또는 더블 플레이를 당할 볼을 칠 것으로 생각하고 있었던 것이다. 그는 포볼을 기대하며 어깨에 야구 방망이를 고정시킨 채 서 있었던 것이다.

인생의 야구게임에 임하는 사람이 결코 볼을 걸러낼 수 없음을 볼 때는 훨씬 더 절망적이다. 래리 킴제이 박사에 의하면, 그 야구선수는 노력하지 않았기 때문에 가장 큰 실패를 한 것이다. 노력했는데도 패배했다면 당신은 패배했다는 사실에서 뭔가를 배울 수 있을 것이다. 그리고 그것은 손실을 크게 감소시켜 준다. 분명한 것은 당신이 아무것도 하지 않는다면 배울 것은 거의 없다는 사실이다. 이런 사람들은 자신의 판단과 여론, 그리고 금언들로 자신들을 평범한 생활의 감옥에 가두어 놓는다. 그들은 결코 인생의 경기에 참가하지 않으며, 착실히 볼을 걸러내려고도 하지 않는다. 그들은 자신들의 최악의 적인 눈먼 심판관으로 행세한다. 그들의 자기 이미지는 스트라이크 아웃을 당하는 이미지이다. 불행히도 그들의 마음은 항상 불안한 자기 이미지를 그리고 있다. 그리고 다른 능력 있는 사람이면 할 수 있었으리라는 쓰레기 같은 사고방식과 패배자의 변명을 내세운다. 고(故) 맥스웰 말츠 박사는 국제적인 성형의사였고 1000만 부의 판매 기록을 세운 《자기 도움》이라는 책의 저자이다. 그는 그 책에서 어떤 형태의 정신요법일지라도 그 목표는 환자로 하여금 자기 이미지를 변화시키도록 하는 것이라고 했다.

자신을 믿어야만 한다

성공과 행복의 출발점은 건전한 자기 이미지이다. 유명한 작가이자 칼럼니스트이며 심리학자인 조이스 브라더스 박사는 "개인의 자기 개념은 그의 인격의 핵심이다. 그것은 인간 행동의 모든 면에 영향을 미친다. 즉 배우는 능력, 성장하고 변화하는 능력, 친구와 경험의 선택 등에 영향을 미친다. 강하고 긍정적인 자기 이미지가 성공적인 인생을 위한 최선의 가능한 준비라고 말해도 과언은 아니다."라고 했다.

당신은 사실 남을 좋아하게 되기 전에, 그리고 성공과 행복은 당신 자신이 준비한다는 사실을 받아들이기 전에 당신 자신을 받아들여야 한다. 동기유발, 목표의 설정, 긍정적인 사고방식 등은 당신이 자신을 받아들이기 전에는 결코 할 수 없고 가질 수 없다. 불건전한 자기 이미지를 가진 사람은 긍정적인 사고방식, 목표 설정 등이 다른 사람들을 위해서 어떻게 작용하는지 쉽게 볼 수 있지만, 자기 자신을 위해서 어떻게 작용하는지는 볼 수가 없다. 나는 '내가 최고'라는 자만을 강조하는 것은 아니다. 나는 건전한 자기 인정에 대해 말하고 있다. 인간에게 알려진 모든 질병 가운데 가장 무서운 것은 자만이다. 자만하는 사람은 자기 이외의 모든 사람을 병자로 취급한다. (사실 이런 사람은 극도로 불건전한 자기 이미지 때문에 괴로움을 당하고 있는 것이다.)

히치하이커

대단히 많은 사람들이 자기의 엄청난 잠재력을 모르고 있기 때문에, 나는 개인적인 경험을 통해 그것을 이야기해 보려고 한다. 몇 년 전에 나는 한 히치하이커(hitchhiker)를 태웠다. 그가 자리에 앉자마자 그가 술을 좀 마셨으며 수다스럽다는 사실을 알고는 잘못 태웠다고 생각했다. 잠시 후 그는 밀주 혐의로 18개월을 복역하고 이제 막 출감했다고 얘기했다. 그에게 출감 후 사용할 만한 어떤 기술이라도 가졌느냐고 묻자 루이지애나 주의 교구를 포함해서 미국에 있는 모든 주와 모든 군의 이름을 외우고 있다고 떠벌렸다.

나는 그가 거짓말을 하고 있다고 생각했으므로 그를 시험해 보았다. 그는 거의 18년이나 살았던 사우스캐롤라이나를 선택했다. 교육도 그리 많이 받지 못한 그 히치하이커는 그 주에 있는 모든 군의 이름을 외우기 시작했다. 그리고 그밖의 다른 주의 지명도 잘 알고 있다는 것을 증명해 보이려고 했다. 나는 그가 왜 이런 필요도 없는 지명 외우기에 그렇게 많은 시간을 소비했는지 그 이유는 모른다. 그러나 중요한 것은, 그가 비록 정상적인 교육은 받지 못했지만 그의 두뇌는 막대한 양의 지식을 흡수 · 저장할 수 있었다는 것이다. 당신의 경우도 마찬가지이다. 그러나 나는 당신이 인생을 살아가면서 사용할 수 있는 정보를 배우는 데 최선의 노력을 하길 바란다. 불행하게도 교육받은 많은 사람들은 그들의 지식을 활성화시킬 상상력을 발휘하도록 동기유발이 되지 않기 때문에 결코 성공적인 인생을 누리지 못하고 있다. 당신은 교육과 지성이 같은 것이 아니라는 사실을 분명히 이해해야 한다.

내가 알고 있는 가장 지적이고 성공적인 사람들 중 세 명은 초등학교 3학년, 5학년, 중학교 2학년까지밖에 학교에 다니지 못했다. 그러므로 불충분한 교육은 불건전한 자기 이미지를 갖게 되는 핑계가 되지 못한다. 비록 내가 여기에서 당신이 많은 것을 배우기를 기대하기는 하지만, 이 책은 교육의 목적으로 씌어진 것은 아니다. 이 책은 당신이 실패했을 때 변명하지 않게 하며 성공할 이유와 방법들을 가르쳐준다.

5만 달러의 손실

1년에 5만 달러를 버는 사람이, 만일 그보다 다섯 배의 소득을 올릴 능력을 갖고 있다면 5만 달러란 지금의 위치는 실패라는 판정을 받는다. 반면에 연간 1만 달러를 버는 사람일지라도 자신의 능력을 최대한으로 사용하고 있다면 그는 성공했다고 볼 수 있다. 인간은 모두 똑같은 능력을 갖고 태어나지는 않는다. 또한 어떤 일이든 모두 다 해낼 수 있는 능력가도 있을 수 없다. 사실 극히 소수의 사람들만이 그들의 능력을 어느 정도 사용하고 있다. 이 책을 쓰는 목표 중 하나는 당신이 스스로 생각하는 것보다 훨씬 더 많은 능력을 갖고 있다는 사실을 확신시켜 주는 것이고, 그 다음엔 당신이 그 능력을 좀더 활용하도록 유도하는 것이다.

돈은 성공의 척도라고 볼 수 있다. 당신의 직업이 무엇이든 똑같은 기회로 당신보다 돈을 적게 또는 더 많이 버는 사람들이 있다. 요컨대 성장과 서비스에 대한 기회는 각 개인에게 달려 있다. 거의 예외없이 당신은 한 사람의 사회에 대한 기여도를 화폐라는 수단으로 측정할 수 있다. 많이 기여하면 할수록 많이 벌게 된다.

지금 봉사하고 나중에 받아라

자, 이 말에 펄쩍 뛰기 전에 내 말을 더 들어라. 나는 돈을 거의 벌지 못하는 몇몇 교사와 반대로, 같은 입장임에도 아주 잘 버는 교사를 알고 있다. 의사 · 변호사 · 세일즈맨 · 장관 · 트럭 운전사 · 비서 등도 마찬가지이다. 당신은 일반적으로 더 많이 봉사하는 사람이 많은 돈을 벌게 된다는 것을 눈으로 보아 알 것이다. 그러나 거기에는 몇 가지의 분명한 예외가 있다. 산간 지방이나 시골 벽지, 또는 천막학교 같은 곳에서 근무하기를 지원한 헌신적인 교사들이 그 한 예이다. 그들의 유일한 희망은 많은 어린이들이 지붕 있는 교실에서 공부할 수 있게 되는 일일 것이다. 헌신적인 목사는 사명감으로 조그마한 시골에서 선교 활동을 한다. 그러나 위에 든 몇 가지의 특수한 상황을 제외하고는 일반적으로 말해서 월급이 많은 사람들이 더 많은 사람들에게 더 많은 봉사를 하고 있다는 것은 사실이다. 이것은 교사나 의사 · 트럭 운전사 · 세일즈맨 등도 마찬가지이다.

내가 되풀이하는 "만일 당신이 다른 사람이 원하는 것을 얻도록 도와준다면 당신이 원하는 모든 것을 얻을 수 있다."란 말은, 달리 표현하면 당신이 좀더 봉사하면 좀더 얻을 수 있다는 말이다. 그렇다. 돈을 잘 버는 사람들은 이 책에 나오는 철학을 매우 좋아할 것이다. 즉 봉사 위주의 사람은 '지그맨십' 철학에서 많은 격려와 안정감을 얻을 것이다. 그러므로 그 한순간의 자신의 지위에 상관없이 계속 이 책을 읽어라.

04

불건전한 자기 이미지의
원인들

내가 먹는 것은 모두 살이 찌는 것뿐이야

자기 이미지가 그렇게 중요하다면 왜 그렇게 많은 사람들이 불건전한 자기 이미지를 갖고 있으며, 그 원인은 무엇일까? 나는 그것이 우리가 부정적인 사회에 살고 있으며 계속적으로 부정적인 사람들과 접촉하기 때문이라고 확신한다. 불쾌한 뉴스도 이를 확신시켜 준다. 미국의 평범한 가정에서 흘러나오는 전형적인 불평도 이를 증명한다. 비만한 사람이 식탁에 앉아서 이렇게 말한다. "내가 먹는 것은 모두 살이 찌는 것뿐이야." 게으른 가정주부는 아침에 일어나서 "난 이 칼로는 도저히 깨끗하게 썰 수가 없어." 이것은 몰락한 사람의 관점을 드러내준다.

사업가가 자기 사무실로 걸어들어 가거나 노동자가 일터로 가면서 종종 이렇게 불평한다. "이봐, 난 이 일을 오늘 끝낼 수 없을 것 같은데." 아이가 학교에서 돌아와 이렇게 말한다. "아빠, 난 수학시험에 낙제할 것 같아요." 그러면 아빠는 이렇게 말할 것이다. "너무 신경쓸 것 없다. 애야, 넌 열심히 공부했을 테지. 나도 수학은 엉망이었단다." 어머니는 아이를 학교에 보내면서 이렇게 주의를 준다. "자, 뛰어다니지 말아라."

텔레비전에서 일기예보를 보면 오늘의 비올 확률은 20퍼센트라고 말한다. 또는 가끔 구름이 낄 것이라고 말한다. 왜 맑을 확률이 80퍼센트라고, 또 대체로 쾌청한 날씨일 거라고 말하지 않는가? 평범한 사람에게 일이 어떻게 되어가느냐고 물어보라. 그러면 그는 이렇게 대답할 것이다. "그리 나쁘진 않습니다." 또는 "월요일 또는 금요일이기 때문에 잘되고 있죠."라고. 수많은 예들이 우리가 부정적인 사회에서 살고 있음을 증명해 준다.

흠잡는 사람들

자기의 능력에서 크게 벗어난 불건전한 자기 이미지를 갖고 있는 사람이 많은 두 번째 이유는, 그들의 능력과 지성을 부모·선생님·친구들, 그리고 권위 있는 사람들이 의심하기 때문이다. 그리고 그 의심은 풍자나 암시의 형태로 그들에게 전해진다. 그 풍자와 암시가 진실인 것처럼 실제로 그들의 재능은 황폐해진다. 어떤 것들은 진실이기도 하지만 그보다는 상상을 통해서 이루어진 훨씬 더 많은 상처들이 부정적인 슬라이드를 만들기 시작한다.

그 결과 우리는 다른 사람들의 부정적인 눈을 통해 우리 자신을 보게 된다. 당신의 친구들이나 가족들, 그리고 사회의 동료가 허물을 찾아내는 데 혈안이 되어 있다면 당신은 당신의 진정한 모습을 찾기가 힘들 것이다. 《정상에서 만납시다》의 지금이 장은 당신을 진실로 괄목할 만한 사람으로 소개함으로써 위와 같은 당신의 자기 이미지를 바꾸어 줄 것이다. 당신을 정상으로 인도하는 유일한 사람은 바로 당신 자신이다.

또 어떤 경우에는 아무 생각 없이 내뱉는 과장된 말들이 어린이들의 자기 이미지에 부정적인 영향을 미친다. 꼬마가 뭔가를 깨뜨리면 대개의 부모들은 이렇게 소리친다. "조니, 너처럼 덜렁대는 녀석은 처음 본다. 넌 뭐든지 깨뜨리기만 하는구나." 이것은 어린이에게 얼마나 무거운 짐인가. '접시를 떨어뜨리는 것'과 '항상 깨뜨리는 것'은 전혀 다르다. 그 다음 그 아이가 또 실수를 하면 부모들은 어이없는 비평을 할 것이다. "잘한다. 그럴 줄 알았어. 저놈은 항상 못된 짓만 저지른단 말야." 아이는 방으로 가서 코트를 벗어던지고 신발을 내던진다. 그러면 부모는 틀림없이 이렇게 말할 것이다. "조니, 넌 이 동네에서 가장 못된 놈이야. 너처럼 신을 벗어던지는 애는 없을 거다." 아이가 셔츠를 바지 밖에 삐져나오게 한 채 학교에 가려고 하면 어머니는 이렇게 말할 것이다. "넌 단정한 적이 없구나. 언제 봐도 그 모양이야."

부모들의 이런 부정적인 태도에 대해 파괴적인 경향이 조성되는 것은 당연하다. 어린아이의 경우뿐만 아니라 직원을 다루는 상사에게도 부정적인 태도가 있을 경우에는 마찬가지이다.

가끔 나쁜 짓을 한다는 것과 근본적으로 나쁜 놈이라는 것은 크게 다르다.

불행하게도 그 어린이는 자기가 못생기고 매력이 없다고 판단하며, 사랑받지 못할 것이라고 생각한다. 다른 사람에게서 사랑을 받고 있지 못하다고 생각되면 논리적으로 그 다음 단계는 자기 자신도 사랑할 수 없으며 심지어 '사랑하면 안 된다'는 논리가 성립된다. 따라서 그 어린이는 부모가 자기보다 다른 아이를 더 사랑한다고 느끼게 되며 열등의식을 갖게 된다.

보통 열등감으로 이야기되는, 불건전하거나 또는 부정적인 자기 이미지는 성인이 된 후에도 그대로 지니게 된다. 만일 부정적인 친구들을 사귀거나 부정적인 사회에서 성장하면 문제는 더욱 복잡해진다. 그것은 현명한 남편이라면 아내 앞에서 다른 아름다운 여인에 대해 호의적인 말을 하지 말아야 한다는 것과 같은 이치이다. 아내의 결점을 지적하고 다른 여인을 칭찬하는 것은 자기 아내로 하여금 다른 여인보다 못하다는 느낌을 갖게 하는 일이다.

이런 현상은 부정적인 자기 이미지가 커지는 징조이며 그들의 결혼을 파국으로 이끌어간다. "당신은 언제나 느려.", "당신은 제대로 하는 게 하나도 없어.", "당신의 음식솜씨는 언제나 그 모양이야."

이같은 말들은 앞의 경우와 똑같은 문제를 일으킨다. 그러나 "나는 인생의 실패자이다"라는 말과 "나는 직장을 얻지 못했다"라는 말 사이에는 엄청난 차이가 있다.

불건전한 자기 이미지의 심화

가장 나쁜 불건전한 자기 이미지는 열등감을 조장하는 형태로서, 선생님들이나 권위 있는 사람들 또는 일반 대중들에 의해서 만들어지고 확대된다. 나는 빌 코스비의 제록스 시리즈 중 〈셜리 템플(Shirley Temple)〉이라는 영화의 한 장면을 잊을 수가 없다.

그것은 셜리 템플의 다섯 번째 생일파티 장면이었다. 셜리에게 선물을 주기 위해 열네 살짜리 흑인 소녀와 몇몇 친구들이 도착했을 때 파티는 거의 끝나가고 있었다. 셜리는 백인 소녀였는데, 흑인 소녀에게서 선물을 받을 때 모든 일을 제쳐놓고 아주 친근한 미소와 태도로써 그녀를 대했다. 흑인 소녀는 백인 소녀가 자기 몫의 생일케이크를 남겨두고 자기를 기다렸다는 것을 알고 감동의 눈물을 흘린다. 이것은 열등감을 표현해 주는 간단한 예이다.

다행히도 흑백 문제는 점점 해결되어 가고 있다. 흑인은 흑백 문제가 대두된 이래 지금 가장 좋은 대우를 받고 있다. 흑인의 처우 향상은 자기 이미지의 변화와 직접적인 연관이 있다. 불행한 일이지만 아직도 편견은 존재하고 있다. 흑백 문제에 대한 완전한 해결책은 피부색과 능력은 아무런 상관관계도 없다는 것을, 흑인과 백인 양쪽이 모두 사랑과 이해 그리고 교육을 통해 인식하는 것이다. 나는 올림픽 트랙경기의 위대한 스타 제시 오웬스가 피부색에 대해 한 이야기를 좋아한다. "흑색은 아름답지 않다. 백색도 아름답지 않다. 그것은 단지 피부색일 뿐이다. 그리고 피부색을 초월하지 못하는 그 자체도 아름답지 않다."

불건전한 자기 이미지의 세 번째 원인은 인생의 실패와 한 가지 일에서의 실패를 동일시하는 경향 때문이다. 학과시험 중 한 과목을 실패한 학생은 인생 그 자체에서 실패한 것 같은 느낌을 갖게 된다. 이런 느낌은 선생님이나 부모님들의 꾸지람에 의해 더욱 가중된다.

한번 불건전한 자기 이미지가 형성되면 다음 단계는 자연적으로 열등감이 생긴다. 많은 사람들이 듣고 본 모든 것을 기억할 수 없다는 이유로 스스로를 자책할 때 열등감이 생기며, 그것은 불건전한 기억으로 남게 된다. 그리고 이것이 불건전한 자기 이미지의 네 번째 이유이다. 제리 루카스와 해리 로레인의 공저인 《메모리 북(Memory Book)》에는 기억을 되살려내는 방법이 씌어져 있다. 인간이 가지고 있는 엄청난 능력을 당신에게 인식시키기 위해 제리는 성서를 전부 외우고 있으며, 그 방법에 관하여 당신에게 말하고 있다. 제리는 노력하면 당신도 기억력을 개발할 수 있다는 신념을 갖고 있다.

우선 당신을 크게 안심시킬 두 가지 아이디어가 있다. 첫째는 아무리 큰 사전이라도 문학의 한 분야에 지나지 않는 것처럼, 완전한 기억만이 정신세계 전부를 지칭하는 것은 아니라는 점이다. 둘째로 기억할 수 없는 사람은 망각할 수 없는 사람보다 훨씬 더 행복하다는 점이다. 지금 말한 두 가지 아이디어는 일시적으로 우리를 안심시켜 주지만, 그것에 집착하지 말라. 서점에 가서 《메모리 북》을 사보라. 그 책은 너무나 훌륭하다. 사실 기억력이 좋다거나 나쁜 것은 구분 지을 수가 없다. 단지 훈련을 받았느냐 안 받았느냐에 달려 있는 것이다. 당신의 기억력을 훈련시키느냐 아니면 그대로 방치해 두느냐 하는 것은 전적으로 당신의 의지에 달려 있다.

자신에게 공정하라

불건전한 자기 이미지의 다섯 번째 원인은 비현실적이고 불공평한 경험의 비교이다. 우리는 일반적으로 자신의 경험과 남의 경험을 비교하는 실수를 저지른다. 우리는 다른 사람의 성공적인 경험을 과대평가하고 자신의 것은 과소평가한다. 경험은 능력과는 전혀 관계가 없다(경험은 기술을 창조할 수는 있으나 그것은 별개의 문제이다). 예를 들면 우리가 할 수 없는 것을 할 수 있는 300만의 호주인들이 있다.

그들은 고속도로에서 왼손으로만 운전한다. 그것은 양손으로 운전하는 것보다 솜씨가 더 좋다는 것을 의미하는 것은 아니다. 당신이 할 수 없는 일을 할 수 있는 수억의 중국인들이 있다. 그들은 중국어로 말할 수 있다. 그러나 중국인들이 당신보다 낫다는 것을 의미하는 것은 물론 아니다. 그런 사실들은 단지 다른 경험을 가졌다는 것을 의미할 뿐이다.

모든 것은 다른 영역에서 교육되거나 교육되지 않을
수도 있다

　다음의 경험은 내가 뜻하는 바를 더욱 강조해 줄 것이다. 3년
전에 어마어마한 폭우가 쏟아졌다. 우리 집 뒷골목은 사람이 다
닐 수 없을 정도로 진흙범벅이 되었다. 그러나 나는 차고로 가
기 위해 그 골목을 지나가야만 했다. 차를 몰고 나온 나는 그 진
흙구덩이를 지나가기 위해 45분 정도를 소비했다. 나는 벽돌과
널빤지 그리고 바퀴가 지나가는 데 도움이 될 만한 것은 무엇이
든 진흙구덩이에 깔았다. 그러나 그 모든 노력도 허사였다. 그
래서 나는 마지막으로 견인차를 불렀다. 견인차 운전사는 상황
을 살피더니 자기가 내 차를 타고 진흙구덩이에서 몰고 나와도
되느냐고 물었다. 나는 해봤자 헛일이라고 말했다. 그러나 그는
자신 있게 한번 해보기나 하자고 했다. 그래서 나는 "해보고 싶
으면 해보세요. 그러나 소용없는 일일 겁니다. 내 타이어를 진
흙구덩이에 더 깊게 박아놓지나 말아주세요."라고 했다. 그는
내 차에 올라 앉았다. 그런데 차가 움직이기 시작했다. 그리고
30초도 채 안되어 차는 천천히 그러나 분명히 그 진흙구덩이에
서 빠져 나왔다. 내가 놀랍다고 하자 그는, 자기는 이 일에 평생
을 종사해 왔다고 말했다. 나는 이 사람이 나보다 영리한 사람
은 아닐 것이라고 믿는다. 그러나 그는 나와는 다른 경험을 가
지고 있었다.

　아이러니하게도 우리가 칭찬하고 존경하는 기술과 업적을
가진 많은 사람들이 똑같은 이유로 우리를 존경하고 칭찬한다.

오해는 말라. 나는 어떤 사람이 여러 가지 직업에 재능이 없다는 것을 이야기하려는 것은 아니다. 그저 단순히 당신도 역시 동일한 능력과 기술, 그리고 경험을 갖고 있다는 것을 강조하고 있을 뿐이다. 당신은 다른 경험을 가진다는 것이 당신이 다른 사람보다 못낫다거나 당신보다 다른 사람이 못낫다는 것을 의미하지는 않는다는 사실을 인정해야 한다.

당신이 할 수 없는 일을 다른 사람이 할 수 있기 때문에 열등감을 느끼기보다는 다른 사람이 할 수 없는 일을 당신이 할 수 있다는 점에 신경을 써라. 다른 사람의 기술을 존경하라. 그러나 기억해야 할 것은, 당신이 그와 같은 시간과 노력을 기울이면 당신 자신의 기술도 진보시킬 수 있다는 사실이다.

네 명의 승자들

불건전한 자기 이미지의 여섯 번째 원인은 자신의 최악의 모습과 타인의 최선의 모습을 비교하는 데 있다. 서른여섯 살까지 잡역부로 일한 한 여성이 있었다. 그때 그녀는 클로드 M. 브리스톨의 저서인 《신념의 마력》이라는 책을 읽었다. 그녀는 자신에게 다른 사람을 미소짓게 만드는 능력이 있다고 확신하고 그것을 자신의 장점으로 개발, 강화시키기 시작했다. 그후 필리스 딜러라는 이 여인은 비록 세계의 미인들과 겨룰 만큼 아름답지는 않았지만 연간 100만 달러를 벌어들이는 고소득자가 되었다.

엘리노어 루스벨트는 소심하고 겁이 많은 여성이었다. 그러나 그녀는 자신의 장점에 눈을 돌려 그것을 자신의 재산으로 보기 시작했다. 얼마 후 그녀는 미국에서 가장 매력적이고 설득력 있는 여성 중 한 명이 되었다. 덧붙여 말하면 그녀가 처음 대중 앞에 섰을 때에는 기절할 지경이었었지만 그것을 극복했던 것이다.

지미 듀란트와 험프리 보가트는 결코 광고의 모델처럼 뛰어난 외모를 가진 것은 아니다. 그러나 그들은 자신의 외모를 잘 이용했다. 그들은 자신들이 가진 것을 사용한다면 삶의 한 이정표를 마련할 수 있을 것이라는 사실을 굳게 믿었다. 이들은 자신이 가지고 있는 재능이나 장점에 눈을 돌리고 개발했던 것이다. 그들은 자신의 최악의 모습과 타인의 최선의 모습을 비교하지는 않았다. 비교하는 대신에 자신들의 최선의 모습과 재능을 발견하여 개발했으며, 그리하여 원하는 것을 얻었다.

사용하라, 그렇지 않으면 잃는다

당신은 성경에서 읽은 다음의 이야기를 분명히 기억하고 있을 것이다. 한 사람은 1달란트를, 또 한 사람은 2달란트를, 나머지 한 사람은 5달란트를 주인에게 받았다. 긴 여행을 마치고 돌아왔을 때 주인은 5달란트를 받은 종에게 그 돈을 어떻게 했느냐고 물었다. 그 종은 5달란트를 이용하여 10달란트로 만들었다고 대답했다. 주인이 말했다. "착한 종아, 네가 작은 일에 충실하였으매 내가 많은 것으로 네게 맡기리니 네 주인의 즐거움에 참여할지어다." 2달란트를 받았던 종도 그 돈을 이용하여 두 배로 늘렸다고 말했다. 주인이 또한 이렇게 말했다. "착한 종아, 네가 작은 일에 충실하였으매 내가 많은 것으로 네게 맡기리니 네 주인의 즐거움에 참여할지어다." 그 다음, 주인은 1달란트를 받은 하인에게 그 돈을 어떻게 했느냐고 물었다. 종이 대답했다. "주인이시여, 당신은 무서운 사람이라 심지 않은 데서 거두고 뿌리지 않은 데서 모으는 줄을 제가 알았으므로 두려워하여 나가서 당신에게 받은 1달란트를 땅에 감추어두었나이다."

그러자 주인이 말했다. "이 사악하고 게으른 종아, 나는 심지 않은 데서 거두고 뿌리지 않은 데서 모으는 줄로 알았느냐. 그러면 네가 내 돈을 꾸어주었다가 내가 돌아올 때 그 돈에 이자를 붙여서 돌려주어야 할 것이 아니냐." 그리고는 "그에게서 1달란트를 빼앗아 10달란트를 가진 자에게 주어라. 무릇 있는 자는 받아 풍족하게 하고, 없는 자는 그 있는 것까지 빼앗기리라." 하였다.

이 이야기 속에 담긴 메시지는 이러하다. 당신이 가지고 있는 것을 사용하라. 그러면 당신의 재능은 더욱 많은 보상을 가져올 수 있도록 증가될 것이다.

많은 사람들이 비현실적이고 도달할 수 없는 완전한 것을 꿈꾸기 때문에 불건전한 자기 이미지를 갖고 있다. 이것이 불건전한 자기 이미지를 갖게 되는 일곱 번째 이유이다. 실패하고 또 실패할 때 그들은 자신을 용서하지 않는다. 그들은 완전하거나 아니면 최악의 상태에 있어야 한다는 극단적인 생각을 갖고 있다. 실패했기 때문에 그들은 자신이 최악의 상태라고 단정한다. 이것은 인생의 전반에 걸쳐 영향을 미친다. 또한 이것은 직업에 불만을 갖게 되거나 불행에 빠지는 원인이 된다. 결국 자신이 최악의 상태에 있다고 느끼게 되면 다음 단계는 자신이 좋은 직업, 좋은 친구, 훌륭한 아이, 또 가치 있는 어떤 것을 가질 수 있다는 것을 믿을 수 없게 된다.

《지상 최대의 기적》이라는 책에서 오그 만디노는 불건전한 자기 이미지의 추가적인 두 가지 요인을 지적하고 있다. 그 첫째는 인간이 신에 의해 창조된 것이 아니라 동물에서 진화된 것이라는 다윈의 진화론이 인간의 자존심에 상처를 입혔다는 것이다. 나 역시 오그의 의견에 동의한다. 만일 내가 원숭이에서 비롯되었다고 생각한다면 나의 자존심은 형편없이 낮아질 것이다.

두 번째는 지그문트 프로이트와 관계가 있다. 프로이트는 우리의 생각과 행동은 우리가 통제할 수도 이해할 수도 없는 잠재의식 속에 깊숙이 묻혀 있는 어린 시절의 경험에서부터 비롯된다고 밝혀 실패자의 변명을 합리화했다. 한 사람은 우리가 저속한 동물에서 진화했다고 얘기하고, 또 한 사람은 우리의 행위에 우리가 책임을 지지 않는다고 얘기한다면 우리는 자신을 아무것도 아닌 하찮은 존재로 보기 쉽다. 다윈은 세상을 떠나기 직전에 우주의 창조자로서의 신을 인정했다. 그리고 프로이트의 저서에는 많은 의문점이 있다. 그러나 그들의 이론에서 유래한 이미지의 손상은 이미 많이 진행되었다.

아인슈타인은 잘못된 하나의 입력은 그 잘못된 정보를 고치기 위한 11개 이상의 입력을 필요로 한다고 했다. 다시 말하면 이것은 잘못 주입된 사고방식을 극복하고 고치기 위해서는 다수의 올바른 사고방식을 필요로 한다는 것이다.

당신은 이제 불건전한 자기 이미지의 원인 때문에 사람들이 자기의 소원을 이루지 못한다는 사실을 알았을 것이다. 당신도 알고 있듯이 우리가 문제를 찾아내고 그 문제에 부딪히게 된다면 이미 그 문제는 해결되어 가고 있는 중이다.

05

불건전한 자기 이미지의 현상

하나님과 그들 사이

　불건전한 자기 이미지를 가진 사람은 비판과 질투로 자신을 드러낸다. 그들은 타인의 성공, 심지어는 친구가 많다는 사실조차도 불쾌감을 느낀다. 그들은 아내, 남편, 남자친구, 여자친구에 대해 질투를 느낀다. 그들은 자기 자신을 좋아하지 않기 때문에 이성이 다른 사람보다 자신을 좋아한 사실을 믿을 수가 없게 된다. 그들은 때때로 추문이나 거짓 소문을 퍼뜨린다. (그들은 더러운 것을 집어던지면 그라운드에서 추방당한다는 것을 모르고 있다.) 그들이 불안정하다는 증거는 다른 사람이 칭찬이나 인정을 받으면 분개한다는 사실이다.

　불건전한 자기 이미지의 가장 눈에 띄는 현상은 아마 비평이나 웃음에 대한 반응일 것이다. 그들은 다른 사람이 자신을 보고 웃거나 비평을 한다면 자신을 업신여긴다거나 나쁘게 보고 있다고 느낀다. 그들의 반응은 이런 반응을 일으키게 한 근원과는 너무나 거리가 먼 것들이다.

그들은 일반적으로 혼자 있거나 어떤 행동도 하지 않을 때 불안해 한다. 항상 어디를 가거나 무슨 일이든 해야만 한다. 그런 사람은 혼자 있을 때 보거나 듣지 않으면서도 라디오나 텔레비전을 켜놓는다. 어떤 사람은 차를 운전하거나 비행기를 타거나 심지어 걸어다닐 때에도 라디오를 갖고 다닌다.

불건전한 자기 이미지는 어떤 일을 시작하려는 동기를 좌절시키는 형태로 나타난다. 대개의 경우 경쟁을 포기하고 무관심한 태도를 취하게 되는 것은 자신이 승자가 될 수 없다고 보기 때문이다. 그 다음 그들은 모든 일을 되는 대로 내버려둔다. 그들은 자주 큰 소리를 지르고, 비판을 하고, 횡포를 부린다. 그들은 아무렇게나 옷을 입고, 위생관념이 희박하며, 부도덕한 것을 자랑한다. 알코올에 푹 절어서 저속하고 상스러운 언어를 사용하며, 다른 사람들에게 열등감을 느끼게 하려고 잘난 척한다. 그러나 치사하고 더러운 일에 어떤 장점이 있다고 말하는 사람은 아직 한 명도 없었다.

재미있게도 그 정반대의 행동이 불건전한 자기 이미지의 현상으로 나타나는 일도 많다. 이런 부류의 사람들은 물질적인 것에 너무 신경을 쓴다. 새 차, 돈, 유행, 의상, 헤어스타일, 또는 화장 등이 그것이다. 그들은 불안정한 심리로 인해 친구를 얻기 위하여 극단적인 수단을 쓴다. 이와 같은 불건전한 자기 이미지의 현상을 보이는 위의 두 집단의 사람들은 다른 사람들에게 인정을 받으려고 한다. 그리고 기껏해야 관심 없는 친구나 비슷한 형태의 친구를 사귀는 것으로 결말이 난다.

우리는 자기 자신을 보는 견해에 따라 행동한다. 이것이 말도 안되는 어리석은 일을 하거나 평생 꿈꾸어 왔던 일을 이루려는 찰라 불필요한 위험을 택하는 사람들을 보게 되는 이유이다. 예를 들면 올림픽에 출전하기 위해 여러 해 동안 연습해 온 육상선수들 중 종종 올림픽 직전에 사고를 당한다. 그들은 자신을 금메달을 딸 수 없는 존재로 보며, 잠재의식적으로 그 상을 거부한다는 것을 확실히 표현하기 위해 필요한 방법을 택한 것이다.

권투선수나 야구선수, 육상선수들도 경기 전에 부상을 당한다. 자기가 선택한 학교에 입학하려고 공부하던 학생이 시험 바로 전날에 술을 마시거나 밤새도록 데이트를 한다. 승진하고 싶어하던 직장인이 아내나 동료와 격렬한 언쟁을 한다. 그리고 승진 기회를 날려버린다. 선고유예 판결을 받은 사람이 이따금 어이없는 짓을 저지르고는 감옥에 들어간다. 그 사람은 속으로 사회가 옳지 않으며 자기를 몰아내고 있다는 사실을 증명해 주는 것이라고 생각한다. 그는 자신을 자유 사회의 한 일원으로 볼 수 없었던 것이다. 그의 자기 이미지는, 자신은 자유를 누릴 자격이 없는 사람이라는 것이다. 사회가 그의 범죄에 대해 적절한 처벌을 하지 않더라도 자신이 자신을 처벌해야만 한다.

이러한 예는 수없이 많다. 그러나 나는 그러한 지각 없는 행동의 주원인이 단순히 불건전한 자기 이미지의 표현이라고 말하고 넘어가려 한다. 이런 사람들은 이 책을 읽고 그중 어느 부분에는 동의를 표할 것이다. 그러나 많은 부분에 동의하지는 않을 것이고, 그 이상의 어떤 일도 하지 않을 것이다. 그들은 과거에도 그랬고 앞으로도 그럴 것이다. 즉 그들 스스로 자신의 입장을 합리화한다. 예를 들면 그들은 다음과 같은 말을 해왔고 지금도 계속한다. "대학에 들어간다면 난 학점을 딸 수 있다. 그러나 그러려면 6년이 걸리고 그때 나는 38세가 될 것이다."

(난 그가 6년 후에 얼마나 나이를 먹을 것인지에는 관심이 없다. 그러나 대학에 가지 않는다면 어떻게 학점을 딸 것인가?) 다른 사람들은 이렇게 말한다. "난 교회에 가고 싶지만 거기에는 위선자가 너무 많아." 그들은 위선자가 하나님과 그들 사이에 있다면 교회에 다니는 위선자가 그들보다 하나님에게 더 가깝다는 사실을 모르는 듯하다.

다행히도 이 말은 당신에게는 적용되지 않는다. 한 번은 그럴 수 있으나 이제 더 이상 그렇지는 않다. 당신이 서점에서 이 책을 골랐을 때 당신은 이미지를 바꾸는 방향으로 큰 발걸음을 내디딘 것이다. 당신이 이 책에 몰두하고 있다는 사실은 당신이 자신의 진보에 대해 진지한 태도를 갖고 있다는 것을 말해 준다. 당신 앞에 놓인 이 책과 당신이 지내온 여러 해가 좀더 값지고 좀더 흥미롭다는 사실을 느끼고 있다.

좋은 이미지 = 좋은 세일즈맨 / 좋은 매니저
나쁜 이미지 = 나쁜 세일즈맨 / 나쁜 매니저

세일즈의 세계에서도 불건전한 자기 이미지는 여러 면에서 표현된다. 그러나 대표적으로 세 가지를 들 수 있다.

(1) 불건전한 자기 이미지를 가진 세일즈맨은 열심히 일하지 않는다. 그는 세일즈를 위한 방문을 한다. 그러나 어디에서든 세일즈 효과를 얻지 못한다. 불건전한 자기 이미지를 가진 세일즈맨은 자신을 좋아하지 않는다. 따라서 그는 고객 역시 자신을 좋아하지 않는다고 생각한다. 그래서 그 세일즈맨은 자기 연민에 빠져서 "난 참 불쌍한 사람이다. 아무도 날 사랑하지 않아"라고 일상적인 푸념을 하며 커피숍이나 집 또는 사무실로 향한다. 어떤 세일즈맨은 한 시간을, 또 어떤 이는 하루종일 세일즈를 내팽개치고 자기 연민에 빠져 시간을 허비한다. 감독이 허술할 경우 그 세일즈맨은 서류를 위조할 수도 있으며, 며칠이고 일을 질질 끌기도 한다. 건전한 자기 이미지를 가진—자신을 좋아하는—세일즈맨은 그런 경우 다른 반응을 보인다. 거절을 당하면 그는 그 고객에게 고민거리가 있다고 믿는다. 그래서 그는 즉시 고민이 없는 다른 고객을 찾아 대화를 나누고 세일즈를 한다.

(2) 불건전한 자기 이미지를 가진 세일즈맨은 판매를 성사시키려는 노력을 마지못해 한다. 그는 고객에게 판매 권고는 하지 않고 다른 대화를 계속 나눈다. 누군가에게 물건을 사라고 권하는 데에는 한 가지 위험이 따른다. 만일 그때 고객이 거절하면 세일즈맨은 자존심이 상한다. 그래서 계약을 체결하려는 노력을 그만둠으로써 자존심을 살린다. 자존심이 손상될 위험을 회피한 채 고객이 주문해 주기를 바라며 그저 대화를 나눈다. 나는 한 고객이 세일즈맨에게 이런 말하는 것을 들은 적이 있다.

"내게 뭔가 판매하려고 온 게 아니지요." 이때 세일즈맨이 말했다. "오, 그래요. 그렇습니다." (만일 그가 이런 식으로 무엇이든 팔려고 들지 않는다면 그는 단지 직업적인 방문객일 뿐이다.)

건전한 자기 이미지를 가진 세일즈맨은 자신의 세일즈 과정에서 일어날 수 있는 최악의 상태가 거절이라는 것을 알고 있기 때문에 그 판매를 성사시키기 위해 성실한 노력을 기울인다. 그는 또한 거절하는 경우가 드물다는 사실을 알고 있으며, 거절하는 경우가 없을 수는 없다는 사실도 알고 있다. 그는 세일즈를 성사시킬 것을 충분히 예상하고 있다. 그 이유는 무엇인가? 그는 자신이 세일즈뿐만 아니라 성공을 하기에 충분한 사람이라는 것을 믿고 있기 때문이다. 뿐만 아니라 그는 자신의 상품을 믿고 있다. 건전한 자기 이미지를 갖고 있는 사람은 불량품을 판매함으로써 자신을 낮추는 일은 하지 않을 것이다. 그는 확신과 신념을 가지고 서비스하고 그 계약을 체결시킨다. 판매(sale)라는 말은 노르웨이 어로는 실제(selje)인데, 그는 그것이 '봉사한다(serve)'라는 의미임을 알고 있다.

(3) 불건전한 자기 이미지를 가진 세일즈맨이나 사무원은 경영에 성공적으로 참여하지 못한다. 그 역시 타인의 거절을 두려워한다. 이 경우 그의 주위에 많은 사람이 있을 것이다. 그는 상황에 따라 네 가지 얼굴을 연출해 보인다. 첫째, 그는 아랫사람에게는 좋은 늙은이로 행세하며 변화된 것은 없다고 부하들을 안심시킨다. 그리고 갱보다 더 많은 것을 요구한다. 둘째, 거절당하는 것을 두려워해서 경영의 원칙을 벗어나는 예외를 만든다. 그는 고객에게 불쾌감을 주게 된다. 셋째, 그는 경영팀과의

관계에 자기를 연관시킨다. 인정받고 싶은 욕망으로 인해 비굴해지며 많은 충고를 듣고 싶어한다. 실패에 대한 공포감은 행동하기 전에 주저하게 만든다. 넷째, 그는 고객이 모든 태도를 파악하고 있다고 가정하고 사지 않을 방법을 알려준다.

건전한 자기 이미지를 가진 사람은 경영을 성공적으로 이끌어나간다. 그는 자신이 그 일에 적합하며 그 일을 잘 해나갈 것이라는 확신을 갖고 있다. 그는 전제의 설정에는 둔하지만 성취에는 충분한 능력이 있다. 그는 서비스하는 것과 비굴해지는 것과의 차이점을 알고 있다. 그는 대결을 하려고도 그것을 피하려고도 하지 않으며, 그 앞에 대두된 의사결정사항을 처리할 뿐이다. 그는 자신의 능력을 경영자가 신임하고 있기 때문에 승진할 것이라는 사실을 알고 있다. 그는 교만과 확신의 차이가 어디에 있는지도 알고 있다. 더욱 중요한 것은 그는 경영원칙에 철두철미하며 방법에 있어서는 융통성이 많다. 그는 옳든 그르든 의사결정에 주저하지 않는다. 그래서 그의 자기 이미지는 자기가 결심한 대로 행동한다는 것이고, 실수했거나 도움이 필요한 때에도 낭패감을 느끼지 않는다는 것이다.

좋은 이미지=더 좋은 부모/더 성실한 사람

사업에서 불건전한 자기 이미지는 충동적이며 불가능한 약속을 하는 형태로 나타난다. 채용되기를 희망하는 코치 희망자는 기대하는 것보다, 그리고 그가 할 수 있는 것보다 훨씬 더 많은 것을 약속한다. 공장주나 그의 대리인은 고객을 만족시켜 주기 위하여 이행이 불가능한 말을 한다.

세일즈의 세계에서 불건전한 자기 이미지를 가진 세일즈맨들은 과도한 약속과 그에 비해 적은 양의 서비스를 한다는 죄의식에 사로잡혀 있다. 한 번의 세일즈가 이루어지면 그 세일즈맨은 죄의식을 느끼고 그 고객을 피하게 된다. 추가적인 서비스가 없으면 고객 역시 그 세일즈맨에 대한 감정이 좋지 않게 된다. 고객은 세일즈맨을 비난하게 되고, 그것은 다시금 세일즈맨의 자기 이미지를 해치게 된다.

가정에서의 불건전한 자기 이미지는 어린이를 마지못해 벌주는 부모들에게서 볼 수 있다. 그 부모는 '아이를 너무 사랑하기 때문에 때리면 내가 더 아프다'고 한다. 불행한 일이지만 이것은 부모와 아이 모두에게 문제를 일으킨다. 부모는 존경과 사랑 그리고 통제력을 잃는다. 어린이는 부모에 대한 신뢰감을 잃게 된다. 이것이 권위를 상실하게 되는 첫 단계이다. 성경은 아이를 사랑한다면 벌을 주라고 얘기하고 있다. 심리학자들은 손으로 아이를 때리지 말아야 한다고 말한다. 회초리를 사용하라. 손은 부모의 몸의 한 부분이다. 그것은 용서와 사랑을 위해 사용되어야 한다.

불건전한 자기 이미지를 가진 사람은 겁쟁이가 된다

이제 불건전한 자기 이미지의 표현을 다른 직업이나 인생의 영역에 도입시켜 보자. 불건전한 자기 이미지를 가진 학생은 선생님이 점수를 잘못 채점했을 때에도 시정을 요구하지 못한다. 그는 자기가 아름다운 소녀와 데이트할 자격이 없다고 생각하기 때문에 그녀에게 데이트를 신청할 수가 없다. 그러나 재미있는 사실은, 그 예쁜 소녀가 어쩌면 그의 데이트 신청을 기다리고 있을지도 모른다는 것이다.

불건전한 자기 이미지를 가진 직장인은 월급이 적다는 것을 알면서도 인상을 요구할 수가 없다. 비극은 여기에 있다. 만일 월급을 인상해 주지 않으면 그는 '아무도 나를 이해해 주지 않으며 내가 하는 일을 높이 평가해 주지 않는다'는 생각을 하게 되고, 불만과 함께 비통해진다. 그 결과 그의 실적은 감소되고 앞으로의 월급 인상의 가능성을 감소시킨다. 불건전한 자기 이미지를 가진 남편이나 아내는 상대방에게 어떤 일에 관해서든 이의를 제기하는 경우가 별로 없다. 이의를 제기하는 대신 그 또는 그녀는 단지 상대방의 구두의 흙을 터는 하인 같은 역할을 그대로 계속할 뿐이다.

나이 · 성 · 교육수준 · 체구, 또는 피부색에 관계없이 그들은 존경을 받지 못한다. 그들은 '난 멋진 놈이야. 그리고 결코 누구에게도 해를 끼치지 않아'라는 자기 이미지를 가지고 있다. 청소년일 경우 원하지 않는 담배도 피우고 술도 마신다. 기분 나쁜 농담을 듣고도 웃는다. 싫어하는 친구들과도 어울린다. 만일 친구들에게 반기를 든다면 그는 한 명의 친구도 갖지 못할까 봐 자기 주장을 내세울 수도 없다. 그는 대체로 첫사랑과 결혼하게 된다. 다른 사람에게 빈번히 인정받지 못한 사람은 그렇게 될 것에 대한 두려움 때문에 조혼이라는 어리석고 성급하며 충동적인 행동을 한다.

성인일 경우, 그들은 타인이 듣기 좋아하는 이야기만을 해주는 경향이 있다. 그는 식당에서 음식이 잘못 나왔을 때 거절을 하지 못하며, 병원에서 의사가 다른 환자를 돌보는 동안 끈기있게 기다린다. 심지어 이발소에서조차 자기의 순서를 포기한다. 그는 상사와 언쟁하지 않는다. 뿐만 아니라 동료에게도 의견이 일치하지 않을 때 자기 주장을 내세우지 않는다.

오해하지는 말라. 만일 당신이 그와 같은 행동을 했지만 자기 이미지가 아주 건전하다면 이런 행동은 당신이 원했고 또 그것이 최선의 것이기 때문에 이런 식으로 행동할 수도 있다. 그러나 만일 당신이 인정을 받기 위해서 이런 일을 한다면 당신은 인정만 받게 될 것이다. 그 이유는 간단하다. 당신은 진정한 당신을 솔직히 드러내지 않았기 때문이다. 사실 당신은 가식적인 모습을 드러냈다. 대부분의 사람들은 가식적인 인격을 좋아하지 않는다. 모든 인생의 영역과 모든 직업이 불건전한 자기 이미지에 의해 영향을 받는다고 자신있게 말할 수 있다. 만일 당신이 불건전한 자기 이미지를 가진 집단에 속해 있거나 그런 생각이 든다면 내게 호소하라. 우리는 다음 페이지에서 더 좋은 자기 이미지를 갖게 할 몇 가지 단계와 절차를 알아볼 것이다. 당신은 이제 성공으로 향한 계단을 밟아나갈 준비가 되어 있다.

06

건전한 자기 이미지를
갖게 되는 13 단계

[제1단계] 재고자산을 가져라. 실제로 순수한 당신의 가치는—만일 자신을 팔려고 내놓은 경우라면—수백만 달러이다. 재고 자산을 축적해 놓았을 때 지구상의 어느 누구도 당신의 허락 없이 당신에게 열등감을 느끼게 할 수 없다는 것을 당신은 알게 된다. 그리고 당신은, 그런 것을 허락하지 않을 것이다.

나는 불멸의 사나이 부커 T. 워싱턴(Booker T. Washington : 터스키지 기술학교 설립자, 노예 출신)의 말을 좋아한다. "나는 상대방에게 해를 입힘으로써 내 영혼을 깎아내리는 일은 하지 않을 것이다." 당신이 현재의 당신을 사랑해야 하는 데에는 세 가지 이유가 있다. 첫째는 상식이 그것을 요구한다. 최근 인디애나 주에 살고 있는 한 여인이 약을 잘못 먹고 시력을 잃게 되자 소송을 제기했는데, 이 소송에 승리해서 100만 달러를 받았다. 그녀는 자기의 실명에 대한 대가로 약국의 전재산을 받았다. 캘리포니아에서는 또 한 여인이 비행기 사고로 허리를 다치고 100만 달러의 보상금을 받았다. 그녀는 다시는 걸을 수 없다는 진단을 받았다. 만일 당신의 시력과 허리가 정상적이라면 이 두 여인의 경우처럼 되고 싶지는 않을 것이다. 만일 당신이 두 여인에게 상황을 바꾸자고 한다면 그녀들은 기꺼이 승락할 것이고 당신에게 감사할 것이다.

당신은 당신의 재정 상태와 돈에 대한 관심에 관계 없이 그 교환을 거절하겠다는 생각이 마음속 깊이 자리잡고 있다. 당신이 정상적인 사람이라면 당신은 돈을 갖고 싶을 것이다. 그러나 가장 큰 재산 중 하나인 건강과 바꾸면서까지 돈을 원하지는 않을 것이다.

제2차 세계대전 당시 미의 여왕 베티 그레이블(Betty Grable)은 '100만 달러짜리 다리'로 더 유명했다. 그녀가 자신의 다리를 100만 달러 보험에 들었기 때문에 이런 별명으로 불렸다. 100만 달러짜리 다리를 보고 싶은가? 자신의 아래를 내려다보라. 거기에 베티 그레이블의 다리와 같은 가격의 두 다리를 볼 수 있을 것이다. 당신의 눈에 100만 달러, 허리에 100만 달러, 그리고 두 다리에 l00만 달러가 있기 때문에 당신은 이미 300만 달러 이상의 가치가 있다. 즉 당신 자신이 다른 무엇보다도 소중하다. 그렇지 않은가?

다행히도 당신은 건강을 돈과 바꿀 필요가 없다. 이 책에서 다루고 있는 긍정적인 성격을 발전시키고 신앙과 성실성, 충성심의 기초를 마련함으로써 그 모든 것(돈·건강·평화·안정감·행복·사랑 등)을 얻을 수 있기 때문이다.

수십억 중의 한 사람

몇 년 전에 나는 〈댈러스〉 지에서 렘브란트의 그림이 100만 달러가 넘는 가격으로 팔렸다는 기사를 읽었다. 나는 생각했다. '도대체 한 장의 그림을 그토록 가치 있는 것으로 만드는 것은 무엇인가?' 그때 불현듯 두 가지 생각이 스치고 지나갔다. 첫째는 이 그림은 세상에 하나밖에 없는 것이라는 사실이었다. 그 그림은 렘브란트가 직접 그린 원본이었다. 그러므로 그림의 희소성이 가치를 부여했던 것이다. 둘째로 렘브란트는 천재였다. 100년에 하나 나올까 말까 한 천재적인 재능을 가진 사람이었다.

이제 당신에 대해 생각해 보기로 하자. 창세기 이후 수백 수천억의 사람들이 이 지구상에서 살았다. 오늘날에도 수십 억의 사람들이 살고 있다. 그러나 당신과 똑같은 사람은 과거에도 없었고 앞으로도 없을 것이다. 당신은 남들과 다르며 희귀하고 유일한 존재이다. 이러한 점은 당신에게 큰 가치를 부여한다. 렘브란트는 천재였지만 그 역시 죽었다는 사실에 주목하라. 렘브란트를 창조한 그 신이 당신을 창조했다. 그리고 신의 눈에는 렘브란트나 그밖의 다른 사람들과 똑같이 당신이 귀중하게 보인다. 렘브란트는 희귀한 재능을 가졌고 그것을 매일 사용했다. 그가 태어난 이후로 그와 같은 재능을 가졌으면서도 캔버스에 붓을 대지 않은, 능력을 사용하지 않은 수많은 렘브란트들이 있었을 것이다.

이 점에 대해 좀더 깊이 생각해 보자. 만일 당신이 거주하는 시골에서 유일하게 차를 가지고 있다면 당신은 엄청난 가치를 소유하고 있는 것이다. 당신의 존재가 유일한 것이기 때문에 당신은 가치있는 존재이다. 그러므로 당신의 재능을 가려내어 그것을 사용하라. 하나님은 당신을 창조했으며 당신에게 사용할 재능을 주셨다. 그 재능을 묻어버리지 말라.

당신이 자신을 사랑해야 하는 두 번째 이유는 과학이 설명해준다. 대부분의 사람들이 과학을 신뢰하고 있다. 그러므로 당신을 과학적으로 바라보자. 당신의 양쪽 귀 사이에 있는 머리는 인간이 만든 가장 훌륭한 컴퓨터보다도 더 많은 것을 저장할 수 있는 능력을 가지고 있다. 당신의 두뇌는 국회 도서관에 있는 수백만 권의 책보다 더 많은 분량의 정보를 저장할 수 있다. 과학자들은 만일 인간의 두뇌를 만들어 낼 수 있더라도 그것을 만드는 데에는 엠파이어 스테이트 빌딩을 세우는 것보다 더 많은 돈이 들고, 수천 개의 도시에서 소모하는 것보다 훨씬 많은 전력이 필요할 것이라고 말한다. 그것을 만들어내려면 크기와 비용, 소요되는 전력과 더불어 지구상에서 가장 뛰어난 천재들이 참가해야 할 것이다. 이러한 과정을 거쳐서 만들어진 두뇌라 할지라도 당신이 할 수 있는 아주 간단한 생각도 스스로 해낼 수는 없다. 당신의 두뇌는 당신이 한 단어를 발음할 때마다 72개의 근육이 완전한 조화를 이루게 된다.

이로써 당신은 나와 당신 자신 또는 그밖의 어느 누구에게라도 당신이 정상으로 향한 계단을 오를 충분한 능력이 있다고 자부할 수 있을 것이다. 그렇지 않은가?

당신을 파는 일

당신은 이렇게 말할 수도 있다. "내가 그렇게 능력이 있다면 왜 실패를 하거나 좋지 않은 결과를 얻게 되는가?" 좋은 질문이다. 여기에 부분적이기는 하지만 대답이 있다. 불행히도 당신은 생각을 가진 인간으로 태어났다는 것이다. 만약에 내가 당신의 마음을 소유할 수 있다면 우리에게 매우 불행한 일이 일어나게 될 것이다. 나는 당신에게 그 마음을 10만 달러에 팔라고 할 것이고, 그러면 나는 큰 이익을 볼 것이다. 그리하여 결국 당신은 거울을 보거나 반대 의견을 내뱉을 수도 없을 뿐더러 몸을 지탱할 힘도 없어지고 말도 못하게 될 것이다. 당신은 결국 이렇게 애원할 것이다. "이봐, 난 자네가 가지고 있는 마음을 100만 달러에 사려고 하네." 당신은 당신의 두뇌가 그토록 엄청난 가치가 있다는 것에 대해 다시는 엉뚱한 소리를 하지 않을 것이다. 뿐만 아니라 당신의 두뇌와 10만 달러를 같은 값으로 인정하지 않을 것이다.

최고

당신이 자신을 사랑해야 할 세 번째 이유는 성경이 말해주고 있다. '하나님은 당신을 사랑하십니다—당신이 그것을 좋아하든 싫어하든 상관없이.' 성경에서 인간은 하나님의 모습대로 창조되었다고 말한다. 예수는 말씀하셨다. "내가 해온 일은 너희도 할 수 있으며 그보다 더 위대한 일도 할 수 있느니라." 그분은 나이 · 교육 · 성별 · 키 · 피부색 · 체중, 또는 어떤 초인간적인 조건을 갖추어야만 위대한 일을 이룰 수 있다고는 하지 않으셨다. 그분은 당신을 버려두지 않으셨다. 당신이 믿는다면 성공은 쉽다. 그리고 당신은 이제 믿는 과정에 있기 때문에 성공의 도중에 있다.

　이런 식으로 생각하자. 만일 당신이 부모라면 당신의 자식이 스스로를 깎아내리는 부정적인 말을 할 때 어떤 느낌을 받을 것인가? "나는 아무것도 아니야.", "나는 어느 것 하나도 제대로 할 수가 없어."라고 한다면 당신은 행복할까? 당신은 크게 상심해서 "저애가 내 아들인가!" 또는 "저애가 내 딸인가!"라고 말하는 데 그칠 것인가, 아니면 좌절해서 머리를 가로저을 것인가? 우리들이 자신을 대단치 않게 여기고 있다는 말을 할 때 하늘에 계신 우리 아버지는 어떤 감정일 것이라고 생각하는가? 우리는 자신을 경멸할 권리가 없다.

　때때로 당신은 다른 사람에게 좀더 인내심을 가지라고 충고할 때가 있을 것이다. 이것은 부모가 아이들에게 하는 충고이다. 빌 고타르(Bill Gothard)는 하나님이 우리와 관계되어 있다는 사실을 상기시킬 때 그와 같은 충고를 한다. 그는 우리가 신의 섭리에 따라 만들어진 존재라는 것을 설명하면서, 만일 우리가 자신에게 만족할 수 없다면 신의 품으로 돌아가야 한다는 사실을 상기시킨다.

하나님은 패배자를 후원하지 않는다

몇 년 전 런던의 빌리 그레이엄(Billy Graham) 전도대회에서 에셀 워터스(Ethel Waters)가 한 말을 좋아한다. 어떤 사람이 빌리 그레이엄에게 어떻게 수만 명의 영국인에게 열렬한 환영을 받을 수 있었는지 묻자, 그녀는 특유의 밝고 아름다운 미소를 지으며 이렇게 대답했다. "하나님이 후원해 주시기 때문입니다."

사업가이며 독실한 크리스천인 매리 크롤리(Mary Crowley) 여사도 같은 말을 했다. "하나님은 아무것도 아닌 존재를 위하여 시간을 낭비하지는 않기 때문에 당신은 위대한 존재입니다." 그녀는 미소를 띠며 계속 말했다. "하나님은 남자를 만들었습니다. 그리고 한번 쳐다보신 후 말씀하셨습니다. '이것보다 더 잘 만들 수도 있다.' 그리고 여자를 만들었습니다." 남자 쪽 의자에 앉아 있던 나는 그녀의 말에 100퍼센트 동의를 표했었다.

자, 당신의 개인적인 재고 자산을 대강 살펴보았다. 당신은 전보다 더 스스로를 사랑하게 되었을 것이다. 그렇지 않은가? (주의할 것은 너무 잘난 체하지 말아야 한다는 점이다.)

[제2단계]   자기 이미지를 확립하라.

고치고 꾸미고 향상시켜라

외모를 꾸미면 자신감을 가질 수 있다. 다음의 글은 〈댈러스 모닝 뉴스(Dallas Morning NEWS)〉지의 1974년 2월 9일 판에서 발췌한 것이다.

중년의 부인들이 화장한 얼굴 아래에서 미소짓다

중년의 댈러스 여인들은 그들의 '새로운 외모'에 자부심을 느끼며 미소 짓는다. 그녀들은 1주일에 한 번씩 휠체어나 지팡이에 의지해서, 매주 마사지를 위해 만나는 사람들과 같이 아크리스 홀을 걷는다.

"이것은 하나의 정신적 향상이에요." 81세의 노파가 마사지를 하면서 말했다. "당신도 아침에 뭔가를 해야만 해요. 당신은 목표가 있어야 한다구요. 내 피부는 살아나고 있어요. 내가 여든한 살로 보이나요. 그러나 피부는 쉰 살밖에 안됐어요." 그녀는 볼을 쓰다듬으며 말했다. 그녀는 건강도 좋지 않았고 눈은 거의 실명 단계에 있었다. 그러나 매일 아침 방을 나서기 전에 반드시 화장을 한다.

그 계획은 '메리 케이' 화장품 회사의 후원으로 댈러스 노인협회를 통해 자금이 지원되고 있다. 그 계획에 참가한 사람의 평균 연령은 83세였다. 21만 400명의 여성들에게 마사지를 시작한 지 6개월 후 노인협회는 그녀들의 자기 이미지에 효과가 있음을 깨달았다.

59세에서 94세까지에 해당하는 50명의 여인들은 1주일에 한 번씩 아침저녁으로 화장과 마사지를 받았다. "우리가 증명하고 싶었던 것은 나이 든 여성들도 외모에 관심을 갖고 있다는 점입니다." 노인협회의 이사 마빈 에른스트가 말했다. "여인들은 외모를 가꿀수록 자존심이 강해진다는 사실이 증명되었습니다. 우울한 상태에서 이런 보조적인 도움은 인간이 자신에 대해 어떻게 느끼고 있는가에 대한 긍정적인 효과를 가져오며, 처한 상황에서 보다 행복하게 해주는 일반적인 효과를 가져옵니다."

미국의 모든 남편들은 아내가 미용실에 갔다 온 후에 좀더 행복해 보이고 친밀해지며, 좀더 생산적으로 변한다고 말한다. 선생님들은 학생들이 새옷을 입고 학교에 올 때는 발걸음이 무척 씩씩하다고 말한다. 고용주들도 다른 모든 상황이 같다면 직원들이 산뜻하게 옷을 입고 있을 때 능률이 더 오른다고 말하고 있다. 남편, 선생님, 그리고 고용주 모두가 그 신문기사와 같은 이야기를 하고 있다. 외모를 변화시켜라. 그러면 당신은 내적인 이미지와 능력을 변화시키는 결과를 가져온다.

나는 체중을 17킬로그램, 그리고 허리를 7인치 줄였을 때 자기 이미지를 개선할 수가 있었다. 당신도 이미지를 개선하기 위해서는 겉모습을 꾸미고 향상시켜야 한다. 나는 지금부터 이 책에서 특히 목표의 설정과 태도, 그리고 습관의 분야에서 이 사실을 언급할 것이다. 태도와 습관편에서는 어떻게 하여 물리적 변화가 창조적인 것으로 취급되는지 다룰 것이다. 당신은 당분간 정상으로 가는 첫 계단이 당신의 이미지를 개선하는 것이라는 사실에 주의하면 된다. 당신은 내적인 변화를 위해 외적인 치장을 해야 한다. 옷이 사람을 만드는 것이 아니라는 옛말은 절반만 진실이다. 진실은 외모가 자기 이미지에 영향을 미치고 일에도 영향을 미친다. 단정한 외모는 인간 내부의 잠재력을 불러일으킨다.

[제3단계] 규칙적으로 호레이쇼 앨저(Horatio Alger) 스토리를 읽어라. 모든 인종, 모든 종족의 사람들이 자기가 가지고 있던 능력을 삶의 영역에서 발휘했던 사실을 적은 전기나 자서전을 읽어라. 예를 들면 헨리 포드, 월터 크라이슬러, 에이브러햄 링컨, 토머스 에디슨, 앤드루 카네기, 부커 T. 워싱턴 등의 자서전을 읽어라. 영감을 줄 것이다.

[제4단계] 인격을 형성시켜 주는 연사나 선생님, 그리고 설교진에게 귀를 기울여라. 나는 이 책의 태도편에서 이것에 대해 자세히 말할 것이다. 인격을 키워주는 어떤 책이나, 연사, 영화, 텔레비전 프로그램 등이 당신의 자기 이미지를 만들어준다고 믿어도 좋다.

[제5단계] 건전한 자기 이미지의 건설은 자신감을 갖는 것이다. 많은 사람들이 새로운 일을 시도하지 않는 한 가지 이유는 실패에 대한 두려움 때문이다. 먼저 당신이 할 수 있다고 확신하는 일부터 시작해 보라. 그 다음에는 거기에서 다른 영역으로 확산 이동하라. 2곱하기 2를 할 줄 알던 어린이가 3곱하기 4나 5곱하기 6 등의 점점 더 어려운 수학을

다루게 되고 자신감을 갖게 되면서 자기 자신을 수학을 통달할 만한 능력자로 보게 된다. 처음으로 오트밀을 만들어 본 소녀는 자신에게 더 잘 만들 수 있는 능력이 있다고 생각하게 된다. 182센티미터 높이를 뛰어넘을 수 있는 선수도 처음에는 낮은 높이에서부터 시작했다. 내가 지적하고 싶은 점도 바로 이것이다. 즉 당신이 성공할 수 있는 일에서부터 시작하고, 성공하면 다음 단계로, 그리고 또 다음 단계로 이동하라. 각 단계마다 당신에게 자신감을 심어 주고, 당신의 자기 이미지는 당신의 업적을 향상시키고, 당신의 업적은 당신의 자기 이미지를 향상시키고, 당신의 자기 이미지는 당신의 업적을 향상시키고…… (하버드의 심리학자인 데이비드 맥클랜드는 이것을 '성취의 순환'이라고 부른다.)

세일즈 훈련과정에서 세일즈맨을 실제로 방문판매에 내보내기 전에 모의 훈련을 시킨다. 맥스웰 멀츠는 이 훈련을 '압력 없는 실습'이라고 불렀다. 그 이유는, 이 예비훈련에서는 세일즈맨이 실수를 하더라도 아무런 책임이 없기 때문이다.

당신은 어쩌면 당신의 인생이라는 신용은행에서 대출을 해 왔을지도 모른다는 사실을 기억하라. 사실 이 책을 단 한 번 읽음으로써 성과를 얻는다는 것은 기대할 수 없다. 당신이 오랜 시간 정기적으로 필요한 단계를 택해서 절차를 따르면 건전한 자기 이미지에 대한 신념의 은행 잔고는 더욱 늘어날 것이고, 그렇게 되면 성공에 대한 신념은 더욱 커질 것이다.

[제6단계] 미소와 칭찬의 명수가 되라. 당신이 어느 누구에게 미소를 지어 보이면 그 미소를 돌려받게 된다. 그리고 당신은 기분이 좋아진다. 비록 그 사람이 미소로 답례하지 않더라도 지구상에서 가장 빈곤한 사람이 미소가 없는 사람들이란 사실을 알고 있기 때문에 기분이 더욱더 좋아진다. 칭찬의 경우도 마찬가지이다.

타인에게 좋은 기분을 안겨줄 수 있는 최선의 방법 중 하나는 낙천적으로 대하는 것이다. 당신은 말과 행동으로 충분히 표현할 수 있다. 예를 들면 대부분의 사람들이 전화를 받을 때 마치 죄인을 상대하듯이 "여보세요" 또는 "네네"라고 퉁명스럽게 말한다. 나는 이런 경우 가곡이라도 부르는 듯이 대답한다. "오, 안녕하세요."라거나 "잘 지내시지요?" 또는 "잘 주무셨어요? 오늘은 날씨가 좋습니다. 희망적인 하루가 될 것 같습니다. 당신도 그렇게 되길 바랍니다."

내가 이렇게 하는 이유는 다음과 같다. 첫째로 내가 그렇게 하고 싶기 때문이다. 기분이 좋든 나쁘든 그렇게 말한다. 그 이유는 간단하다. 기분이 좋지는 않지만 기쁜듯이 행동한다면 곧 행동한 대로 기분이 좋아지기 때문이다. (태도편에서 이것에 대해 논할 것이다.) 또한 나는 전화로 대화를 나누고 있는 상대방에게 하나의 책임을 가지고 있다.

내가 명랑하고 낙천적이라면 상대방에게 격려와 즐거움을 주기 때문이다. 성경에서도 말한다. '즐거운 마음가짐은 끝없는 잔치를 베푸는 것과 같다.' 우리 회사의 직원들은 아주 인상적으로 전화를 받는다. "안녕하세요. 우리는 믿습니다. 좋은 아침이지요." 우리 회사명이 '우리는 믿습니다'이다. 당신을 포함한 모든 사람들은 쾌활하고 낙천적인 사람을 만나면 자연적으로 기분이 좋아진다.

[제7단계] 타인을 위한 일이라면 무엇이든 하라. 병원에 입원하여 외출할 수 없는 환자를 방문하고 케이크를 선물하라. 노인들을 방문하여 책을 읽어주고, 외출해야 하는 젊은 어머니들을 위해서 어린이를 돌봐주라. 문맹자에게 글을 깨우치도록 몇 시간쯤 정기적으로 할애하라. 길을 건너는 어린이를 돕고 고아들에게는 좋은 형이 되라. 집을 잃은 어린이에게 부모를 찾아주라. 나는 당신에게 데이비드 던이 지은 《당신 자신을 주어버리려고 노력하라》는 책을 권하고 싶다. 당신은 거기에서 두 가지를 받아들여야 한다. 하나는 아무런 보상도 받지 말아야 한다는 것이고, 또 하나는 당신이 도와준 사람들은 어떤 종류이든 당신에게 보상을 할 위치에 있어서는 안된다는 것이다.

만일 당신이 베푼 호의에 보답할 수 없는 사람을 위해 어떤 일을 했다면 당신이 준 것보다 훨씬 더 많은 것을 얻으리라는 사실을 나는 믿고 보증한다. 당신이 스스로 뭔가를 할 수 없는 사람을 도와주었을 때 당신은 진실로 행복하다는 사실을 알게 될 것이고, 더욱 감사하는 마음을 갖게 될 것이며, 당신이 봉사할 수 있다는 사실을 알게 될 것이고, 더욱 중요한 것은 당신이 중요한 사람이라는 것을 알게 될 것이다. 간단히 말해서 당신의 시야는 넓어지고 또한 당신이 가진 것으로 사심없이 남을 위해 좋은 일을 했다는 사실 때문에 보너스를 받은 것 같은 느낌을 받게 되는 것이다. 찰스 디킨스는 그것을 '최선의 것'이라고 했다. 다른 사람의 짐을 가볍게 해주는 사람이 지상에서 가장 쓸모 있는 사람이다.

[제8단계] 친구들을 조심하라. 의리 있고 인격이 높은 사람들과 신중히 교제하라. 나는 내 생애 중 35년을 세일즈와 세일즈 훈련에 바쳤다. 만일 의사·교사·변호사·경찰·정치가·대민봉사자·군인 등이 1주일에 한 번씩 세일즈 모임에 참가한다면 우리나라는 훨씬 더 발전하리라는 것을 나는 확신한다. 나는 여러 해 동안 수줍고 능력 없는 많은 남녀들이 세일즈 연수 후에는 자신감과 능력이 넘치는 생산적인 사람으로 변하는 것을 보아 왔다.

그것은 극적이었다. 그 이유는 다음과 같다. 이런 사람들은 부정적인 환경과 쓰레기 같은 사고방식을 가진 사람들에 둘러싸여서 살아왔다. 그들은 생활하는 동안 할 수 없을 것이라는 말만 들어왔다. 그런데 세일즈의 세계로 들어오자 많은 것이 달라졌다. 그들의 환경과 친구들이 달라진 것이다. 이제 모든 사람들은 그들에게 할 수 있다는 말을 해주기 시작했다. 그들은 훈련자·매니저·동료들에게서 긍정적인 말을 들었다. 그들은 이런 접근방법의 결과를 매일매일 눈으로 확인했다. 자기를 사랑하는 것이 훨씬 재미있고 훨씬 유익하다는 것을 알았기 때문에 그들은 즉시 자기 이미지를 바꾸기 시작했다.

바로 이것이다. 모든 사람들이 정기적으로 이런 환경에서 이 사람들과 함께 지낸다면 자기 이미지와 태도에 어떤 변화가 있을 것인지 상상해 보라. 분명히 우리는 다른 사람을 변화시켜줄 만한 그런 사람을 요구할 수는 없다. 그러나 당신은 그와 같은 사람들과 친분을 쌓는 일을 선택할 수는 있다. 그렇게 하면 결과는 놀라울 것이다. 기억해야 할 것은, 당신은 주위 사람들의 생각과 태도와 성격을 많이 배우게 된다는 사실이다. 이것은 주위 사람들이 바람직하든 그 반대이든 마찬가지이다.

덧붙여 말하면 인생 전반에도 이와 똑같은 논리가 적용되는데, 인격형성에 도움이 되는 사람들에 둘러싸여 있다면 당신은 큰 이익을 얻을 것이고, 그와 반대되는 사람들 틈에 있다면 당신은 고통을 얻을 것이다. 당신의 동료가 인생을 사랑한다면 당신도 그럴 확률이 크다. 동료의 인생이 비참하면 당신이 성공할 기회는 희박해진다.

[제9단계] 자기 이미지를 확립하기 위하여 당신의 긍정적인 면의 리스트를 작성해서 가지고 다녀라. 친구에게 당신의 장점을 말해달라고 요구해서 그 리스트를 작성하여 지녀라. 왜 이런 일을 하느냐고 물으면 지성적인 사람들의 의견을 듣고 싶어서라고 대답하라. 나는 그런 친구들에게 그들이 건전한 자기 이미지의 소유자라고 말해주곤 했다. 시간이 날 때마다 당신 자신에 대해 선전하라. 당신의 구석구석을 들추어내라.

[제10단계]　당신의 성공했던 과거사를 기억나게 해주는 승리의 리스트를 작성하라. 이 리스트에는 어린 시절부터 현재까지 당신에게 큰 만족감과 자신감을 주었던 성공사례를 써넣어야 한다. 이 리스트를 점검할 때마다 당신은 과거에 성공한 일들이 기억나며 다시 그것을 할 수 있다는 생각이 들게 된다. 이것은 자신감을 갖게 하며, 그리하여 자기 이미지를 확립하고 결국 성공과 행복을 이루게 해준다. 실제로 이 아홉 번째와 열 번째 단계는 당신이 존재한다는 사실을 다시 확인하게 해준다.

당신이 리스트를 작성할 때 반드시 기억해야 할 것은 우리가 말하고 있는 균형 있는 성공을 위한 많은 중요한 점들이 교육상의 도표에는 나타나지 않는다는 점이다. 당신이 다른 사람들처럼 성실할 수 있고, 신념을 가질 수 있고, 헌신적일 수 있다는 것을 사실로 받아들여라. 당신 역시 열심히 일할 수 있으며, 열심히 기도할 수 있고, 다른 사람들처럼 하나님의 사랑을 받을 수 있다는 사실을 깨달아라.

[제11단계]　건전한 자기 이미지의 확립을 위하여 피해야 할 몇 가지가 있다. 포르노 잡지가 그 첫번째이다. 당신의 정신세계에 들어가는 모든 것은 필연적으로 영향력을 가지고 영구히 보존된다. 그것은 미래의 당신을 만들고 준비한다. 또한 미래의 성공에 대한 가능성을 축소시킨다. 심리학자들은 〈목구멍 깊숙이〉, 〈파리의 마지막 탱고〉, 〈엑소시스트〉라는 영화와 그밖에 섹스가 지나치게 강조된 영화 혹은 텔레비전

프로그램을 보게 되면 실제로 경험한 것과 똑같은 심리적·감정적·파괴적인 영향을 받게 된다고 말한다. 실제로 이런 프로를 본 사람들은 그 말에 동의한다. 그들은 자신을 덜 존중하게 되며, 심지어 더러워하게까지 된다. 이유는 간단하다. 이런 영화나 프로그램들은 인간의 최악의 상태를 보여 주기 때문이다. 당신의 친구가 품위 없어 보일 때 당신 역시 자신을 그렇게 보게 된다. 인간을 가장 나쁜 존재로 보면서 자신의 가치는 그렇지 않다고 생각하는 것은 사실상 불가능한 일이다. 간단히 말해서 당신은 자신을 덜 사랑하게 되며, 당신이 할 수 있다고 생각했던 것보다 더 나은 일은 할 수 없게 된다.

점성술도 동일한 형태로 당신을 사로잡는다. 그것은 어쩌면 당신을 더욱 황폐하게 할지도 모른다. 많은 사람들이 재미삼아 보는 것이기 때문에 손해보는 것은 없다고 생각한다. 그러나 당신은 점을 친 결과로 숙명론자가 된다. (습관에 관한 장에서 그 이유를 설명할 것이다.) 어떤 사람들은 점괘가 좋게 나오지 않으면 결정을 미루거나 여행을 중지한다. 성경은 점이 사탄이라고 말하고 있다. 그러므로 당신이 점성술을 읽으면 당신은 사탄의 보고서를 읽는 셈이 된다. 만일 당신이 하나님이나 성경을 믿지 않는다면, 점성학이란 태양이 지구의 둘레를 돈다고 믿고 만들어 낸 것이라는 점을 지적해 주겠다.

[제12단계] 자기 이미지를 개선하려면 실패 속에서 교훈을 배우라. 티 코브와 베이브 루스 같은 사람들에게서. 티 코브는 야구사상 도루를 가장 많이 한 사람이었다. 베

이브 루스는 야구사상 가장 많은 홈런을 기록했다. 그러나 그들은 동시에 도루나 홈런에 있어서 누구보다도 실패를 많이 하였다. 베이브 루스의 기록을 깬 행크 아론은 메이저 리그에 출전한 그 어떤 선수보다도 많은 스트라이크 아웃을 당했다. 그러나 아무도 그들을 패배자로 취급하지는 않는다. 극소수의 사람들만이 그 사실을 기억하고 있다. 실제로 대부분의 사람들은 그들의 성공만을 기억하고 있다.

엔리코 카루소는 고음을 제대로 낼 수가 없었다. 그의 선생은 고음에서 실수한 그에게 음악을 그만두라고 권유했다. 그러나 그는 계속 노력했으며, 전세계에서 가장 위대한 테너 가수로 인정받았다. 토머스 에디슨의 선생은 그를 바보라고 했다. 나중에 그는 백열등을 발명하기 위하여 1만 400번이나 실패를 되풀이했다. 앨버트 아인슈타인과 베르너 폰 브라운 두 사람 모두 다 수학과목에서 F학점을 받았다. 헨리 포드는 40세 때 파산했다. 빈스 롬바르디는 누트 로그니 이후의 가장 정열적인 코치가 되었다. 그러나 그는 43세 때까지만 해도 삼류 코치였었다.

미국에 있는 세일즈 회사의 지도적인 세일즈맨 중 90퍼센트는 회사 내의 다른 세일즈 부원들보다 더 많은 실패를 맛보고 있다. 월트 디즈니는 성공이 그에게 미소를 보내기까지 일곱 번이나 쓰러졌었다. 사실 이런 사람들은 실패를 실패로 굳히지 않고 그 자체에서 무엇이든 배웠기 때문에 성공한 것이다.

[제13단계] 자기 이미지와 업적을 개선하는 데 가장 빠르고 적합하며 가장 효과적인 방법 중 하나는 가

치 있는 목표를 가진 조직에 가입하여 대화에 참여하는 것이다. 많은 사람들이 개인적인 대화에서는 자신을 잘 표현할 줄 알지만 어떤 종류의 형태이든 집단이라는 곳에서 연설할 때면 뻣뻣하게 굳어져 버린다. 자신이 바보스럽게 보일 것이라고 생각하는 것이다. 그런 이미지를 바꾸는 가장 빠른 방법 중의 하나가 데일 카네기 리더십 코스에 참여하는 일이다. 카네기의 교수로서, 지금은 내 소유 회사의 교수로서 나는 사람들이 대중 앞에서 자기 의견을 피력할 수 있는 능력을 갖게 될 때 상당한 이미지의 변화가 일어난다는 것을 알게 되었다. 그러나 그들이 자신감을 갖게 되자 또 하나의 문제가 생겼다. 그것은 그 사람들의 입을 다물게 하는 데 어려움이 많다는 것이었다.

건전한 자기 이미지를 확립하기 위하여 '해라' 또는 '하지 말아라' 하는 열세 가지의 단계를 검토한 이유는, 당신에게 받아들이도록 하기 위한 것이었다는 사실을 기억하라. 당신이 자신을 한번 받아들이게 되면 다른 사람이 당신을 받아들이는 것은 더 이상 문제가 되지 않는다. 그런 점에서 당신은 그들에게 인정받고 환영받을 것이다. 이유는 간단하다. 사람들은 진정한 당신을 보게 될 것이고 진정한 당신은 가식적인 당신보다 훨씬 더 멋있기 때문이다. 진정한 당신이 인정될 때 당신의 행동은 바람직한 방향으로 변화하고 도덕관도 개선된다. 몰래 간직했기 때문에 앓아야 했던 열병이 사라진다. 당신은 나날이 새로워질 것이다. 간단히 말해서 자신감이라는 당신의 은행구좌는 늘어날 것이고, 가족관계가 개선되며, 의사소통의 장벽이 무너진다.

일단 당신이 자신을 인정하고 받아들이게 되면 다른 사람과 그들의 관점을 받아들이고 인정하는 일은 훨씬 더 쉬워진다. '인정하라'는 말을 기록해 두어라. 이것은 그들의 관점에 당신이 무조건 동의할 필요가 있다는 뜻은 아니다. 그것은 그들이 왜 그런 식으로 느끼는지 그 이유를 당신이 이해할 수 있다는 것을 의미한다. 그렇게 되면 인종·피부색·주의 등의 인류학상의 배경, 또는 직업적인 흥미에 관계없이 타인과 잘 지내기 쉽다는 것을 알게 된다.

징조를 없애라, 그리고 문제를 해결하라

대부분의 문제들은 경제적인 것이든 사회적인 것이든 가정적인 것이든 기타 다른 어떤 것이든 문제 그 자체보다는 그런 문제가 생기는 징조에 문제가 있다. 마약 사용, 알코올 중독, 포르노 잡지, 동성 연애, 그리고 대부분의 천박하고 야비한 행위는 더욱 심화될 또 다른 어려움의 징조일 뿐이다. 다른 많은 일시적 도락들도 부모에 대한 반항에서 나온 행동들이다. 모든 계층의 아이들은 말한다. "당신이 나에게 관심을 갖지 않으면 무슨 일이든 저지르겠다. 그러면 당신은 억지로라도 관심을 갖지 않을 수 없을 것이다."라고. 그 말은 '제발 나를 좀 봐달라. 제발 나를 사랑해 달라. 나를 인정해 달라. 나도 사람이다'라는 뜻이다.

대체로 인간은 인정을 받지 못하면 조정과 타협을 시작한다.

그래서 다른 사람처럼 행동할지도 모른다. 이것은 한 사람이 인생에서 온전히 자기 자신이 될 수 없기 때문에 다른 사람이 되기 위해 노력하게 되는 것이다. 이것은 불행한 일이다. 당신은 보잘것없는 타인이 될 수도 있지만 있는 그대로의 당신이 최상의 당신인 것이다. 일단 자기 자신을 인정하게 되면 타인도 당신을 인정하게 된다. 설사 다른 사람이 당신을 인정해 주지 않아도 상처를 받지 않는다. 당신은 당신 자신이 될 수 있고 다른 사람에게, 신경쓰지 않고서 자신의 일을 할 수 있다. 이 말이 이기적이고 자기중심적으로 들리는가? 실제로는 그 반대이다. 셰익스피어는 이렇게 말했다. "무엇보다 먼저 자신을 생각한다는 것은 진실이다. 그리고 밤이 낮을 따라오는 것처럼 다른 사람 생각도 해야 한다." 일단 당신이 자신의 진실된 가치를 인정하게 되면 무례함이나 야비함 등은 사라진다.

예를 들어 마약 문제를 생각해 보자. 마약이나 알코올에 중독된 사람들은 불건전한 자기 이미지를 갖고 있다. 그들은 자신의 생활태도를 좋아하지 않는다. 다른 사람도 역시 그들의 그런 생활태도를 싫어한다는 것을 알고 있다. 그들은 그것에서 벗어날 쉬운 방법을 찾고, 마약이나 알코올이 그 해답처럼 보인다. 그러나 대부분의 경우 마약이나 알코올은 문제를 더욱 복잡하게 하고 혼란을 야기시키며 인생을 더욱 파괴한다는 것이 입증되고 있다. 건전한 자기 이미지를 가진 새로운 당신은 이런 문제들 때문에 미래에 대해 걱정할 필요는 없을 것이다. 당신은 자기 이미지에 대해 중요한 일을 해왔고 또 하고 있는 중이다. 그래서 이제는 당신의 건전한 이미지와 관계있는 선택에 대해 알아보자.

선택은 당신이 할 일이다

일본 사람이 나무를 한 그루 길렀다. 그 나무의 이름을 본자이(Bonsai)라고 했는데, 그리 크지는 않지만 아름답고 균형이 잡힌 나무였다. 캘리포니아에는 세쿼이아라는 거대한 숲이 있다. 그 숲에는 제너럴 셔먼이라고 불리는 나무 한 그루가 있다. 높이가 82미터, 둘레가 24미터인 이 거대한 나무는 5개의 방을 가진 집을 35채나 지을 수 있을 것이라고 한다.

한때 본자이나 제너럴 셔먼의 크기는 똑같았다. 두 나무가 아직 씨앗이었을 때는 각각 28그램의 3000분의 1도 안되었다. 그러나 성장한 후 크기의 차이는 엄청난 것이었다.

이 이야기는 인생에 하나의 교훈을 준다. 본자이 나무가 땅을 뚫고 솟아 나왔을 때 일본인은 그 나무를 붙들어 맸다. 그래서 성장을 고정시켰다. 그 결과 아름답지만 작은 나무가 되었다. 제너럴 셔먼의 씨앗은 캘리포니아의 비옥한 땅에 뿌려졌다. 그리고 영양분과 비, 햇빛을 흡수했다. 그 결과 거대한 나무로 자랐다. 본자이나 제너럴 셔먼이라는 것은 운명의 선택을 뜻한다. 당신은 원하는 대로 크거나 작아질 수가 있다. 당신은 본자이 같은 나무도 될 수 있고 제너럴 셔먼 같은 나무도 될 수 있다. 당신의 자기 이미지는—당신 자신을 보는 태도—당신이 무엇이 될 것인가를 결정할 것이다. 그 선택은 당신의 일이다.

자신을 인정하라

제2부의 앞부분에서 했던 말을 다시 상기시키면서 이제 2부를 끝내려고 한다. 즉, 지구상의 어느 누구도 당신의 허락없이 당신에게 열등감을 느끼게 할 수는 없다. 당신은 그것을 거부하는 지점에 점점 도달하고 있다. 그곳에 도달할 때 당신은 자신을 인정할 것이다. 당신이 자신을 인정하게 되면 진실로 좋은 것들을 할 준비가 되어 있는 사람으로 볼 것이다. 이것은 다시 생활에서 좋은 것을 얻게 하고 당신 앞에 가로막힌 장벽을 없애게 되는 결과를 가져온다.

당신이 이 책의 다음 단계로 넘어가기 전에 다음의 사항들을 유념하기 바란다.

(1) 다음 페이지에 있는 그림을 보라. 그리고 굵은 글씨로 씌어 있는 '자기 이미지' 옆에 '좋다'라고 써라.

(2) 책을 덮고 눈을 감아라. 이제 잠시 쉬어라. 그리고 건전한 자기 이미지와 그밖의 성공에 필요한 모든 것을 이미 얻은 것처럼 상상하라.

(3) 이 2부를 검토해 보라. 그리고 밑줄을 긋고 당신의 '아이디어철'에 기록하라.

(4) 당신이 차를 염려하면 그 차를 주차시킬 장소를 찾게 되듯이, 자기 이미지에 대해 주의를 기울이면 건전한 자기 이미지를 갖게 될 것이고, 또한 정상에 오르게 될 것이다.

자, 정상으로 향한 다음의 단계로 갈 준비를 하자.

자기 자신에 대한 이야기를 쓴다는 것이 조금은 이상하다는 생각이 들지만, 나는 나의 이야기가 곧 당신의 이야기라고 굳게 믿기 때문에 여기에 적는다. 나는 당신에 대한 나의 느낌을 믿는다. 그리고 내 어린 시절의 두려움과 실패들을 많은 사람들이 듣고 공감했다는 것을 믿는다. 나는 내 이야기가 당신에게 진정한 희망과 믿을 수 있는 능력을 주리라 믿는다.

이 책의 초판에서는 나의 이야기를 자기 이미지편에 삽입했었다. 여러 달 후에 그 이야기는 자기 이미지와 대인관계편 사이에 위치하는 것이 더 적합하다는 사실이 분명해졌다. 내 이야기가 당신의 자기 이미지와 대인관계편 사이의 다리 구실을 할 것이라고 굳게 믿는다.

나는 열두 형제가 있다. 아버지는 아직 어린 다섯 명의 자식과 어머니를 남겨두고 1932년에 돌아가셨다. 어머니는 독실한 크리스천이었으며, 우리에게 무조건적인 사랑을 베풀었다. 그리고 우리에게 하나님을 믿고, 열심히 일하고, 최선을 다하면 모든 일이 잘 풀릴 것이라고 가르쳤다. 그녀는 5학년까지밖에 다니지 못했지만 인생대학을 우등으로 졸업했다. 그녀는 미시시피 주의 야주 시에 있는 작은 마을에서 가장 사랑받고 존경받는 사람들 중 한 명이 되었다. 나이가 들어 더 이상 돈을 벌 수 없게 된 후에도 오랫동안 은행에서 사인하에 필요한 돈을 빌릴 수가 있었다. 그녀는 결코 하나님에 대한 사랑과 진실에 대한 사랑을 더럽히지 않았다. 흑백은 분명히 가렸다. 즉 진리와 거짓을 분명하게 가리고 살았다. 차면 차고 뜨거우면 뜨거웠지 결코 미지근하게 살지는 않았다.

그녀는 가끔 우리에게 계란은 신선하지 않으면 썩은 것이라고 말해 주었다. 그리고 주옥 같은 짤막한 설교들을 들려주었다. "중요한 것은 누가 옳은가가 아니라 무엇이 옳은가이다.", "어떤 일을 위해서든 싸우려고 하지 않는 사람은 어떤 일에서든 질 것이다.", "나쁜 것을 숨기는 사람은 여전히 나쁜 짓을 하고 있는 것이다." 내 아이들이 태어난 후에는 이렇게 충고하셨다. "네 아이들은 네가 하는 말보다 행동에 더 관심이 있다. 모범을 보이려 한다면 이 원칙을 잊지 말아라."

40센트 더 많이

간단한 예를 들어 어머니의 철학을 이야기해 보겠다. 나는 소년시절 토요일마다 아침 7시 30분부터 밤 11시 30분까지 잡화점에서 일하고 75센트를 벌었다. 몇 달 후 근처의 샌드위치 가게에서 내게 일자리를 제의해 왔다. 그곳은 아침 10시부터 자정까지 일하는 데 비해 일당은 1달러 15센트라는 것이다. 나는 일자리를 옮기고 싶어했다.

지금의 당신에게 있어서 40센트 더 많이 준다는 사실의 비중을 상상해 보는 것은 불가능할 것이다. 어쨌든 1939년의 미시시피 교외에 사는 조그마한 소년에게는 엄청나게 큰돈이었다. 그러나 어머니는 일자리를 바꿀 생각은 꿈도 꾸지 말라고 하셨다. 그리고 나는 결코 어머니의 말씀을 거역한 적이 없었다.

어머니가 내게 일자리를 옮기지 말라고 한 이유는 간단했다. 존 R. 앤더슨이라는 독실한 기독교인이 그 잡화점을 운영하고 있었다. 어머니가 말씀하신 대로 40센트가 중요한 것은 아니었다. 존 R. 앤더슨이라는 사람의 영향은 돈으로 측정될 수가 없는 것이었다. 어머니는 스카우트 제의를 한 그 샌드위치 가게 주인이 어떤 사람인지 알 수 없다는 것을 강조했다. 그 주인 역시 좋은 기독교인이었을지도 모른다. 그러나 어머니는 자식을 너무 사랑한 나머지 어떤 사람인지 잘 모르는 주인 밑에 보내어 일을 시키고 싶지 않았던 것이다. 어머니는 또 샌드위치 상점에서 맥주를 판다는 소문을 들었다. 그것이 그녀가 내 일에 개입하고 결정을 내린 마지막 사건이었다. 나는 어릴 때부터 어머니에게서 사랑과 존경심을 배웠기 때문에 그녀가 원하는 것을 존중하는 것은 나에게는 자연스러운 일이었다.

잡화점의 이야기하는 사람

내 변덕을 만류하고 사랑을 안겨주신 어머니가 있었기 때문에 나는, 어머니는 물론 나의 대부 앤더슨 씨의 보살핌과 사랑을 받게 되었다. 나는 이러한 배경에서 성장했던 것이다. 나는 초등학교 5학년 때부터 고등학교 2학년까지 그 잡화점에서 일했다. 나는 상점의 '이야기하는 사람' 노릇을 하기 시작했다. 그 말에 너무 신경을 쓰지 말라. 그것은 단지 청소할 때 사람들에게 '비켜 달라'고 이야기하는 사람이라는 뜻일 뿐이니까.

고등학교 시절 나는 일자리를 옆집으로 옮겼다. 그리고 앤더슨 씨의 휘하에 있는 대리점 경영주를 위해 일했다. 그의 이름은 월튼 헤이닝이었다. 그 역시 내게 각별한 관심을 쏟아준 좋은 사람이었다. 졸업 후 나는 곧 미 해군에 입대했다. 내가 떠나기 전날 밤 헤이닝 씨는 작별인사를 하기 위해 나를 불렀다. 그는 제대한 후에도 다시 자기 가게에서 일해달라고 부탁했다. 솔직히 말해서 나는 주당 평균 75시간을 일하고 30달러를 받고 있었기 때문에 별로 좋은 제안은 아니었다. 헤이닝 씨는 만일 내가 그 사업을 배운다면 내게 정육점을 차려주겠다고 얘기했다. 그러나 나의 관심은 그가 내게 보여준 전년도의 순이익이 5117달러였다는 사실에 있었다. 1944년의 물가는 지금과 같지 않았다는 사실을 고려하라.

나는 1년 동안에 어느 누구라도 그렇게 많은 돈을 벌 수 있다는 사실을 믿을 수가 없었다. 그러나 그는 내게 그것이 사실이라고 했으며, 나도 그렇게 벌 수 있다는 자신감을 불어넣어 주었다. 1944년 7월 1일, 나는 미시시피의 야주 시를 떠나서 해군에 입대했다. 전쟁이 끝나면 난 야주로 돌아와서 정육점을 내고 연간 5117달러를 벌 계획이었다.

해군에 복무하는 동안 나는 미시시피의, 잭슨 가문의 진 아버네티와 사랑에 빠졌다. 그녀가 바로 29년이라는 세월 동안 나와 같이 살아온 나의 아내이다. 제대 후 나는 사우스캐롤라이나의 대학에 입학했으며, 밤에 기숙사에서 샌드위치를 팔아 돈을 벌었다. 학교의 강의가 계속될 때에는 괜찮았으나 방학 때는 벌이가 신통치 않았다. 어느 날 진이 신문에서 연봉 1만 달러의 세일즈맨을 구한다는 광고를 발견해냈다. 연 1만 달러는 우리가 필요한 액수였다. 나는 약속을 하고 면접을 보러 갔다. 나는 극도로 흥분해서 집으로 돌아왔다. 그리고 아내에게 연봉 1만 달러의 직업을 갖게 되었다고 얘기했다. 그녀도 아주 흥분해서 언제부터 출근하는지 물었다. 나는 그들이 연락해 줄 것이라고 설명했다.

이 무렵 나는 너무 순진했었다. 나는 그 일자리가 내 것이 되리라고 굳게 믿었다. 한 달이 지나도 연락이 없자 나는 문의편지를 띄웠다. 그 회사는 내게 세일즈할 능력이 없다는 평범한 답신을 보내왔다. 나는 그렇지 않다고 주장했다. 그래서 결국 그들은 한 달 뒤 세일즈 훈련반에 나를 참가시켰다. 만약 훈련 후에도 세일즈 능력이 없다고 판단되면 채용할 수 없다고 했다. 그 일자리는 요리기구를 파는 것이고 월급은 수당제였다. 훈련이 끝난 뒤 그들은 내게 기회를 주었다. 그 다음 2년 반 동안 나의 세일즈 매니저인 빌 크랜포드의 많은 도움에도 불구하고 내가 한 것이라곤 고작 내게 능력이 없다고 한 그들이 옳았다는 것을 증명하는 일이었다. 오해하지는 말라. 이것은 내가 전혀 팔지 못했다는 이야기는 아니다. 사실 팔기는 좀 팔았다. 그러나 결국 가재도구를 팔고 그 회사를 떠나지 않으면 안되었다. 한마디로 말해서 적자생활이었던 것이다.

당신은 위대하게 될 수 있다

　2년 반 동안 세일즈를 한 후 나는 완전히 다른 사람이 되었는데, 그것은 다음과 같은 계기로 인해 가능했다. 나는 테네시 주의 내슈빌에 있는 P. C. 머렐이 운영하는 노스캐롤라이나의 훈련과정에 참석했다. 좋은 강의였으나 전에 배운 세부적인 테크닉들을 모두 잊었기 때문에 오랫동안 강의를 들어야 했다. 나는 늦게서야 사우스캐롤라이나의 랭카스터에 있는 집으로 돌아왔고, 더 늦은 시간에 잠자리에 들곤 했다. 어린애가 우리의 나머지 시간을 분주하게 했기 때문이다. 아침 5시 30분이면 자명종이 울렸고 나는 습관적으로 침대에서 일어났다. 우리는 잡화상 위층에 있는 조그마한 아파트에서 살고 있었다. 어느 날 아침 나는 졸린 눈으로 창밖을 내다보았다. 밖에는 눈이 내리고 있었다. 길에는 이미 3센티미터 정도의 눈이 쌓여 있었다.

　나는 침대로 다시 기어들었다. 눕자마자 한 번도 그 세일즈 모임에 늦거나 결석한 적이 없다는 생각이 들었다. 어머니의 말씀이 내 뒤통수를 때렸다. "누구를 위해 일할 때 너는 항상 그들을 위해서만 일해라. 만일 네 모든 것을 바칠 수 없다면 그 일을 그만두어라." 나는 침대에서 일어나 노스캐롤라이나의 샤로테를 향해 추위를 무릅쓰고 운전했다.

　훈련과정이 끝났을 때 머렐 씨가 조용히 나를 불렀다. 그리고 말했다. "지그 씨, 당신도 알다시피 나는 2년 반 동안 당신을 지켜보았소. 그리고 깨달은 것은 난 당신처럼 낭비하는 사람을 본 적이 없었다는 것이오." 당황하여 무슨 말씀이냐고 물었다. 그는 설명했다. "당신은 많은 능력을 갖고 있소. 당신은 위대하게 될 수 있는데 그 능력을 사용하지 않고 낭비하고 있단 말이오." 나는 우쭐해졌다. 그러나 조금 회의적인 생각이 들어서 정말 그렇게 보이느냐고 물었다. 그는 나를 안심시켜 주었다. "지그 씨, 당신이 열심히 노력한다면, 그리고 자신을 믿기 시작한다면 정상으로 갈 수 있으리라는 내 말은 추호도 의심할 여지가 없소."

나는 그의 말을 듣고 깜짝 놀랐다. 그 말이 내게 무엇을 의미하는지 알기 위해서는 내 배경을 알 필요가 있다. 나는 소년일 때 키가 좀 작았고, 고등학교에 들어갔을 때 옷을 다 입어도 54킬로그램이 못되었다. 초등학교 5학년 이후부터 대부분의 시간을 일했다. 그리고 또 토요일마다 일했다. 나는 스포츠에 적극적으로 참여하지 않았다. 또 마음이 건전하지도 못했다. 열일곱 살 때까지 데이트 경험이 없었고, 그 뒤 데이트를 하게 된 후에도 그리 신통한 것은 없었다. 나의 자기 이미지는 조그마한 도시에서 태어나 언젠가는 그 도시로 다시 돌아가 연간 5117달러를 버는 것이었다. 그런데 이때 갑자기 나를 존경하고 칭찬하는 사람이 나타난 것이다. 다행히도 나는 머렐 씨를 믿었고 챔피언처럼 생각하고 행동하기 시작했으며, 챔피언같이 일하면서 나 자신을 챔피언으로 보기 시작했다.

당신이 할 수 있다고 믿기만 하면 성공은 쉽다

머렐 씨는 세일즈 기술에 관해서 많은 것을 가르쳐주지는 않았지만 그해가 끝나기 전 나는 7000명 이상의 세일즈맨을 거느린 회사에서 2위의 실적을 올렸다. 그 다음해에는 미국에서 가장 많은 월급을 받는 매니저 중 한 사람이 되었다. 후에 나는 그 주에서 가장 젊은 지국장이 되었다. 그렇다. 나는 P. C. 머렐 씨에게 많은 빚을 지고 있다. "저를 제2의 P. C. 머렐이 되게 해주소서." 이것이 이 책을 쓰면서 간절히 드린 기도였다. P. C. 머렐 씨는 내게 자기 자신을 조그마한 도시에서 태어난 소인으로 취급하는 것을 그만두도록 하는 데 도움을 주었다. 그는 나를 다른 사람을 위해 어떤 것을 제공할 수 있는 특별한 사람으로 생각하도록 유도했다.

나는 새로운 세일즈 기술을 배운 것도 아니고 더구나 내 IQ가 갑자기 좋아진 것도 아니다. 머렐 씨는 내가 성공할 능력과 그것을 사용할 능력을 이미 가지고 있다고 확신시켜 주었다. 내가 그의 말을 믿지 않았다면 그의 메시지는 내 인생에 아무런 영향도 미치지 않았을 것이다. 당신 역시 특수한 사람이라는 내 말을 믿기 바란다. 나는 당신이 성공하고 행복하고 건강하게 되기 위하여, 그리고 가치 있는 목적을 달성하기 위하여 이 지구상에 태어났다는 것을 믿는다. 당신은 성취를 위해 설계되었고, 성공할 수 있도록 만들어졌으며, 위대하게 될 소질을 갖고 태어났다.

머렐 씨와의 만남 이후로 많은 일들이 있었다. 그러나 그와의 만남은 내 생애의 가장 큰 전환점이었다. 이것은 그후의 생활이 항상 잘 풀렸다는 말은 아니다. 그후에도 거의 10여 년 동안 많은 방황을 했다. 그러나 기회의 문은 항상 열려 있었으며 내 작품 중 몇 가지는 불어, 독어, 일어로 번역되기도 했다.

나는 거의 320킬로미터에 이르는 거리를 강연하기 위해 여행했으며, 학생과 세일즈 조직, 교회, 메이저 리그의 야구팀, 그리고 상공회의소에 이르기까지 거의 모든 분야에서 강연했다. 나는 노먼 빈센트 필, 로널드 레이건, 재너럴 채피 제임스, 아트 링크레터, 뉴스 해설자인 폴 하베이, 주의원과 미국 상원의원, 올림픽 스타인 밥 리처드, 케네스 맥팔랜드 박사 등과 같은 사람들처럼 뛰어난 미국인으로 등장했다.

당신 역시 자신이 소유한 것을 가지고 지금 서 있는 곳에서 출발해서 당신의 생애를 좀더 굉장하게 만들 수 있다는 것을 확신시키기 위해 이런 말을 하고 있는 것이다.

한 사람의 생애에 관한 이야기에는 많은 요소와 인물들이 등장하지만 내 경우에 P. C. 머렐 씨와의 만남은 과소평가할 수 없는 종류의 것이다. 우리의 대화는 채 5분도 안 되었고 몇 마디 건네지도 않았다. 그것이 내가 그렇게 감동적으로 이야기했던, 한 폭의 그림이 만 마디 말과 같은 가치가 있다는 말은 사실이 아니다라는 이유이다.

당신은 이제 있는 그대로의 자신을 사랑할 수 있게 되었을 것으로 믿는다. 때문에 당신은 매일 자기 이미지를 확립할 수 있을 것이다.

이 장은 당신을 인정하는 단계에서 다른 사람을 인정하는 단계로 옮겨가는 것을 자연스럽게 해주는 다리와 같은 역할을 한다. 즉 정상으로의 6단계 중 이제 1단계와 2단계를 정복한 것이다.

대인관계

◐ 목적

1. 당신이 타인을 보는 방법을 분명히 해준다.
2. 당신이 타인을 본대로 취급한다는 개념을 주입시킨다.
3. 타인이 원하는 것을 얻을 수 있도록 충분히 도와준다면 당신도 원하는 모든 것을 얻을 수 있다는 사실을 확고히 한다.
4. 진실한 사랑과 정상적인 부부관계를 제시한다.

07

타인을 대하는 방법

장점 발견자

몇 년 전에 자수성가한 100명의 백만장자를 대상으로 분석한 결과가 나왔다. 그들의 연령은 21세에서 30세까지, 교육수준은 초등학교에서부터 박사학위를 받은 사람까지 다양했다. 또한 성향과 성격도 아주 다양했다. 그들 중 70퍼센트가 인구 1만 5000의 소도시 출신이었다. 이 모든 차이점에도 불구하고 그들에게는 하나의 공통점이 있었는데, 그들 모두가 '장점 발견자'들이었다는 사실이다. 그들은 어떤 상황에서도 타인의 장점을 볼 수 있었다.

화가 나서 "엄마는 미워."라고 소리지르곤 혼날까 봐 무서워서 언덕으로 도망가서 소리치는 어린아이의 이야기를 당신도 알고 있을 것이다. 그 아이는 골짜기에 "난 당신을 미워해, 미워해, 미워해."라고 소리를 질렀다. 그러자 골짜기에서 "난 당신을 미워해, 미워해, 미워해." 하는 메아리가 울려왔다. 당황한 아이는 집으로 뛰어왔다. 그리고 엄마에게, 골짜기에 자기를 미워하는 나쁜 소년이 있다고 말했다. 엄마는 아이를 언덕으로 데려갔다. 그리고 아들에게 "난 당신을 사랑한다, 당신을 사랑한다!"라고 외치라고 했다. 아이는 엄마가 시키는 대로 소리를 질렀다. 그랬더니 이번에는 착한 소년의 목소리가 골짜기에서 울려왔다. "난 당신을 사랑한다, 당신을 사랑한다!"

인생은 메아리와 같다. 우리가 보낸 것은 우리가 다시 받는다. 씨를 뿌리면 그것을 얻는다. 다른 사람에게 있는 것은 당신에게도 있다. 당신이 누구이며 직업이 무엇이든 만일 인생에서 가장 많은 보상을 받는 최선의 방법을 찾고 있다면 당신은 모든 상황, 모든 사람에게서 장점을 찾아내야 하며, 그 황금과 같은 법칙을 적용하여 살아야 한다.

당신이 사람을 보는 관점 그대로 사람들을 대한다는 것은 분명한 사실이다. 일단 타인의 장점이나 능력을 발견하면 당신은 그 사람을 더 잘 대우하게 된다. 그리고 그 사람은 일을 더 잘 수행해 내게 된다. 그것은 훌륭한 일이다. 그리고 장점 발견자가 되는 것은 훌륭한 인간이 되는 것이다.

자존심을 살려주라

4년 전에 월터 해일리라는 사람을 만났다. 그는 텍사스 주 댈러스 출신으로 성공적이고 능동적인 사람이었다. 월터와 나는 만나자마자 친구가 되었는데, 나는 그와의 만남을 결코 잊을 수가 없다. 만난 지 얼마 후 그는 자기의 독특한 사업을 보여주고 싶다고 했다. 그는 보험업을 하고 있었으며, 각 주에 있는 잡화점 창고를 기준으로 해서 수많은 독립 잡화상과 손해보험을 체결하려는 새로운 구상을 하고 있었다.

우리는 그 거대한 창고 중 한 곳을 방문했다. 우리가 안으로 들어갔을 때 해일리는 교환원 앞에 가서 말을 건넸다. "교환원은 좋은 직업이라고 생각합니다. 당신에게 전화를 걸어본 사람들은 당신이 언제나 명랑하게 말해서 아주 기분이 좋다고 얘기하더군요." 그 교환원은 환한 미소를 띠고 대답했다.

"감사합니다. 저는 항상 그렇게 일하고 싶었어요." 그는 사무실로 들어갔다. 한 부서를 지날 때 해일리 씨는 말했다. "지글러 씨, 이 방에 들어갑시다. 한 사람을 소개해 주겠소." 그는 방안으로 들어갔다. 그리고 부장에게 말했다. "난 당신에 대해서는 잘 모릅니다. 그러나 이 부서는 잘 알고 있습니다. 당신이 이 부서를 너무나 잘 돌보고 있기 때문에 불평이란 찾아볼 수가 없는 것 같습니다. 이것은 당신이 잘하고 있기 때문이겠죠." 그러자 그 역시 웃으면서 대답했다. "그래요? 해일리 씨, 감사합니다. 나는 최선을 다하고 있습니다." 우리는 2층으로 갔다. 그리고 사무실에 들어가기 전 그는 내게 말했다. "지글러 씨, 당신에게 멋진 비서를 소개하겠소." 그는 비서에게 이렇게 말했다. "나는 당신을 잘 모르겠는데 내 아내는 당신이 실력자라고 하더군요." 그러자 여비서는 웃으면서 이렇게 말했다. "어찌되었든 기분은 좋군요." 우리는 보험담당 사무실로 들어갔다. 그리고 그는 나를 향해 이렇게 말했다. "지글러 씨, 이 유명한 보험인과 인사를 나누실까요." 이 모든 행동은 불과 3분만에 이루어진 것이다. 월터 해일리는 모든 사람들의 자존심을 살려주었던 것이다. 그는 그들을 가치 있는 사람으로 여기고 마음에서 우러나오는 칭찬을 했던 것이다. 이것은 그들에게 직업에 최선을 다할 수 있는 열정을 갖게 해줄 것이다. 결국 나는 그들이 능률적이고 효과적으로 일할 것이라는 확신을 가질 수가 있었다.

그리고 월터 해일리 역시 상쾌한 기분을 느끼리라는 것을 믿어 의심치 않았다. 다른 사람을 위해 좋은 영향을 미치고 자신이 이익을 얻지 못하는 경우란 있을 수 없는 것이다.

성실하고 진지한 칭찬

젊은 시절 세일즈맨으로 일하던 나는 다음과 같은 이야기를 듣고 깊은 인상을 받았다. 다섯 살에 교회 음악경연대회에 참가한 한 소녀가 있었다. 그녀의 음성은 아름다웠으며, 장래가 촉망되었다. 자라면서 교회와 학교, 그리고 사회단체에서 노래를 불러 달라는 요청을 받았다. 부모는 딸에게 전문적인 음악공부를 시켜야 할 필요를 느끼고 유명한 선생에게 보냈다. 그 선생은 자기의 지도방법을 최고로 여겼다. 그는 항상 최고의 음성을 요구하는 완벽주의자였다. 그녀가 노래를 하다가 음정 하나라도 틀리면 일일이 지적했다. 시간이 지남에 따라 그녀는 선생을 사랑하게 되었다. 나이 차이도 있었고 칭찬보다 비평을 더 많이 했음에도 불구하고 그에게 사랑을 느낀 것이다. 결국 그들은 결혼을 했다.

결혼 후에도 그는 그녀를 계속 가르쳤다. 그러나 그녀의 천부적인 목소리가 변하고 있다는 사실을 친구들이 지적하기 시작했다. 노래를 듣기 위해 그녀를 초청하는 사람들도 점점 줄어들었다. 드디어 그들은 음악을 중지했다. 그러자 얼마 후 그녀의 남편은 사망하고 말았다. 남편의 사망 후 몇 년 동안 그녀는 거의 노래하지 않았다. 그런데 어느 날 갑자기 유능한 세일즈맨이 결혼신청을 해왔고, 상황은 바뀌기 시작했다. 어쩌다가 그녀가 콧노래를 흥얼거리면 그는 이런 칭찬을 했던 것이다. "허니, 노래를 더 불러봐요. 당신은 이 세상에서 가장 아름다운 목소리를 가졌군요." 그 말에 힘입어 그녀는 다시 노래를 부르게 되었다. 여러 곳에서 다시 노래를 불러달라는 요청이 들어오기 시작했다. 그후 그녀는 '장점 발견자'인 그 뛰어난 세일즈맨과 결혼했고 성공적인 인생을 즐기게 되었다. 어떤 사람들은 칭찬이 그렇게 만들었다고 하지만, 나는 그녀에 대한 그 세일즈맨의 칭찬이 성실하고 진지했으며 필요한 것이었다는 점을 강조하고 싶다. 실제로 진지한 칭찬은 가장 효과적인 가르침이며 동기유발의 방법이다. 그러나 거짓 칭찬은 금물임을 잊어서는 안된다.

당신은 비즈니스맨이다

뉴욕에 사는 한 사업가가 연필을 파는 거지의 컵 속에 1달러를 넣어주고는 지하철을 타러 가다가 다시 거지에게로 가서 컵 속에 꽂힌 연필 중 1달러에 해당되는 몇 자루의 연필을 꺼냈다. 그리고 연필을 가져가는 일이 늦어진 것에 대해 그 거지에게 정중히 사과를 했다. 그런 다음 그는 이렇게 말했다. "사실 당신은 나와 같은 사업가요. 왜냐하면 당신은 상품을 정당한 가격에 팔고 있기 때문이오." 그러고 나서 그는 지하철을 탔다.

몇 개월 후 의젓하게 생긴 한 세일즈맨이 그 사업가를 찾아와 이렇게 말했다. "아마 당신은 나를 기억하지 못하실 겁니다. 나도 당신의 이름을 모릅니다. 그러나 나는 당신을 잊을 수가 없습니다. 당신은 내게 다시 자존심을 갖도록 해주었습니다. 당신이 내게 사업가라고 말해주기 전까지 나는 그저 연필을 팔던 거지였습니다."

어느 현자는 이렇게 말했다. "할 수 있다고 말해주는 사람이 있기 때문에 많은 사람들은 자신이 생각하는 그 이상의 것을 한다." 당신은 타인을 어떻게 생각하는가? 우리가 타인에게 해줄 수 있는 최대의 선행은 재산을 그들에게 나누어주는 것이 아니라 그들이 가지고 있는 재산을 일깨워주는 것이다. 인간의 능력이 어느 정도인지 알게 되면 놀랄 것이다. 이 책의 1, 2부는 자신의 중요성을 깨달으라고 거듭 강조하고 있다. 성공과 행복의 첫 단계는 자기 자신의 잠재력을 아는 것이고, 두 번째 단계는 타인의 잠재력을 아는 것이다. 다행히도 우리는 자신의 능력을 인정하기 때문에 타인의 능력도 인정하기 쉽다. 당신의 능력을 알게 되면 타인을 위해서 타인의 능력을 발견하게 도와줄 수가 있다.

재능은행

노스캐롤라이나 주의 랄레이에 사는 데이브 스테워트는 좋은 친구이다. 그는 1973년도에 커비회사에서 최고 세일즈맨이었으며 지금도 많은 실적을 올리고 있다. 그러나 항상 이런 위치에 있었던 것은 아니었다. 데이브 스테워트는 사과와 거북이 고기에서부터 냉차와 구두에 이르기까지 다양한 상품을 판매했었다. 지금은 커비 진공청소기를 판매하고 있다. 그는 청소기를 팔기 전 고객에게 그들의 잠재력에 대해 지적해 주곤 했다.

그가 사회에 첫발을 디딘 지 20년 동안은 성공적이었다. 상도 탔고, 돈도 어느 정도 모았다. 그리고 지역사회에서 존경 받는 인물이 될 수 있었으며 수입도 매우 좋았다. 그런 어느 날 데이브는 재능은행이라는 기구를 설립했다. 그후 놀라운 일들이 일어났다. 신입사원이 회사에 들어오면 그는 각 신입사원과 인터뷰하면서 재능은행에 대해 자세히 설명해 주었다. 그는 각 세일즈맨들에게 인품이나 문제점, 그리고 과거 경력에 대해서는 상관하지 않겠다는 것과 인간은 누구나 성공할 수 있는 재능을 가졌다고 말해주었다. 어떤 신입사원들은 희망 고객 선정이나 방문 판매에 관한 재능을 가지고 있고, 어떤 이는 희망 고객을 모집하고 제품설명을 하고, 판매종결을 하고, 판매조직을 세우고, 합리적으로 일하는 등의 재능을 가지고 있다. 따라서 훈련을 필요로 하는 것이고, 각 개인의 재능을 발견하고 그 다음 그것을 개발하는 것이 일이었다. 나이 · 학력 · 인종 · 신념 · 피부색에 관계없이 이 접근방법은 효과가 있었다. 데이브의 회사가 번창하는 것을 보면 이 접근방법이 효과적임을 분명히 알 수 있다.

그의 회사에 근무하는 두 명의 톱 세일즈맨은 이 접근방법의 결과물이다. 그중 한 명은 흑인이고, 또 한 명은 중학교 2학년까지밖에 정규교육을 받지 못했다. 둘 다 젊은이이며, 1972년부터 커비 회사에서 세일즈를 시작했다. 그들은 매년 3만 달러 이상의 수입을 올리고 있다. 간단히 말해서 재능은행 아이디어는 각 사원의 소득을 올려주는 것이라고 할 수 있다. 데이브는 많은 감정과 상식을 가진 사람이다. 또한 그는 상처를 입은 적도, 회의를 느낀 적도, 사업에 실패한 적도 있었다. 그래서 그는 사원들의 심정을 누구보다도 잘 알고 있었으며, 그 결과 이론과 실제 경험을 바탕으로 재능은행 프로그램을 개발한 것이다.

놀라운 사실은 데이브가 타인의 재능을 인정하고 개발하도록 도와주면 그의 재능도 개발된다는 것이다. 어떤 면에서 그것은 미소와 같은 것이다. 남에게 더 많은 미소를 보낼수록 자신에게 돌아오는 미소도 그만큼 많아진다. 데이브의 이런 접근방법의 결과는 믿을 수 없을 정도였다. 지난 3년 동안 그의 회사는 급성장했고 또한 이미 세 개의 지점까지 갖게 되었다. 그는 미래를 위하여 부지런히 뛰고 있다. 그는 매달 1000개의 커비 상품을 팔아왔다. 그의 새로운 목표는 한 달에 2500개의 매상을 올리는 것이다. 당신은 아직도 의심할지 모르겠지만 데이브는 남을 성공하도록 도와주었기 때문에 자기의 재정 상태도 좋아진 것이다. 그는 해변에 별장을 갖게 되었고, 미국에서 유명한 골프장도 드나들게 되었다. 그리고 호화로운 자동차들과 투자주식 등을 가지고 있다.

그의 성공은 태도 · 목표설정 · 일 · 욕망 등 많은 요소들이 작용했기 때문이다. 그러나 두 가지 사실이 가장 중요하다. 첫째는 데이브 스테워트와 사원들의 급성장은 데이브가 타인의 능력을 인정해 주기 시작한 이후에 이루어졌다는 사실이다. 둘째로 그는 한 가지 목표가 달성되자마자 즉시 더 큰 목표를 향해 노력을 기울였다는 것이다. 데이브 스테워트의 이야기는 만일 타인이 원하는 것을 얻을 수 있도록 도와준다면 당신은 인생에서 원하는 모든 것을 얻을 수 있다는 사실을 증명해 준다.

실험용 쥐

수년 전 하버드 대학의 로버트 로젠달 박사는 학생들과 쥐를 상대로 실험을 했다. 그는 학생들과 쥐를 세 그룹으로 나누었다. 그리고 첫번째 그룹의 학생들에게 이렇게 말했다. "자네들은 행운아이다. 자네들은 천재적인 쥐를 다루게 되었다. 이 쥐들은 지적으로 키워졌으며 매우 총명하다. 평탄치 않은 곳에서도 수수깡을 찾아낼 것이며, 치즈도 많이 먹을 것이다. 그럼 앉아서 잘 보아라."

그는 두 번째 그룹의 학생들에게 말했다. "자네들은 그렇게 총명하지도 둔하지도 않은 보통 쥐들을 관찰하게 되었다. 쥐들은 간신히 수수깡을 찾아내고 치즈는 조금 먹게 될 것이다. 그 쥐들은 능력과 지각이 평범하므로 크게 기대하지는 말아라."

그는 세 번째 그룹의 학생들에게 말했다. "이 쥐들은 멍청이다. 만일 그 쥐들이 수수깡을 찾아낸다면 그것은 우연일 뿐이다. 이 쥐들은 지능이 너무 낮아서 그 일을 해낼 수 없을 것이다. 자네들은 치즈를 살 필요도 없고 그저 치즈라고 써서 수수깡 끝에 꽂아놓아라."

그들은 6주 동안 똑같은 과학적 조건 아래 실험했다. 천재 쥐들은 천재처럼 움직였다. 그것들은 단시간 내에 수수깡을 찾아냈다. 평범한 쥐들—당신은 평범한 쥐들이 어떻게 했을 것이라고 생각하는가? 그들은 수수깡을 찾아냈다. 그러나 시간이 너무 오래 걸렸다. 바보 쥐들은 수수깡을 찾는 데 큰 어려움을 겪었다. 여기에 아주 재미있는 사실이 있다. 사실 천재 쥐란 없으며 바보 쥐도 없다. 쥐는 모두 똑같다. 단지 행동에 차이가 나는 이유는 실험에 참가한 학생들의 태도였다. 그 학생들은 쥐의 언어를 몰랐지만 쥐에게도 학생들처럼 태도가 있다. 태도 또는 자세는 모든 생물의 공통된 언어이다.

아이들— 세일즈맨들— 환자들—고용인들—부부들

한번 물어보자. 당신은 어떤 아이들을 가졌는가? 세일즈맨이라면 당신은 어떤 고객을 만나는가? 세일즈 매니저라면 당신은 어떤 세일즈맨들을 데리고 있는가? 의사라면 당신은 어떤 환자들을 치료하고 있는가? 고용주라면 당신은 어떤 직원들을 고용하고 있는가? 남편이라면 당신은 어떤 아내와 살고 있는가? 아내라면 당신은 어떤 남편과 살고 있는가?

당신은 이렇게 말할지도 모른다. "잠깐, 지글러 씨. 조금 전에는 쥐에 대한 얘기를 하더니 이젠 갑자기 내 아이들·아내·남편·희망 고객에 대해 얘기하고 있군요. 무슨 소릴 하려고 그러는지 분명히 해줄 수 없겠소." 분명히 말해서 나는 당신이 타인을 대하는 태도와 그 태도의 영향력의 중요성을 강조하고 있는 것이다. 쥐의 실험 이야기를 좀 다른 이야기로 바꿔서 살펴보자.

한 선생이 이런 말을 들었다. "당신은 행운아요. 당신은 천재 들을 담당하게 될 거요. 그 아이들은 아주 총명해요. 그들은 당신이 질문하기 전에 이미 답을 알고 있을 거요. 그리고 그들은 너무 총명해서 당신을 골탕 먹이려 할지도 모르겠소. 그들 중 몇 명은 게으름을 피우느라 숙제를 조금만 내달라고 부탁할 거요. 그들의 말에 귀를 기울이지 마시오. 그들은 그 숙제를 할 수 있소. 몇몇은 그 숙제가 너무 힘들다고 불평할지도 모르겠지만, 그런 말에는 귀를 기울이지 마시오. 또한 그 숙제가 힘들 것이라고 걱정하지도 마시오."

두 번째 선생은 이런 말을 들었다. "당신은 총명하지도 둔하지도 않은 평범한 아이들을 담당하게 될 것이오. 그래서 우린 중간 정도의 결과를 기대하고 있소."

자연히 그 천재 학생들은 평범한 학생들보다 공부를 더 잘했다. 학년말 시험에서 천재 학생들은 평범한 학생들을 훨씬 앞섰다. 그런데 이 학생들은 천재가 아닌 보통의 평범한 학생들이었다. 차이점이 있었다면 학생들에 대한 선생의 태도였다. 선생은 평범한 학생들을 천재로 생각했고 천재처럼 다루었다. 그래서 학생들은 천재처럼 행동했고 사실 천재처럼 공부도 잘했다.

여기 또 하나의 질문이 있다. 당신의 아이들이 어떤 일, 특히 시험을 볼 경우 마지막 5분 동안에 더욱 재능을 발휘한 적이 있는가? 당신의 회사에 있는 세일즈맨의 경우는 어떤가? 당신의 직원이나 동료들이 그 짧은 시간 동안에 좀더 생산적이고, 좀더 현명해지고, 좀더 전문적이고, 좀더 솜씨를 발휘하게 되었던가? 당신의 아내는 어떤가? 좀더 아름답고 좀더 유쾌하게 보인 적이 있는가? 당신의 남편은? 만일 이런 일들이 없다면 앞부분을 다시 읽어보자. 왜냐하면 당신은 중요한 부분을 놓쳤기 때문이다. 당신의 가족과 친구, 그리고 동료들에게는 문제가 있다. 그 문제는 바로 당신이다.

시인은 그것을 아름답게 표현했다. "한 사람을 있는 그대로 받아들이면 당신은 그 사람을 현재의 상태보다 더 나쁘게 만든다. 그러나 당신이 그를 최고의 인물로 보면 그는 실제로 최고의 인물이 된다." 만일 당신이 이 이야기를 읽고 있는 동안에 자녀들이 갑자기 더 총명해진다면, 남편이나 아내가 또는 동료가 그들이 처한 상황에서 더 좋아진다면 나는 이렇게 말할 것이다. "축하합니다. 당신은 점점 더 발전하고 있는 사람입니다."

타인의 장점을 보는 이 철학의 전형적인 예로서 은퇴한 UCLA의 코치 존 우든을 들 수 있다. 그는 농구게임에서 팀 전체를 하나의 인간으로 보았다. 그는 인생의 모든 것은 타인을 염두에 두고 일하는 것에 의해서 얻어진다고 믿었다. 협동심과 충성심, 최상의 컨디션이 그의 팀의 트레이드 마크였다. 그의 팀은 전국대회에 열두 번 출전하여 열 번 우승했기 때문에 그의 철학은 충분히 입증된 셈이다. 그러나 그 팀의 선수들이 승리를 그다지 중요하게 생각하지 않았다는 사실을 알게 되면 당신은 놀랄 것이다. 실제로 존 우든은 선수들에게 승리에 대해서는 아무런 언급도 하지 않았다. 그는 모든 선수들에게 '최선의 효과'를 강조했을 뿐이다.

당신은 나쁜 선수이다

빈스 롬바르디는 그린베이 파커스 팀을 훈련시키는 동안 제대로 되는 일이 하나도 없었다. 롬바르디는 미식축구 코치였다. 그는 가드를 불러 그의 실수를 지적했다. "이봐, 자네는 나쁜 선수야. 자넨 상대방을 막으려 하지도 않고, 태클도 하지 않아. 오늘 자네 연습은 끝났어. 가서 샤워나 해." 그 가드는 머리를 떨구고 탈의실로 걸어갔다. 45분 뒤 라커룸으로 들어간 롬바르디는 유니폼을 입은 채 앉아 있는 그 선수를 보았다. 그는 머리를 숙이고 조용히 흐느끼고 있었다.

빈스 롬바르디는 그의 전형적인 무표정한 얼굴로 그 선수에게 다가가서 어깨를 감싸주며 이렇게 말했다.

"이봐, 자네는 나쁜 선수야. 자넨 상대방을 막으려 하지도 태클도 하지 않아. 그러나 솔직히 말하면 자네에게는 위대한 선수가 될 자질이 있어. 난 자네 안에 있는 그 위대한 선수가 일어나서 행동할 때까지 자네를 다그칠 거야." 이 말에 제리 크래머는 기분이 좋아졌으며, 그후 미식축구사상 최초의 올타임 가드로

뽑혔다.

롬바르디는 선수들에게 그들이 가진 재능을 사용하도록 유도하는 능력을 가졌었다. 그 결과 롬바르디가 지도한 선수들은 그린베이 팀에게 세계 챔피언의 영광을 안겨주었다. 나중에 그가 워싱턴 팀으로 이동하자 많은 사람들은 소니 저겐센을 어떻게 다룰지 궁금해했다. 그들의 궁금증은 오래가지 않았다. 첫번째 연습날 한 기자가 저겐센에 관한 질문을 했다. 롬바르디는 소니를 불러세우고 그의 어깨에 팔을 얹으며 말했다.

"여러분, 이 사람은 미식축구사상 가장 위대한 쿼터백입니다." 저겐센이 연습과 경기에 최선을 다한 것은 두말할 나위도 없다. 롬바르디는 타인의 장점을 보았고, 그가 본 대로 타인을 다루었으며, 타인의 내부에 있는 장점을 끄집어내 개발하도록 도와주었다.

꼬마 애니

헬렌 켈러의 선생인 앤 설리반(꼬마 애니)은 정신병 환자였다가 한 늙은 간호사의 도움으로 새사람이 되었다. 그래서 그녀는 정상인이 된 후에도 병원을 떠나지 않고 다른 환자들을 위해 일했다. 그러다가 앞을 보지도, 듣지도, 말을 하지도 못하는 헬렌 켈러를 맡아 세계적인 위인으로 만든 것이다. 그녀에 대한 얘기를 좀더 자세히 해보자.

매사추세츠 주 보스턴 근교에 있는 한 정신병원의 특실에 '꼬마 애니'라는 소녀가 입원해 있었다. 이 병원은 유명한 곳이 었으나 특실에 입원한 환자는 가망이 없다고 의사들은 말하곤 했다. 의사들은 꼬마 애니를 산 송장처럼 여겼다.

당시 그 병원에는 은퇴를 앞둔 늙은 간호사가 있었다. 그녀는 꼬마 애니도 하나님의 자녀라고 생각했기 때문에 회복시키기 위해 노력을 기울였다. 그래서 그녀는 꼬나 애니에게 점심을 가져다주고 꼬마 애니의 병실 밖에서 식사를 하곤 했다. 어린 소녀에게 사랑과 희망을 주고 싶었던 것이다. 결국 그녀의 따뜻한 보살핌으로 꼬마 애니는 새 사람이 되었다. 병원에서는 정상이 된 그녀를 퇴원시키려 했지만 그녀는 다른 환자들을 돕기 위해 떠나지 않겠다고 했다. 늙은 간호사 덕분에 자기가 살아났다는 것을 알게 된 그녀는 불행한 사람을 소생시키는 데 자기의 일생을 바치겠노라고 결심했다. 그후 그녀는 많은 사람에게 도움을 주었다. 그중의 한 사람이 바로 헬렌 켈러 여사이다. 사실 헬렌 켈러는 꼬마 애니, 즉 설리반 선생님 덕분에 위대한 인물이 되었다고 해도 과언이 아닐 것이다. 훗날 헬렌 켈러 여사도 자신이 설리반 선생의 은혜로 살아났다는 것을 깨닫고 많은 불행한 사람들에게 도움을 주었다. 지금도 그녀의 도움을 받은 많은 사람들이 다른 불행한 사람들을 돕기 위해 세계 곳곳에서 일하고 있을 것이다.

수년 후 영국의 빅토리아 여왕이 외국인에게 주는 최고의 훈장을 수여하면서 헬렌 켈러 여사에게 물었다. "어떻게 이토록 많은 업적을 남길 수 있었습니까?" 그때 헬렌 켈러 여사는 주저하지 않고 만일 앤 설리반 선생님의 도움이 없었더라면 헬렌 켈러라는 이름이 이 세상에 알려지지 못했을 것이라고 대답했다. 앤 설리반은 모두가 외면한 헬렌 켈러를 하나님의 특별한 자녀라고 보았기 때문에 그녀에게 사랑과 희망을 심어주었던 것이다.

눈은 마음의 창이다

수년 전 한 노인이 버지니아 주 북부에서 강을 건너려고 했다. 날씨는 춥고 다리도 없었기 때문에 무엇이든 타고 건너야만 했다. 오랜 시간 강가에서 기다리고 있으니 말을 타고 오는 한 무리가 보였다. 첫번째 사람이 말을 타고 강을 건너갔다. 그리고 뒤이어 두 번째, 세 번째, 네 번째, 다섯 번째 사람도 지나갔다. 드디어 여섯 번째 말을 탄 사람만이 남게 되었다. 노인은 그에게 다가가 눈을 들여다보며 말했다.

"여보시오, 건너편까지 좀 태워주시겠소."

그러자 말을 탄 여섯 번째 사람은 조금도 주저하지 않고 대답했다. "네, 물론 그러죠." 강을 다 건너자 노인이 말에서 내렸다. 그가 떠나려 하자 말을 탄 사람이 물었다. "왜 다른 사람들이 지나갈 땐 가만히 서 있다가 나한테 태워 달라고 부탁했습니까?" 노인은 이렇게 대답했다. "그들의 눈을 보니 그들에겐 사랑이 없다는 것을 알았소. 그래서 부탁해 봤자 헛수고라는 걸 알았소. 그러나 당신의 눈을 보고는 사랑과 동정심, 도움을 줄 사람이라는 것을 알았소. 당신이라면 기꺼이 강을 건네주리라 믿었소."

이 말을 듣고 말탄 사람은 겸손히 이렇게 말했다. "감사합니다. 그 말씀의 뜻을 깊이 간직하겠습니다." 말을 마치고 말탄 사나이, 토머스 제퍼슨은 백악관으로 말을 달렸다. 눈은 마음의 창이라는 말은 진실이다. 이 경우 노인은 눈을 올바로 읽은 것이다. 하비 파이어스톤은 "최고의 것을 타인에게 줄 때 타인의 최고의 것을 얻게 된다."라고 말했다.

욕구를 찾아내고 만족시켜라

번 드래트와 그의 아내 라본은 신념과 일이 인생을 해결해 준다고 믿었기 때문에 성공할 수 있었다. 번은 소아마비에 걸리기 전까지는 돈벌이가 좋은 미장이였었다. 그에게는 세 자녀가 있었고 4년 반 동안 건강을 회복하기 위해 몸부림쳤었다. 오늘날 번과 라본은 연간 600만 달러 이상의 매출을 올리는 사업체를 운영하고 있다. 그들은 1000개 이상의 타파웨어 대리점을 갖고 있다.

남편의 병을 치료하느라 저축한 돈을 다 써버리자 그의 아내 라본은 직장을 찾아나섰다. 그녀는 하루에 10시간씩 일했기 때문에 너무나 지쳐서 남편과 자녀들을 잘 보살필 수가 없었다. 그래도 그녀는 타파웨어를 취급하는 일을 사랑하게 되었고 풀타임으로 일했다. 그 일은 재미도 있었고 수익도 많았다. 그래서 그녀는 일 중심의 스케줄 대신 가족 중심의 스케줄을 짤 수가 있었다. 그와 동시에 자기와 비슷한 가정을 가진 여성들의 문제점을 알게 되었고 그들에게 도움의 손길을 뻗었다. 드디어 남편 번도 회복하게 되었다. 마침내 라본 부부는 미국에서 최대의 대리점을 가진 회사 중 하나를 경영하게 되었고 지역사회와 동료, 교회에 공헌할 수 있게 되었다. 번과 라본은 그들 회사에 근무하는 108명의 지배인들과 수많은 대리인들이 좋은 차를 가질 수 있도록 해주었으며, 그들의 목표를 달성하도록 도와준 것이다. 그들이 키운 사람들 중에 그들 사업체의 부사장인 할 엠피도 있는데, 그에 의하면 그들의 회사가 사람들의 필요성을 충족시키기 때문에 날로 발전하고 있다고 한다. 당신도 번 부부처럼 사람들의 필요성을 알고 그것을 충족시킨다면 당신이 원하는 것을 가질 수 있을 것이다.

타인을 먹여라, 그러면 당신 자신은 더 잘 먹게 된다

어떤 사람이 천국과 지옥을 모두 여행할 기회가 있었다. 그는 먼저 지옥으로 갔다. 지옥에 있는 사람들은 만찬 테이블에 앉아 있었다. 상상도 할 수 없을 정도로 많은 음식들과 과일, 야채 등이 테이블 위에 있었다. 악마가 말하기를, 사람들은 그 이상 더 요구할 것이 없다고 했다.

그러나 여행자는 조심스럽게 그들을 들여다본 후 그들에게는 웃음도 없고, 뼈만 남아 있다는 사실을 깨달았다. 음악도 없었다.

그들은 왼손에는 포크를 오른손에는 나이프를 들고 있었다. 포크와 나이프의 길이가 길어서 음식을 찍어 먹을 수가 없었다. 그들은 남에게 음식을 먹여줄 줄은 모르고 자기의 입에만 넣으려고 하다가 헛수고만 하는 것이었다. 그들은 온갖 맛있는 음식을 앞에 두고 굶주려 죽기 직전에 있었다.

여행자는 다시 천국에 가보게 되었다. 천국에도 지옥에서 본 것과 똑같은 음식과 포크와 나이프가 있었다. 포크와 나이프의 길이도 역시 길었다. 그러나 그들은 건강하고 생기가 넘쳐흘렀다. 그는 의아해했지만 곧 이유를 알게 되었다. 그들은 서로 상대방에게 음식을 찍어 먹이고 있었다. 그래서 반대편에 앉아 있는 사람을 먹여주고 자신도 먹으며 살고 있었던 것이다.

이 메시지는 분명하다. 상황과 사람들을 보는 태도는 지극히 중요한데, 그 이유는 당신이 본 그대로 상황과 타인을 대우하기 때문이다. 내가 다시 기억시키고자 하는 것은, 다른 사람이 원하는 것을 얻도록 도와준다면 당신의 인생에 원하는 모든 것을 얻을 수 있다는 사실이다.

08

좋든 나쁘든
당신은 그것을 전하고 있다

중간 아이는 다르다

내 개인적인 이야기를 하겠다. 딸만 셋을 두었을 때 우리에게는 문젯거리가 하나 있었다. 둘째아이는 다섯 살이었다. 모든 사람들이 알다시피 첫째도 막내도 아닌 이 중간 아이는 다른 형제들과는 좀 다르며 종종 문제아가 된다. 우리는 친구와 친척들이 중간 아이, 둘째는 문제아라고 얘기했기 때문에 둘째를 문제아로 보게 되었다.

다른 형제들과 좀 다르다는 것은 첫째아이에게 있는 안정성과 독립심을 갖고 있지 않으며, 막내에게 일반적으로 있다고 생각되는 호소력과 동정심이 없다는 것을 이르는 것이리라. 만일 부모들이 중간 아이를 다르다고 생각한다면 다른 아이들도 항상 중간 아이를 다르게 대한다. 이렇게 되면 그 중간 아이는 결국 부모들이 대하는 대로 다른 아이들과는 다르게 된다. 친구와 친척들은 우리에게 그 아이의 다른 점이—우리가 그렇게 대했기 때문에 생겨난—긍정적이거나 부정적이라는 얘기는 하지 않았다.

나는 중간 딸아이를 전통적인 방법으로 다루었다. "신디는 왜 자주 울까? 그애는 왜 수잔과 줄리 같을 수 없지? 그애가 다른 이유는 뭘까? 그애는 왜 좀더 즐거워하고 행복해하지 않을까?" 이에 신디는 남다른 반응을 보였다. 그애는 울고, 불평하고, 대체로 내가 염려한 대로 행동했다. 우린 결국 '뿌린 대로 거두리라'는 성서의 말뜻을 배우게 되었다.

우리는 둘째 딸아이에 대한 태도를 바꾸기로 했다. 방문객이 찾아올 때면 나와 아내는 신디를 특수한 방법으로 소개하곤 했다. "이 아이는 너무 행복하기 때문에 모든 사람들이 사랑한답니다. 이 애는 언제나 웃고 있답니다." 그러고 나서 "얘야, 이분들에게 네 이름을 말씀드려라."라고 했다.

그러면 그애는 항상 두 개나 빠진 앞니를 드러낸 채 싱긋 웃으며 말하곤 했다.

"내 이름은 올챙이에요."(아주 조그마한 계집아이에겐 이 얼마나 사랑스러운 이름인가!)

이런 방법을 사용한 지 한 달쯤 지났을 때 우린 부모로서의 기쁜 경험을 얻게 되었다. 어떤 사람이 우리를 만나러 왔고 우린 습관대로 신디를 불렀다. 그리고 말했다. "이애는 모든 사람이 사랑하는 우리 딸입니다. 저분에게 네 이름을 말씀드려라." 그러자 신디는 내 소맷자락을 붙잡고 말했다. "아빠, 난 이름을 바꿨어요." 다소 놀라며 내가 물었다. "그럼 네 이름이 뭐지?"

전보다 더 환한 미소를 지으며 아이가 대답했다. "난 행복한 올챙이에요."

그렇다. 신디에게 중요한 변화가 일어난 것이다. 그것은 부모가 제공하는 최상의 것을 받을 준비가 되어 있는 아이로 보기 시작했을 때부터였다. 우리가 명랑하고 행복한 소녀라는 관점에서 그 아이를 바라볼 때 그애는 명랑하고 행복한 소녀가 되었고, 그래서 우리는 지금도 신디를 '감미로운 아이'라고 부른다.

그렇다. 타인을 정확하게 보는 법을 배운다는 것은 너무나 중요하다. 그 이유는 타인을 본 그대로 그들을 대우하고 취급하게 된다는 사실 때문이다.

세 꼬마 소녀

수년 전 우리가 조지아 주의 스톤마운틴에 살고 있을 때 나는 디케이터 마을 근처에 사무실이 있었다. 어느 날 보험업에 종사하는 친구가 내 사무실을 잠시 방문했다. 그는 세 살, 다섯 살, 일곱 살 짜리 세 딸을 데리고 왔다. 그 아이들은 예쁜 옷을 입고 있었고 작은 인형처럼 보였다. 그는 딸들을 소개했다. "이 애는 밥을 잘 먹지 않는 아이이고, 얘는 매일 엄마를 못살게 굴고, 그리고 얘는 하루 종일 우는 아이랍니다." 나는 그가 세 딸을 사랑하고 있다는 것을 추호도 의심하지 않았다. 그러나 불행히도 그는 그 딸들에게 좋지 않은 어떤 것을 주고 있었다. 그가 딸들을 바라보는 태도는 그 딸들을 다루는 태도였다. 우리는 우리가 뿌린 대로 거둔다. 뿐만 아니라 타인이 우리 마음속에 뿌린 것도 거두게 된다. 우리가 그들을 보는 태도는 우리가 그들에게 뿌리는 정도를 결정지으며, 그것은 넓게 보면 그들이 앞으로 어떤 사람이 될 것인지를 결정하기 때문에 우리가 그 세 딸들을 적절히 바라본다는 것은 이중으로 중요한 것이다.

린다 아이작의 식구들과 친구들 그리고 선생님들은 그녀를 정신박약아로 보았고 그렇게 다루었다. 텍사스 주 이탤리에 있는 특수교육학교의 선생은 그녀가 배우는 데 부적당하다고 생각하여 많은 것을 가르치지는 않았다. 그럭저럭 린다는 고등학교를 졸업했다. 그러나 실력은 초등학교 1학년 정도밖에 되지 않았다. 이런 환경 속에서 그녀에게는 오직 두 가지 기회가 있었다—희미하게 사느냐, 죽어 없어지느냐. 그녀의 어머니는 사회사업 단체인 텍사스 재활원의 캐롤 클랩 선생을 만났다. 그 결과 린다는 댈러스에서 3주간의 적성평가 프로그램을 받았다.

그녀는 그곳에서 마음속에 잘못 뿌려진 씨앗을 조정하는 계획에 따라 움직였다. 그 결과 좋은 성과를 보였으며, 곧 산업계약센터로 이동되었다. 오늘날 그녀는 전화를 받고, 시간표를 짜고, 매일매일의 진행 상황을 점검하고 있다. 자신을 새롭게 대우하는 환경에서 자신감이 생김에 따라 그녀의 개성은 변했다. 그녀는 '리틀 피플'이라는 단체에 가입했으며 비서가 되기를 희망하고 있다. 그녀는 인생을 사랑하고 자신의 일을 좋아한다. 린다 아이작의 이야기는 해피엔딩이 될 것이다. 그러나 그 이야기는 얼마나 많은 사람들이 타인들의 잘못된 시선과 대우에 의해 버림을 당하고 있을까 하는 의구심을 자아낸다.

심지어 대학에서도 학생들 중 몇 명에게는 반드시 F학점을 준다거나 한 명에게도 A학점을 주지 않겠다고 거만하게 이야기하는 몇몇 교수들에 의해서 많은 학생들이 능력을 제대로 발휘하지 못하고 있다. 이러한 교수들은 잘못된 과시 뒤에 능력 부족을 감추려 한다는 의심을 피하기 어려울 것이다. 이러한 교수들은 더 열심히 연구해야 하고, 자신이 훌륭한 교수라고 장담할 수 있어야 한다. 또한 많은 학생들이 A학점을 받을 수 있으며 어떤 학생이든 그 과목에서 탈락되지 않을 것이라고 얘기할 수 있어야 한다고 나는 생각한다. 오해하지는 말라. 나는 교수에게 학생들을 언제나 칭찬하고 실제로 어떻게 공부하고 있는가에 관계없이 공부를 잘한다고 얘기해 주라는 것은 아니다. 그런 태도는 학문적인 자살로 가는 행위이다. 실제로 샌프란시스코에서 행한 최근의 조사에서는 소수의 학생들에게 공부를 잘한다고 계속해서 말해주었음에도 불구하고 실상 그 얘기를 들은 학생들의 실력은 형편없는 것으로 나타났다고 한다. 이런 것은 취직시험에 응시할 수조차 없는 실력의 소유자로 만들기 때문에 가장 위험하고 나쁜 취급이다.

　해결책은 무엇인가? 나는 그런 복잡한 교육적인 문제에 대해서 간단한 답을 갖고 있지 않다. 그러나 이것만은 알고 있다. 우리는 그 학생의 전체적인 능력을 찾아낼 필요가 있고, 그들을 다루는 데 더 많은 인내심과 정열, 그리고 그 학생이 하고 있는 것에 대한 더 많은 분석이 필요하며, 그 학생에 대해 너무 비판적이 될 필요는 없다는 것이다. 간단히 말해서 많은 격려를 해주어라. 그러나 그들이 공부를 잘하지 못하는데도 잘한다고 거

부모는 자식에게 사랑 · 복종 · 신앙 · 인격 등을 가르친다.

교사는 성실 · 애국심 · 인내 · 자세 등을 가르친다.

교수는 지식 · 목표설정의 성격 · 협동 등을 가르친다.

고용주는 충성심 · 최선의 노력 · 자신감 · 헌신 등을 가르친다.

좋은 가르침은 인생을 성공으로 이끈다.

짓말을 해서 잘못 인도하지는 말라. 그들에게 더 잘할 수 있다는 사실을 깨닫게 해줌으로써 격려하라.

27년 이상 가르쳐 온 경험은 이것이 최대의 성적을 얻을 수 있는 가장 효과적인 방법이라는 사실을 내게 확신시켜 준다.

세일즈의 여왕

메리 케이 화장품 회사의 회장인 메리 케이 애쉬는 타인의 장점과 잠재력을 인정하는 것의 가치와 중요성을 잘 이해하고 있다. 그녀는 모든 일에 있어 양면의 가치를 아는 사람이다. 그녀는 어린 두 자녀를 데리고 스탠리 가정용품을 취급하는 일부터 시작했다. 그녀는 처음에 어렵게 출발했지만 다른 여성들이 잘 해내는 것을 보고 곧 자기의 시대가 올 것이라는 희망을 품고 남보다 두 배의 노력을 기울였다.

얼마 후 댈러스에서 전국 판매대회가 열렸다. 메리 케이는 여비와 숙박비로 12달러를 빌렸다. 그것이 그녀가 가진 돈의 전부였으며 그 돈에는 음식값이 포함되지 않았다. 그녀는 사흘 동안 치즈와 크래커만을 먹었다. 판매 대회는 그녀에게 자극제였다. 마지막 날 스탠리 비버리지 씨가 키 크고 가냘픈 흑인에게 '세일즈의 여왕' 왕관을 씌워주자 메리 케이는 자신도 성공으로 가는 길을 걷겠노라고 결심했다.

대회의 의장인 비버리지 씨와 악수를 나누러 시상대에 나가서 그녀는 그의 눈을 똑바로 바라보며 말했다. "비버리지 씨,

당신은 오늘 밤 내가 누구인지 모를 겁니다. 그러나 내년 이맘때에는 알게 될 겁니다. 왜냐하면 내년에는 내가 세일즈의 여왕이 될 것이기 때문입니다." 스탠리 비버리지 씨는 그 말에 대꾸하지 않을 수도 있었지만 이렇게 얘기해 주었다. "그래요, 나는 당신이 다음해엔 틀림없이 세일즈의 여왕이 될 것이라고 생각합니다." 나중에 그녀는 그 회사와 또 다른 회사에서 괄목할 만한 실적을 쌓았다.

그런 후 어느 날 그녀는 은퇴했다. 그리고 며칠을 곰곰이 생각한 끝에 자기가 다녔던 회사들의 장점을 모두 리스트로 만들었다. 세일즈를 하려는 여성에게 중요하다고 생각되는 것들을 뽑아냈다. 그녀는 자신이 판매경력을 쌓으면서 하고 싶고, 되고 싶고, 가지고 싶었던 것들을 적었다. 그리고 회사를 설립하기로 결심했고, 모든 직원들이 아름다움과 능력을 발휘하도록 도와준다는 원칙에 따라 운영할 생각이었다. 그녀는 자기가 가지고 있는 것의 일부를 직원들에게 주는 것보다는 직원들이 이미 가지고 있는 것을 겉으로 발산하도록 해주는 것이 훨씬 더 바람직하며 중요하다는 생각을 갖고 있었다.

한정된 자본과 무한정한 믿음으로 메리 케이 화장품 회사는 1963년 8월에 설립되었다. 그해가 가기 전에 그들은 거의 6만 달러의 매상을 올렸다. 1974년에는 6000만 달러의 매상을 올렸으며, 모든 세일즈 담당 상담자와 지도자들은 메리 케이의 이야기를 들려주고 있다.

이 성공의 이유는 여러 가지가 있겠지만 누군가가 메리 케이에게 특별한 무엇이 있다고 이야기해 주었기 때문이다. 그녀는 회사 직원들에게 첫번째가 하나님이요, 두 번째가 가정이요, 세 번째가 메리 케이 화장품 회사라고 가르치고 있다. 그녀는 또한 직원들에게 엄청난 능력이 잠재해 있다고 보았으며 지금도 물론 그렇게 보고 있다. 그리고 그런 관점에 따라 직원들을 대우하고 있다.

자신이 타인을 얼마나 두려워하는지 알고 있다

이와 비슷한 예로서 사우스 캐롤라이나 주의 컬럼비아에 있는 한 백화점에서 일어난 사건을 들 수 있다. 때는 크리스마스 시즌이었고 엄청나게 많은 사람들이 백화점에 몰려들었다. 다섯 살짜리 딸을 데리고 온 한 어머니가 그 북적거리는 사람들을 보고 있었다. 그 어머니는 사람들에 정신이 팔려 있었기 때문에 아이가 저만치 걸어가는 것을 보지 못했다. 잠시 후 그녀는 딸을 잃어버린 것을 알았으며 어쩔 줄을 몰라 했다. 그녀는 딸을 찾아낸 후 소리를 질렀다. "내 옆에 꼭 붙어 있어. 넌 사람들이 얼마나 무서운지 아니!"

당신은 그 소녀가 어른이 될 때까지 얼마나 많은 것들을 두려워할지 상상조차 할 수 없을 것이다. 그 이야기는 배운 다음에는 아주 간단한 듯이 보인다. 그러나 나는 이 페이지에서 누군가가 내가 둘째아이에게 했던 행동을 지적하고 더 좋은 것을 가르쳐줄 때까지 그와 같은 일들이 너무나 많이 일어난 데 대한 나의 죄의식을 변론해야만 한다. 그 당시에 나는 나 자신의 그런 행위에 대해 의식조차 못하고 있었다. 배워서 알고 난 후에야 나는 자식에 대한 그런 행동이 얼마나 무서운 영향력을 발휘하는지 깨닫게 되었다. 나는 그저 전통적인 방법대로 자식들을 대해 왔었다.

변명에는 두 가지 특징이 있다는 말을 여러 번 들었다. 하나는 변명은 언제나 옳다는 것이다. 두 번째는 그것은 결코 가치 있는 일이 아니라는 것이다. 그 말은 어느 정도 진실이다. 그러나 변명이란, 만일 당신이 변명을 한 것에서 무엇인가 배울 수 있었다면 많은 가치가 있는 것이며, 혹은 당신이 타인의 변명에서 무언가 배울 수 있었다면 그것은 더욱더 가치가 있는 것이다.

공헌에 대한 보상을 한다

독립전쟁에서 명성을 얻은 앤더슨 소령은 도서관을 갖고 있었다. 그는 더 많은 지식을 얻고 싶어하는 그 지방의 젊은이들에게 자기의 도서관을 개방한 이기심 없는 사람이었다. 토요일 아침마다 앤더슨 소령의 집에 오는 어린 소년들 중에 그날 하루를 독서로 보낼 수 있는 기회를 갖게 된 데 대해 무척 고마워하는 스코틀랜드 출신의 한 소년이 있었다. 그는 분명히 그 도서관에서 많은 것을 배웠다. 왜냐하면 그 소년, 앤드류 카네기는 미국 역사상 가장 생산적이고 가장 부유한 사람들 중 한 명이 되었기 때문이다. 그는 100만 달러를 소유한 사람이 거의 드문 시대에 4300만 달러를 벌었다. 카네기는 앤더슨 소령의 친절을 다른 방법으로 갚았다. 그는 미국 전역에 카네기 도서관을 지었으며, 수많은 사람들이 그의 혜택을 받고 있다.

그렇다. 당신이 타인의 능력을 바라보고 그 능력이 성장하도록 도와주며 협조할 때 당신은 엄청난 기여를 하는 셈이다. 물론 그 엄청난 것은 당신이 타인에게 주면 줄수록 당신 스스로 더 많은 것을 간직하게 된다.

39세에 벨 앤드 하우웰 회사의 사장이 된 찰스 퍼시의 경우도 같다. 그는 회사의 말단에서부터 시작하여 부와 명성을 모두 얻었다. 오늘날 그는 유능한 미합중국의 상원의원이다. 재미있게도 퍼시 상원의원에 관한 가장 많은 이야기는 타인의 잠재능력을 바라볼 줄 알며, 그 능력을 사용하도록 고무하는 능력을 지녔다는 것이다.

이 철학은 종종 일시적으로는 당신을 영광보다는 그늘 쪽에 머물게 할지도 모른다. 걷기선수였던 챗어웨이는 릴레이 형식의 걷기대회에서 처음 4분 거리를 걷는 데 중요한 역할을 했다. 그는 무릎에서 불이 날 정도로 빨리 걸어가서 다음 선수인 로저 바니스터에게 바통을 넘겨주었다. 그래서 바니스터는 마의 4분 벽을 깨뜨릴 수 있었다. 바니스터가 그 장벽을 깨고 국제적인 명성을 얻은 반면 챗어웨이는 상대적으로 희미한 존재가 되어버렸다. 그러나 챗어웨이는 그 경기를 처음으로 이끈 유일한 사람이었다. 그가 없었더라면 그 장벽은 깨어질 수 없었을 것이다.

두 가지 큰 실수

알려지지 않은 어느 대학교수에게 청각이 좋지 않은 아내가 있었다. 그의 가장 큰 꿈은 완전하게 들을 수 있는 보청기를 발명하는 것이었다. 그래서 사랑하는 아내가 들을 수 있게 되는 것이 소원이었다. 그는 꿈을 실현시키기 위해 틈나는 대로 시간과 여분의 돈을 투자했다. 역사는 그가 실험에 실패했다는 것을 말해준다. 그러나 그는 실패자는 아니었다. 알렉산더 그레이엄 벨은 하나의 목표는 놓쳤지만 다른 사람의 문제에 대한 해결책을 찾는 데 헌신했기 때문에 인류에게 막대한 공헌을 한 셈이다. 그는 한 사람을 도우려 실패했으나 그 대신 수백만의 사람을 도왔다.

그보다 앞서 빌헬름 라이스라는 독일 발명가가 전선을 통해서 소리를 전달하는 기구를 완성했다. 만약 라이스가 두 개의 전극을 1000분의 1인치만 더 움직였더라면, 그래서 양극이 만났더라면 전화를 발명할 수 있었을 것이다. 아이러니하게도 라이스는 이윤이 적다는 이유 때문에 불멸의 발명품을 놓쳐버렸다.

이러한 완성에 가까운 실수는 만일 라이스가 벨과 같은 동기로 일을 했었더라면 하는 생각이 들게 만든다. 만일 그랬더라면 그 두 개의 전극이 맞닿아서 라이스가 먼저 전화기를 발명했을까? 그것은 영원한 수수께끼이다.

대리 사회자

3년 전 데이비드 스미스라는 친구가 나에게 엘크스 클럽 애뉴얼 볼의 대리 사회자가 되어달라고 부탁했다. 나는 항상 대리 사회자가 되길 바랐다고 대답했다. 그는 다시 말했다. "이것은 우리의 가장 큰 연례행사일세. 그리고 한 지방 정치가가 오기로 되어 있어. 그가 올지 안 올지는 확실히 모르겠지만."

그것은 축제였다. 모두가 정장을 하고 넥타이를 맸으며 밴드도 있었다. 아내와 나는 축제 장소에 일찍 도착했다. 우리는 데이비드의 우아한 춤솜씨에 놀랐다. 그는 즐거워하고 있었으나 우리의 열광적인 칭찬에는 당황했다. 그는 마지못해서 볼룸 댄스를 가르친 적이 있다고 얘기했다. 몇 년 동안 그를 알고 지냈지만 나는 그 사실을 전혀 모르고 있었다. 조금 격려를 해주자 그는 자기의 과거사를 약간 들려주었다.

그는 가족을 부양하기 위하여 열여섯 살 때 학교를 그만둘 수밖에 없었다고 말했다. 스물두 살 때 다시 학교로 돌아가서 스물다섯 살에 고등학교를 졸업했다. 그에게는 딸이 세 명 있었는데, 그중 둘은 학교 선생이며 한 명은 석사학위를 받았다고 한다. 그는 가족을 자랑스럽게 생각하고 있었다.

그러나 데이비드에게서 이상하게 생각된 것은 그의 나이였다. 그는 66세였는데, 내가 지금껏 보아온 사람들 중에서 가장 열심히 일하는 사람이었다. 그는 우리의 잡역부이며, 그의 생애는 우리 회사의 강의 과목이다. 이것은 표지로 책의 내용을 판단할 수 없다는 것을 다시금 강조하는 이야기이다. 잡역부라는 것은 어떤 사람들에게는 아무런 이익이 없는 직업일 수도 있다. 그러나 그 직업은 데이비드 스미스의 생계를 이어주었고 세 딸을 교육시켜 주었다. 덧붙여 말하자면 기회란 사람에게 있는 것이지 직업에 있는 것이 아니다. 그는 훌륭한 일을 하고 그의 서비스를 타인에게 팔 수가 있다. 그러나 중요한 것은 데이비드 스미스는 딸들이 더 잘살기를 원했으며 스스로 더 많은 것을 주었다는 점이다. 그 결과 그 가족은 모두 승리했다. 데이비드 스미스는 스스로의 힘으로 교육을 받았고, 그 다음 딸들을 교육시켰으며, 그 딸들은 다시 아이들을 교육시키고…… 그럼으로써 더 많은 것을 얻게 될 그 손자들을 생각해 본다는 것은 즐거운 일이다.

그를 채용하지 마라, 그는 전과자이다

우리 사회는 정의에 대한 재미있는 개념을 갖고 있다. 우리는 어떤 사람이 죄를 지으면 벌을 받아야 한다고 말한다. 나는 몇 가지 이유로 이 말에 동의한다. 그러나 사회는 죗값을 치르고 나온 사람들을 한 단계 더 처벌한다. 우리는 "좋아, 당신은 법을 어겼지만 이미 그 대가를 치렀어. 그러니 이제 다 끝났어."라고 말해 주지만, 실제로는 모두 끝나지 않았다는 것을 뜻한다. 사회는 전과자들을 적의와 냉대로 처벌하고, 그래서 80퍼센트가 다시 감옥으로 간다. 전과자들이 자유가 싫어서 다시 감옥을 선택한다고는 생각할 수 없을 것이다.

만일 전과자가 고용주에게 자신의 과거를 말한다면 대부분의 고용주들은 그에게 일할 기회를 주지 않을 것이다. 만일 전과자가 고용주에게 사실을 말하지 않더라도 어차피 사실은 드러날 것이고, 아무리 특수한 기술을 지녔다 할지라도 그는 해고당할 것이다. 이유는 간단하다. 그것은 이미 과거의 일이라는 것을 잊고 현재의 죄인으로 보는 경향이 있다. 우리는 전과자를 보면 마음속에 수천 번이나 이런 생각을 떠올린다.

'이 사람은 죄인, 도둑, 거짓말쟁이, 위조지폐범이다.' 사람들은 타인을 자신의 생각대로 취급한다는 사실을 기억하라. 그래서 우리가 전과자를 도둑으로 생각한다면 그를 도둑으로 취급하게 된다.

몇 번 그렇게 좌절감을 맛본 뒤 전과자들은 자신의 상황을 합리화하기 시작한다. "모든 사람들이 내가 전과자라는 것을 알고 있다. 그래서 아무도 나를 믿지 않는다. 그들은 내가 다시 나쁜 짓을 할 것이라고 생각하고 주시하고 있다. 한 번이라도 실수하면 그들은 날 밀어내려고 할 것이다. 난 돈이 필요하고 그것을 얻을 수 있는 길은 하나뿐이다. 그리고 그것은 나를 범죄자로 취급하는 그들의 태도에 대한 올바른 대우이다." 이런 합리화는 다시 그들로 하여금 범죄를 저지르게 하고 감옥으로 돌아가게 만든다.

그것이 문제이다. 여기서 그 해결책을 찾기 위해 성경을 보자.

〈누가복음〉 17장 3절에서 예수께서는 만일 우리 형제가 우리에게 해를 입히면 우리는 그를 처벌해야 하며, 만일 그가 자기의 죄를 인정하고 회개한다면 그를 용서해 주어야 하며, 그를 관대하게 대해야 한다고 말씀하셨다.

〈요한복음〉 8장의 첫 대목을 보자. 거기엔 간음한 여인이 있었는데 사람들은 모세의 율법에 따라 돌로 쳐죽여야 한다고 했다. 사람들은 예수가 이 일을 어떻게 처리하는지 보기 위하여 그녀를 예수에게로 데려왔다.

예수께서는 말없이 땅에다 무엇인가를 썼다. 사람들이 의아해하며 뭘 하느냐고 물었다. 그때 예수께서 일어나서 대답하셨다.

"너희 중에 죄 없는 자가 먼저 그 여자를 돌로 치라." 그리고 성경은 그 말을 들은 사람들이 죄의식을 느끼고 하나둘 돌아갔다고 말하고 있다. 분명히 당신은 자기 안에 있는 것을 타인에게서 많이 볼 수 있다는 얘기를 들었을 것이다. 그러므로 자신의 장점을 발견하는 가장 좋은 방법은 타인의 장점을 발견하기 위해 최선을 다하는 일이다.

인간은 대부분 이중의 기준을 가지고 있다

한 제빵업자는 자기에게 버터를 공급해 주는 농부가 양을 속이고 있다고 의심했다. 그가 며칠간 조심스럽게 무게를 재본 결과 그것은 사실로 드러났다. 그는 매우 화가 나서 농부를 고발했다. 재판에서 재판관은 농부의 설명에 만족해 했으나 제빵업자는 분하게 생각했다. 농부는 저울이 없어서 제빵업자에게서 매일 사오는 1파운드짜리 빵으로 무게를 달았다고 했다.

나는 소득세를 속인 사람들이 체포된다면 얼마나 많은 사람들에게 전과자 딱지가 붙게 될지 궁금하다. 만일 언덕이나 커브 길에서 속도위반으로, 또는 정지 신호를 무시하다 체포된다면 얼마나 많은 사람들이 운전면허증을 빼앗기게 될까? 만일 면허증 없이 운전할 때마다 체포된다면 얼마나 많은 사람들이 전과자가 될 것인지 의심스럽다.

사실 우리는 체포되지 않았기 때문에 죄값을 치르지 않은 반면에 전과자는 죄값을 치른 사람들이다. 우리는 전과자들이 자신감을 갖도록 도와주고 사회의 생산적인 구성원이 될 수 있다는 믿음을 줌으로써 그들을 가장 잘 도와줄 수 있다. 이렇게 될 때 전과자는 자립할 수 있게 될 것이며 사회에 기여할 수 있게 될 것이다. 그 문제는 우리가 그들을 어떤 시선으로 보는가에 달려 있다. 우리는 타인의 인생 속에서 크나큰 하나의 역할을 하고 있는 것이다.

열쇠를 부탁하네

이 이야기는 기회와 책임이 중요하다는 것을 말해주고 있다. 한 노인이 대성당에서 오르간을 연주하고 있었다. 노을이 아름다운 유리창을 통해서 그 노인을 비추었을 때 그 모습은 마치 천사와 같았다. 그는 노련한 오르간 연주자였지만 젊은 오르간 연주자와 교체될 것이기 때문에 오늘 그는 슬프고 우울한 곡을 연주했다. 해가 질 무렵 젊은 연주자가 무뚝뚝한 표정을 지으며 성당의 뒷문으로 들어섰다. 노인은 그가 온 것을 알아차리고 오르간에서 열쇠를 빼어 주머니에 넣고는 천천히 성당 뒤쪽으로 걸어갔다. "열쇠를 부탁합니다." 노인은 주머니에서 열쇠를 꺼냈다. 그리고 재빨리 오르간 쪽으로 오고 있는 젊은이에게 주었다. 젊은이는 잠시 숨을 가다듬고 열쇠를 꽂고는 연주를 시작했다. 노인은 아름답고 능숙하게 연주했었지만 그 젊은이는 천재적으로 연주했다. 세상에서 결코 들어본 적이 없는 음악이 오르간에서 울려 퍼졌다. 그 음악소리는 성당과 도시, 그리고 변두리까지도 가득 울려 퍼졌다. 이것이 요한 세바스찬 바흐가 이 세상에서 최초로 연주한 음악이었다. 노인이 눈물을 흘리면서 말했다. "만일 내가 그 열쇠를 저 천재에게 주지 않았더라면……."

노인은 분명 젊은이에게 열쇠를 건네주었다. 젊은이 역시 그 열쇠를 충분히 사용했다는 것도 분명한 사실이다. 우리는 혼자 살고 있는 것이 아니므로 우리의 행동은 타인에게 영향을 미친다. 그 타인이란 우리가 결코 알지 못하는 사람들이다. 그것이 바로 최선을 다해 우리의 자질을 활용해야 할 의무와 책임이 우리의 개인적인 생활을 초월하는 이유이다.

당신이 어느 업종에 종사하든 당신이 진정으로 타인의 소원을 이루도록 돕는다면 당신의 소원도 성취할 수 있는 것이다.

09

가장 중요한 타인

하나의 수수께끼

인생은 많은 미스테리를 품고 있지만 그중 가장 수수께끼 같은 것은 아마도 배우자를 대하는 태도일 것이다. 우리가 접촉하는 많은 사람들 중에서도 배우자가 가장 중요하다는 것은 분명한 사실이다. 이런 사실에도 불구하고 대부분의 사람들은 자신의 배우자에게 예의바르고 친절하게 대하지 않고 있다.

예를 들어 비즈니스맨은 처음 보는 사람에겐 아침시간의 절반을 할애해 주면서 아내가 전화를 걸어오면 짧은 시간의 통화조차 무뚝뚝하게 대한다. 처음 보는 사람은 그 비즈니스맨의 인생 전체에서 볼 때 행복과 성공에 거의 의미없는 존재이다. 그러나 아내는 그의 인생에서 너무나 큰 의미를 갖는 존재이다. 그는 언제나 아내가 자기를 이해해 줄 거라고 생각하거나 나중에 잘해주면 된다고 생각해 버린다.

결혼은 가정이고 가정이 이 나라의 기초이기 때문에 이 장은 이 책에서 가장 중요한 부분이다. (1970년 12월 29일자 〈타임 매거진〉에서 폴 스펜스 박사는 말했다. "어떤 시대든 가정이 파탄되었는데도 멸망하지 않은 사회는 없었다는 것은 역사를 보면 알 수 있다.") 반려자를 보고, 대하는 법, 같이 잘 지내는 태도는 매우 중요하다. 당신의 남편 또는 아내를 어떻게 보는가? 서로 하나의 커플로서, 아니면 한 가족으로서 어떻게 생각하는가?

나는 그 방면의 전문가가 되고 싶지는 않다. 그러나 내 경험과 관찰에 의해 대부분의 부부들이 겪는 어려움에 대해 세 가지 이유를 제시한다. 첫째, 남편과 아내들은 일정 기간이 지나면 배우자에 대해 잘 알게 된다. 그들은 너무 많은 기대를 하고 있었기 때문에 실망하게 된다. 둘째, 우리가 생활하고 있는 환경 역시 이런 문제를 더욱 확대하고 있다. 우리의 동료들은 그들의 동반자에게 진실한 사랑을 보여주는 것이 진부하고 감상적이라고 생각한다. 셋째, 자유연애·계약결혼·혼외정사 등을 인정하는 변화된 윤리의식이 불안정과 불확실성을 기르고 있다.

심지어 결혼한 후에도 여자의 성을 그대로 쓰자는 움직임도 있었다. 왜냐하면 이혼을 하더라도 은행구좌나 크레디트카드를 바꾸는 수고를 덜기 위해서라는 것이다. 요컨대 실패에 대비해서라는 얘기이다.

사랑이란 무엇인가

사랑이란 행복한 결혼을 위한 강력한 기초이므로 잠시 사랑에 대해 알아보자. 그것에 대해 시인은 시를 읊었고 가수는 노래를 했다. 모두가 사랑에 대해 얘기하고 있으며 나름대로의 생각을 갖고 있다. 〈고린도전서〉 13장에는 진정한 사랑이 무엇인지 아름답게 묘사되어 있다. 〈잠언〉에서 사랑은 모든 죄를 덮는다고 말한다. 예수께서는 "첫째로 주 너의 하나님을 사랑하고, 둘째로 네 이웃을 네 몸과 같이 사랑하라."고 하셨다. 〈요한복음〉 3장 16절에서는 사랑은 끝없이 좋은 것이라고 표현하고 있다.

심리학자들과 결혼 상담자들은 아버지가 자식을 위해 할 수 있는 일 중 가장 중요한 것은 그 자식의 어머니를 사랑하는 것이며, 어머니가 자식을 위해 할 수 있는 일 중 가장 중요한 것은 그 자식의 아버지를 사랑하는 것이라고 말한다. 부모가 서로 사랑한다는 것을 알게 되면, 비록 그 사랑이 자식들에게까지 미치지 않더라도 훨씬 더 안정감을 느낀다는 것을 강조한다.

우리 세대의 많은 사람들은 사랑과 섹스가 동의어라고 생각하며 종종 그것에 대해 언급한다. 그러나 그건 그렇지가 않다. 사랑은 당신이 타인에게 갖는 완전히 비이기적인 감정이다. 색정은 이기적이다. 성경은 한 번도 그것을 동일시하지 않았다. 그러나 이기적이고 상업적인 이유를 들어 현대인은 그것을 동일시하고 있다.

신학자와 과학자, 그리고 거리의 모든 사람들이 사랑의 중요성을 인정하고 있음에도 불구하고 이상적인 남녀 관계로서 신이 공포한 결혼을 영속적으로 지속시킬 수 있는 방법에 대한 정보는 거의 없다. 결혼서약을 주고받으면서 변하지 않는 사랑을 공포한 많은 부부들이 곧 이별한다. 처음엔 그들의 사랑이 진실한 것이었음은 분명하다. 그러나 사랑은 소홀함에 의해 꽃이나 나무줄기처럼 죽어간다.

행복한 결혼은 전보다 더 훌륭한 선생 · 의사 · 주부 · 세일즈맨 · 트럭 운전사 등을 만든다고 나는 믿는다. 또한 불행한 결혼은 두 사람의 생산성과 노력을 방해한다는 사실을 믿는다. 뛰어난 심리학자인 조지 W. 크레인은 사랑이란 사랑의 표현과 행동에 의해 성장하는 것이라고 말한다. 불행히도 많은 부부들이 가장 무서운 결혼 킬러인 권태를 당연한 것으로 받아들이고 있다.

이것이 진실한 사랑이다

크레인 박사는 부부들은 대체로 막다른 골목에 이르러서야 다시 사랑에 빠진다고 설명한다. 만일 그들이 그들의 결혼을 구하고 싶은, 도덕적으로 책임감 있는 사람들이라면 새로운 결혼 과정을 선택한다. 그는 우리가 충분히, 자주, 확고하게, 그리고 오랫동안 사랑을 키운다면 결혼에 대한 긍정적인 측면이 더욱 강할 것이고, 이에 반하여 부정적인 측면은 더욱 약화될 것이라고 말한다. 나는 나중에 이 책에서 윌리엄 제임스의 명제인 '당신은 행복하기 때문에 노래하지 않는다. 당신은 노래하기 때문에 행복하다'는 것을 강조할 것이다. 그는 물리적인 표현이 정신적인 수용을 성장시킨다고 주장한다.

데일 카네기는 말한다. "열정적으로 행동하라. 그러면 당신은 열정적으로 될 것이다." 내가 말하려는 것은 바로 이것이다. 사랑하고 있는 것처럼 행동하라. 당신은 사랑하게 될 것이다.

13년 전 목사였던 형의 집 앞에서 나는 처음으로 결혼이라는 것에 대하여 실감할 수 있었다. 형과 주얼은 33년간 결혼생활을 해오고 있었다. 형수는 딸의 첫 출산을 돕기 위해 인디애나 주의 미시간 시에 갔다가 10일만에 돌아오는 길이었다. 이것이 그들 부부가 처음으로 떨어져 있었던 시기였다. 주얼이 차에서 내려 집으로 들어올 때 차소리를 들은 형은 급히 밖으로 나갔다. 문앞에서 만난 그들은 뜨겁게 포옹하고 서로 사랑을 표현하면서 어린애들처럼 울었다. 그리고 다시는 헤어지지 말자고 약속했다.

진정한 사랑은 무의식적으로 표현된다는 것을 느꼈고, 내 눈에도 눈물이 고였었다. 조그마한 도시의 성직자와 오랜 세월 동안 그를 내조해 온 두 사람의 이 장면을 필름에 담을 수 없었던 것이 아쉬웠다. 진정한 사랑이 무엇인지 모든 사람에게 보여준다는 것은 얼마나 아름다운 일인가! 사춘기에 싹튼 사랑은 청년기에 영양분을 공급받고, 중년기에 성장하며, 인생의 황금기에 풍요롭고 아름다운 절정에 이르렀던 것이다.

진정한 사랑은 인간에게 주어진 모든 감동·문제·즐거움·승리감 등을 성장시키고 개발하는 과정이다. 그것은 쉽다기보다는 어렵고, 받기보다는 더 많이 주며, 자유롭기보다는 더 제한적이고, 종종 즐거움보다는 더 많은 문제를 가지고 있다. 주얼과 형의 경우가 그런 것이었다. 그들은 가난하게 시작했으며 종종 어려움에 부딪혔었다. 그럴 때마다 허리끈을 졸라맸다. 그녀는 아이들을 낳았고 가족을 위해 요리와 세탁을 했다. 그리고 사랑과 믿음으로 모든 일을 내조해 주었다. 그는 그녀에게 그의 모든 것과 최선의 것을 주었다. 그는 그녀를 사랑했고, 존경했고, 격려해 주었으며, 솔직하게 애정을 표현했다. 아들 다섯과 딸 하나를 키우는데는 많은 돈이 필요했다. 많은 시간과 많은 사랑을 요구했다. 그러나 하나님에 대한 흔들리지 않는 믿음을 통해 그들은 함께 아름다운 가정을 이루었다.

이 헌신적인 부부와 그들의 가족이 가진 서로를 향한 확실한 사랑을 본다는 것은 어느 누구에게나 인상적으로 남을 것이다.

나는 이것을 믿는다

이제 당신은 내가 신과 가정과 국가, 그리고 결혼서약을 믿는 사람이라는 것을 알아야 한다. 가열과 냉각의 과정을 통해서 강인한 강철이 생산되고, 언덕과 계곡과 커브길이 있어야만 안정감 있는 고속도로를 만들 수 있듯이, 이상적인 결혼과 사랑을 원한다면 수많은 시련과 고통을 극복해야 할 것이다. 그것이 계약 결혼이나 동거를 함으로써 신의 율법을 깔보는 젊은 남녀들을 가엾게 보는 이유이다. 그들은 책임 있는 두 사람의 사랑이 무엇인지에 대한 개념이 전혀 없다. 그들은 사랑과 섹스를 구별하는 것을 배운 적이 없다. 섹스가 사랑의 표현으로 성스러운 결혼생활에 의해 완성될 때에야 비로소 진실로 아름다우며, 또한 신이 의도한 바이다. 섹스가 단순한 욕정의 표현일 때 그것은 동물적이고 이기적이다.

사랑이란 시인이나 텔레비전의 시나리오 작가가 말하는 것과는 정반대일 수 있지만 순간적인 감정이 아니다. 솔직히 나는 아내를 처음 본 순간 그녀에게 매혹되었다. 나는 연애 기간과 결혼 후 몇 년 동안 그녀를 사랑한다고 생각했었다. 그러나 솔직히 말해서 결혼한 지 25년이 지난 후에야 진정한 사랑이 무엇인지 알았다. 11월 26일, 결혼 30주년 기념일 때에도 그 사랑은 여전히 매일 자라고 있었다. 그녀는 내가 살면서 보아 온 가장 아름답다거나 가장 정열적이라거나 하는 여인들과는 거리가 멀다. 나는 아내와 대화를 나누는 것과 다른 일을 하는 것, 둘 중에서 선택을 하게 되면 언제나 그녀를 선택한다.

우리는 결코 의견 차이를 해결하지 않거나 또는 사랑을 확인하지 않고 회사에 출근하거나 잠들지 않는다. 우리의 관계를 계속 성장시키고 진정한 사랑이 무엇인지 알도록 충분한 시간을 부여해 준 하나님께 감사하고 있다. 우리의 기도는 우리가 영생으로의 길을 함께 가기 전에 더 많은 세월을 함께 보내도록 하나님께서 허락해 달라는 것이다.

남편과 아내를 위한 건전한 조언

행복한 결혼을 지속하기 위해서 우리가 따라야 할 절차를 살펴보자.

(1) 결혼 전에 당신들이 한 일들을 기억하는가? 언제나 최선을 다했었는가? 당신의 가장 좋은 면을 어떻게 보여주었는가? 어떻게 좋은 행동을 했었는가? 그리고 얼마나 사려 깊게 행동했으며 친절했었는지 기억하는가? 그것은 결혼생활을 튼튼하게 하기 위한 특별한 절차이다.

(2) 메리 크롤리의 저서 《메리와 함께한 순간들》을 읽어라. 이 아름답고 작은 책에서는 결혼이 50 대 50의 비율이 아니라 100 대 100의 비율로 성립된다는 점을 지적한다. 남편은 결혼에 100퍼센트를 준다. 그리고 아내도 똑같은 비율을 준다.

(3) 하루하루를 배우자를 향한 사랑의 선언으로 시작하고 끝내라. 가능하다면 오로지 사랑의 표현만을 위한 3분 동안 통화를 하라. 상대에게 사랑을 표현할 가장 좋은 시기는 다른 사람이 그에게 고백하기 전이다. 한 달에 5분 정도 투자해서 사랑의 편지를 써라.

(4) 가끔 선물이나 카드로 상대방을 놀라게 하라. 그것은 선물 그 자체가 아닌 선물 뒤의 정성을 나타낸다. 랜슬롯 경은 말했다. "주는 사람의 성의가 없으면 선물은 무의미한 것이다." 다른 시인은 그것을 다소 웅변적으로 표현했다. "귀걸이나 보석 등은 선물이 아니다. 선물에 대한 구실이다. 유일하고 진실한 선물이란 주는 사람의 정성이 담긴 것을 말한다."

(5) 함께 하는 시간을 가져라. 결혼 전에 서로 얼마나 열렬히 사랑했으며, 구애하는 데 얼마나 많은 시간이 들었는지 기억하

는가? 그 과정을 되풀이하라. 함께 산책을 하거나 텔레비전을 끄고 상대방이 자신의 인생에 가장 중요한 인물인 것처럼 느끼도록 하라. 그 순간 상대방은 가장 중요한 인물이 된다.

(6) 훌륭한 청취자가 되라. 상대방에게 하루 동안 일어난 일에 대해 귀를 기울여라. 의무는 모든 것에 충성하게 하지만 사랑은 모든 것을 아름답게 한다는 것을 기억하라. 종종 의무에서 시작한 것이 완전한 사랑으로 변한다는 것을 다시 한 번 강조한다.

(7) 상대방이 당신의 주의를 끄는 데 있어서 자식과 경쟁하지 않도록 하라. 상대방만을 위한 시간을 준비하라.

(8) 부부간에 의견의 일치가 안될 때가 있다는 사실을 알라. 그러나 당신은 미해결된 의견의 차이를 남겨둔 채 잠을 자서는 안된다. 당신은 푹 잠들 수 없을 것이며, 이러한 의견의 차이는 당신의 잠재의식에 스며들어 문제의 발단이 될 것이다. 당신은 상대방에게 성실하지만 감정적일 수가 있다

(9) 하나님께서 남자가 집안의 우두머리라고 공포했다는 사실을 기억하라. 하나님은 또한 우리에게 남자는 아내를 명예롭게 여기며 자기 몸처럼 사랑하라고 가르친다. 하나님이 아담의 팔 아래에서 취하여 여자를 만드셨고, 따라서 여자는 남자를 지배할 수 없으며 남자는 발로 여자를 짓밟을 수 없다는 사실을 기억하라. 하나님은 남자의 옆구리, 즉 안전하고 보호된 위치에서 여자를 끄집어내셨다. 그래서 남편과 아내는 함께 삶의 고속도로를 걸어갈 수가 있는 것이다. 이것의 의미를 좀더 깊게 알고 싶으면 래리 크리스탄슨의 저서 《기독교인의 가정》을 읽어라.

(10) 상대방을 이해해주거나 즐겁게 해주기 위해 양보해야 할 때도 종종 있다는 사실을 기억하라. 그렇게 하는 것이 조금은 불만스러울지도 모른다. 그러나 그것은 당신이나 당신의 결혼생활이 땅에 떨어지는 일이 없도록 만든다.

(11) 다음은 행복한 결혼을 만들어내는 요리법이다.

사랑 : 1컵	희망 : 5스푼
충성심 : 2컵	너그러움 : 2스푼
용서 : 3컵	믿음 : 1리터
우정 : 1컵	웃음 : 1배럴

사랑과 충성심과 믿음을 전부 혼합하라. 거기에 자비와 친절과 이해를 함께 섞어라. 그리고 우정과 희망을 추가로 넣어 반죽하라. 그 위에 웃음을 풍부하게 뿌리고 구워라. 매일 그것을 대접하라.

(12) 〈에베소서〉 4장 32절을 매일의 지침으로 사용하라. 서로 인자하게 하며, 불쌍히 여기며, 서로 용서하기를 하나님이 그리스도 안에서 너희를 용서하심과 같이 하라.

(13) 함께 기도하라. 매일 함께 기도하는 남편과 아내의 이혼율이 3퍼센트 미만이라는 것을 잊지 말라.

(14) 피할 수 없는 의견의 불일치가 생길 때 누가 원만한 해결의 움직임을 보이는가는 중요한 일이 아니라는 것을 기억하라. 그러나 그런 움직임을 보이는 사람 쪽이 훨씬 더 성숙함과 사랑을 표현하는 것이다.

남편들이여, 당신의 아내에게 구애하라

(1) 여자는 작은 예의에도 민감하다. 그러므로 그것을 아내에게 보여주라. 자동차 문을 열어주고, 그녀와 거리를 걸을 때는 당신이 위험한 차도 쪽에 서라. 외식을 하러 갔을 때 그녀가 밖에 나갔다가 다시 방이나 식당으로 들어올 때 자리에서 일어나 맞이하라.

(2) 비즈니스 생활 속에서 일어난 좋은 소식이나 흥분시키는 것들을 그녀에게 자세히 전해주어라.

(3) 어떤 종류의 사회적 모임에 가든 그녀와 동행하라. 당신이 결혼 전에 그녀와 같이 있는 것을 얼마나 자랑스럽게 여겼었는지 기억하라. 지금도 그때와 같은 느낌이라는 것을 보여주라.

(4) 다른 사람 앞에서 아내에 대한 농담을 하지 말라. 그것은 나쁜 취미이다. 타인의 귀에 거슬리는 웃음소리를 들었을 때 당신은 단순히 즐거움이 끝나지만 그녀에게는 상처가 좀처럼 아물지 않을 것이다. 그 반대의 접근방법을 사용해서 그녀를 칭찬해 주라.

(5) 여자는 남자보다 훨씬 더 안정감을 좋아한다. 항상 그녀를 원하며 필요로 할 뿐 아니라 높이 평가한다는 것을 되풀이해서 상기시켜라.

(6) 집안 일을 어느 정도는 도와주어라. 인간의 본성은 책임에 대한 확실한 분리를 요구한다고 나는 믿는다. 예를 들어 아내가 쇼핑을 하고 돌아왔을 때 당신이 집에 있었다면 그녀가 사오는 물건을 받아줘야 할 것이다. 남자는 쓰레기를 버리거나,

잔디를 깎거나, 근본적으로 힘이 드는 일을 해야 한다. 가정은 당신의 성(城)이지만 왕이 없는 성은 존재할 수가 없으며, 어떤 왕이든 왕비 없이는 완전할 수 없다는 것을 기억하라. 만일 당신이 그녀를 왕비처럼 대우한다면 그녀는 당신의 왕비가 된 것을 매우 기뻐할 것이다.

아내들이여, 남편에게 이렇게 구애하라

(1) 매일 아침, 당신이 남편을 얼마나 사랑하는지 얘기해 주는 것으로 시작하라. 그리고 그렇게 하루를 끝내라.

(2) 남자는 여자와는 성격이 다르다는 것을 기억하라. 혼자 가정 경제를 이끌어가는 남자라면 계속 우쭐해 있으려 한다. 그에 대한 신뢰와 그가 하고 있는 일에 대한 단순한 격려의 표현은 그에게는 큰 의미가 있다. 이것은 그가 사랑하는 당신이 그가 하는 일에 대해 칭찬을 해주는 경우에는 특별히 더 큰 의미가 있다. 당신의 남편에게 그가 하고 있는 일이 중요하며, 그가 중요한 인물이라는 것을 느끼도록 하라.

(3) 만일 당신이 직장여성이 아니라면 남편이 돌아오기 전에 일을 멈추고, 목욕을 하고, 산뜻한 옷을 입고, 향수를 약간 뿌려라. 당신은 그에게 활기 있고 신선한 느낌을 줄 것이다.

(4) 때때로 그에게 특별요리를 서비스하라. 그런 음식을 당신이나 남편이 좋아하든 좋아하지 않든 그것은 중요한 일이 아니다. 당신이 그를 사랑한다는 이유 하나만으로 그렇게 하라. 만

일 당신이 그에게 차가운 점심을 싸주고 직장에 보낼 때면 반드시 따뜻하게 데우는 방법에 대한 메모를 적어 넣어라.

(5) 흔쾌히 동의하고 좋은 의견을 개발하라(이 점은 남편도 마찬가지이다). 가장 현명한 사람이었던 솔로몬은 말한다. "허세 부리고 잘난 체하는 여자와 함께하기보다는 황야에서 혼자 사는 것이 낫다." 잘난 체하고 허세 부리는 여자를 아내로 둔 남자는 그녀에게 대가를 치르게 해줄 것이다. 그는 직장에서 불필요한 시간을 끌고, 술집에서 친구들과 시간을 허비하고, 불행하게도 여자들과도 어울릴 것이다.

(6) 근본적으로 여성이 해야 할 일은 여성 자신이 해라. 오늘날 우리에게 닥친 많은 문제는 남성과 여성의 역할이 분명하게 구분되지 않아서 생긴다고 나는 확신한다. 남자는 남자처럼 보여야 한다. 남자답게 옷을 입고, 행동하고, 생각하고, 얘기해야 한다. 여자는 여자처럼 보여야 한다. 여성스럽게 옷을 입고, 행동하고, 생각하고, 얘기해야 한다. 어떤 일이 남성의 일이고 어떤 일이 여성의 일인지 잘 모른다면 그것은 비극이다.

(7) 당신은 왕비가 되고 싶은가? 당신의 남편을 왕처럼 대우하라. 그러면 당신은 그에게 다른 마음을 먹지 못하게 하는 것이 된다. 왜냐하면 어떤 왕도 왕비 없이는 완전하지 않기 때문이다.

나는 결혼이 50대 50퍼센트의 비율로 이루어지는 것이 아님을 다시 한 번 얘기한다. 그것은 100대 100퍼센트의 비율로 성립된다. 당신이 상대방을 행복하게 해주었는데도 당신에게 그만큼의 편익이 돌아오지 않는다는 것은 있을 수 없는 일이다.

다시 한 번 강조하고 싶은 것은, 당신이 타인이 원하는 것을 얻도록 도와준다면 당신의 인생에서도 원하는 모든 것을 얻을 수 있다는 사실이다. 특히 남편과 아내 사이에선 그 말은 진실이다. 당신이 정말 그렇게 한다면 정상으로 향한 다음 계단으로 가는 모든 준비가 갖추어진 셈이다. 얼굴을 펴라. 당신은 당신의 생애에서 가장 중요한 사람을 진실로 행복하게 해주고 있기 때문에 다음 단계로 갈 준비가 되어 있으며, 당신의 얼굴에는 즐거운 미소가 넘치고 있다.

목 표

목적

1. 사생활과 직장생활에서의 목표의 중요성을 일깨워준다.
2. 당신이 가져야 할 목표의 종류를 열거한다.
3. 당신의 목표의 성격을 다듬어 본다.
4. 목표를 설정하는 방법을 세부적으로 알려준다.
5. 목표 달성에 필요한 절차를 알려준다.

10

목표는 정말 필요한가?

당신이 볼 수 없는 과녁

많은 사람들이 하워드 힐이라는 이름을 알고 있다. 그는 뛰어난 활솜씨를 가진 사냥꾼으로 코끼리, 벵골 호랑이, 아프리카 사자, 희망봉의 물소 등을 정확하게 명중시켰다. 그는 세상의 어떤 명사수보다도 목표를 정확히 명중시킬 수 있었다. 나는 영화에서 하워드 힐이 과녁의 정중앙을 연달아 맞히는 것을 보았다. 과녁의 중앙에 첫번째 화살이 꽂히고 두 번째 화살은 첫번째 화살을 뚫었다. 그는 정말 활의 신 같았다.

그러나 나는 하워드 힐보다 더 잘 쏠 수 있다. 아직까지 장난감 활밖에 만져본 적이 없지만, 당신이 하워드 힐에게 눈가리개를 씌워준다면 그보다 훨씬 더 정확하게 맞힐 수 있다고 장담한다.

당신은 그것을 우스꽝스럽게 생각하며 이렇게 말할 것이다.

"물론 당신이 더 잘할 수는 있겠죠. 과녁을 볼 수가 없는데 어떻게 맞힐 수 있겠어요?" 좋은 질문이다. 자, 여기 당신에게 들려줄 또 하나의 이야기가 있다. 만일 당신이 과녁을 볼 수 없기 때문에 맞힐 수가 없다면 처음부터 가지고 있지 않은 목표는 어떻게 겨냥할 것인가?

당신은 목표를 가지고 있는가? 목표를 가져야 한다. 왜냐하면 당신이 한 번도 가보지 못한 곳에서 되돌아오는 것만큼이나 설정되어 있지 않은 목적지에 도달하는 것은 어려운 일이기 때문이다. 한정되고, 분명하고, 정확하게 설정된 목표를 갖고 있지 않는 한 당신은 자신의 잠재적인 능력을 극대화할 수가 없게 된다. 당신은 '의미 있는 특수한 존재'임에 틀림이 없다. 당신은 목표에 대해 어떻게 생각하는가? 목표가 분명히 서 있는가, 아니면 아직도 목표를 세우기 위해 쩔쩔매고 있는가?

이 길은 실패로 가는 길이다

대부분의 사람들이 목표를 갖고 있는가? 분명히 그렇지는 않다. 길거리에서 100명의 젊은이에게 일일이 물어보라. "당신은 인생에서 실패를 확신할 수 있는 일을 하고 있나요?" 그들은 펄쩍 뛰며 이렇게 말할 것이다. "무슨 소리요. 실패하기 위해 일을 하다니? 나는 성공하기 위해 일하고 있소." 거의 모든 사람들이 성공을 위해 일하고 있다고 생각하지만 승산은 거의 없다. 만일 그 젊은이들이 65세가 될 때까지 계속 지켜본다면 그

중 겨우 다섯 명 정도가 재정적인 안정을 유지할 것이며, 한 명 정도만 부유하게 될 것이라는 점을 강조하고 싶다.

나는 미국이 동일하게 많은 기회를 제공해 주고 있기 때문에 실패가 기회의 부족에서 비롯된다고는 믿을 수가 없다. 예를 들면 수년 전에 한 부유한 죄수가 조지아 주 애틀랜타에 있는 연방교도소에서 출감했다. 그는 감옥에서 양복을 지어 약간의 재산을 모았다. 죄값을 치른 후 다시는 감옥에 가지 않겠다고 결심했다. 당신도 그와 똑같은 선택을 할 수 있다.

사실 성공하지 않은 사람들이 실패할 계획을 세웠는가? 나는 그렇게 생각하지는 않는다. 문제는 그들이 아무런 계획도 세우지 않는다는 데에 있다. 그들은 이루지 못할 것을 두려워하여 목표와 계획을 세우지 못한다. 그들은 친구나 대중 앞에서 패배자가 되는 것을 원치 않기 때문에 자신의 약속을 회피한다. 많은 사람들이 목표는 세웠지만 말해 줄 수는 없다고 말한다. 이런 식으로 그들이 목표를 세우지 않고 세웠다고 해도 아무도 그것을 모를 것이다. 이것이 그들에게는 좀더 안전하고 덜 난처할 것이다.

그렇다면 나는 배가 바다에 있을 때보다 부두에 있을 때 더 안전하다고 말할 수 있다. 그러나 배는 부두에 정박해 놓기 위하여 만든 것은 아니다. 당신은 약속을 하지 않으면 훨씬 더 안전할지도 모른다. 그러나 그것은 당신이 태어난 이유가 아니다. 나는 당신이 목적을 위해서 창조되었으며 이유가 있기 때문에 이 세상에 존재한다고 믿는다. 그 목적이란 당신이 인류에게 공헌하도록 하려는 것이며, 가능한 모든 것을 당신에게서 얻어내려는 것이다. 목표는 당신에게 더 많은 것을 할 수 있게 해준다.

행동과 성취

목표가 없는 사람은 방향키가 없는 배와 같다. 각자 표류하거나 멈추어 떠 있거나 절망과 패배와 낙담의 해변에 도착할 것이다. 위대한 프랑스의 곤충학자 존 헨리 파브르는 앞으로만 가는 벌레로 재미있는 실험을 했다. 이 벌레들은 장님처럼 앞에 있는 동료들을 따라간다. 파브르는 조심스럽게 화분의 가장자리를 따라 원처럼 그들을 배열해 놓았다. 그랬더니 실제로 맨 앞에 놓인 벌레는 완전한 원을 그리면서 맨 마지막 벌레를 따라 돌았다. 그 화분의 중간에 소나무잎을 놓았다. 그것은 벌레의 음식이었다. 그러나 벌레들은 계속해서 원만 그리며 돌았다. 밤이고 낮이고 돌고 돌다가 결국 벌레들은 굶주림과 탈진으로 죽어버렸다. 15센티미터도 안 떨어진 곳에 풍부한 음식을 둔 채 그들은 행동과 성취를 혼동했기 때문에 그대로 굶어 죽은 것이다.

많은 사람들이 그와 같은 실수를 저지른다. 그 결과 제공되어 있는 수확의 불과 얼마 안 되는 부분만을 거두어들인다. 손만 내밀면 닿을 수 있는 곳에 부가 있는데도 불구하고 그들은 장님처럼 군중을 따라 아무것도 없는 곳으로 가기 때문에 거의 얻는 게 없다. 그들은 "그건 언제나 그렇게 되어 있다"는 근거 없는 이유를 들어 그것을 얻기 위한 방법과 절차를 외면한다.

재미있는 이야기가 있다. 아내가 남편에게 돼지고기를 사오라고 했다. 그가 그것을 사오자 왜 비계를 떼내고 사오지 않았느냐고 아내가 물었다. 그는 왜 비계를 잘라버리길 원하느냐고 물었다. 그녀는 자기 어머니가 그런 식으로 했기 때문이라고 대답했다. 아내의 어머니가 방문하자 그들은 왜 돼지 비계를 베어내느냐고 물었다. 아내의 어머니는 자기 어머니가 항상 그렇게 했기 때문이라고 대답했다. 그래서 장모와 남편과 아내는 할머니에게 그 이유를 물어보기로 했다. 할머니의 대답은 비계가 너무 질겨서 그랬다는 것이다. 할머니의 경우에는 충분한 이유가 있었다. 당신의 경우는 어떤가?

목표가 없으면 게임도 없다

농구 챔피언 결정전의 장면을 예로 들어 목표의 중요성을 알아보자. 농구팀들은 워밍업으로 슈팅을 해보면서 게임에 대한 만반의 준비를 하고 있었다. 아드레날린 주사의 효과로 선수들은 흥분해 있는 것이 분명했다. 그들은 탈의실로 돌아왔다. 코치는 시합 전에 선수들에게 다시 한 번 격려의 말을 해주었다. "이 시합은 챔피언 결정전이다. 지금은 다시없는 기회다. 오늘 밤 우리가 챔피언이 되느냐 못 되느냐의 운명이 결정된다. 우승을 하든 준우승을 하든 신경쓰지 말고 그냥 뛰어라."

선수들은 대답을 하고 코트로 나왔다. 그러다 잠시 혼란해져서 멈춰 섰다. 그들은 챔피언이라는 목표가 흐려졌다는 사실에 생각이 미쳤다. 그들은 코치에게 목표도 없이 어떻게 게임을 할 수 있느냐고 화를 내며 덤벼들었다. 그들은 목표가 없으면 잘하는 건지 못하는 건지도 모르고, 경쟁도 할 수 없으며, 어느 정도의 게임을 해야 하는지도 모른다는 것을 알고 있었다. 사실 그들은 목표 없이는 계약조차 하려고 들지 않을 것이다. 그 농구 게임은 중요한 게임이다. 당신의 경우는 어떤가? 당신은 목표 없이 인생의 게임을 하려고 하는가? 목표 없는 게임을 하고 있다면 당신에게 있어서 점수는 무슨 의미가 있는가?

인생은 가치 있는 것이다

재미있는 현상이 우리 가정에서 일어나고 있다. 결혼식이나 생일 같은 특별한 날이나 공휴일 전날에는 사망률이 감소한다. 많은 사람들이 크리스마스나 축제 등을 한 번 더 지내보고 죽겠다는 목표를 세운다. 그 목표가 달성되고 나면 즉시 살고 싶은 의지가 약해지고 따라서 사망률이 상승한다. 그렇다. 삶이란 가치있는 어떤 것을 주제로 갖고 있는 한 유지된다. 인생에 있어서 목표란 중요한 것이며 모든 사람이 그 중요성을 알고 있다.

맥 스웰 말츠는, 인간은 기능상으로 자전거와 같다고 말했다. 목표를 향해 위나 앞으로 움직여 나가지 않는 한 인간은 뒤로 밀리거나 넘어진다는 것이다.

그 힘을 이용하라

몇 달 전 나는 처음으로 나이아가라 폭포 위를 날았다. 폭포 가까이로 다가가자 항공기 기장이 기내 방송으로 안내했다. "신사 숙녀 여러분, 왼쪽에 나이아가라 폭포가 있습니다. 비행기에서 내려다본 적이 없으신 분은 비행기 왼쪽으로 옮기셔서 구경하십시오. 그 멋진 광경은 이루 표현할 수 없을 정도입니다." 나는 그의 말대로 했고, 비록 수마일 정도 떨어진 공중이긴 했지만 엄청난 양의 물줄기가 떨어지고 있는 광경을 보면서 나이아가라의 거대한 힘을 느낄 수 있었다.

그 무지개와 폭포를 내려다볼 때 한 가지 생각이 머리를 스쳤다. 수천 년에 걸쳐 형용할 수 없이 많은 물이 거대한 높이에서 떨어져 내려 평탄한 곳으로 흘러가 버렸다. 그런데 어느 날 계획을 세운 한 사람이 그 무시무시한 힘을 이용했다. 그는 특수한 시설을 세우고 떨어지는 물을 이용하여 산업의 동력이 되는 수천만 킬로와트의 전기를 생산해 냈다. 수천, 수만의 가구가 불을 밝혔고 수천, 수만 톤의 양식이 경작되었으며 엄청난 생산품이 가공되고 분해되었다. 이 새로운 힘 덕분에 일자리가 생기고, 많은 교육의 기회를 갖게 되고, 길이 닦이고, 건물과 병원이 건립되었다. 그 효용가치는 한없이 많다. 그리고 그 모든 것은 나이아가라의 힘을 이용할 계획을 세운 한 사람에 의해서 이룩되었으며, 그것이 내가 당신에게 권하는 일인 것이다.

목표의 종류

근본적으로 목표에는 여섯 종류가 있다. 가정적 · 정신적 · 육체적 · 사회적 · 신앙적, 그리고 재정적 목표가 그것이다. 그러나 나는 지면의 제한으로 그것들의 일부만 부분적으로 강조하겠다.

법적으로 정당하게 벌어들인다는 전제하에서 돈이란 당신이 제공한 서비스의 척도이다. 많은 사람들은 돈이 죄악의 뿌리라고 말한다. 그래서 돈을 사랑하는 것은 모든 죄의 뿌리를 사랑하는 것이라고 말한다.

이런 말을 들을 때면 나는 하나님의 첫번째 계명이 여호와 앞에서 다른 신을 섬기지 말라는 것이며, 그 다른 신 속에 돈이 포함된다는 것을 강조하고 싶다. 솔로몬은 이렇게 말한다. "은을 추구하는 사람은 결코 은에 만족하지 않을 것이다." 돈이 우리의 우상이라면 우리는 얼마를 소유하고 있든 간에 결코 만족할 수 없을 것이다. 돈이 나쁜 것이 아니라 돈에 대한 지나친 탐욕이 악의 뿌리이다. 나는 돈이란 제공한 서비스의 척도라는 것을 다시 한 번 강조한다. 당신의 전공이 무엇이든 거의 예외없이 당신이 서비스를 제공하면 할수록 재정적인 보상은 더욱 커진다. 당신이 이미 알고 있는 바와 같이 이 돈이 필요한 경우 그것의 대용품은 거의 없다. 모든 조건이 변하지 않는다는 전제하에서 나는 돈을 갖지 않은 것보다 갖고 있는 편이 더 낫다고 당신에게 말할 수 있다.

누구를 위한 목표인가

목표는 계획이다. 당신이 하려고 하는 것이다. 결론적으로 당신이 누구든, 어디에 있든, 무슨 일을 하든 당신은 목표를 가져야 한다.

J. C. 페니는 "목표가 있는 점원을 보내주시오. 그러면 나는 당신에게 역사에 남을 인물을 보여주겠소. 내게 목표가 없는 점원을 보내면 나는 당신에게 단순히 점원일 뿐인 사람을 보여주겠소."라고 말했다.

어머니들도 목표를 가져야 한다. 세일즈맨·학생·노동자·의사, 그리고 육상선수도 역시 목표를 가져야 한다. 나이아가라 폭포처럼 도시에 불을 밝혀주지는 못할지라도 당신이 목표를 가지고 있다면 그 힘을 이용하여 보다 큰일을 시작할 수 있는 것이다.

당신은 최초로 에베레스트산을 정복한 에드먼드 힐러리 경이 어떻게 그 업적을 이룰 수 있었는지 상상할 수 있겠는가? 이렇게 가정해 보라. 어느 날 산책을 하다가 세상에서 가장 높은 산의 정상에 서 있는 자신을 발견했다고. 또는 제너럴 모터스의 회장이 그 자리에 앉기까지의 과정이 어떠했을지 상상해 보라. 그는 그저 끊임없이 일했고 승진을 거듭했다. 그러던 어느 날 그는 제너럴 모터스의 회장이 되어 있었다. 물론 어이없는 말이다. 그러나 당신이 특별한 목표 없이도 중대한 어떤 일을 달성할 수 있다고 하는 것보다는 덜 엉뚱한 소리이다.

당신이 더 잘 알다시피
정상으로 가는 유일한 길은
목표를 갖는 것이다.

목표는 경마에서 이기는 말이다

줄리는 자신의 말 아이리쉬를 매우 사랑했다. 그러나 그녀는 상처를 받고 실망하고 좌절했으며, 피곤했고 용기를 잃었으며, 비탄에 잠겼다. 몇 주 동안 그녀는 대형 쇼에 출연하기 위해 말을 목욕시키고 훈련시켰다. 쇼가 열리는 아침에는 8시에 일어나서 세심하게 신경을 썼다. 아이리쉬의 갈기를 땋았는데, 그 꼬리는 하나의 예술작품이었다. 말에게 입힌 코트는 강철처럼 반짝였고 말발굽은 햇빛에 반사되어 아름답게 빛났다. 굴레와 안장은 깨끗하고 품위 있게 장식했다. 행사를 위해 입장할 때의 줄리는 작은 인형처럼 보였다.

그런데 무슨 일이 일어났는가? 아무 일도 없었다. 결코 아무 일도 일어나지 않았다. 아이리쉬는 점프해야 되었지만 점프를 하지 않았다. 뛰지도 않았다. 아이리쉬가 세 번씩이나 점프를 거부했을 때 그 동안 수백 시간의 노력과 쇼가 끝난 뒤의 환호에 대한 꿈은 물거품이 되었다. 줄리 지글러, 16세에 45킬로그램도 안 되는 몸무게의 그녀는 갖고 싶은 것은 기어이 갖는 아이였다. 그녀는 아이리쉬를 팔겠다는 광고를 냈고 제값을 받고서야 비로소 그 말을 팔았다.

그녀는 저축해서 돈을 모으자 자신의 꿈을 실현시킬 새로운 말을 찾기 시작했다. 시골의 마구간도 찾아가고 쇼에도 참석했으며, 말에 관한 것이라면 무엇이든 읽었다. 결국 그녀는 두 살짜리 갈색 말인 버터 럼을 찾아냈다. 줄리와 버터 럼은 처음 만난 순간부터 사랑에 빠졌다. 그러나 약간의 문제가 있었다. 버터 럼의 가격이 줄리의 예상보다 비쌌다. 그런데 줄리는 모자라는 금액을 보태주겠다는 엄마와 아빠의 제의를 완강히 거부했다. 이런 상황은 그녀의 걸음을 단지 늦추는 정도의 의미밖에 없었다. 왜냐하면 줄리는 원하는 것은 반드시 해야 한다고 믿는 아이였기 때문이다. 그녀는 또한 다음과 같은 근본적인 목표달성의 원리를 믿고 있었다. 즉 '볼 수 있는 곳까지 가라. 그리고 그곳에 도착했을 때는 또 더 멀리 바라볼 수 있다.'라는 원칙이었다. 줄리는 아이리쉬를 판 돈과 일을 해서 번 돈을 합해서 버터 럼을 사들였다. 그때 그녀는 돈을 벌기 위해 직업을 가졌었다. 그녀는 버터 럼을 전문적으로 훈련시키기 위한 비용을 마련했다. 얼마 지나지 않아 버터 럼과 줄리는 승리의 리본을 달게 되었다. 줄리의 방은 형형색색의 리본으로 뒤덮였고, 줄리는 버터 럼에게 투자한 돈의 4, 5배를 벌었다.

이것이 내 딸에 관한 이야기라는 사실을 접어두고라도 여기서 얻을 수 있는 교훈은, 어떤 것을 간절히 원한다면 뚜렷한 목표를 세워야 한다는 것이다.

목표는 인생의 모든 영역에서 작용한다

브루클린에서 온 이탈리아 출신 안젤로 시치알리아노는 내가 이야기하는 것들 중의 하나를 실증하고 있다. 이야기는 그가 브루클린 박물관을 관람할 때부터 시작된다. 박물관 입구에서 그는 헤라클레스 동상을 보고 감명을 받았다.

그는 그 동상을 사방에서 살펴보았다. 그리고 헤라클레스의 아름답고 변화무쌍하며 꿈틀거리는 듯한 근육에 사로잡혔다. 그 동상의 근육에 담겨진 무시무시한 힘을 느끼고 거기에 정신을 빼앗겼다. 안내인이 그에게 그리스의 조각가가 육상선수를 모델로 썼다는 말을 해주었을 때는 무척 놀랐다.

안젤로는 말로 표현하지는 않았지만 큰 야망을 가지고 있었다. 그는 다른 사람이 저렇게 될 수 있다면 자신도 그렇게 될 수 있다고 생각했다. 그는 자기의 깡마른 체구와 동상의 모델인 그리스 육상선수의 훌륭한 근육을 비교해 보면서 자기 앞에, 자기가 있는 곳에서 원하는 곳으로 가기 위한 길고 긴 여정이 놓여 있다는 것을 알았다. 좀더 중요한 것은 그가 실패하기보다는 성공하기가 훨씬 더 쉽다는 것을 믿고 이해하고 있었다는 사실이었다. 당신이 목표를 설정할 때 그와 같은 기본적인 사실을 이해하고 있다면 당신은 성취의 은행에서 성공을 끄집어내기 위해 매일 예금을 하는 것이 훨씬 더 쉽게 느껴질 것이다.

안젤로는 보디빌딩 장비가 필요하다고 생각했지만 그 장비들은 매우 비쌌다. 그러나 모델로 활약했던 운동선수들은 비싼 장비들을 사용하지 않았다는 것을 알았다. 그래서 그는 직접 개발한 방법으로 육체미를 가꾸어 나갔다.

어느 날 안젤로와 친구들이 브로드웨이에 있는 아틀라스 호텔 옥상에 올라갔을 때 한 친구가 지구를 짊어지고 있는 아틀라스 상을 가리키면서 이렇게 말했다. "야, 안젤로와 이 아틀라스 동상이 꼭 닮았다."

분명 안젤로 시치알리아노는 아틀라스 동상과 비슷했다. 그 동상은 찰스 아틀라스를 모델로 한 것이었다. 찰스 아틀라스는 체중이 45킬로그램도 안되었지만 꾸준히 육체를 단련시켜 육체미 챔피언이 된 것으로 유명했다. 그는 자기의 능력을 최대한으로 발휘한 사람 중 한 명이다.

당신은 육체를 단련시켜야 한다고 생각하지 않을지도 모른다. 그러나 정신적으로, 경제적으로, 도덕적으로, 가정적으로, 또는 신앙적으로 능력을 개발하는 문제도 마찬가지이다. 이미 지적한 바와 같이 안젤로는 신체적으로 자기 자신을 개발했다. 일단 목표를 설정하라. 그리고 있는 힘을 다하여 노력하면 당신도 같은 결과를 얻을 수 있을 것이다.

매일 '내일 아카풀코에 갑시다'

만일 당신의 친구가 전화로 이렇게 말했다고 하자. "이보게, 기쁜 소식이 있네. 내일 친구들과 함께 아카풀코로 3일간 여행을 떠나자구. 아침 8시에 출발하는데 돈은 필요없고 두 사람쯤 더 데려와도 좋아. 우리 회사 사장이 자가용 비행기로 그 해변에 있는 별장까지 안내할 거야." 그러면 당신은 먼저 이런 반응을 보일 것이다. "그것 참 신나는 일이군. 하지만 난 할일이 많아. 떠나려면 그 일을 모두 마치고 준비를 해야 할 텐데, 그럴 수 있을지 모르겠군."

당신이 대답을 하기 전에 당신의 아내는 좋은 생각이 있으니 일단 전화를 끊고 몇 분 뒤에 다시 걸겠다고 말하라고 제의한다. 전화를 끊고 당신과 아내는 계획을 짜기 시작한다. 먼저 당신은 펜과 종이를 준비하여 당신이 해야 할 일들을 리스트로 작성해 본다. 그 다음 중요한 순서대로 배열한다. 끝으로 당신은 그중 몇 가지를 다른 사람에게 부탁한다. 그러고 나서 다시 그 친구에게 전화를 건다. "이봐, 자네도 알다시피 스케줄을 점검해 보았지. 우리도 떠날 수 있게 되었네."

나는 당신이 평상시보다 그 전화를 받은 날에 훨씬 더 많은 일을 할 것이라고 믿어 의심치 않는다. 그렇지 않은가? (그렇다고 대답하라.) 이유는 간단하다. 당신은 목표를 가진 것이다. 그리고 여행을 가기 위해 그 전에 할 일을 정리해야 한다는 목표 하에서 일을 했기 때문이다.

계획은 불가피한 것이다

분명 당신은 그런 환경하에서는 훨씬 더 많은 일을 하리라는 내 말에 동의할 것이다. 당신이 보통때면 2일, 3일, 4일, 심지어는 5일이나 걸려야 할 일보다 더 많은 일을 할 것이기 때문에 난 당신에게 묻는다. 매일같이 내일 아카풀코에 가지 못할 이유가 뭔가? 당신은 당신이 더 많은 것을 이룰 수 있다는 것을 알고 있다. 대부분의 사람들도 이미 그것을 알고 있다. 그러면 목표를 찾고, 목표 설정과 목표 달성의 방법을 배움으로써 당신을 의미 있는 특수한 존재로 변화시켜라.

11

목표의 특징

첫째, 목표는 커야 한다

목표는 크게 설정해야 된다는 것을 잊지 말라. 우리는 뒤에 나오는 각 부의 여러 장 속에서 실제로 각계각층의 성공한 사람들을 살펴보게 될 것이다. 그들에게는 나름대로의 목표가 있었다. 그리고 그 목표를 이루기 위해서 믿을 수 없을 만큼 많은 일을 했다. 당신은 그들의 이야기가 언급될 때마다 주의 깊게 읽기 바란다. 그들의 이야기는 내가 당신에게 직접 이야기하는 것보다 효과가 있기 때문이다. 목표 달성을 위한 그들의 헌신적인 노력을 본받아라. 그러면 당신에게 놀라운 일들이 일어날 것이며 당신은 해낼 수 있게 된다. 이것은 하나의 약속이다. 효과적인 목표가 되기 위해서는 커야 할 필요가 있다. 그 이유는 성취에 필요한 열정을 불러일으켜 주기 때문이다. 열정은 당신이 최선을 다할 때 생기는 것이고, 최선을 다하는 것은 적절한 목표를 가질 때에만 가능하다.

　스포츠 세계를 살펴보라. 강한 경쟁자를 만나면 보통의 경쟁자와 맞설 때보다 더욱 많은 노력을 기울이게 된다. 골프 선수, 테니스 선수, 축구 선수, 권투 선수 등도 약한 선수와는 무성의하게 게임하는 경향이 있으며 이것이 이변을 일으키는 원인 중의 하나이다. 정치도 마찬가지이다. 당신이 목표를 크게 세우면 경쟁의식이 강화되어 최선을 다하게 된다. 그것은 열정을 불러일으키며 최선을 다하여 목표를 성취할 수 있게 해준다.

　당신이 최선을 다했을 때 "오늘 나는 정말 최선을 다해서 일했다."라는 말을 진실로 할 수 있는 것이며, 편히 잠들 수 있게 되는 것이다. 왜냐하면 당신은 커다란 목표에 도달하기 위해서 최선을 다했다는 것을 스스로 인정하기 때문이다. 당신이 작은 성공에 만족하지 않고 꾸준히 최선을 다하여 큰 목표에 도달했다는 것을 알았을 때는, 이것은 당신을 대단히 고무시키고 자극할 것이다. 당신은 인생을 보다 크게 볼 필요가 있으며 목표를 보다 크게 가질 필요가 있다.

　옛날 어느 현자가 말했다. "작은 계획은 세우지 말라. 왜냐하면 그것은 사람의 마음을 자극시키는 힘이 없기 때문이다. 당신이 인생을 보는 태도는 당신이 인생에서 얻는 것을 결정한다."

　쇠막대를 사용하여 문을 고정시켜 보라. 그러면 그것은 1달러의 가치가 있을 것이다. 그러나 그 쇠를 녹여서 말굽쇠를 만들면 5달러의 가치가 있을 것이다. 똑같은 쇠를 달구어 불순물을 제거하고 깨끗한 강철로 만들어 고급 시계의 정밀한 부속품을 만들면 25만 달러의 가치가 있을 것이다. 쇠막대를 보는 당신의 태도에 따라 그런 차이가 생긴다. 이와 마찬가지로 당신과 당신의 미래를 보는 태도 또한 인생에 있어서의 차이를 결정한다. 당신은 큰 목표를 가질 필요가 있다.

당신이 미용사이든, 가정주부이든, 운동선수이든, 혹은 학생이든, 세일즈맨이든 관계없이 당신은 큰 목표를 가져야만 한다. 분명 목표의 크기는 개인에 따라 다양할 것이다. 부커 T. 워싱턴은 말했다. "성취의 크기는 당신이 목표를 달성해 나갈 때 극복한 장애물들의 크기에 좌우된다."

마을에서 가장 맛없는 땅콩임을 보장함

어린시절 내가 일했던 식품점 옆에는 찻집 겸 땅콩을 파는 상점이 있었다. 주인은 조 삼촌이라고 불렸다. 커피와 땅콩 볶는 냄새가 주위에 가득했기 때문에 조 삼촌이 무엇이든 볶기만 하면 사람들이 몰려들었다. 그는 땅콩을 석탄불에 볶았다. 땅콩이 다 볶아지면 상자에 부은 후 일일이 작은 봉지에 담았다. 당시 땅콩 한 봉지는 5센트에 팔렸다. 그는 봉지가 차면 두 개의 땅콩을 다시 빼내서 상자 속에 넣었다. 그러면 결국 상자 속에 두 개씩 꺼낸 땅콩이 쌓여서 다시 여러 봉지의 땅콩을 만들어 팔 수가 있었다. 조 삼촌은 가난한 집에서 태어났다. 그리고 그는 평생 가난하게 살다가 죽었다.

나는 사우스캐롤라이나 대학에 들어가기 위해서 사우스캐롤라이나 주의 컬럼비아에 갔을 때 보았던 간판의 글을 잊을 수가

없다. 간판에는 간단한 말이 적혀 있었다. '크로머 회사의 땅콩
—마을에서 가장 맛없는 땅콩임을 보장함.' 나는 호기심이 생
겨 사람들에게 그것에 관해 물었다. 그리고 크로머 씨가 사업을
시작할 때 그 간판을 세웠다는 얘기를 들었다. 사람들은 그 간
판을 볼 때마다 웃었다. 그러나 그들은 그 땅콩을 자주 샀다. 나
중에 그는 땅콩봉지에도 그런 문구를 써넣었다. 사람들은 더 크
게 웃었다. 그리고 여전히 땅콩을 샀다. 세월이 흐름에 따라 크
로머 씨는 수많은 소년들을 고용하여 컬럼비아 거리에서 땅콩
을 팔게 했다. 그의 간판은 더욱더 커졌고, 사업은 번창했다. 곧
그는 사우스캐롤라이나 대학에서 열리는 게임을 포함해서 육
상경기가 열릴 때마다 땅콩을 팔 권리를 얻어냈다. 그의 명성과
사업은 날로 번창했다. 오늘날 크로머 씨는 성공했으며 부유해
졌다.

여기 똑같은 지역에서 똑같은 상품을 판 두 사람이 있다. 한
사람은 가난하게 살다가 갔다. 다른 한 사람은 가난했지만 그
상태에 머물러 있는 것에 만족하지 않았던 것이다. 그들은 똑같
은 상품을 팔았지만 개인적인 목표는 달랐다.

그것은 직업이 아니다

당신이 의사·사업가·변호사·세일즈맨·목사 등 어떤 직
업에 종사하든 그 업계에 당신보다 더 큰 부자가 있는 것은 사
실이다. 똑같은 주유소를 경영하는데도 어떤 사람은 부유하고

어떤 사람은 가난하다는 것을 나는 알고 있다. 부유한 교육자도 있고 가난한 교육자도 있다. 부유한 변호사도 있고, 가난한 변호사도 있다. 이런 식으로 예를 들자면 끝이 없을 것이다. 기회는 1차적으로 각 개인에게 있으며 그 다음에 직업에 있다.

개인이 자기의 본분을 다할 때 직업은 기회를 준다. 당신이 어느 직종에 종사하든 그곳에는 그 직업에 막대한 공헌을 하고 많은 돈을 버는 사람이 있다. 당신의 직업이 당신의 성공이나 실패를 결정하는 것이 아니다. 그 직장에 대한 당신의 사고방식이 성패를 좌우한다.

둘째, 목표는 장기적이어야 한다

장기적인 목표가 없다면 당신은 일시적인 좌절을 극복할 수가 없다. 이유는 간단하다. 당신의 성공에 대한 관심은 다른 어떤 사람보다도 당신이 더 많이 가지고 있다. 당신은 때때로 당신의 앞길을 막는 사람이 남이라고 생각할지도 모른다. 그러나 그것은 타인이 아니라 바로 당신 자신이다. 남은 당신의 앞길을 일시적으로 막을 수는 있다. 그러나 영구적으로 그것을 막는 사람은 바로 당신이다.

때때로 당신은 어찌할 수 없는 환경에 부닥친다. 만일 당신에게 장기적인 목표가 없을 때에는 일시적인 장애물에 좌절을 할 수도 있다. 가족 문제·질병·자동차 사고 등 어쩔 수 없는 주위 환경이 큰 장애물이 될 수 있다. 그러나 사실 그것을 장애물로 느낄 필요는 없다. 역경을 극복하고 나면 당신은 그것이 당신을 넘어지게 하는 돌이 아니라 성공의 디딤돌이 된다는 사실을 깨닫게 된다. 당신이 장기적인 목표를 가진다면 일시적인 장애물들은 쉽게 극복할 수가 있다. 왜냐하면 당신이 보이는 곳까지 가면 그곳에서는 또 더 멀리까지 볼 수 있기 때문이다. 당신이 가려는 도로의 모든 가로등에 '푸른 불'이 켜지기만을 기다린다면 당신은 결코 정상으로 가는 여행을 떠날 수 없을 것이다.

장애물을 극복하라

나는 로스앤젤레스에서 댈러스로 가는 DC-10 비행기 안에서 이 글을 쓰고 있다. 우리는 오늘 오후 5시 15분에 출발할 예정이었으나 불가피한 사정 때문에 오후 6시 3분에 출발했다. 비행기는 로스앤젤레스 공항을 떠나 댈러스로 향했다. 그러나 20분쯤 후에 상황이 변했다. 도중에 돌풍을 만나 비행기는 코스대로 날 수가 없었고 기장은 계획을 변경했다. 얼마 후 우리는 다시 댈러스를 향해 날고 있었다. 내가 하고 싶은 말은, 비행기가 정상 코스를 약간 벗어났으나 기장은 재출발을 위해 출발지인 로스앤젤레스로 비행기를 되돌리지 않았다는 것이다. 마찬가지로 당신도 목표 달성을 위해 나아갈 때 계획을 어느 정도 수정할 준비를 갖추어라.

장기적인 목표를 세우고 시작하기도 전에 모든 장애물을 다 제거할 생각은 버려야 한다. 그것은 불가능한 일이기 때문이다.

언제 어디서 장애물이 생길지 모른다. 만약 당신이 출근하기 전 경찰서장에게 전화로 거리의 신호등이 모두 푸른 불로 바뀌었느냐고 묻는다면 그는 당신을 비정상적인 사람으로 생각할 것이다.

당신은 길을 가다가 신호등을 보면 전진하든지 정지하든지 해야 한다. 목표를 달성하기 위해 나아갈 때 생기는 모든 장애물을 이런 식으로 처리한다면 당신은 언젠가는 목적지에 도착할 수 있을 것이다. 그렇다. 보이는 곳까지 가라. 거기서 당신은 훨씬 더 멀리까지 볼 수 있다.

셋째, 목표는 일상적인 것이어야 한다

매일매일의 목표를 세우지 않는다면 당신은 공상가이다. 꿈을 실현하기 위해 매일 노력함으로써 그 꿈을 이룰 기초를 세운다면 공상가도 물론 좋다. 찰리 컬렌은 이 생각을 의미심장하게 표현했다. "위대한 사람이 될 수 있는 기회는 나이아가라 폭포처럼 갑작스럽게 한꺼번에 오는 것이 아니라, 한 번에 한 방울씩 떨어지는 물방울처럼 서서히 온다." 큰 목표를 이루기 원한다면 당신은 그 목표를 위해 나아가도록 매일 노력해야 한다. 역도 선수는 매일매일 근육을 강화시키고 부단한 노력을 기울여야 비로소 큰 목표를 이룰 수 있다는 것을 알고 있다. 자녀를 자랑스럽게 키우는 부모들은 매일 자녀에게 좋은 본보기를 보여주는 가르침을 통해서 자녀의 성격과 믿음이 올곧게 이루어진다는 사실을 알고 있다.

매일매일의 목표는 가장 훌륭한 인격형성의 요인이다. 이것은 헌신과 훈련, 그리고 결정의 융합체이다. 여기서 우리는 크고 장기적인 목표를 얻어낼 수 있고, 꿈의 성과를 확실히 해주는 기초를 만들게 된다.

다음의 습관에 관한 부분은 매일매일의 습관을 만드는 데 특히 도움을 줄 것이다.

넷째, 목표는 구체적인 것이어야 한다

앞에서도 말한 바와 같이 당신은 의미 있는 특별한 존재가 되어야 하며 방황하는 평범한 인간이 되어서는 안된다. 여기 그 이유가 있다. 성능 좋은 돋보기와 신문지를 구해서 햇살 좋은 날에 초점을 맞추어 보라. 즉시 불이 붙을 것이다. 만일 초점을 맞추지 않고 돋보기를 이리저리 움직이면, 비록 아무리 햇살이 뜨겁고 돋보기의 성능이 우수할지라도 절대로 불이 붙지 않을 것이다. 많은 돈, 멋지고 큰 집, 수입이 좋은 직업, 더 많은 교육, 더 많은 판매, 중요한 일을 하는 것, 또는 더 좋은 남편이나 아내, 학생이 되는 것 등은 너무 광범위한 목표이다. 그것은 구체적인 것이 아니라, 예를 들어 크고 멋진 집이라는 것 대신에 면적 · 크기 · 형태 · 위치 · 방의 개수나 스타일, 색깔 등은 어떻게 한다는 식으로 목표가 정해져야 한다.

나는 당신이 목표 설정에 대한 일반적인 정보를 충분히 이해하기를 희망한다. 당신의 목표가 무엇이든 만족할 만한 효과를 기대한다면 그 목표는 자세하고 구체적인 것이어야 한다.

묻지 않은 질문에 대한 대답―목표가 부정적일 수 있는가

한마디로 말해서 이에 대한 해답은 간단하다. 부정적인 목표도 있다. 다음과 같은 세 가지 요인 중에 한 가지라도 포함되어 있다면 그 목표는 부정적일 수 있다. 첫째, 당신이 행운만 바라고 성취의 주인공이 자신이라는 사실을 인정하지 않는다면 당신의 목표는 부정적일 수 있다. 둘째, 실현 가능성이 없이 지나치게 큰 목표는 부정적일 수 있다. 셋째, 당신의 흥미와 관계가 없거나 단순히 남을 즐겁게 해주기 위한 목표는 부정적일 수 있다.

여러 가지가 있지만 위에서 얘기한 가장 큰 문제들에 대해서 살펴보자.

먼저 너무 크고 실현 가능성이 없는 목표에 대해서 알아보자. 흔히 사람들은 크고 실현 가능성이 없는 목표를 설정하는데, 그 이유는 실패했을 경우 핑계를 댈 수 있기 때문이다. 이것은 실패를 위한 준비이다. 다음 이야기 속에 나오는 청년이 바로 그런 문제를 가지고 있다.

몇 년 전 나는 미시간 주의 디트로이트에서 강연한 적이 있는데, 그때 옷차림이 허름하고 20대 중반처럼 보이는 청년이 내게 다가와서 이렇게 말했다. "지글러 씨, 당신의 강연을 듣고 감명을 받았습니다. 그래서 당신과 악수하고 싶은 충동을 느꼈습니다. 오늘 당신에게 얻은 교훈이 무엇인지 말씀드리고 싶습니다." "내가 어떤 교훈을 주었나요." 그는 열기를 띠고 대답했다. "나는 당신 때문에 100만 달러를 벌게 되었습니다." 그래서 내가 말했다. "그래요? 놀랍군요. 그럼 내게도 좀 나누어 줄수가 있겠군요." 그는 놀란 표정을 지으며 이렇게 말했다. "나는 100만 달러를 벌 예정입니다. 그리고 올해가 가기 전에 그렇게 할 겁니다."

여기서 나는 작은 문제에 부딪히게 되었다. 이 청년이 가진 이 엄청난 열정을 지금 포기시킬 것인가, 아니면 그가 계속 실현 가능성이 없는 목표 때문에 실패만 거듭하도록 모르는 체할 것인가? 내가 여기서 실현 가능성이 없다고 한 이유는 1년에 100만 달러를 벌려면 매주 거의 2만 달러씩을 벌어야 하기 때문이다. 경험이 적은 청년이 1년에 100만 달러를 번다는 것은 어려운 일이다. 게다가 그에게는 사업을 시작할 자금이 2000달러도 없었다. 그는 25세가 되도록 2000달러도 저축할 수가 없었던 것이다. 그런데 불과 1년 내에 그 금액의 500배에 해당하는 돈을 벌겠다는 목표를 정한 것이다.

이 문제를 좀더 자세히 살펴보자. 3주에 2000달러를 번다고 하자. 계획대로라면 3주에 2만 달러를 벌었어야 하는데, 역시 그에 미치지 못한다. 또 보수적으로 말해서 25년 동안 2000달러도 모으지 못한 사람이 3주에 6만 달러를 모은다는 것은 가능성이 희박하다. 3주보다는 6주를 잡는 것이 더 현실적이다. 그래서 6주 후의 그의 소득은 12만 달러가 되어야 계획에 맞는

셈인데, 그는 겨우 2000달러를 벌었을 뿐이었다고 하자. 그때 그는 친구와 친척들의 조롱과 비웃음의 대상이 될 것이다. 그는 아마 이 세상으로부터 도피하고 싶을 것이다. 그는 자신의 어리석음과 패배감을 느끼고 이렇게 말할 것이다. "모두가 날 비웃고 있다." 또 "모두가 나의 적이다."라고. 이와 같은 일은 너무 큰 목표를 세웠을 때 우리 모두에게 일어날 수 있는 일이다.

만일 목표가 비현실적으로 너무 커서 그것을 이루지 못한다면 그 실패의 크기는 미래의 성취에 너무나 부정적인 감정적 효과를 가져오게 될 것이다. 이런 이유로 목표는 높지만 달성이 가능한 범위 내에서 설정하는 것이 현명한 일이다.

목표는 또한 그것이 당신의 흥미 밖에 있거나 단순히 타인을 즐겁게 해주기 위한 것일 때 부정적일 수밖에 없다. 만일 누군가가 당신의 목표설정을 지도해 준다면 그것은 당신에게 책임 회피의 구실을 주게 되며 당신의 노력을 감소시킬 경향이 많다.

또 하나의 부정적인 목표란 행운을 바랄 때를 말한다. 성공한 사람들은 자신들의 목표를 확실히 하고, 자신들의 재능을 사용했으며, 헌신하고 노력한 결과 그렇게 된 것이다. 그러므로 당신도 성공하기 위해서는 그렇게 해야 할 것이다.

12

목표 설정

당신은 어디에 있는가?

이제 당신은 이런 질문을 해야 한다. "그러면 목표 설정은 어떻게 하면 됩니까? 당신은 지금까지 나에게 목표를 설정해야 한다고 말했습니다. 그러나 어떻게, 어떤 목표를 설정해야 하는지에 대해서는 말해주지 않았습니다." 훌륭한 지적이다. 당신도 알게 되겠지만 목표를 설정하는 것이 그것을 달성하는 것보다 더 어렵다. 목표를 잘 설정하고 나면 목표의 반은 이미 이룬 것과 같다고 볼 수 있다. 왜냐하면 이미 당신은 그것을 달성할 수 있고 또 달성할 수 있으리라는 것을 굳게 믿고 있기 때문이다. 앞에서 언급한 바와 같이 당신이 성공한다고 믿는다면 성공은 쉬운 것이다.

나는 이것을 설명하기 위해서 세일즈맨의 경우를 예로 들겠다. 당신의 직업이 무엇이든 이 예는 당신에게도 해당된다.

만일 당신이 세일즈맨이라면, 또 효과적으로 판매하기를 원한다면 당신은 목표들을 설정해야 한다. 당신에게 경험이 있다면 도움이 되겠지만, 경험자라고 해도 크고 지각 있는 목표를 설정하려면 기록을 필요로 한다. 당신이 세계에서 가장 완전한 지도를 가지고 있다고 해도 당신이 어디에 있는지를 모르고서는 아무 곳에도 갈 수 없을 것이다. 당신은 출발점을 가질 필요가 있다. 기록은 당신의 출발점을 정하는 데 도움이 될 것이다. 30일 동안 계속 당신의 실적에 대하여 기록해 본다면 당신의 생산능력과 작업능력, 그리고 당신의 시간을 효과적으로 사용할 수 있는 길을 알 수 있을 것이다. 당신은 기록을 시작한 처음 15일보다 나중 15일 동안에 더 많이 생산하게 됨을 알게 될 것이다. 그러나 당신은 이 30일 동안 정직하게 살아야 한다. 결국 당신은 미래를 위해서 파악하고 있는 것이기 때문이다. 이 기록은 오직 당신의 시야를 위한 것이다.

정확한 기록을 남기기 위해 취해야 할 몇 가지 단계가 있다. 첫째로 언제 잠이 깨어 일어났는지, 언제 생산적인 일을 하는지 기록을 하라. 둘째로 점심시간, 커피를 마시는 시간, 개인적인 전화 사용, 그리고 기타 사적인 문제 때문에 소비하는 시간에 대해 기록을 하라. 셋째로 약속을 위한 전화, 약속을 위한 방문, 서비스 방문, 제품설명 등으로 고객과 대화하는 데 소비한 시간, 그리고 당신의 일반적인 판매고에 대해서 기록하라. 마지막으로 하루의 황혼 무렵에 소비한 시간에 대한 기록을 하라. 이때 당신은 사무실 밖에 있거나 세일즈를 위한 마지막 30분을 보내거나 고객카드를 정리하고 있을 것이다. 처음 며칠은 기록을 하기가 무척 힘이 들 것이다. 그러나 일단 습관이 되면 쉬워진다. 그리고 당신의 실적도 증가되기 시작할 것이다.

일단 행동패턴이 정해지면, 그것을 개선하는 것은 쉽다. 과거 기록들을 살펴봄으로써 당신은 가장 좋은 날, 가장 좋은 주, 가장 좋은 달, 그리고 가장 좋은 계절을 발견할 수가 있다. 이것은 당신이 취급하는 제품에 따라 다양할 것이다. 당신의 목표를 구체적이고 일반적인 것보다 크게 세워라.

때때로 경쟁 목표의 설정이 크게 도움이 된다. 그러므로 도전심을 불러일으킬 제도를 조사해 보자. 첫째로 하지 말아야 할 것은 당신이 씹을 수 없는 것을 입에 많이 물지 않는 것이다. 둘째로, 챔피언보다는 당신보다 실적이 조금 높은 사람에게 도전하라. 처음부터 무턱대고 챔피언에게 도전하는 것은 위험하다. 승리는 당신에게 다음 도전을 할 수 있는 자신감을 안겨준다. 회사에 당신보다 실적이 좋은 사람들이 얼마나 많든 우선 최선을 다하는 것이 중요하다. 그렇게 하면 당신은 발전할 것이고, 많이 팔 것이고, 또 많이 벌게 될 것이다. 당신보다 실적이 조금 좋은 사람에게 연이어 도전한다면 당신보다 실적이 좋은 사람이 한 명도 없게 되는 것은 시간 문제일 것이다.

무엇이 가장 중요한가

사회적·신앙적·정신적·육체적·재정적, 그리고 가족적인 목표들을 보자. 그런 목표들을 훨씬 더 쉽고 완전무결하게 이룰 수 있도록 도와주는 법칙이 있다. 당신은 태어날 때부터 이런 법칙들을 갖고 있는 일반적인 존재임을 기억하라.

당신이 원하는 것을 종이에 써라. 당신은 이렇게 말할지도 모른다. "그걸 모두 쓰려면 3일은 걸릴 겁니다." 그러나 당신의 생각만큼 그 일이 오래 걸리지 않는다는 사실을 알고는 놀랄 것이다. 그것들을 적어라. 그리고 중요한 순서에 따라 배열하라. 분명히 당신은 동시에 여러 가지 목표들을 위해 일하고 있을 것이다. 골프클럽의 챔피언, 회사의 세일즈 리더, 사친회 의장, 교회의 장로와 같은 목표를 동시에 갖고 있을지도 모른다. 이 문제에 있어서 당신은 중요한 순서를 결정해야 한다. 왜냐하면 그하나하나가 시간을 필요로 하며, 당신이 일을 하면서 조정해야 할 필요가 있기 때문이다. 당신은 골프클럽의 챔피언이 되는 것 대신에 여덟 개의 핸디캡을 얻는 방향으로, 그리고 사친회 의장보다는 사친회의 적극적인 멤버가 되는 방향으로 타협을 하게 될지도 모른다. 아무튼 이 목표들을 이루기 위해서는 조직적으로 될 필요가 있다.

돌에 제지당할 것인가, 밟고 넘어갈 것인가

일단 중요도에 따라 목표를 정리하면 당신과 그 목표 사이에 놓여 있는 장애물에 대한 리스트를 작성해야 한다. 만일 당신과 목표 사이에 장애물이 없다면 당신은 이미 원하는 것을 모두 얻고 있는 것이다. 장애물을 리스트로 작성한 후에 그것들을 극복할 계획과 소요 시간을 정해야 한다. 최고위층 경영자들은 당신이 갖고 있는 문제점을 적절히 분류할 때 그 절반은 해결된 것이라고 믿고 있다. 일단 그 문제들을 정확히 구분해내면 장애물을 훨씬 더 빨리 극복할 수 있게 된다는 사실에 놀랄 것이다. 당신이 한 가지 목표에 있는 장애물을 극복할 때 다른 목표들에 가로막힌 장애물은 더 쉽게 극복하게 될 것이다.

앞에서 나는 1년에 100만 달러를 벌겠다는 비현실적인 목표를 세운 한 젊은이에 대해서 얘기했다. 한 사람이 투사로서 어떤 전문적인 분야의 서열에 들어갈 때 그는 그의 바로 위에 있는 사람에게 도전함으로써 시작하는 것이다. 하나의 목표를 이룬 후에, 또 자신감과 경험을 얻은 뒤에 그는 사다리를 올라가게 되는 것이다. 많은 사람들이—100만 달러의 목표를 세운 젊은이를 포함하여—필요한 경험을 쌓기도 전에 너무 과도한 경쟁에 눈을 돌림으로써 자신들의 경력을 망쳐버리고 있다.

나는 그 젊은이에게 충고를 했다. "당신의 목표를 달성하는데 있어서, 좀더 차근차근 성취해 나가라." 근본적으로 나는 정상에 있는 사람이 벌어들이고 있는 액수를 알아보라고 충고했다. 이 말은 그에게 현실에 있어서 그의 목표가 어떤 것인지를 깨닫게 해준 것이었다. 그리고 나서 나는 그에게 직원들의 평균 수입을 조사하고, 그 평균 수입보다 조금 낮은 금액을 산정하여, 이것을 첫번째 목표로 선택하라고 했다. 나는 그가 잘해내리라는 느낌을 받았고, 그 첫번째 목표를 이룸으로써 자신감을 얻게 되기를 원했다. 자신감은 성공의 열쇠이다. 일단 어느 정도까지 성공하게 되면 더 큰 목표를 달성하는 것은 훨씬 쉬워진다. 그때 나는 그에게 조직 내에서 목표를 설정하고 그보다 바로 위에 있는 사람을 앞지르는 일부터 시작하라고 충고했다. 이목표를 달성하기 위하여 그는 매일을 기준으로 스케줄을 작성해야 했다.

그가 1년에 100만 달러라는 목표를 달성할 것인지는 문제가 되지 못한다. 목표 설정에 관한 적절한 접근방법을 가진다면 그 젊은이가 목표를 추구해 가는 과정에서 훨씬 더 행복할 것이며 그 속도나 정도가 훨씬 빨라질 것이라는 점을 확신한다. 여기에서 내가 그의 목표가 불가능한 것이라고는 말하지 않다는 사실에 주목하라. 나는 일정한 정도의 격려를 해줄 수 있는 능력과 소망이 있다. 그러나 현실적인 사람의 잠재능력에 대한 절대적인 한계를 규정지을 만큼 충분한 격려심은 없다.

무지한 자신감

몇 년 전 사우스캐롤라이나 주의 컬럼비아에서 한 젊은 요리 기구 세일즈맨이 나를 찾아왔다. 12월 초였는데, 그는 다음해의 계획에 대해 말하고 있었다. 내가 그에게 물었다. "내년에는 얼마나 팔 계획인가요?" 그는 웃으면서 대답했다. "내년에는 올해보다 많이 판매할 것임을 확신합니다." 나는 다시 물었다. "신나는군요. 올해에는 얼마나 팔았나요." 그는 다시 미소 지으며 말했다. "예, 사실 잘 모르겠습니다." 재미있지 않은가? 한편으론 슬픈 일이기도 하다. 이 사람은 자신이 어디에 있는지 모르는 사람이다. 그리고 어디에 있었는지도 모르는 사람이다. 그러나 무지한 자신감으로 말미암아 자신이 어디로 가야 할 것인지는 알고 있었다.

불행히도 대부분의 사람들이 그와 같은 상황에 놓여 있다.

나는 그 세일즈맨에게 한 가지 질문을 던졌다. "당신은 요리기구업계에서 불멸의 업적을 쌓고 싶지 않나요." 불멸이라는 말은 조금 도전적인 말이다. 그는 미끼에 걸렸다. 그래서 열광적인 반응을 드러냈다. "어떻게요?" 내가 대답했다. "쉽지요. 회사의 창립 이래의 기록을 깨뜨리면 됩니다." 이번에 그의 반응은 조금 덜 열광적이었다. 그는 말했다. "말하기는 쉽지요. 그러나 나를 포함해서 어느 누구도 그 기록을 깰 사람은 없어요." 나는 호기심이 생겼다. 그래서 "그 기록을 깰 사람이 아무도 없다는 것이 무슨 뜻인가요?" 하고 물었다. 그는 내게, 그 기록은 정당한 기록이 아니라고 말했다. 그 이유는 그 기록을 세운 사람이 사위에게 자신의 이름으로 요리기구를 팔게 했기 때문이라고 했다.

특별수당은 성공의 보상

이 젊은이의 '패배자의 변명'은 다음과 같다. "그 기록이 정당한 것이 아니기 때문에 나는 그것을 깨뜨릴 수 없다." 나는 그에게 그 기록이 합법적인 것이라고 말해 주고, 그 기록에 도전하려는 마음을 불러일으켰다. "어떤 사람이 그 기록을 세웠다면 다른 사람도 그것을 깰 수가 있습니다." 특별수당은 성공의 핵심이기 때문에 나는 그가 기뻐할 만한 몇 가지 보상을 알려주었다. 첫째, 만일 그가 기록을 깨뜨린다면 사장실뿐 아니라 사장의 집에까지 그의 사진을 걸어둘 것임을 보장하겠다고 했다. 그는 좋아했다. 둘째, 그의 사진이 전국적인 광고에 실리고 기사화될 것이라고 했으며, 그는 지상에서 가장 훌륭한 요리기구 세일즈맨으로 표현될 것이라고 말해 주었다. 그는 정말로 좋아했다. 마지막으로, 사람들은 그를 황금단지처럼 볼 것이며 적어도 그가 황금 같은 존재가 될 것이라고 말해 주었다. 그러나 그는 아직도 자기가 얼마나 많이 팔 수 있을지 의심스러운 표정이었다.

나는 그에게 1주일 동안 최선을 다하고, 그것을 50번 계속한다면 그 기록을 깰 수 있을 것이라고 상기시켜 주었다. 그는 얼굴을 활짝 펴고 웃으며 말했다. "이것 보세요. 말은 쉽지만……." 나는 그의 말을 가로챘다. "아니오. 그것은 쉬운 일이오. 만일 당신이 할 수 있다고 믿기만 한다면 말이오." 그는 여전히 자신감이 없는 모양이었다. 그러나 진지하게 생각해 보겠다고 약속했다. 그것이 중요한 점이다. 왜냐하면 우연히 설정되고 가볍게 정한 목표는 첫번째 장애물에서 거의 대부분 무너져 버리고 말기 때문이다.

만일이라는 결정은 없다

12월 26일, 그는 조지아 주의 오거스타에서 내게 전화를 걸어왔다. 이전에도 그리고 이후에도 이 전화와 비교할 수 있을 만큼 기쁜 통화를 해본 적이 없다. 그 전화줄은 뜨거워졌음에 틀림이 없다. 당신은 오거스타에서부터 사우스캐롤라이나의 컬럼비아까지에 이르는 그 열정을 느낄 수가 있을 것이다. 그는 내게 말했다. "이달 초 당신을 방문한 이후로 내가 했던 모든 일을 기록했습니다. 고객의 문을 두드린 횟수, 제품설명을 한 횟수, 샘플상자를 열어보인 횟수까지 알고 있습니다. 나는 매주 내가 얼마나 판매를 했는지뿐만 아니라 매일의 판매량과 매시간당 판매량도 알고 있습니다." 그는 열광적으로 말을 덧붙였다. "나는 그 기록을 깨뜨릴 것입니다." 나는 이렇게 말했다. "아니, 당신은 이미 그 기록을 깨뜨렸소."

이 말을 하는 이유는 그가 한 번도 '만일(if)'이라는 단어를 사용하지 않았기 때문이다. '만일'이라는 것은 결정이 아니다. 많은 사람들은 그저 '만일'이라는 결정을 하면서 생활을 하고 있다. 이것은 결정이 아니라 실패에 대한 준비이다. 젊은이는 그러지 않았다. 그는 이렇게 말하지는 않았다. "내 차가 사고를 내지만 않는다면 나는 그 기록을 깨뜨릴 것입니다." 그러나 그에게는 사고가 있었다. 그는 이렇게 말하지는 않았다. "만일 집 안의 누군가가 병을 앓지만 않는다면 나는 그 기록을 깨뜨릴 것입니다." 그러나 그의 집안에는 환자가 있었다. 그는 이렇게 말하지는 않았다. "우리 가족 중에 죽는 사람만 없다면 나는 그 기록을 깨뜨릴 것입니다." 그러나 그는 형제 한 명을 포함해서 사랑하는 사람을 땅에 묻었다. 그는 이렇게 말하지는 않았다. "내 목소리가 쉬지만 않는다면 나는 그 기록을 깨뜨릴 것입니다." 12월의 22일 동안 그는 자신의 목표를 달성하기 위해 열심히 뛰어다녔기 때문에 완전히 목이 쉬었다. 그는 오로지 "나는 그 기록을 깨뜨릴 것입니다"라고 말했을 뿐이다.

우리는 그의 목표를 알 필요가 있다. 전에는 1년 동안 3만 4000달러 이상을 팔아본 적이 없었다. 당시로서는 그다지 나쁜 실적은 아니었다. 그러나 그 다음해엔 같은 제품을 같은 장소에서 같은 가격에 팔면서 10만 4000달러의 실적을 올렸다. 그는 과거의 연간 실적보다 세 배의 매상을 올렸다. 그 결과 그는 그 기록을 깨뜨렸다. 회사는 내가 장담했던 보상을 그에게 충분히 해주었다. 그의 사진과 이름이 광고에 실렸으며 그는 황금단지가 되었다.

더욱 솜씨 있게, 더욱 열심히

많은 사람들이 그가 일을 더 솜씨 있게 하게 됐느냐고 묻는다. 나는 그가 지금은 10년의, 아니 11년의 경험을 가졌기 때문에 훨씬 더 솜씨가 있을 것이라고 했다. 많은 사람들이 그가 더욱더 열심히 일을 하는지 묻는다. 나는 그들에게 훨씬 더 열심히 일하고 있으며 분명히 솜씨 있게 일할 것이라고 장담했다. 그는 시간을 조직적으로 활용했으며 1분의 소중함을 깨달았다.

그는 여기에서 10분, 저기에서 20분이 한 시간 또는 두 시간이 된다는 사실을 알았다. 이것이 1주일이면 8시간에서 10시간이 되었고, 1년이면 400에서 500시간이 되었다. 그것은 하루 여덟 시간으로 잡으면 80일이 되는 시간이었다. 간단히 말해서 그는 한 시간이 60분, 하루가 24시간, 1주일이 7일이 아니라는 것을 발견했다. 사람들은 저마다 자신들의 관점에 따라 많은 분·시·일을 갖게 된다. 그가 계산되어 있는 시간을 버리고 시간으로 하여금 계산을 하게 만들었을 때 그는 엄청나게 더 많은 일을 할 수 있었으며, 여전히 그 자신과 가정을 위한 더 많은 시간을 가질 수 있었다.

그는 기록을 함으로써 자기의 위치를 발견했고, 거기에서부터 출발했다. 그렇다. 당신이 만일 세일즈맨이라면 그와 똑같이 해야 한다. 약속을 지키기 위해서 만나야 할 고객이 얼마나 되는지 파악하라. 당신의 이야기를 하기 위하여 얼마나 많은 약속을 해야 하며, 상품을 팔기 위하여 얼마나 여러 번 제품을 제시해야 하는지 파악하라. 그리고 그것에 소요되는 시간을 종합하라—즉, 차를 운전하는 시간, 서비스 시간, 서류작성 시간 등을 포함하여 제품 제시와 판매하는 데 소요되는 시간을 정확히 알 때 당신의 위치를 알게 될 것이다.

그 다음에는 단순히 수학적인 문제만 남는다. 이런 정보를 가지게 되면 일하고 있는 시간마다 일어나는 모든 일을 알게 될 것이다. 그러면 당신은 목표를 높게 수정해야 할 것이며, 그 목표의 상승은 극적일 것이다. 왜냐하면 이러한 사실들에 의해 고양된 자신감은 당신을 더욱 생산적으로 만들어주기 때문이다.

이 이야기를 부분으로 나누어 보면 그 젊은이가 목표 설정의 원칙뿐만 아니라 목표 달성의 원칙도 알고 있다는 것을 깨닫게 된다.

(1) 그는 자신의 위치를 알기 위해 기록을 했다.

(2) 연도별, 월별, 일별 기준으로, 이루고자 하는 목표들을 기록했다.

(3) 그는 아주 구체적이었다(10만 4000달러).

(4) 열정과 도전심을 불러일으키기 위하여 크지만 도달 가능한 목표를 세웠다.

(5) 장기적인(1년) 목표를 세웠다. 그래서 일시적인 좌절에 쓰러지는 일이 없었다.

(6) 자신과 목표물 사이에 있는 장애물의 리스트를 작성했으며 그 장애물을 극복할 계획을 세웠다.

(7) 자기의 목표를 매일매일의 실적 증가를 통해서 달성했다.

(8) 목표를 달성하기 위하여 필요한 단계를 밟도록 스스로 채찍질할 정신적인 자세가 되어 있었다.

(9) 목표를 달성할 수 있다고 확신했다.

(10) 한 해가 시작되기 전에 이미 그 목표를 달성한 모습을 상상했다.

목표 설정에 든 그 예가 개개인의 모든 경우에 적합하지는 않을 것이라는 점을 인정한다. 그러나 그 원칙들은 당신의 경우에 적합한 것일 수 있다. 미래의 어느 시기에 아마 당신은 그 지역에서 가장 부유하게 생활하는 사람들 중의 한 명이 될지도 모르며, 나처럼 특수한 목표를 설정할 것을 가르치는 일을 하게 될지도 모른다.

좋은 오늘―더 좋은 내일

"무슨 목표를 가져야 하나요?"라고 묻는 어떤 어머니의 경우를 보자. 어머니는 누구보다도 먼저 큰 목표를 가져야 한다. 어머니가 가질 수 있는 가장 큰 목표 중의 하나는 자식들에게 이 복잡한 사회에서 어떻게 살아갈 것인지를 가르치는 일이다. 아이들을 행복하고 건강하게, 도덕적으로, 감정적으로 건전하게 키우는 것이 모든 어머니들의 가장 큰 목표이다. 장기적인 목표는 아이가 사회에 기여하도록 가르치는 것일 수 있다. 또한 예수 그리스도와 영생을 얻는 것에 관하여 말과 행동으로 가르칠 수 있다.

매일의 목표 중 설정할 수 있는 가장 좋은 것은 아이들에게 스스로의 일을 어떻게 해야 하는지 가르치는 일이다. 중국인들은 이렇게 표현한다. "만일 당신이 어떤 사람에게 고기를 한 마리 준다면 당신은 그에게 그날 하루를 먹여준 셈이 된다. 그러나 고기 잡는 법을 가르쳐 준다면 평생 먹여주는 셈이 된다." 자녀들에게 일을 어떻게 하는지, 그리고 어떻게 살아가야 하는지 가르쳐라. 어머니가 가질 수 있는 목표 중에서 그보다 더 훌륭한 목표가 있을까?

하루하루의 목표는 더 좋은 내일을 준비하는 동시에 오늘 최선을 다하는 것이다. 미래는 당신의 남은 인생을 소비할 장소이다. 매일매일의 성취는 그 장소로 인도하는 벽돌이다. 만일 당신이 적절한 목표설정의 절차를 따라 규칙적으로 튼튼하게 벽돌을 쌓는다면 당신은 결국 정상으로 향하는 계단을 쌓는 것이 된다. 당신은 정상으로 가는 엘리베이터가 고장났다는 것을 알아야 한다. 당신은 층계를 이용해야 한다. 한 번에 한 계단씩 올라가야 한다. 다행히도 그 계단은 분명하게 표시되어 있으며 당신에게 올라오라고 손짓하고 있다—항상 위로.

13

목표 달성

자신에게 충실하라

처음 이 책을 쓰기 시작했을 때는 좋은 말들이 술술 잘 쏟아져 나왔다. "당신이 가고 싶은 곳은 갈 수 있으며, 하고 싶은 것은 할 수 있으며, 갖고 싶은 것은 가질 수 있으며, 또한 원하던 모습대로 될 수도 있다."라고 말해놓고 스스로 '훌륭하다'고 만족해했다. 불행히도 나는 이 말을 보류해야만 했다. 그 이유는 나 자신과 그 말 사이에는 41인치의 허리와 91킬로그램의 체중이 가로막고 있었기 때문이다. 나는 그 말을 생각하면서 스스로에게 질문하기 시작했다. (자문하는 것은 나쁜 방법이 아니다. 더구나 그것에 대답한다는 것은. 그렇지만 그 대답에 부정적인 반응을 보이는 자신을 발견하게 된다면 당신에게 문제가 있는 것이다. 이것이 나 자신에게서 찾아낸 답이다.)

내가 썼던 말을 나 스스로 믿고 있는지 어떤 독자들은 궁금해할 것이다. 성실이란 내부에서 우러나오는 것이어야 하기 때문에 내가 했던 모든 말들을 다시 생각해야 했다. 내가 그것을 믿는다면 나는 그렇게 살고 있어야 할 것이고, 만일 믿지 않는다면 그런 말을 이 책에 쓰지 말았어야 한다. 이러한 생각이 나 스스로에게 묻도록 했다. "지그, 이게 정말로 네가 원하던 모습인가?"

이 문제와 씨름하게 되자 분명해진 사실은, 내가 그에 해당하는 부분을 이 책에서 삭제해야 하거나 아니면 스스로 엄격한 인생을 살아야 한다는 것이었다. 또 어쩔 수 없이 난처한 질문을 던지는 사람들과 마주해야 할 것이라는 점이었다. 예를 들면 내 아들은 여덟 살이었는데, 적어도 열두 살이 될 때까지는 아버지가 체벌을 할 수 있어야 한다고 생각한다. 그러나 나는 그러지 못했다. 도움이 필요한 쪽은 오히려 나였다. 아내는 늘 식욕을 억제하도록 권했고 나는 그 말에 따랐다.

다행스럽게도 댈러스에는 케네스 쿠퍼 박사가 설립한 세계적으로 유명한 에어로빅 센터가 있다. 쿠퍼 박사는 일명 '공군 박사' 또는 '달리는 박사' 등으로 알려져 있었다. 그는 에어로빅이 인체에 미치는 영향에 관한 연구에서 주목할 만한 성과를 거두었다. 조깅을 하는 사람은 간접적이든 직접적이든 쿠퍼 박사의 영향을 받고 있는 것이다. 나는 예약을 하고 다섯 시간에 걸쳐 검사를 받았다. 처음에는 약간의 피를 뽑아냈다. 그리고 그것을 두 개의 유리병에 담았다. 다음에 살찐 정도를 측정하기 위하여 나를 세 번이나 물속에 완전히 잠기게 했다. 그리하여 내 몸의 23.9퍼센트가 순수 지방질로 되어 있다는 것을 알아냈다. 그것은 그리 바람직한 것이 아니었다. 다음에는 걸을 때의 심장상태와 맥박 횟수를 기록하기 위하여 기계에 줄로 고정되었다. 걷는 거리는 그 사람의 신체적인 조건을 드러낸다. 나는 그 기계 위에서 얼마 못 걸었다는 데에 분통이 터질 만큼 실망했다.

모든 검사가 끝나자 내 담당의 랜디 마틴 박사는 사무실로 나를 불렀다. 그는 여유 있는 미소를 띄우며 내 정보를 수집하기 위하여 컴퓨터를 사용했으며 각종 수치에서 내가 초과 중량이 아니라는 것이 증명되었다고 말했다. 그러나 그는 내 키가 수치들에 비해 5.3인치쯤 모자란다고 말했다. 나는 정말 나쁜 상태라고 말했다. 그러나 마틴 박사는 나에게 대단히 훌륭한 신체조건—66세 노인으로서는—을 갖고 있다고 말했다. 내가 46세라고 말하자 그는 갑자기 태도를 바꿨다. "당신의 몸은 매우 위험합니다. 당신의 몸이 건물이라면 나는 당신을 포기하겠소."라고 말했다. 앞으로 해야 할 일을 묻자, 마틴 박사는 자세하게 스케줄을 짜주었고 보너스로 격려까지 해주었다. 해야 할 일에 관한 이야기가 끝날 때까지 나는 마치 아빠에게 질문하는 어린 소년과도 같았다. 아빠가 "너, 왜 엄마에게 묻지 않지?"라고 되물으면 그 꼬마는 대답한다. "그것에 대해 그렇게 많이 알고 싶지는 않을 뿐이에요."

한 구획의 거리와 우체통

내가 집에 돌아왔을 때 아내는 "세상에, 난 당신이 동네를 온통 뛰어다니려는 줄 알았어요."라고 말했다. 내가 그렇게 하려고 한다고 하자 그녀는 "만일 내가 이웃집 앞을 뛰어다니는 46세 된 뚱뚱한 아이를 갖게 된다면 난 되도록 우습게 보이도록 하고 싶진 않아요."라고 말했다. 그녀는 가게에 가서 마틴 박사가 권한 조깅 신발과 함께 운동복으로 짧은 반바지를 샀다.

마틴 박사의 사무실에 있는 동안 좀 쑥스러운 짓을 했지만 나는 앤 랜더스가 쓴 책을 읽지 않았다는 핑계를 대야겠다. 앤은 남의 잡지에서 페이지들을 찢어가는 일은 정직하지 못한 행동이라고 했다. 나는 '조키' 반바지의 광고 페이지를 뜯었던 것이다.

다음날 아침 자명종이 울리자마자 벌떡 일어나 그 멋진 운동복과 조깅화를 신고 현관문을 나섰다. 그리고 혼자서 한 구획을 뛰었다. 그 다음날은 좀더 달렸다. 한 구획에 우체통 하나를 더 지나쳤다. 3일째에는 한 구획과 우체통 둘, 그 다음에는 한 구획과 우체통 셋, 어느 날 나는 마침내 구획 전체의 길을 모두 돌았다. 구획 경계 표지판을 넘던 날 나는 온 가족을 깨우고는 '아빠가 해낸 일'을 들려주었다.

그후 어느 날 반 마일을 뛰었고, 이어서 1.5킬로미터, 그리고 2.5킬로미터, 곧 3킬로미터를 돌파했다. 나는 유연체조를 시작했다. 팔굽혀펴기를 6회, 다음엔 8회, 그리고 10회, 20회, 30회, 40회까지 하게 되었다. 요즈음 나는 공중으로 몸을 띄우는 동시에 손을 내려놓는 G. I. 푸시업(Push-uP)까지도 할 수 있다. 또 누웠다 일어나기를 시작해서 처음에는 8회, 곧 10회, 20회, 40회, 80회, 120회까지 하게 되었다. 그 결과 체중과 허리둘레가 줄어들기 시작했다. 나는 또 이 기간 동안에 종교적인 식이요법을 실시했다(교회에서 금식했다). 식이요법에 관해서는 뒤에서 좀더 자세하게 다룰 것이다. 체중은 91킬로그램에서 점점 줄어들기 시작했다. 처음엔 90, 86, 81, 77, 마침내 75로, 허리둘레는 41에서 40, 39, 38, 37, 36, 35, 34로 줄어들었다. 체중을 75킬로그램으로 허리둘레를 34인치로 쓰게 된 것은 결국 병원에 다녀온 지 10개월이 지난 후였다.

그 최초로 며칠간, 헐떡거리면서 뛰어다닐 때 동료들은 편히 자고 있는 이 시간에 마흔 여섯이나 먹은 이 뚱뚱한 남자가 땀을 뻘뻘 흘리는 것은 무엇을 위해서인가라고 스스로 물었었다는 사실을 고백해야겠다. 자명종이 울릴 때마다 이대로 좀 더 잘 수 있다면 얼마나 좋을까, 하고 생각했다. 그때마다 나는 나의 41인치나 되는 허리를 내려다보며 묻곤 했다. "지그, 지금의 이 모습 그대로 있는 게 좋은가, 아니면 건강한 친구가 되기를 원하는가?" 나는 그대로의 모습을 원하지 않았기 때문에 침대에서 튕기듯이 일어날 수 있었다.

목표 설정의 원칙

나는 이 이야기가 목표 설정과 목표 달성의 모든 원리를 포함하는 것이기 때문에 자세히 이야기하려 한다. 그 목표는 나의 것이었고, 내 명예가 걸린 문제였으므로 그 목표를 달성했을 때의 효과는 목표를 설정할 당시에 이미 정해져 있었다. 그 목표는 원대한 것이었으며, 그 목표에 도달하기 위하여 나는 능력의 무한한 원천에 깊이 들어갈 수 있도록 나를 강제하기에 충분한 것이었다. 책임질 수 없거나 불가능한 일은 아니었다.

겨우 3킬로그램의 체중만 줄였더라면 아내를 제외하고는 어느 누구도 내 체중이 줄었다는 것을 알 수 없었을 것이다. 체중이 녹아 없어지듯 줄어들고(사실 땀을 흘릴 때는 녹아버린다는 생각은 들지 않는다) 허리둘레도 가늘어지기 시작하자 가족들과 친구들은 무척 칭찬했다. 그것은 사실 도움이 되었다. 내 기분은 훨씬 더 좋아지기 시작했고 체력 등급도 높아졌다. 달리기로 소비한 시간은 더 능률적인 작업을 할 수 있는 지구력의 형태로 보너스가 되어 다시 돌아왔다.

목표의 크기는 엄청나게 중요하다. 앞부분에서 목표는 지나치게 커질 수 있다고 강조했다. 그러나 여기에서도 숙련된 의사의 지시를 따랐다는 점을 기억하기 바란다. 목표는 아주 구체적으로 분명하게 설정되었다. 과녁에 뚜렷이 초점이 맞추어져 있었다. 목표는 장기적인 계획 아래 있었다. 결정을 내린 날부터 목표를 이룬 날까지는 10개월이란 시간이 걸렸다. 17킬로그램은 줄이기에 벅찬 양이다—불가능하게 보일 정도로. 그것을 10으로 나누면 한 달에 단 1.7킬로그램이라는 것을 깨닫기 전까지는 말이다.

이 성공과 더불어 나는 매우 낙관적으로 변했는데, 만일 당신이 목표 달성을 원한다면 그것은 중요하다. 다행히도 나는 1.7킬로그램을 제거하기 위해 매달 29일까지 기다린다면 문제를 해결하기는 매우 어려우리라는 것을 알고 있었다.

나는 그 목표를 매일매일 조금씩 수치를 증가시킴으로써 달성했다. 10개월 동안에 17킬로그램을 제거하기 위하여 내가 해야 할 일은 매일 58그램씩 줄이는 것이라는 점을 깨달았을 때 나는 몹시 흥분했다. 17킬로그램이라면 많다. 1.7킬로그램은 그다지 많지 않다. 그러나 58그램이라는 건 매우 적은 양이다. 내 경우 하룻밤 사이에 17킬로그램이 늘어났던 것은 아니며, 또 하룻밤 사이에 17킬로그램을 제거하려 하지도 않았다. 1킬로미터를 걷는 것은 힘이 들지만 1인치라면 누워서 떡먹기라는 오래된 속담은 확실히 맞는 말이다. 심리학자들은 그것을 '성취의 순환'이라고 부른다. 앞으로 내딛는 한 걸음 한 걸음—성취—또는 내 경우에서는, 측정할 수 있는 제거된 체중의 각 단위는 내가 계속해서 성공해 갈 수 있도록 나의 열망을 높이고 자신감을 불어넣어 주었다. 그렇다. 성공은 성공을 낳는다. 이것이 바로 매일같이 어느 정도 눈에 띄는 성공을 기뻐할 수 있도록 조절하는 것이 목표를 찾고 설정하는 일 못지않게 중요한 이유이다. 이러한 '긍정적인 순환'은 당신의 자신감을 증가시키고, 그래서 당신은 훨씬 더 많이 성취할 수 있는 존재로 여기고 기대하게 되며, 그것은 당신이 더욱더 많은 것을 하는 존재가 되도록 할 것이다. 자신의 장기적인 목표에 이르는 유일한 길은 단기적인 목표의 성취로부터 통하게 된다. 눈을 당신의 주된 목표에 고정시켜라. 그러나 그런 매일매일의 목표를 달성해 감으로써 당신은 장기적인 목표에 더욱더 가까워지고 있다는 사실을 잊지 말라.

합리적으로 제한된 시간을 설정하라. 내가 만일 17킬로그램을 줄이는데 37년이나 37개월을 계획으로 잡았더라면 그 시간은 지나치게 길었을 것이다. 반면에 37일에 17킬로그램을 줄이려는 시도를 했었더라면 그건 더욱 어리석은 짓이 되었을 것이다. 그것은 거의 불가능할 뿐만 아니라 건강에도 해를 끼쳤을 것이다. 나의 시간표는 야심적이었지만, 또한 합리적이고 도달 가능한 것이었다.

목표에 관련된 또 하나의 요소는 그것에 도달하려는 마음의 자세였다. 나는 '대가를 지불한다'기보다는 차라리 '대가를 즐긴다'고 생각했다. 과체중에 비례한 정상 체중의 이득, 나쁜 건강상태에 비례한 좋은 건강상태의 이득에 대해 평가할 때 내가 대가를 지불하는 일은 결코 없었다. 다른 부분에서 언급한 바와 같이 나는 대가를 지불하지 않았으며, 오히려 그 대가를 즐겼다. 좋은 건강상태를 즐긴 것이다. 그리고 그로부터 혜택을 받았던 것이다.

대가를 즐겨라

요점을 강조하면 이렇다. 내가 3킬로그램의 체중 감소를 목표로 하고 있을 때 간에 이상이 생겼다. 의사가 이상을 발견한 것은 4일 후였다. 그 4일 동안 나는 내 생애의 그 어떤 일로 인한 것보다 더 몸이 상했다. 간장 아래에 종양이 생겼으며 온몸이 중독된 상태였다. 의사는 당시의 내 건강한 신체적 조건이 회복에 중요한 역할을 했다고 말해 주었다. 아내는 수술 과정과 그후에 내가 별로 괴로워하지 않는 것에 다소 놀라워했다.

당시 문제가 좀 있었으므로 병원에서는 내 간을 제거할 수가 없었다. 그래서 나는 두 달 후 2차 수술을 받기 위하여 다시 병원에 가야 했다. 이 두 달 동안 운동을 할 수 없었는데 그 결과 활기를 잃고 상태가 나빠졌으므로, 2차 수술은 나를 극도로 고통스럽게 만들었다. 나는 당신이 대가를 지불하는 것이 아니면 그 대가를 즐기는 것이라고 전적으로 확신한다. 이것은 인생의 모든 영역에서 적용된다. 성공을 위하여 대가를 지불하는 것이 아니라(기억해야 할 점은 성공이란 모든 좋은 것들을 적당히 또 많이 얻는 것이다), 그 대가를 즐겨야 하는 것이다.

나는 목표의 충분하고도 완전한 실현을 분명히 보았기 때문에 목표를 이룰 수 있었다. 나는 스스로를 친근해진 뚱보로 보던 시선을 거두고 대신 바짝 마른 친근한 친구로 보기 시작했다. 그 결과 나는 마른 사람이 되었고 20년간 지니고 있던 것보다 더 좋은 기분을 가지게 되었다. 솔직히 나는 내 인생에 몇 해를 덤으로 얻었다고 믿고 있다.

영원히 제거하라

지금 당신이 영원히 제거하고 싶은 체중 문제를 지니고 있다면 다음의 몇 가지 기본 원리들을 따라야 한다. 첫째, 체중을 줄이려는 목표가 다른 사람의 강요에 의한 것이 아니라 스스로의 결정임을 분명히 해야 한다. 둘째, 검진을 받으려면 깡마른 의사에게 가라. 과체중인 의사는 그 초과 체중으로 인해 좋지 않은 결과를 가져온다는 사실을 모르거나 믿지 않거나 이해하지 못한다. 그러므로 과체중 의사라면 당신에게 판결을 내릴 처지가 못되고 또 당신에게 체중 감량 계획을 실행할 필요를 느끼도록 심리적인 뒷받침을 해주기도 어렵다. 셋째, 체중을 줄이는 보조 수단으로 약품을 사용하지 말라. 당신이 약을 먹었기 때문에 살이 찐 것(살이 쪘다는 것은 듣기 좋은 소리가 아니다. 그렇지 않은가? 또한 그것은 보기 좋은 모습도 아니다)이 아닌 이상 약을 복용한다고 해서 야위는 일은 결코 없을 것이다. (만일 알약이 효과가 있다면 정상 체중을 초과하는 의사는 없을 것이다. 그렇지 않은가?)

넷째, 당신의 의사는 긍정적인 사고방식을 가진 사람이어야 하고, 당신이 먹어서는 안되는 것을 말해주지 말아야 한다. 나는 내가 먹을 수 없는 것엔 어떤 관심도 없다. 왜 내가 부정적인 것에 마음을 기울여야 하는가? 먹을 수 있는 것에 관심을 집중하도록 해야 한다. 그 목록을 작성하여 눈에 띄는 곳에 놓도록 하라. 훌륭하고 오래된 상식적인 식이요법을 사용하라. '배고픔 없이' 체중을 줄일 수 있다고 약속하는 말에 절대로 현혹되지 말아야 한다. (당신의 30일간의 다이어트로 손해볼 것은 한 달의 시간밖에 없다.) 대부분의 경우 한 가지 일이 체중을 늘린다. 너무 많이 먹는 일이 그것이다. 또 한 가지 일이 그 반대로 작용한다. 음식을 적게 먹고 일정 기간 균형 있는 식이요법을 행하는 일이다. 당신은 일주일만에 23킬로그램이 늘었던 것은 아니다. 다만 당신의 그 '한 입만 더'가 문제였다.

과학적인 것은 아니지만 나는 커티지 치즈를 멀리하라고 충고하고 싶다. 나의 개인적인 관찰에 의하면 뚱뚱한 사람들만이 커티지 치즈를 먹고 있었다. (마틴 박사는 내가 원하는 것이라면 무엇이든 먹을 수 있다고 말해주었다.—그리고 내가 원하고자 하는 것들의 목록을 내게 주었다.)

　심각한 것은, 장난삼아 식이요법을 할 경우에는 두 가지의 잘못된 결과가 나타난다는 것이다. 첫째, 체중을 줄이고 나서 또다시 몸이 불어나는 것은 자신의 자기 이미지에 파괴적인 영향을 준다. 둘째, 신체를 혹사하는 것이다. 몸의 모든 시스템의 긴장을 초래하게 된다. (왜 이런지는 야윈 의사에게 물어보라.)

　또 한 가지, 만일 당신이 체중조절에 대하여 진지하게 결정을 내리면 사실상 당신은 체중이 빠져나가는 만큼 허기를 느낄 때가 많을 것이다. 이것을 당연한 사실로 받아들이고 거기서부터 시작하라. 가로세로 8센티미터 크기의 카드에 몇 마디 주문을 써놓는 것도 도움이 될 것이다. 당신이 남자라면 이렇게 써라. '배가 고프다고? 정말 그렇단 말이지? 하지만 지방을 딱딱하게 만드는 게 더 가치 있는 일이다.' 만일 당신이 여자라면 이렇게 써라. '배고프다고? 정말 그렇단 말이지? 하지만 파운드 케이크를 치즈 케이크로 바꿀 만큼의 가치는 있지.' 여전히 배가 고프긴 하겠지만, 울기보다는 그 사실에 웃게 될 것이다.

　브루노 박사의 《자신을 날씬하다고 생각하라》는 책은 당신이 자신을 위해 진지한 행동을 하는 데 도움을 줄 것이다. 자신의 이미지에 관하여 말한 부분으로 다시 돌아가 생각해 보라. 당신은 보다 날씬해지고 건강해져야 할 자격이 있음을 상기하라. 즐거움(과식하는 것)은 잠시이지만 행복은(당신이 보다 날씬하고, 보다 건강하고, 보다 연장된 삶—5년 내지 10년을 더 오래 사는 것에 즐거워하는 것) 훨씬 오래 간다는 사실을 기억하라.

체중조절에 따르는 특별 혜택은 이루 말할 수 없이 많지만 한 가지만 강조하고자 한다. 당신이 설정한 체중 감량의 목표가 이루어졌을 때 자기 이미지와 자신감은 크게 고무될 것이고 인생의 다른 많은 영역에까지 영향을 미칠 것이다. 성공은 성공을 낳는다는 사실을 기억하라.

벼룩 훈련가가 되라

앞부분에서 한 해에 3만4000달러씩 팔던 요리기구 세일즈맨이 한 해에 10만 4000달러 이상을 필개 되었다는 이야기를 한 바 있다.

여기서 그가 어떻게 목적을 달성할 수 있었는지 구체적으로 이야기하겠다. 왜냐하면 그 업적의 차이를 만든 것이 무엇인지 밝히는 것이 그 이유이다. 그는 사업을 더 발전시킬 방법을 배웠다. 즉 '벼룩 훈련법'을 배웠다. 벼룩을 훈련시키는 방법을 안다는 것은 매우 중요하다. 왜냐하면 그것을 모르면 절대 목표를 이룰 수 없음은 물론 다른 사람의 목표 달성도 도울 수 없기 때문이다. 그것은 사실이다. 나는 당신이 벼룩 훈련법을 배우기 원한다는 쪽에 내기를 걸 수 있다. 그렇지 않은가? 그렇다고 대답하라.

벼룩 훈련가는 뚜껑을 열고
다른 사람도 뛰어오르도록 도와준다.

입구가 넓은 병 속에 벼룩을 넣고 뚜껑을 닫아놓으면 벼룩을 훈련시키는 방법을 알게 된다. 벼룩은 병 속에 넣어지면 뛰어오른다. 병 속에서 빠져나오려고 뛰고, 뛰고, 또 뛴다. 벼룩이 뛰는 모습을 관찰해 보면 그것들이 뚜껑에 부딪히는 것을 볼 수 있을 것이다. 벼룩들은 계속해서 뛸 것이고, 뚜껑에 부딪힐 것이다. 계속 뚜껑에 부딪히더라도 정상에까지 뛰어오르지 못하게 되는 것도 볼 수가 있을 것이다. 그 다음 당신은 뚜껑을 열어야 한다. 비록 벼룩들은 뛰고 또 뛰지만 뚜껑이 닫혀 있을 땐 뚜껑에 부딪히기까지 했던 벼룩들이 병 밖으로 뛰어나오지 못한다는 사실을 알게 될 것이다. 이런 일을 여러 번 반복해 보라.

벼룩은 절대로 병 밖으로 뛰어나오지 못한다. 왜냐하면 벼룩들은 이제 할 수 없다는 것을 알고 더 이상 뛰려고 하지 않기 때문이다.

당신은 노예인가

사람도 마찬가지이다. 많은 사람들이 책을 저술하고, 산을 오르고, 기록을 세우고, 공헌을 하기 위해서 인생을 시작한다. 근본적으로 그의 꿈과 야망은 한이 없다. 그러나 인생을 살아나가는 과정에서 어떤 장애물을 만나게 되면 그만 포기하고 마는 경향이 있다. 결국 그는 타인의 부정적인 영향력의 노예가 된다고 볼 수 있다. 또 한 가지 재미있는 사실은, 세계에서 가장 긍정적인 사람들로부터도 부정적인 영향을 받는다는 사실이다.

예를 들면 조 루이스는 헤비급 세계 챔피언이었다. 그런데 그는 종종 상대에게 부정적인 영향을 주었다. 그래서 그들은 그의 희생자들이 된 것이다. 존 우든은 그의 캘리포니아 대학 선수팀을 농구 코트에 출전시킬 때마다 경기 시작 부저가 울리기 전에 출정시켰고, 그것이 상대팀들에게 부정적인 영향력을 주어 그들을 패배시킬 수 있었던 것이다. 결국 캘리포니아 대학 농구팀은 12년 동안 10번이나 챔피언이 될 수 있었다.

타인의 부정적 영향력의 노예는 성공보다 실패를 강조하는 바보들의 말을 듣기 때문에 망하는 것이다. 그 과정에서 그는 패배자의 변명을 갖게 된다. 우리가 이미 살펴본 바와 같이 요리기구 세일즈맨은 타인의 부정적인 영향력의 노예가 아니었다. 그에게는 패배자의 변명도 없었다. 또 그는 큰 목표를 설정했다. 그는 장기적인 목표를 가지고 있었다. 그의 목표는 기록을 깨고 세계에서 가장 훌륭한 요리기구 세일즈맨이 되는 것이었다. 그에게는 매일의 목표가 있었다. 매일 350달러의 상품을 파는 것이 목표였다. 그는 곧 결과를 볼 수 있었다. 그는 한 해에 다른 해의 세 배에 해당하는 판매 실적을 올린 것이다. 나는 이 젊은 세일즈맨에 대한 이야기를 잘 안다. 왜냐하면 그는 내 남동생이기 때문이다. 나는 그가 미국의 정상급 연사이며 세일즈 훈련가가 되기 위하여 이러한 벼룩 훈련의 원칙을 목표 달성에 적용한 것을 자랑스럽게 여기고 있다. 또한 나는 그가 지금은 다른 사람들에게 목표달성의 방법을 가르치고 있다는 사실도 자랑스럽다.

깰 수 없는 장벽

가장 뛰어난 벼룩 훈련가 중의 한 사람은 로저 바니스터이다. 육상선수들은 몇 년에 걸쳐 1킬로미터를 4분 내에 주파하려고 애를 썼다. 그 장벽은 무너뜨릴 수 없을 것처럼 보였다. 왜냐하면 선수들은 타인의 부정적인 영향력의 노예였기 때문이다. 한 육상선수가 이렇게 말했다. "나는 1킬로미터를 4분 이내에 달릴 것이다." 그의 말을 듣고 코치가 말했다. "네 최고기록은 4분 6초이다. 난 네가 그 기록을 깰 수 있으리라고는 믿지 않는다. 과학적인 수치를 보더라도 나는 그 장벽이 앞으로 영원히 깨어질 수 없을 것이라고 생각한다." 손에 청진기를 든 의사도 이렇게 말했다. "1킬로미터를 4분 내에 달리겠다구요? 그렇게 하면 당신의 심장은 터져버릴 거요. 절대로 그렇게 할 수 없소." 언론들은 그것에 대해 떠들어댔고, 1킬로미터를 4분 이내에 달린다는 것은 인간의 육체적 능력 밖의 일이라는 것이 일반적인 견해였다. 그러나 그 선수는 타인의 부정적인 영향을 받지 않았다.

즉, 로저 바니스터는 타인의 부정적인 영향력의 노예가 아니었던 것이다. 그는 벼룩 훈련가였다. 그래서 그는 1킬로미터를 4분 이내에 달린 최초의 선수가 되었다. 그후에야 세계 곳곳의 육상선수들이 1킬로미터를 4분 이내에 달리는 기록을 깨기 시작했다. 호주의 존 랜디는 바니스터가 기록을 깬 지 6주 후에 다시 4분 내에 달렸다. 4분 이내에 1킬로미터를 달린 사람은 이제 500명이 넘는다. 그중에는 37세 된 사람도 포함되어 있었다. 1973년 6월 루이지애나 주 배턴루지에서 열린 경기에서는 8명의 선수들이 4분 이내에 달리기도 했다. 4분의 장벽은 무너졌다. 그러나 그것은 인간의 육체적 능력이 훨씬 더 나아졌기 때문은 아니다. 그것은 그 장벽이 정신적인 장애물이었을 뿐 육체적인 장애물은 아니었기 때문이다.

벼룩 훈련가란 병 밖으로 뛰어나오는 사람이다. 그는 안에서 뛰어나온 것이고, 부정적인 외부 환경의 노예가 되지 않는다. 벼룩 훈련가가 어떤 사람인지 설명하기 위하여 나는 벼룩 훈련가 인정서를 마련했다. 당신이 인생의 모든 영역에서 성공하게 되는 유일한 길은 충분한 자격이 있는 벼룩 훈련가가 되는 것이다. 그러므로 나는 당신이 벼룩 훈련가란 무엇을 하는 사람인지를 확실히 알게 되길 바란다. 덧붙여 말하면 벼룩 훈련가 인정서를 원한다면 텍사스 75251, 댈러스, 슈트 114, 12011 코이트 로드, '우리는 믿습니다'사(社)로 편지를 보내달라.

목표 달성을 위한 문을 열어라

후디는 유명한 마술사겸 열쇠 전문가였다. 그는 어떤 감옥에 갇힌다고 해도 한 시간 안에 탈출할 수 있다고 장담하곤 했다. 영국의 어느 작은 섬에 새로운 감옥이 세워졌다. 당국에서는 후디니에게 도전의 기회를 주었다. 그들은 이렇게 말했다. "한번 실력을 발휘해 보시오." 후디니는 인기와 돈을 좋아했으므로 그 도전에 응하기로 했다. 그가 도착했을 때 사람들은 흥분에

벼룩 훈련가 면허장

텍사스 주 댈러스 _____ 19___

하기 사항을 인정함.

_____는 자격이 있고 헌신적인 벼룩 훈련가라는 사실을 인정함. 병 속에서 뛰어나오고 쭈그러진 채 구워지지 않음으로써 상기인은 인생의 모든 특권을 누리고 있음.

벼룩 훈련가란 타인의 부정적 영향력의 노예가 아니며 뚜껑을 박차고 나온 사람이며 타인도 뛰어오르도록 도와주는 사람이다.

벼룩 훈련가는 타인에게 원하는 것을 얻도록 방법을 가르쳐 주며, 봉사 받지 않으며, 봉사해주는 방법을 알고 있다.

벼룩 훈련가는 성실, 성격, 충성심, 신앙, 그리고 인격의 바탕에 균형된 삶과 성공을 이룩한다. 그들은 헌신적인 노력이 그 자체만으로도 벌써 보상 이라는 사실을 안다.

_____는 타인이 올라가도록 도와줌으로써 가장 높이 올라갈 수 있다는 사실을 아는 사람이다.

_____
지그 지글러
미국 제일 가는 벼룩 훈련가

ⓒ지그지글러 1975

휩싸여 있었다. 그는 의기양양하게 마을로 차를 몰고 들어와서는 감옥으로 걸어 들어갔다. 철창 문이 닫힌 후에도 그는 자신감이 넘쳐흘렀다. 그는 코트를 벗고 작업을 시작했다. 그의 벨트에는 그가 자물쇠를 열 때 사용하곤 했던 25센티미터 길이의 쇳조각이 있었다. 30분이 지나자 그는 자신감을 잃고 말았다. 한 시간이 지난 후에도 그는 자물쇠를 열 수가 없었다. 두 시간이 지난 후에도 후디니는 자물쇠를 열 수가 없었다. 왜냐하면 자물쇠는 처음부터 열려 있었기 때문이었다. 그는 자물쇠가 열려 있었음에도 불구하고 수천의 자물쇠 전문가가 최선을 다해 만든 것이기 때문에 견고하게 잠겨 있는 줄 알았던 것이었다.

인생의 게임에서도 당신이 목표를 설정하고 마음의 문을 열면 세상은 당신에 대한 보상으로 세상의 보물창고를 열어준다는 것을 알게 될 것이다. 실제로 가장 견고한 문은 당신의 마음의 문이다.

상상하고 보라

네스메드 소령은 주말마다 골프를 치곤 했다. 대개 90여 타를 쳤다. 그러다가 7년 동안 골프를 완전히 그만두었다. 그런데 7년 후 그가 다시 골프장에 돌아왔을 때 놀랍게도 74타를 기록했다. 7년 동안 그는 골프수업을 전혀 받지 못했고, 신체조건도 사실 굉장히 좋지 않은 상태였다. 그는 그 7년 동안을 높이 140센티미터, 길이 150센티미터 정도의 우리 속에서 지냈던 것이다.

그는 베트남전의 포로로 있었다.

그의 이야기는 다음의 사실을 설명해 준다. 즉 인생에서 목표 달성을 기대하고 그 목적을 성취하려면 연습을 해야 한다. 네스메드 소령은 전쟁포로로 갇혀 있던 기간 중 5년 반 동안 홀로 고립된 채 보냈다. 그는 이야기할 상대가 없었고 규칙적인 운동도 할 수가 없었다. 처음 몇 달 동안은 오직 구출될 것만을 바라고 기도했다. 그러다가 미치지 않고 살아 있으려면 어떤 뚜렷한 긍정적인 방법을 취해야 한다는 것을 깨닫게 되었다. 그는 좋아했던 골프를 택해서 우리 안에서 골프놀이를 시작했다. 오직 상상했다. 그는 매일 18홀을 완전히 마스터했다. 그는 자세한 골프의 기교까지도 기억했다. 자신이 골프복을 입고 첫째 티(tee)로 걸어가는 것을 상상했다. 그는 마음속으로 자기가 플레이할 때의 모든 날씨 조건을 완벽하게 마음속에 그렸다. 그는 티 박스·잔디·나무·새 등의 골프장의 모든 설치물들의 정확한 크기를 상상했다. 왼손에 골프채를 쥐고 오른손에 골프채에 대는 정확한 방법을 아주 자세히 상상했다. 스스로에게 왼팔을 곧게 유지할 것을 신중하게 강의했다. 또한 시선을 공에서 떼지 않도록 가르쳤고 백 스윙을 천천히 그리고 가볍게 하도록 주의시켰으며, 그때 시선은 공을 향하도록 상기시켰다. 또 스무스한 다운 스윙과 공을 때릴 때의 팔로 드루에 대해 지시했다. 그 다음 공이 정코스의 잔디 중앙을 향해 떨어지고 있는 것을 상상했다. 공기를 가르며 날아가다가 바닥에 떨어져서 그가 선정한 지점으로 정확하게 굴러가는 공을 보았다.

그는 자기가 골프장에서 직접 플레이할 때 걸리는 시간과 똑같은 시간 동안 마음속으로 그 모습을 그려보았으며, 그가 조금 전 때린 공을 줍기 위해 걸어가는 것까지 상상했다.

압박감 없는 연습

7년 동안 1주일에 7일씩 18홀을 완전히 해냈다. 한 번도 타를 실수해 본 적이 없었다. 또 한 번도 컵 속에 공을 넣지 못한 적이 없었다. 그야말로 완벽하게 해냈었다. 소령은 정신적인 골프 연습을 매일 네 시간씩 함으로써 그 결과 정상적인 정신상태를 유지할 수가 있었다. 그는 골프 연습에서 많은 것을 얻어낼 수가 있었다. 그의 이야기는, 만일 당신이 목표 달성을 원한다면 마음속으로 목표에 도달하는 연습을 하라는 교훈을 준다.

만약 당신이 월급 인상을 원하거나, 사업에 있어서의 보다 큰 기회를 원하거나, 더 좋은 점수를 바라거나, 더 좋은 집 등을 원한다면 위의 이야기를 신중하게 다시 읽어보라. 매일 몇 분 동안만 그 정확한 절차를 마음속으로 따라가 보라. 그러면 목표에 도달하는 상상이 아닌, 실제로 목표를 달성하는 날이 올 것이다.

우리는 이것을 '압박감 없는 연습'이라고 했다. 이것은 메인 이벤트 전의 아무 문제도 되지 않는 상황이다. 농구선수가 연습으로 공을 던져보는 것, 축구 선수가 경기에 앞서 공을 차 보는 것, 젊은 의학생이 시체를 놓고 연습하는 것 등이 이런 것들이다. 어떤 분야에서든 이러한 압박감 없는 충분한 연습은 실제로 압박이 있는 상태에서 더 좋은 결과를 얻게 할 것이다.

내 경우를 예로 든다면, 체중 감량에 있어서 깡마른 체구의 남자를 머릿속으로 그려보고 그것에 내 마음의 눈을 분명히 고정시킴으로써 목표 도달을 볼 수 있었다. 나는 그렇게 보이게 되겠다고 결심했었다. 나는 더 이상 이미 친근해진 뚱보를 보는 것을 그만두었다. 그리고 결국 호리호리한 사람과 친근하게 될 수 있었다.

이와 똑같은 원리가 사업이나 직업에도 적용될 수가 있다. 《세계대백과사전》의 유일한 여성 지부장인 베트 선딘은 이러한 원리를 '벼룩 훈련' 또는 '목표 달성의 응시'라고 요약했다. 그녀는 처음에 일류 철강회사에 근무했었는데, 고용주는 그녀의 일에 대한 능력과 헌신적인 노력에도 불구하고 여자이기 때문에 결코 승진할 수 없다는 말을 했었다. 병 속에서 뛰어나올 운명을 지닌 사람에게 이것은 용납될 수 없었다. 그리하여 아무런 악의도 없이, 그리고 주저함이나 후회함도 없이 그녀는 사표를 냈다.

베트는 걸 스카우트 미국 지부에서 2년간 일하던 중 어머니가 신문에서 찾아낸 광고에 의해 인생이 바뀌게 되었다. 그 광고는 서비스에 종사할 야심만만한 성격의 소유자를 구하고 있었다. 베트는 몇 번이나 망설이다가 광고를 낸 회사를 찾아가 《세계대백과사전》을 파는 훈련과정으로 들어갔다.

그녀는 아주 신속하게 출발해서 그 사업의 모든 분야에서 성공을 거두었다. 그녀는 1960년에 지점장이 되었다. 그 당시 베트는 더 이상 승진할 야망이 없었다. 그녀의 수입은 월등히 많앉고, 매일 저녁 집에서 하고 싶은 것들을 할 수도 있었다. 그녀는 거리를 뛰어다니거나 사무실 밖에서 일하는 것을 원치 않았다.

그러나 그녀의 목표는 또 바뀌게 되었다. 1974년 회사에서는 지역 사무소를 대폭 개편하여 지역 부회장직을 그녀가 속한 분야에 편성시켰다. 베트는 이에 매우 흥분했다. 그 자리는 별로 출장이 없고 일만 할 수 있는 자리였기 때문이다. 그녀는 지역 부회장직을 의미하는 지부장 자리를 차지하기 위하여 필사적인 노력을 했다. 그것도 아무 지부가 아니라 오직 제5지부—중서부에 위치한—의 지부장 자리였다. 1년이 채 못되어 그녀는 자신이 목표했던 자리를 차지했다.

베트 선딘은 중요한 두 가지 일들을 지적한다. 먼저 그녀는 세상을 두려워하지 않고 신념을 가졌다는 것이다. 왜냐하면 그녀가 가진 손은 세상을 좌우하는 손이라고 믿었기 때문이었다. 또 하나는 그녀가 그 다음 자리로 승진하기 전에 이미 마음속으로 그 자리에 있는 것을 상상했다. 그녀는 지부장이 아닌 지점장으로서 자기 자신을 보았기 때문에 15년 동안이나 지점장일 수밖에 없었다는 것을 강조한다. 그녀 자신을 지부장으로 본 이후에 그녀는 지부장이 되었던 것이다. 그렇다. 당신이 목표한 것을 달성하기 원한다면 반드시 그 목표를 달성했다는 생각을 가져라.

녹과 잡초

명연설가인 하트셀 윌슨은 어렸을 때 동부 텍사스에서 친구들과 기차가 다니지 않는 폐쇄된 철길 위에서 놀던 이야기를 한 적이 있었다. 한 친구는 보통 체구였고, 또 다른 한 친구는 태어나서 한 끼도 거르지 않은 듯 아주 뚱뚱했다. 그들은 철로 위에서 떨어지지 않고 누가 더 멀리 갈 수 있는지 내기를 하곤 했다. 하트셀과 한 친구는 얼마 못 가서 떨어지곤 했는데 뚱뚱한 친구는 아무리 걸어도 떨어지지 않았다. 처음에는 매우 약이 올랐지만 곧 호기심이 생긴 하트셀이 그 비결을 물었다. 그러자 그 뚱뚱한 친구는 발을 보면서 걷기 때문에 떨어지는 것이라고 말해 주었다. 그리고 자신은 너무 뚱뚱해서 발을 볼 수가 없기 때문에 먼 앞쪽의 철로에 목표를 두고 그곳을 향해 걸어 간다고 설명했다. 그는 목표 지점에 가까워짐에 따라 더 먼 목표를 선정해서 그곳을 향해 계속 걸었던 것이다.

여기에 아이러니가 있다. 그 뚱뚱한 소년 철학자는 만약 당신이 발을 본다면 녹과 잡초뿐이지만, 이와 반대로 철길의 먼 앞쪽을 바라본다면 그때 비로소 진짜 목표 달성의 길을 보게 되는 것이라고 지적했다. 그것은 진실이다.

나는 거기에서 또 다른 요점을 지적하고 싶다. 만약 하트셀과 그의 친구가 손을 잡고 두 평행의 철길을 걸었더라면 그들은 떨어지지 않고 계속 걸어갈 수 있었을 것이다. 이것이 바로 협동이다. 동료들 사이에서뿐만 아닌 우주법칙과의 협동. 조지 매튜 아담스의 말대로 다른 사람이 오르는 것을 도와주는 사람이 가장 높이 오를 수 있다. 다른 사람이 원하는 것을 얻도록 도와준다면 당신도 원하는 모든 것을 얻을 수 있다. 이 말을 무척 여러 번 반복하고 있는데, 그 이유는 많은 젊은이들이 출세하기 위해서는 남을 밟고 올라가서 기만하고 이용해야 한다는 쓰레기 같은 사고방식을 갖고 있기 때문이다. 실제로는 그 정반대인 것이다.

기러기들은 본능적으로 협동할 줄 안다. 그들은 V자형으로 날며 정기적으로 지도자를 바꾼다. 기러기의 지도자는 공기를 가르며 자기의 왼쪽과 오른쪽의 기러기들을 위해 순간적인 진공상태로 만든다. 과학자들은 공기 터널의 실험을 통하여 기러기 집단은 각각의 기러기가 나는 것보다 72퍼센트 정도 더 많이 날 수 있다는 것을 알아냈다. 인간도 동료들끼리 싸우는 대신 서로 협조하면 보다 더 높이, 더 멀리, 그리고 빨리 날 수 있다.

도움의 가장 좋은 원천은(그리고 불행히도 가장 무시된) 가족이며, 특히 배우자이다. 만약 아내나 남편이 서로 속이는 대신 같이 일을 해나간다면 인생의 여정에서 당신은 좀더 빨리, 쉽게, 그리고 더욱 재미를 느끼며 목표를 달성할 수 있을 것이다. 또 배우자가 당신과 같은 열정으로 앞장서 주지 않더라도 너무 놀라거나 실망하지 말라. 실망하는 대신 당신의 생각을 잘 전달하고 상대방의 협조와 관심이 얼마나 중요한지 알게 해준다면 당신은 그 과정에서 매우 많은 것을 얻게 될 것이다. 이러한 밀접한 관련과 상호간의 관심은 매우 중요하다. 왜냐하면 그것으로 말미암아 더욱 의미있는 관계를 확립할 수 있기 때문이다. 그것은 그 자체만으로도 목표 속의 하나의 아름다운 목적인 것이다.

당신들 둘이 목표를 향해 출발할 때 그 터널의 끝을 볼 수 없을지도 모른다. 하지만 이 세상에는 두 사람이 잘 알고 있어서 그저 옆으로 묵묵히 비켜서 있는 길뿐만 아니라 당신들의 목적 달성을 위해 참여하고 도와주는 길도 있는 것이다.

목표를 추적하라

제2차 세계대전 당시 미국은 인공지능 장치가 된 어뢰를 개발했다. 그것은 무서운 파괴력을 가진 강력한 무기였다. 미국은 생존하기 위하여 사생결단을 내려야 하는 입장에 놓여 있었다. 그래서 이 어뢰는 많은 흥분을 불러일으켰다. 목표물을 향해서 어뢰를 발사함과 동시에 목표물에 고정된 조정 장치가 작동된다. 만일 목표물이 움직이거나 방향을 변경하면 어뢰도 상황에 적응하여 계속 목표물을 추적할 수 있도록 장치되어 있었다. 재미있는 사실은, 어뢰는 인간의 두뇌에 기준을 두고 설계되었다는 점이다.

인간은 누구나 목표를 추적할 수 있는 능력을 가지고 있다. 비록 그 목표가 움직여도 일단 그 목표를 조준했다면 역시 그것을 맞힐 수 있다. 만일 당신이 어머니라면, 그리고 더 좋은 어머니가 되고 싶다면 목표를 설정하여 추적하라. 당신 자신을 더 좋은 어머니인 것처럼 보라. 이는 당신이 의사라고 할지라도 마찬가지이다. 당신이 크리스천, 학생, 세일즈맨이라 할지라도 이렇게 함으로써 당신의 내부에서 보이지 않는 힘이 나오기 시

작하는 것이다. 그리고 그 힘은 당신의 목적지로 당신을 이끌어
준다.

나는 할 것이다

몇 년 전에 마터호른의 북쪽 암벽을 정복할 국제 등산팀이
조직되었었다. 지금까지 그 암벽을 정복한 사람은 한 명도 없었
다. 기자들은 세계 각지에서 선발된 등반대원들과 인터뷰를 가
졌다. 기자가 한 등반대원에게 물었다. "당신은 마터호른의 북
쪽 암벽을 정복할 자신이 있습니까?" 그때 그는 이렇게 대답했
다. "온 힘을 다하겠습니다." 다른 기자가 또 다른 등반대원에
게 물었다. "당신은 마터호른의 북쪽 암벽을 정복할 자신이 있
습니까?" 그때 등반대원은 이렇게 대답했다. "가능한 한 최선
을 다하겠습니다." 마지막으로 또 다른 기자가 미국 출신의 젊
은 등반대원에게 물었다. "당신은 마터호른의 북쪽 암벽을 정
복할 자신이 있습니까?" 미국인은 기자를 똑바로 쳐다보며 이
렇게 대답했다. "나는 그 암벽을 정복할 것입니다." 오직 한 명
의 등반대원만이 이 암벽을 정복했다. 그는 바로 "나는 할 것이
다."라는 말을 한 사람이었다. 그는 목표를 정복하는 자신을 보
았던 것이다. 어떤 분야에서도 마찬가지이다. 더 좋은 직장을
구할 때도, 더 많은 물질을 원할 때도, 하나님과 더욱 가까워지
려고 할 때에도, 더 아름답고 사랑스러운 자녀들을 가지려고 할
때에도, 영원히 사랑이 넘치는 결혼을 원할 때에도 마찬가지이

다. 어떤 일을 원하든간에 목표를 달성하기 전에 목표가 달성된 후의 자신을 보라.

당신은 무엇을 보는가

권투선수 무하마드 알리의 본명은 캐시어스 클레이이다. 내가 이 책을 쓸 무렵에 그는 시합에서 두 번이나 패했다. 나는 그가 두 게임에 앞서 '만일'이라는 단어를 사용했다는 사실이 중요하다고 생각한다. "만일 내가 이 게임에서 진다면……." 그는 시합 전에 이렇게 말했다. 그는 실패로 가는 길을 예비했었다. 부정적인 측면에서 목표가 달성되는 것을 본 것이다.

성경에는 베드로가 바람을 두렵게 보았기 때문에 물에 빠지게 되었다고 기록되어 있다. 그는 왜 바람에 눈을 돌렸을까? 왜 그는 물에 빠졌을까? 그것은 그의 목표인 예수 그리스도에게서 눈을 돌렸었기 때문이다. 당신도 목표에서 눈을 돌려 잡념을 가진다면 물 속에 빠지게 될 것이다.

긍정적이든 부정적이든 목표가 달성이 되었다고 믿는다면 당신은 목표를 달성할 수 있는 것이다. 목표를 계속 주시한다면 당신은 상상할 수 없을 정도로 목표를 더 잘 달성할 수가 있다. 마터호른 정복자는 이미 목표가 달성되었다고 보았기 때문에 쉽게 자신의 목표를 달성하리라는 사실을 알고 있었다. 그리고 무하마드 알리와 사도 베드로는 목표로부터 눈을 다른 곳으로 돌렸기 때문에 실패했다.

위를 보라

어느 젊은 선원이 처음으로 배를 타고 항해를 떠났는데, 북대서양에서 사나운 폭풍을 만났다. 그는 돛대에 올라가 항로를 조정하라는 명령을 받았다. 젊은 선원은 그곳으로 기어올라가다가 아래를 보고는 겁을 집어먹었다. 그는 균형을 잃었다. 그때 고참 선원이 그를 올려다보며 외쳤다. "이봐, 위를 봐. 위를 보라구!" 젊은 선원은 위를 보았다. 그러자 그는 다시 균형을 되찾을 수 있었다.

모든 일이 잘 안되는 것같이 보이거든 당신이 잘못된 방향을 보고 있는 것은 아닌지 돌이켜보라. 태양을 보고 있을 때는 그림자를 보지 못한다. 뒤를 보라. 그러면 당신은 포드의 실패작 에드셀 자동차를 얻을 것이다. 앞을 보라. 그러면 당신은 무스탕을 얻을 것이다.

행동가가 되라

목표 달성 후 무엇을 얻을 수 있는가보다 목표 달성 후 어떤 사람이 되는가가 더 중요하다는 말을 강조하고 싶다. 이제 목표의 필요성을 알았는가? 현 위치를 파악하기 위해 당신의 일과를 자세히 기록하고 있는가? 목표를 설정하고 있는가? 목표 달성 도중에 생길 수 있는 장애물들을 적어 보았는가? 당신은 이미 목표가 달성되었다고 믿고 일하는가? 당신의 목표들을 작은 카드에 기록하라. 잘 알아볼 수 있도록 기록하라. 그리고 그것을 항상 휴대하고 매일 꺼내 보라. 이 책 후반에서 당신은 이것이 왜 중요한지 충분히 이해하게 될 것이다.

당분간은 행동이 우리의 목표이다. 지금부터 시작하라. 그리고 기관차처럼 돌진하라. 당신과 목표 사이에 있는 장애물들을 부숴버려라.

이 부분을 끝내는 당신은 3단계 위에 서 있다. 당신도 분명히 알고 있는 것처럼 그것은 앉아 있으라고 만들어진 계단은 아니다. 당신은 4단계의 계단으로 올라가기에 충분할 정도로 높이 발을 들어올리고 있다. 그렇게 생각하면서 세 번째 계단 위에 굵은 글씨로 이렇게 써라. "나를 나의 길로."

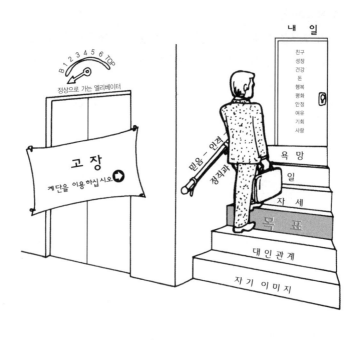

자 세

◐ 목적

1. 올바른 마음가짐의 중요성을 설명한다.
2. 자세의 여러 가지 성격을 설명한다.
3. 쓸데없는 사고방식으로부터 당신의 자세 또는 태도를 보호한다.
4. 환경의 변화에 관계없이 자세가 변하지 않도록 하는 자세 조절의 4단계 공식을 알려준다.
5. 하나의 습관을 선택할 때는 그와 동시에 그 습관의 결과를 선택한다는 것을 지적해 준다.
6. 나쁜 습관을 피하는 방법과 좋은 습관을 얻는 방법을 가르친다.

14

올바른 자세는 왜 중요한가?

평범한 사람을 위한 3만 개의 학교

당신은 더 많은 돈을 벌고, 더 재미있게 인생을 즐기고, 피로감을 줄이고, 효과를 증대시키고, 이웃과 더 잘 지내고, 사회에 보다 많은 공헌을 하고, 건강을 유지하고, 가족관계를 향상시키고 싶어하는가? 그렇다면 올바른 정신자세를 갖도록 노력하라.

오늘날 미국에서는 발톱 다듬는 법, 그리고 중장비 운전하는 법에서부터 편도선 제거법과 머리 손질하는 법에 이르기까지 온갖 것을 가르치는 3만여 종류의 학원이 있다. 그렇지만 정신자세가 올바르지 않은데도 비범해지는 법을 가르치는 학교는 하나도 없다. 이것은 의사 · 변호사 · 선생님 · 세일즈맨 · 부모 · 자녀들 · 민주주의자들 · 공화주의자들 · 코치 · 육상선수 등 누구든 모두가 동의하는 것이다. 그들은 모두 어떤 사업을 시작하든 당신의 자세가 그 일의 성공에 대단히 중요한 요소가 된다고 입을 모아 말한다. 간단히 말해서 당신의 자세는 재능보다 더 중요하다.

미국 심리학의 아버지라고 불리는 윌리엄 제임스는 우리 시대의 가장 중요한 발견은 자세를 바꿈으로써 생활을 바꿀 수 있다는 사실이라고 했다. 다시 반복해서 말하고 싶은 것은 '우리가 자세를 바꿈으로써'라는 말이다. 그는 우리에게, 그것이 우리를 엄청나게 흥분시키는 것이라고 말했다. 그가 진실로 말하고 싶었던 것은 우리가 우리의 자세에 얽매여 있다는 것이다. 당신의 자세가 좋든 나쁘든 평범한 것이든 그것은 바뀔 수가 있다. 이 책은 어떻게 자세를 바꾸는가 하는 물음에 해답을 알려 줄 것이다. 왜냐하면 그 해답—자세를 바꿀 수 있는 방법, 즉 당신이 원하는 것을 확실히 얻도록 하기 위하여 자세를 변경시키는 방법—을 보여줌으로써 당신의 자세를 좋게, 긍정적으로, 그리고 자신만만하게 만들 수 있을 것이라고 생각하기 때문이다.

낙관주의자

우리가 자세라고 부르는 이 매혹적인 주제에는 수많은 관점이 있다. 그것들 중 하나는 낙관주의이다. 당신도 알다시피 낙관주의자란 신발을 벗을 때 자기가 발보다 뒤에 있다고 생각하는 사람이다. 나는 로버트 슐러가 낙관주의자와 비관주의자를 구별한 방법을 좋아한다. 비관주의자가 말한다. "나는 그것을 볼 때 믿을 것이다." 낙관주의자는 말한다. "내가 믿을 때 그것을 보게 될 것이다." 낙관주의자는 행동하기를 좋아하고 비관주의자는 자리에 앉아 있기를 좋아한다. 낙관주의자는 컵의 물을 보고 컵이 반쯤 차 있다고 말한다. 비관주의자는 그것을 보고 컵이 반은 비어 있다고 말한다. 그 이유는 단순하다. 낙관주의자는 잔에 물을 붓고 있는 중이고 비관주의자는 잔에 있는 물을 쏟는 중이기 때문이다. 사회에 기여할 실제적인 노력을 전혀 하지 않는 사람은 사회가 그에게 적당하지 않을 것이라는 두려움 때문에 비관적이며, 스스로 최선을 다하면서 기여하고 있는 사람은 개인적으로 문제점을 해결하려고 하기 때문에 낙관적이고 자신감이 있다.

성공 앞 2인치

평범한 사람과 뛰어난 성공인을 비교하면 그 차이가 아주 근소하다는 것을 실감하게 된다. 아주 사소한 것들이 큰 차이를 만든다. 티 코브의 이야기는 그 사실을 강조해 준다. 티 코브는 가장 훌륭한 야구선수 중 한 사람이었다. 그는 태어날 때부터 뛰어난 육체적 특성을 갖고 있었던 것은 아니다. 그는 스파이크를 신은 어떤 선수보다도 더 완전하게 자기의 능력을 사용했다. 그는 야구사상 그 누구보다도 도루를 많이 했다. 그는 언급할 수 없을 정도로 많은 기록을 세웠다. 나는 당신에게 티 코브에 관한 많은 이야기 중 하나를 해주고 싶다.

야구에서 은퇴한 지 몇 년 후 그는 한 신문기자와 인터뷰를 했다. 기자는 티 코브에게 말했다. "당신은 1루를 밟을 때를 제외하곤 언제나 자신감에 차 있는 듯이 보였습니다. 그러나 1루에 선 당신은 극도로 신경질적으로 보였었습니다." 티 코브는 화가 나서 물었다. "무슨 소리요? 내가 신경질적으로 보였다니?" 티 코브가 안절부절하는 것을 보고 즐거워하면서 기자는 말했다. "당신은 나를 바보로 만들 수 있습니다. 티 코브 씨, 나는 당신이 1루에 있을 때마다 항상 신경질적으로 1루의 발판을 걷어차는 것을 보았습니다." 티 코브는 기자를 바라보며 말했다. "기자 양반 내게 말할 기회를 주시오. 나는 1루에 있을 때 신경질적인 감정이 없었소. 내가 1루의 발판을 걷어찬다면 2루쪽으로 2인치는 더 가까이 갈 수 있다는 것을 일찍이 발견했던 거요."

　티 코브는 세컨드 베이스에서 아웃당하는 것과 성공적으로 스틸하는 것 사이에는 순간의 차이가 있다는 것을 인정했다. 우리는 그가 스틸로 들어갔던 베이스가 얼마나 되는지, 또 그가 스틸로 얻은 점수가 얼마나 되는지 알 수가 없다. 게다가 우리는 그가 2인치를 알고 있었기 때문에 얼마나 많은 게임에서 승리를 했고 얼마나 더 많은 페넌트를 갖게 되었는지도 알 수 없다. 수없이 많은 경우에 있어서 성공과 실패의 차이는 불과 1인치 아니면 2인치밖에 안된다.

100만 달러의 차이

위대한 경주마 나슈아는 한 시간도 채 안되는 경기에서 100만 달러 이상을 벌어들였다. 물론 수백 시간 동안 훈련을 했지만 경기장에서의 실제 경쟁은 불과 한 시간이었다. 분명히 나슈아는 적어도 100만 달러의 가치가 있었다. 100만 달러짜리 말이란 드문 것이다. 당신은 100만 달러로 1만 달러짜리 말 100마리를 살 수 있다. 이것은 수학적 사실이다. 그리고 그 이유는 분명하다. 100만 달러짜리 말은 1만 달러짜리 말 한 마리보다 100배는 빨리 달릴 수 있다. 그런가? 아니다! 기껏해야 그 두 배밖에 더 빨리 달릴 수 없다. 그런가? 아니다! 그러면 그 말은 25퍼센트, 아니면 단 10퍼센트 더, 아니면 2퍼센트, 아니면 1퍼센트 정도 더 빨리 달릴 수 있는 능력이 있는가? 다 아니다.

100만 달러짜리 말은 1만 달러짜리 말보다 얼마나 더 빨리 달릴 수 있는 것일까? 수년 전 알링턴 퓨쳐러티에서 1등과 2등의 차이는 10만 달러였다. 알링턴 퓨쳐러티는 1.8킬로미터, 즉 인치로 따져서 7만 1280인치를 달리는 경기였다. 1등과 2등의 차이는 1.8킬로미터 사이에서 결정될 뿐이다. 그것은 맞는 말이다. 1등과 2등의 장소의 차이는 7만 1280분의 1이었다. 그리고 나는 1인치가 10만 달러의 가치가 있다는 것을 되풀이해 말하고 싶다.

1974년 켄터키 더비 대회에서 우승한 기수는 2만 7000달러를 받았다. 그 뒤 2초도 안되어 골인한 기수는 4등이었다. 그는 30달러를 받았다. 그것이 인생이라는 게임이 진행되는 방식이다. 우리는 그 게임의 규칙을 변경할 수가 없다. 우리가 할 수 있으며 또 해야 하는 것은 그 규칙을 잘 배워서 최대의 능력을 발휘하는 것이다.

재미란 거의 없다

인생이라는 게임에서, 정상으로 가는 성공과 실패의 차이는 매우 작은 것이다. 행복과 불행의 차이, 판매를 하는 것과 못하는 것, 그리고 챔피언이 되는 것과 못되는 것은 종종 사소한 차이에서 시작된다. 그러나 승자와 패자에게 주어지는 보상의 차이는 엄청나게 크다.

이미 팔아버린 물건에는 수수료가 하나도 없다. 이미 가 본 여행지는 재미가 없다. 이미 승진한 자리에는 안정감이 없다. 인생의 게임에서는 이미 경험해 버린 것에는 스릴이 거의 없다. 그 스릴은 성취에서 온다. 그리고 대부분의 경우 성취와 실패의 차이는 올바른 정신자세에 있다.

자세에는 많은 눈이 있다. 그것이 이 책에서 가장 길게 다루는 이유 중의 하나이다. 당신 자신의 자세를 가져라. 만일 당신이 학생이고 단지 점수를 올리기 위해 공부한다면 당신은 점수를 올릴 수 있을 것이다. 그러나 지식을 얻기 위해서 공부를 한다면 더 좋은 성적을 받는 동시에 훨씬 더 많은 지식을 얻을 것이다. 만일 단지 월급을 받기 위해 일한다면 당신은 그것을 받을 것이다. 그러나 아마도 액수가 적을 것이다. 만일 당신이 대표를 맡은 회사의 개선을 위해 일한다면 더 많은 월급을 받게 될 뿐만 아니라 동료들로부터 존경과 만족을 얻을 것이다. 만일 세일즈하려고 노력한다면 당신은 아마 팔게 될 것이다. 경력을 쌓으려는 마음가짐으로 세일즈를 하려고 노력하라. 그러면 당신은 더 많이 팔게 될 것이고, 그 과정에서 경력을 쌓게 될 것이다.

긍정적인 사고방식

'자세'라는 말이 있는데, 대부분의 사람들은 긍정적이거나 또는 부정적인 정신자세와 관련하여 생각을 한다. 비록 자세에 많은 면이 있더라도 나는 가장 일반적인 한 가지에 대해서만 얘기하고 싶다. 자세의 긍정적인 면을 함께 살펴보자. 내가 알고 있는 '긍정적인 사고방식'에 대한 가장 훌륭한 정의는 내 딸 수잔에게 배운 것이다. 그때 그녀는 열 살이었다. 나는 플로리다 주의 펜소콜라에 있었던 미해군을 위한 세미나에 참석했다가 돌아왔다. 가족들은 애틀랜타 공항까지 마중을 나왔다. 잠시 후 우리는 조지아 주의 스톤마운틴에 있는 집으로 돌아가는 중이었다. 나는 그 여행으로 대단히 흥분해 있는 상태였다. 그리고 흥분한 상태에서 아내에게 그 여행에 대해 몇 가지 이야기를 해주고 있었다. 그때 난 수잔의 친구가 아빠 직업이 무엇이냐고 묻는 소리를 들었다. 수잔은 친구에게 '긍정적인 사고방식'이란 제품을 파는 사람이라고 얘기했다. 그러자 친구는 '긍정적인 사고방식'이 뭐냐고 물었다. 수잔이 설명했다. "너도 알고 있을 거야. 그것은 네가 기분이 몹시 안 좋을 때에도 너를 정말 기분좋게 만드는 거란다."

그것은 그저 장작더미일 뿐

1930년대의 야구계에서 마이너 리그는 대단했었다. 특히 텍사스 리그에서는 더욱 그랬었다. 예를 들면 그 당시 샌 안토니오 팀에는 300안타 이상을 친 타자가 일곱 명이나 되었다. 1975년 메이저 리그 시즌 동안에 아메리카 리그에선 불과 12명의 타자가 그런 기록을 갖고 있었고, 내셔널 리그를 통틀어 단지 16명만이 그 기록을 세울 수 있었다. 아무튼 사람들은 이처럼 대단한 타자들이 있는 샌 안토니오 팀이 승리할 것으로 확신했다. 그러나 예기치 않은 일이 경기 도중 일어났다. 샌 안토니오 팀은 첫 경기에서 졌다. 그리고 두 번째, 세 번째 경기에서도 졌다. 네 번째, 다섯 번째, 그리고 여섯 번째 경기에서도 역시 졌다. 21경기를 하는 동안 18경기에서 졌다.

투수는 포수를 비난했고, 포수는 유격수를, 유격수는 1루수를, 1루수는 외야수를 비난하였다. 이렇듯 서로가 서로를 비난하고 있었던 것이다. 우리는 타인을 손가락질하기 위해 교육받고, 지성적이어야 하는 것은 아니다. 당신은 손가락질하면서 이렇게 말한다. "그것은 당신 잘못이다." 그러나 분명한 것은 그것이 당신의 문제를 해결해 주는 것은 아니라는 점이다.

이 능력 있는 샌 안토니오 팀은 어느 날 오후 댈러스 팀과 경기를 하게 되었다. 리그에서 가장 약한 팀인 댈러스는 게임에서 1대 0으로 이겼다. 샌 안토니오 팀은 겨우 안타 하나를 쳤을 뿐이었다. 샌 안토니오 팀의 뛰어난 매니저인 조시 오레일리는 그의 팀이 육체적으로는 건전하다는 것을 알고 있었다. 문제는 '불건전한 정신자세'라고 생각되었다. 간단히 말해서 그들은 쓰레기 같은 사고방식 때문에 괴로움을 당하고 있는 것이었다. 그래서 오레일리는 그 질병을 치료하기 위해 동분서주했다. 이 때 댈러스에는 기적의 치료자라는 평판을 듣고 있던 슬레이터라는 신앙 치료가가 있었다. 그래서 오레일리는 계략을 하나 꾸몄다.

그 시리즈의 두 번째 게임을 30분 앞두고 오레일리는 행동을 취했다. 그는 클럽회관으로 들어오면서 열광적으로 말했다. "이것 봐, 나에게 우리의 문제를 해결할 방법이 있다. 걱정할 것 없어. 자네들이 가지고 있는 배트 중에서 가장 좋은 것으로 두 개씩만 갖다줘. 그러면 경기 전에 자네들에게 돌려주겠다. 우리는 오늘 이 경기에서 이길 것이다. 그리고 우린 우승하게 된다." 그는 선수들로부터 가장 좋은 배트 두 개씩을 받아 손수레에 싣고는 가버렸다. 그는 경기 시작 5분 전에 다시 돌아왔다. 그리고 선수들에게 다시 말했다. "자, 이것 봐. 우리의 문제가 해결됐다. 걱정하지 마라. 슬레이터 씨에게 갔는데 그는 이 배트 위에 축복을 내려주었다. 그가 말하길 우리가 할 일은 그저 운동장에 나가서 상대 팀의 볼을 치기만 하면 되는 것이라고 했다. 우린 이 경기에서 이긴 것이다. 그리고 우린 우승할 것이다. 걱정할 건 없다."

그리고 그의 호랑이들은 어떻게 되었을까? 기억해야 할 것은, 이 팀은 그 전날 1대 0의 점수로 졌었다. 그러나 '이 얼마나 다른 날인가'라는 노래를 부르면서, 그 전날 겨우 안타 하나를 기록했던 샌 안토니오 팀은 22점을 기록했고, 11개의 홈런을 포함한 37개의 안타를 쳤다. 내가 굳이 그 팀이 이겼다고 이야기할 필요는 없을 것이다. 그들은 그 게임에서 이겼을 뿐만 아니라 우승을 차지했다.

그는 그것들을 보았던가

슬레이터의 배트들이 여러 해 동안 텍사스 리그로 인해 높은 가격으로 팔렸기 때문에 이 이야기에서 나는 몇 가지를 생각하게 되었다. 무엇보다도 슬레이터 씨가 정말 그 배트들을 보았는지 증명할 사람은 아무도 없다. 그러나 슬레이터 씨가 그 배트들을 보았다고 가정해 보자. 그렇다면 그가 손수레에 실린 장작더미 같은 배트들을 보고 무엇을 해줄 수 있었겠는가? 나는 슬레이터 씨가 배트들에게 할 수 있었던 일은 하나도 없었을 것이라고 확신한다. 그러나 그 배트들을 휘두르는 사람들의 자세에 대해서는 많은 것을 할 수 있다는 것을 확신한다. 그렇다. 정말로 그 어떤 일이 선수들의 마음속에서 일어났고, 그것이 37개의 안타를 칠 수 있었던 이유였으며, 그것이 게임을 승리로 이끌었고 우승을 안겨주었다.

긍정적인 자세는 긍정적인 결과를 가져올 것이다. 왜냐하면 자세에는 전염성이 있기 때문이다. 그런 자세는 하나의 열정이다. 앨버트 허바드는 이렇게 말했다. "열정 없이 이루어진 위대한 것은 하나도 없다." 좋은 전도자와 위대한 전도자의 차이, 좋은 연사와 위대한 연사의 차이, 또는 좋은 세일즈맨과 위대한 세일즈맨의 차이점은 열정이다. 열정이라는 단어의 어원은 그리스어인데, 그 뜻은 '신의 존재 속에'이다. '열정(enthusiasm)'이라는 단어를 보면 마지막 네 철자가 'iasm'이다. 그것은 'I am sold myself(나는 자신에게 팔렸다)'의 약자가 될 수 있다. 만일 당신이 스스로에게 팔렸다면, 그리고 당신이 진실로 회사와 제품을 믿는다면 그때 당신은 진정한 열정을 갖게 된다. 당신은 내부에 있는 모든 자원의 근원에서 오는 열정을 가지게 되는 것이다.

진정한 열정은 경우에 따라 입었다 벗었다 하는 그런 것이 아니다. 그것은 그릇된 열정이다. 그리고 그것의 장점을 아무리 떠들어대더라도 의심스러운 것이다. 이와 대조적으로 진정한 열정은 하나의 생활방식이다. 그리고 당신이 타인을 압박하는 데 사용되는 그런 것이 아니다. 그것은 시끄럽게 떠들어대는 것과는 아무 관계가 없는 것이다. 그것은 내적인 감정의 외적 표현이다. 지극히 정열적인 많은 사람들은 실제로 그들이 열정적일 때에도 지극히 조용하게 한 마디 한 마디씩 말하며, 조용한 행동을 취하고, 조용히 인생을 사랑하며, 조용히 그것의 의미를 되새긴다. 열정적인 어떤 사람들은 분명히 크게 소리친다. 그러나 소리지르는 것이 열정의 표현에 반드시 필요한 것은 아니며, 없어서는 안되는 조건이 되는 것도 아니다.

열정은 하나의 자세이다

열정을 인격화하고 있는 알랜 벨라미에 의하면 대부분의 사람들은 컨디션을 조절하기 위하여 그들의 자세를 사용하는 대신, 그들의 자세를 컨디션이 조절하도록 하고 있다는 것이다. 만일 모든 일이 잘되면 그들의 자세도 좋을 것이다. 그러나 일이 잘 안되면 그들의 자세도 나쁠 것이다. 알랜은 그것을 옳지 않은 접근방법이라고 믿고 있다. 그는 당신이 견고한 자세의 기초를 세워야 한다고 믿고 있다. 그러면 모든 일이 잘될 때 당신의 자세는 좋을 것이다. 그리고 일이 잘 안될 때에도 여전히 좋을 것이며, 그것은 곧 모든 일이 잘될 것이라는 의미이다. 그의 이야기는 이 점을 뒷받침하고 있다.

정신나간 백정

알랜 벨라미가 한국전쟁에서 돌아오자 그의 어머니는 식료품상을 맡아 해 보자고 제의했다. 알랜은 그것이 너무 작다고 말했다. 그 식료품점의 앞문을 열면 고기 판매대에 닿았고 고기 판매대는 뒷문에 붙어 있었다. 좋은 사업이긴 했다—아칸소주의 파인블러프에 사는 그와 어머니에겐 정말 좋은 사업이었다. 당시만 해도 어떤 가정의 어머니이든 가족을 위해 일하지 않으면 안될 불경기였기 때문에 그리 놀라운 일은 아니었다.

"언젠가 우린 그 가게를 크게 늘릴 것이다."라는 자부심을 가지고 있었기 때문에 알랜은 지방은행에 대출 요청—점포를 늘리는 데 드는 비용—을 함에 있어서 조금도 부끄럽거나 수줍어하지 않았다. 한정된 자본과 무한한 열정을 가지고 그는 슈퍼마켓을 세우는 데 드는 9만 5000달러를 대출해 달라고 은행을 설득했다. 개업날은 미처 포장되지 않은 주차시설 위에 비가 오는 등 아주 무질서했지만 사업은 성공적이었다. 사업은 날로 번창했다. 그리고 아칸소 주의 파인블러프에 슈퍼마켓이 생겼다는 말이 퍼지자 6개월 동안에 10개의 큰 체인이 경쟁적으로 그 지역에 세워졌다—10개의 체인이 개점함으로써 '정신나간 백정'(파운드당 15센트짜리 목덜미뼈를 10센트에 파는 것을 보고 한 세일즈맨이 그런 이름을 붙여주었다. 알랜은 자신이 정신나간 백정임에 틀림없기 때문에 그런 소리가 아무렇지도 않다고 여겼다. 그래서 그때부터 그 이름이 생겨난 것이다)의 사업은 타격을 받았다. 오래지 않아 알랜의 수입은 확장하기 전의 가게에서보다 더 적어졌다. 그리고 모든 일이 어둡게 보였다. 그때 알랜과 네 명의 직원은 데일 카네기 코스에 등록을 했다. 다섯 번째 강의는 '열정'을 다루었고, 그것은 결국 하나의 자세를 일컫는 말이었다. 그날 이후로 알랜은 자신과 직원들이 전에 가졌던 것보다 다섯 배의 열정을 갖기로 결심했다. 이제 파인블러프에 있는 사람들은 모두 그가 미쳤다고 생각하게 되었다. 그의 고객들은 입구에서부터 열광적인 환영을 받았다. 그와 그의 직원들은 머리 끝부터 발끝까지, 앞부터 뒤까지의 모든 자세가 극적으로 바뀌었다. 그 결과 역시 마찬가지였다. 불과 4주 뒤 그의 수입은 주당 1만 5000달러에서 3만 달러로 뛰었다. 그리고 그 이후 3만 달러 이

하로 떨어져 본 적이 없다.

알아두어야 할 것은, 파인블러프에 갑자기 1만 명의 인구가 늘어나거나 경쟁자들이 문을 닫은 것은 아니라는 점이다. 비록 지금은 그중 일곱 군데가 문을 닫았다 할지라도. 유일한 변화라면 열정의 추가였다. 갑자기 사업이 너무 잘되었기 때문에 알랜은 그런 열정을 영원히 가지고 있기로 결심했다. 약 17년 전인 그날 이후로 '정신나간 백정'은 26개의 매우 성공적인 점포를 확장·소유하게 되었다. 1974년, 불경기 때도 '정신나간 백정회사'는 회사 역사상 가장 많은 금액을 벌어들였고, 가장 높은 성장율을 기록했다. 1975년에는 4200만 달러 이상을 이웃에 팔게 되어 사업은 더욱 번창했다. (그것은 아주 멋진 이웃이다.) 열정은 전염성이 강해서 직원의 이직율은 실상 제로였다. 어떤 사업이든 성공과 실패의 1차적인 요소는 사람이기 때문에 정신나간 백정 알랜 벨라미는 '열정적인 인간' 만드는 일을 적극적으로 추진했다.

가서 주는 자세

지난날 나는 미시시피 주 야주 시의 교외를 따라 흐르는 야주 강을 건너는 여행을 했다. 실제 전장에서 최초로 어뢰가 사용된 것은 그 도시의 경계지역인 바로 그 강 위에서였다. 그 전쟁은 남북전쟁이었다. 나는 강을 한 번 건널 때마다 10센트씩 지불했다. 그리고 강을 건널 때마다 얼마나 많은 여행을 했느냐는 질문을 받으면 이렇게 대답했다. "할 수 있는 만큼 많이 했어요. 왜냐하면 많이 할수록 더 많은 것을 얻기 때문이죠. 그리고 가지 않는다면 나는 아무것도 얻지 못하거든요."

그렇다. 나는 가서 얻는 자세와 가서 주는 자세를 믿는다. 그러나 사실 나는 당신이 그 두 자세를 구별할 수 있으리라고는 믿지 않는다.

오늘날 세계의 많은 사람들이 가서 얻는 사람들에 대해서는 말하면서도 가서 주는 사람들은 못 보고 넘어가는 일이 종종 있다. 나는 100퍼센트 가서 얻는 사람이다.

이스라엘

20세기에 있어서 가장 흥분하게 만드는 것은 조그마한 나라 이스라엘의 이야기이다. 성서에서 예언한 바대로 1948년에 역경 속에서 탄생한 이스라엘은 아랍 국가들 틈에 끼어 모래사막과 가난 위에 번영과 진정한 오아시스를 창조했다. 여기에서 주목할 것은 아랍의 기름으로 이룩된 부는 극히 소수에 편중되어 있으며, 수많은 사람들이 믿을 수 없을 만큼 가난과 무지 속에서 살고 있다는 사실이다. 이스라엘은 비록 자원면에서는 거의 전무한 상태였지만 국민들은 가진 것이 없다고 한숨만 쉬고 있지는 않았다. 그들은 가진 것을 사용함으로써 자신들을 보호했다. 당신이 집에 돌아오기 위하여 2000년 이상의 세월을 기다리고 세계 곳곳에서 종교적 박해와 괴로움을 당했을 때 당신은 엄청난 열정과 결심을 가지고 자기들의 고향으로 돌아온 모든 남녀와 어린아이들에게 쉬라고 격려해 줄 수 있는 자격이 있다. 그들은 모두 저마다 2000년 동안의 좌절을 가지고, 여러 해 동안의 수많은 자유와 동일한 기회를 거절한 채 돌아왔다. 그들은 저마다 자신을 위해서 고향땅을 개척하기 위해서 돌아왔다.

그 결과는 20세기의 기적이었다. 그들은 사막에 물을 대서 생산력 높은 땅을 만들어냈다. 그들은 열심히 일했을 뿐만 아니라 거기에 그들의 연구력을 첨가했으며 세계 곳곳의 관광객들을 매혹시켰다. 그들은 300만 명도 안 되는 국민이었지만 자존심과 가서 주는 정신을 갖고 있었다. 자유롭고 부강한 땅을 세운 이러한 헌신은 이스라엘을 둘러싸고 있는 1억의 아랍 연합군과의 전쟁에서 능히 자신을 지킬 수 있도록 했다. 그렇다. 이스라엘은 진정한 실화이다. 그들은 주기 위해서, 얻기 위해서 왔다. 그리고 그들은 그 두 가지를 다 했다. 덧붙여 말하면 이스라엘은 서방세계에서 범죄율이 가장 낮으며, 예술을 파괴하는 행위는 실질적으로 존재하지 않는다.

당신이 당신의 피로 어떤 것을 세웠다 하자. 당신은 스스로 그것을 변질시키거나 부숴버리는 일은 거의 하지 않을 것이다. 그것은 우주의 진리이다. 세우는 사람들은 파괴하는 사람이 아니며, 파괴하는 사람은 세우는 사람이 아니다.

너무 커서 눕힐 수 없다면 너무 크기 때문에 피할 수
도 없을 것이다

사물을 보는 자세는 성공에 있어서 가장 중요한 요소이다.
그것은 이스라엘의 실화처럼 성공에의 필수 요소이다. 나는 성
경을 사랑하며, 모든 학교에서 하나의 과목으로 채택해야 한다
고 믿는다. 왜냐하면 신은 너무도 분명하게 긍정적인 사고방식
과 부정적인 사고방식의 차이를 기술했기 때문이다. 내가 가장
좋아하는 다윗과 골리앗의 이야기는 그 점을 분명히 강조하고
있다. 2.7미터의 키와 181킬로그램의 골리앗은 조그마한 이스
라엘에게 도전하면서 전능하신 신을 모독하고 있었다. 형들을
만나러 그곳에 온 열일곱 살의 솜털이 보송보송한 다윗은 사람
들이 왜 그 도전을 받아들이지 않는지 알 수가 없었다. (그후의
이야기는 사실에 근거를 두고 다소 지글러 스타일에 맞게 수정하기로
한다.) 형들은 누구라도 골리앗 같은 놈과 맞서 싸운다면 쉽사
리 당하고 말 거라고 설명했다. 그들은 골리앗이 너무 커서 때
려눕히기에는 역부족이라고 생각했던 것이다. 그러나 다윗은
골리앗이 몸집이 너무 크기 때문에 둔해서 잘 피할 수가 없을
것이라는 사실을 깨달았다. 다음 순간 다윗은 왕이 있는 곳을
알고 싶어했다. 그러자 형들은 왕이 허락하지 않을 것이라고 만
류했다. 다윗이 골리앗과 싸우겠다고 얘기하자 그의 형들은 그
가 미친 것으로 알았다. 그의 형들은 181킬로그램에 2.7미터나
되는 골리앗과 조그마한 다윗을 비교해 보고 있었음에 분명하
다. 다윗은 골리앗을 하나님과 비교해 보았다.

그러자 골리앗은 너무 작아 보였다. (말할 것도 없이 다윗과 하나님이 승리했다.)

나는 또한 간결함과 명확함 때문에 성경을 좋아한다. 많은 사람들이 이해가 되지 않기 때문에 성경을 읽지 않는다고 말한다. 그들의 문제는 이해하지 못하는 것이 아니라 이해하는 것에 있다고 확신한다. 신은 너무도 분명하게 얘기하고 있다는 느낌을 나는 받고 있다. 하나님이 십계명을 '열 개의 암시'라고 부르지 않으신다는 사실을 당신은 분명히 알고 있다.

올바른 정신자세를 둘러싸고 있는 또 하나의 면이 있다.

녹색과 성장

뉴욕에 있는 데일 카네기 연구소의 강사로 근무할 때 60세가 넘은 우수한 세일즈맨인 에드 그린을 만날 수 있었다. 그의 연간 수입은 7만 5000달러가 넘었는데, 그것은 오늘날 12만 5000달러에 해당하는 금액이다. 어느 날 밤 데일 카네기 연구소에서 강의를 마친 후 그와 대화를 나누게 되었다. 나는 그의 수입의 8분의 1밖에 못 버는 사람의 강의를 왜 듣느냐고 솔직하게 물어보았다. 그때 그는 웃으면서 이렇게 말했다. "지그 지글러 씨, 내 말 좀 들어보십시오. 내가 어릴 때 아버지는 채소밭을 구경시켜 주었습니다. 아버지는 우리 마을에서 이름난 농부였어요. 그는 채소 가꾸는 일을 사랑했으며 자랑스럽게 여겼었지요. 채소밭을 돌아본 후 아버지는 나에게 어떤 교훈을 얻었느냐고 물었습니다." 에드 그린은 웃으면서 말을 이었다. "나는 아버지가 밭에서 많은 일을 했다는 것 이외에는 아무것도 느낀 점이 없었지요. 그때 아버지는 성급하게 이렇게 말했습니다. '얘야, 나는 네가 채소의 색깔이 푸르면 성장하고 있는 것이고, 색깔이 누렇게 되어 있으면 썩기 시작하는 것이라는 사실을 발견해 주기를 바랐었다.'"

에드 그린은 끝으로 이렇게 말했다. "지글러 씨, 나는 지금 당신에게 해준 이 이야기를 결코 잊은 적이 없습니다. 내가 이 강의를 듣는 이유는 내가 중요한 것을 배울 것이라고 판단했기 때문입니다. 진정으로 성실하게 되기 위하여 나는 수천 달러의 수수료가 있는, 2년 동안 질질 끌어온 거래를 과감히 끊어버렸는데, 그것은 이 강의를 들은 덕분이었습니다."

에드 그린 같은 사람에게서 이런 은근한 감사를 받는다는 것은 아주 흥분되는 일이었다. 우리는 대화를 계속했으며, 그의 말이 아주 즐겁다는 표시를 해 보였다. 나는 또한 한 젊은이가 강의를 하나도 빼놓지 않고 들었지만 얻은 게 하나도 없다는 불평을 늘어놓더라는 이야기를 했다. 그러자 그는 아주 재미있는 비유를 들었다. "지그 지글러 씨, 나는 결혼생활을 40년 이상 해오고 있습니다. 그리고 내 아내가 키스를 해달라고 입을 내밀면 나는 다음 단계가 어떻게 진행될지를 뻔히 압니다. 그러나 나는 아직도 아내와의 키스를 즐깁니다."

인생의 게임에서 당신은 성장을 가져오는 것들을 열심히 찾아내어 배우고 그렇게 생활함으로써 인생의 향기를 유지하게 된다.

행동과 반응

다음의 예는 이 책에서 가장 중요한 점을 제시해 준다.

사장인 미스터 B는 회사의 모든 일이 불만스럽기만 했다. 그는 회의를 소집했다. 그리고 이렇게 말했다. "사원 여러분, 우리는 이제 일과를 체계적으로 처리하는 조직적인 인간이 되어야 합니다. 여러분 중에 어떤 사람은 지각을 하고, 어떤 사람은 퇴근시간도 되기 전에 회사를 빠져 나가는 버릇을 가지고 있습니다. 어떤 사람은 책임을 다하지 않습니다. 이제 여러분에게 모범을 보이기 위해 사장인 나부터 조직적이고 규칙적으로 근무를 할 작정입니다. 나는 지금부터 일찍 출근하고 늦게 퇴근할 것입니다. 내가 모범적으로 행동한다면 여러분들도 분명 모범적인 인간이 될 것입니다. 물론 나는 내가 여러분들에게 모범이 되지 못하면 여러분들은 질서 없이 행동하게 된다는 사실을 명심하겠습니다. 우리 회사는 번창하고 있습니다. 우리 개개인이 자기의 임무를 최선을 다해 철저하게 완수한다면 우리 회사는 놀라운 발전을 할 수 있을 것입니다."

흔히 볼 수 있듯이 이 미스터 B의 계획은 좋은 것이었다. 며칠 후 그는 어느 컨트리클럽에서 점심식사를 하며 대화에 몰두해 있었다. 잠시 후 시계를 들여다본 그는 매우 당황했다. 그는 커피잔을 떨어뜨리듯이 내려놓고 이렇게 말했다. "내 정신 좀 봐, 10분 내에 회사로 가야 되겠군." 그는 자리에서 급히 일어났다. 그리고 미친 듯이 주차장으로 달려가서 차에 뛰어올랐다. 시속 150킬로미터의 속도로 내달렸다. 그때 그는 경찰에 의해 제지당하고, 험상궂은 말투로 경고를 받았으며 속도위반 딱지를 발부받게 되었다.

미스터 B는 화가 치밀어올랐다. 그는 혼자서 중얼거렸다. "정말 기막힌 일이군. 나는 선량한 국민으로 평화를 사랑하고, 세금을 내고, 법을 지키는 시민이다. 그리고 자신의 사업을 충실히 해나가는 사업가이다. 그런데 난데없이 나타나서 나에게 딱지를 안겨주다니 정말 한심한 일이야. 경찰은 도둑이나 강도를 잡는 데 시간을 보내야 하며, 세금을 잘 내는 나 같은 사람은 내버려두어야 한다. 빨리 달린다고 내가 안전하지 않은 건 아니지 않는가. 이건 우스꽝스러운 일이다."

그는 화가 났다

이윽고 그는 회사에 도착했다. 물론 늦었다. 그는 즉시 세일즈 매니저를 불러서 업무에 관한 이야기를 시작했다. 그는 화를 내면서 암스트롱 제품의 판매가 끝났느냐고 물었다. 세일즈 매니저는 말했다. "미스터 B, 저는 이 일에 대해서 잘 알지 못합니다. 중대한 일이 생겨서 그 일을 못했습니다." 당신도 알다시피 사장은 화가 나 있었다. 그리고 지금 매니저의 말을 듣고 더 화가 난 사장은 고함을 질렀다.

"나는 18년 동안 당신에게 월급을 주면서 일을 시켜왔소. 당신이 사업을 번창시켜 주리라 믿고 그렇게 해 왔던 거요. 이번에 계획한 그 판매에서 실적을 올렸더라면 우린 생산부를 더 확장할 수 있었을 거요. 그런데 당신은 뭘 하고 있었소? 당신이 그 일을 허사로 만들었소. 자, 내 말을 잘 들으시오. 당신이 그 판매실적을 보충시켜야 하오. 그렇지 않으면 당신을 해고할 것이오. 당신이 이 회사에서 18년간 근무했다고 해서 평생 동안 근무하게 될 것이라는 건방진 생각은 하지 않는 것이 좋을 거요." 오, 그는 정말로 화가 나 있었다.

그도 역시 그랬다

미스터 B가 화가 나 있다고 생각한다면 당신은 세일즈 매니저를 주시해야 한다. 세일즈 매니저도 화가 치밀어올랐던 것이다. 그는 사장실에서 나오자마자 중얼거렸다. "이건 중대한 일이다. 나는 이 회사의 발전을 위하여 18년 동안 노력해 왔다. 나는 회사의 성공과 성장을 좌우하는 책임자 중 한 명이다. 왜냐하면 나는 모든 새 사업을 추진시킨 사람이기 때문이다. 나는 회사가 제 기능을 발휘하도록 하는 사람이다. 미스터 B는 명목뿐인 우두머리이다. 만일 내가 없다면 이 회사는 망하고 말 것이다. 그런데 판매목표를 한 번 달성하지 못했다고 해서 사장이 나에게 화를 내다니 기분 나쁜 일이 아닐 수 없다. 그는 해고시키겠다는 협박까지 했다. 이것은 부당한 일이다."

이런 식으로 계속 중얼거리면서 세일즈 매니저는 자기의 비서를 불러 이렇게 말했다. "오늘 아침 내가 부탁한 편지 다섯 통을 다 완성시켰나요." 그녀는 말했다. "아니요, 저에게 무엇보다도 힐라드건을 가장 우선적으로 처리해야 한다고 말씀하셨던 것을 잊으셨나요? 저는 지금 그 일을 하고 있는 중이에요." 드디어 세일즈 매니저는 폭발하여 소리를 질렀다. "쓸데없는 핑계는 대지 마시오. 나는 당신에게 분명히 그 편지들을 완성하라고 지시했소. 그리고 만일 당신이 그 일을 해낼 수 없다면 능력 있는 다른 사람에게 그 일을 맡기기로 하겠소. 이 회사에 7년 동안 근무했다고 해서 평생 동안 월급을 탈 수 있을 거라는 생각은 안 하는 것이 신상에 이로울 것이오. 나는 오늘 그 편지들을 보내야 하오. 틀림없이 오늘 그것들을 보내야 하오." 오, 그도 역시 화가 난 것이다.

그녀는 화가 났다

그가 화가 나 있다고 생각한다면 당신은 비서를 주시해야 한다. 세일즈 매니저의 말을 듣고 비서는 화가 났다. 그는 세일즈 매니저의 사무실을 나와 이렇게 중얼거렸다. "어떻게 그럴 수 있담. 7년 동안 나는 최선을 다해왔어. 초과 근무한 것이 수백 시간도 더 되는데 한 번도 시간외수당을 받아본 적이 없어. 나는 여기 있는 세 사람 중 누구보다도 많은 일을 했어. 나는 회사의 번영을 위해 지금껏 노력해 왔다. 그런데 그는 두 가지 일을 동시에 처리하지 않았다고 해서 나에게 화풀이를 했다. 그건 부당한 일이다. 게다가 난 그의 평소 태도를 알고 있는데 틀림없이 장난은 아니다." 그녀는 교환원에게로 가서 이렇게 말했다.

"나는 당신에게 타이프하라고 몇 통의 편지를 줬어요. 그것은 당신의 일이 아니라는 것은 알고 있어요. 그러나 당신은 여기에 가만히 앉아서 공상이나 하다가 걸려오는 전화만 받고 있군요. 정말 한심해요. 급한 것이니 당장 편지들을 완성시켜 부치도록 하세요. 만일 당신이 그 일을 해낼 수 없다면 능력 있는 사람을 찾아서 그 일을 맡기도록 하겠어요." 오, 그녀는 화가 났었고 모두가 그것을 알도록 행동했다.

그녀 역시 화가 났다

비서가 화가 났다고 생각한다면 당신은 교환원을 주시해야 한다. 교환원은 화가 머리 끝까지 치밀었다. 그녀는 말했다. "지독한 일이야. 나는 월급을 가장 적게 받으면서도 가장 힘든 일을 해주었어. 나는 동시에 네 가지 일을 처리해야 해. 그들은 의자에 등을 기대고 앉아서 별일도 하지 않고 커피를 마시거나, 잡담을 하거나, 전화를 걸면서 시간을 낭비하고 일이 늦어질 때면 모조리 내게 떠맡겼어. 이것은 부당한 일이야. 나를 해고시킨다고 한 것은 사실 농담일 거야. 왜냐하면 나는 모든 잡일을 처리하는 사람이기 때문이야. 만일 내가 이 회사에 없었다면 이 회사는 벌써 망했을걸. 그뿐 아니라 지금 내가 받는 월급의 배를 준다고 해도 이곳에 와서 일하겠다는 사람은 없을 거야."

그녀는 편지들을 완성시켰다. 그러나 화는 풀리지 않았다. 그녀는 퇴근 후 집에 돌아가서도 계속 화를 냈다. 그녀는 집안으로 들어가 대문을 거칠게 닫았다. 방안으로 들어갔을 때 제일 먼저 방바닥에 누워 텔레비전을 보고 있는 열두 살짜리 아들이 눈에 띄었다. 그리고 다음에는 물건들이 방바닥에 흩어져 있는 것을 볼 수가 있었다. 그녀는 신경질을 내면서 이렇게 말했다. "이 녀석아, 학교에 갔다 오면 옷을 제자리에 걸어두라고 몇 번이나 말했니? 엄마는 너를 공부시키고 돌보기 위해 온갖 고생을 다하고 있어. 지금 곧 2층으로 올라가. 오늘 저녁밥은 없다. 그리고 앞으로 3주 동안 텔레비전은 절대로 못 본다." 오, 그녀는 화가 났던 것이다.

고양이 걷어차기

그녀가 화가 나 있다고 생각한다면 당신은 그녀의 열두 살짜리 아들을 주시해야 한다. 아이는 거실에서 나가며 이렇게 중얼거렸다. "엄마는 너무해. 나는 도우려고 노력했는데 엄마는 내게 말할 여유도 주지 않았어. 잊고 좀 실수한 건데. 어떤 사람이든 실수를 할 수 있는 건데 말이야." 그때 집에서 키우던 고양이가 소년 앞에 나타났다. 소년은 고양이를 힘껏 발로 차면서 이렇게 말했다. "저리로 가! 네놈한테 좋은 일은 없어."

결국 화난 사장 때문에 고양이까지 상처를 입게 되었던 것이다. 이것은 간단한 의문을 갖게 한다. 만일 미스터 B가 그 컨트리 클럽에서 곧바로 교환원의 집으로 가서 고양이를 직접 발로 걷어찼다면 상황은 훨씬 더 좋지 않았을까?

고양이를 걷어차는 사람이 되지 말라.
부정적인 상황에 긍정적으로 반응하라.

이제 좀더 중요한 질문이 있다. 당신은 최근에 누구의 고양이를 걷어차 본 적이 있는가? 내 질문에 대한 답변을 도와주기 위해 상황에 대한 일련의 반응을 살펴보기로 하겠다. 당신은 유머에 대해 어떤 반응을 보이는가? 미소에 대해서는 어떠한가? 칭찬에 대해서는? 당신이 판매를 했을 때, 또는 어떤 사람이 당신에게 좀더 즐겁고 예의바르게 대할 때 당신은 어떤 반응을 보이는가? 당신은 날씨가 화창할 때 또는 예의바른 태도로 시중을 들어주는 웨이트리스에게 어떤 반응을 보이는가? 나는 당신이 즐거워하며 미소로 답례를 하고 예의바르게 대할 것임을 확신한다. 나는 당신이 이런 모든 것들을 높게 평가할 것이며, 또 그것들이 당신을 아주 친근한 사람으로 만들 것임을 확신한다. 그러나 이런 것들에서 당신은 아주 작은 보상도 받지 않아야 한다. 당신도 알다시피 어떤 사람이라도 위에서 얘기한 그런 상황에 대해서는 호의적인 반응을 보일 것이다.

당신과 빈민가의 주정뱅이

당신은 무례하고, 냉소적이고, 거절을 잘하고, 냉랭하고, 동작이 느리고, 퉁명스런 웨이트리스를 만나면 어떤 반응을 보이는가? 차를 타고 가다가 신호등이 늦게 바뀐다거나 궂은 날씨를 만나면 어떤 반응을 보이는가? 누군가 불쾌한 말을 하면 당신은 즉시 그 말을 되돌려 주는가? 다른 사람이 당신을 그의 수준으로 끌어내리도록 내버려두는가? 아니면 당신은 그 우연한 문제가 당신과는 관계가 없다고 생각하는가? 신호등이 바뀌지 않아서 차를 정지시키고 있음에도 불구하고 뒷차의 운전사가 경적을 울릴 때 당신은 어떤 반응을 보이는가? 험악한 표정으로 뒤를 돌아보면서 주먹을 휘두르는가? 그와 같은 사람이 되어버리는가, 아니면 웃으면서 이렇게 말하는가? "어떤 사람이 자기 고양이를 걷어찼다고 해서 그것이 내가 내 고양이를 걷어찰 이유는 되지 않는다."

아내나 남편이 화를 낼 때 당신은 어떤 반응을 보이는가? 승진이 안되었을 때, A학점이 아닌 C학점을 받았을 때, 큰 주문을 놓쳤을 때, 상사로부터 무시를 당했을 때, 모임에 초청받지 못했을 때, 팀을 구성하지 못했을 때, 클럽 회장에 당선되지 못했을 때 당신은 어떤 반응을 보이는가? 고양이를 걷어차는 부정적인 상황에 대한 반응은 인생에 있어서 성공과 실패를 결정한다.

빈민가의 주정뱅이, 공동체의 지도자, 자수성가한 백만장자, 그리고 장한 어머니상을 받은 여성 등은 많은 공통점을 가지고 있다. 사람은 누구나 좌절·비탄·실망·절망, 그리고 실패를 경험한다. 성취의 차이는 부정적인 상황에 대한 우리의 제각기 다른 반응의 결과이다. 주정뱅이는 이런 반응을 보인다. '가련한 나' 그리고 그는 문제가 생길 때마다 술을 마신다. 그는 술독에 빠진다. 성공한 사람들도 역시 주정뱅이가 당하는 문제와 비슷한 문제, 혹은 그보다 더 큰 문제에 종종 직면한다. 그들은 문제가 생길 때 적극적인 반응을 보인다. 우리는 상황을 마음대로 조절할 수 없다. 그러나 자세를 마음대로 조정할 수는 있다.

이것이 자세의 조정이며 당신은 이 책에서 이 방법을 배울 것이다. 어떤 사람이 당신에게 터무니없이 불쾌한 말을 할 때, 그것은 그가 어디서 그런 대접을 받았기 때문임을 알 것이다. 또 당신은 그것이 당신과는 아무런 관계가 없다는 것도 알게 될 것이다. 더 중요한 것은 당신이 부정적인 것에 대해서 어떻게 긍정적으로 반응하는지 배우게 되는 것이다.

이제 출발해 보자. 당신은 점잖은 사람이라고 생각하자. 그리고 처음 보는 사람이나 안면이 있는 사람이 당신을 이유없이 물어뜯었을 때 그저 미소를 지으며 이렇게 말하라. "당신에게 조금 이상한 질문을 하겠습니다. 당신의 고양이를 누가 걷어찼습니까?" 이 말은 다양한 반응을 불러일으킨다. (만일 그가 의아해하며 자기에겐 고양이가 없다고 말하더라도 상관없다.) 이것은 당신이 부정적인 것에 긍정적으로, 즐겁지 않은 것에 즐겁게 반응한다는 것을 의미한다. 자연히 그 사람은 자신이 당신에게서 좋은 대우를 받을 자격이 없는 사람이라고 느끼게 된다. 이런 반응은 당신에게 가장 좋은 것이며, 당신은 남에게 해줄 수 있는 최고의 대우를 받을 자격이 있다.

일어나라

부정적인 사고방식을 긍정적으로 바라보자. 내 친구이자 동료인 카벳 로버트는 부정적인 사고방식을 극복하는 데 상식적이고 신선한 접근 방법을 취하면서 이렇게 말하고 있다. "일시적으로 넘어지거나 실망한다고 해서 실패하는 것은 아니다. 실패하는 이유는 넘어진 상태로 그냥 침체되어 있거나 부정적인 사고방식을 계속 주장하기 때문이다."

나는 지금 일시적인 실패에 대한 당신의 내적인 반응에 대해서 경고하고 있는 것이다. 일시적인 실패가 문제가 아니라 그것을 어떻게 처리하느냐가 문제인 것이다. 만일 일시적인 실패 속에서 어떤 교훈을 얻었다면 당신은 희망이 있는 사람이라고 장담할 수 있다. 왜냐하면 실수나 실패를 경험하지 않은 사람은 없기 때문이다. 실패했음에도 불구하고 다시 일어나 이상의 실현을 위해서 돌진하는 자세가 중요한 것이다.

나는 사람들이 좌절을 겪을 때마다 스스로 잘못했다고 생각하면서 죄책감과 의혹으로 자신을 단죄하는 것에 대하여 의아하게 생각해 왔다. 그것은 있을 수 있는 일이며 정상적인 것이다. 그러나 주의해야 할 점은, 비록 넘어지는 것이 정상적이고 괜찮은 일이라 할지라도 그 상태 그대로 머물러 있는 것은 결코 정상적이거나 괜찮은 일이 아니라는 사실이다. 대체로 한번 쓰러지면 어떻게 다시 일어나야 할지 모르는 경우가 많다. 개개인의 상황이 다르겠지만 나의 일반적인 충고가 특별히 당신에게 적용되리라는 것은 믿어 의심치 않는다.

건강이 좋지 않고 의사의 진단을 필요로 한다면 당신에게는 맞지 않을 내가 쓰고 있는 원칙이 하나 있다. 내가 침체되어 있는 시간은 바로 신체적으로도 지쳐 있는 시간이다. 심리학자들은 한 시간 동안 남을 격려하는 말을 하는 것이 노동자가 열 시간 동안 체력을 소모한 것과 같은 결과를 가져온다고 말한다.

나는 네 시간 내지 여섯 시간 동안 이어지는 세미나에 참석하고 나면 녹초가 된다. 회의가 끝나면 초죽음 상태가 되곤 했다. 그러나 운동을 시작한 후부터 그 결과는 극적이다. 나는 런닝 슈즈를 신고 왕복 3킬로미터를 달린다. 신선한 산소가 공급되어 혈액 속에 흐를 때, 나는 육체적으로나 정신적으로 원기를 되찾는 것이다.

희망 없는 상황은 없다

당신은 다시 일어날 줄 아는가? 당신은 부정적인 상황에서도 긍정적인 반응을 보이는가? 희망 없는 상황이란 거의 없다는 사실을 알라. 그러나 우리는 종종 어떤 특정한 상황에 직면해서 희망을 잃어버리는 사람들을 보게 된다.

악마와 함께 장기를 두고 있는 청년의 모습이 담긴 유명한 그림을 예로 들어보자. 그 그림은 악마가 막 한 수를 움직임으로써 그 청년이 막다른 골목에 몰리는 장면이었으며, 청년의 표정은 전체적으로 패배와 절망을 드러내고 있다. 어느 날 장기의 명수인 폴 메르서가 이 그림을 보게 되었다. 그는 자세히 관찰하더니 그 청년을 향해 이렇게 소리를 질렀다. "절대로 포기하지 말라. 당신은 분명히 유리한 입장에 놓일 수가 있다."

자세는 전염성이 강하다. 그것은 감기와 같은 것이다. 만일 감기에 걸리고 싶다면 감기에 걸린 사람들이 있는 곳으로 가서 감기 앞에 몸을 드러낼 것이다. 만일 당신이 올바른 자세를 가지고 싶다면 올바른 정신자세를 가진 사람들에게 가는 일부터 시작하라. 만일 올바른 정신자세를 가진 사람들을 찾을 수 없다면 올바른 책을 읽어라. 아니면 올바른 강사의 강연이 담긴 테이프를 구입하여 그것을 들어라. 그러면 당신도 틀림없이 올바른 정신자세를 가진 사람으로 변할 것이다.

오늘날 사람들은 누구나 내가 여기서 강조하고 있는 자세의 필요성을 느끼고 있다. 선생님·코치들·의사·세일즈 매니저·어머니 등 모든 사람들이 올바른 정신자세가 중요하다는 것에 동의한다. 문제는 이것이다. "그렇다면 외부조건이나 사람, 기후 등에 관계없이 올바른 정신자세를 갖게 되고 간직할 수 있게 되는가?" 안심하라. 이 질문에 대한 해답은 다음 두 장에 들어 있다.

15

보증된 당신의 자세

당신은 그 보험증권을 샀다

이 책을 읽고 있는 순간 갑자기 매우 흥분한 젊은이가 나타나 당신의 책상 앞으로 뛰어와서 책을 빼앗고 이렇게 말한다고 가정해 보자. "이것 보시오. 난 당신과 보험에 관한 얘기를 하고 싶은데 당신은 오랫동안 이 책을 읽고 있군요." 나는 당신의 생각을 쉽게 상상할 수 있다. 당신은 보험에 대해 이야기하고 싶지 않을 것이다. 그러나 그 젊은이는 열정적으로 계속해서 이야기하기를 주장한다. 그리고 그는 곧 자기가 생명 · 건강 · 재해 · 채무, 또는 손해 보험을 팔고 있는 것이 아니라고 설명한다. 그는 '자세' 보험증권을 팔고 있다고 하면서, 당신의 자세는 좋아질 것이며, 그 증권을 계속 유지한다면 더 좋은 자세를 갖게 될 것이라고 확신시켜 준다. 그는 인생과 생활에 대한 당신의 열정이 그 보험증권을 지니고 있는 순간까지는 성장할 것이라고 덧붙여 말한다. 당신은 그 보험증권에 관심을 가지게 될 것인가? 그것은 당신에게 얼마나 많은 가치가 있을까? 당신은 그것에 얼마를 지불하려고 할 것인가? 아무튼 당신은 그러한 보험증권에 진정한 가치를 부여할 수 있을 것인가?

나는 당신을 위한 몇 가지 좋은 소식을 가지고 있다. 이 책을 손에 쥐었을 때 당신은 이미 그 보험증권을 얻었다. 다음 페이지에서는 당신이 오늘은 좋은 자세를 가질 것이며, 내일은 더 좋은, 더 열정적인 자세를 갖는다는 것을 보증할 수 있는 방법을 이야기할 것이다. 즉 그 보험증권을 설명할 것이다. 그것은 그다지 시간이 걸리지 않는다. 그것은 하나의 계단을 올라가는 것, 잡화상에 물건을 사러 가는 것, 또는 모던 댄스 중의 하나를 배우는 것보다 노력이 훨씬 덜 든다. 그래서 당신은 그것의 가격이 그다지 비싸지 않다고 솔직하게 말할 수 있다. 당신이 알고 싶어하는 것 중의 하나가 가격이라는 것은 의심의 여지가 없다. 그 가격은 제로보다 적을 것이다. 왜냐하면 그 대가는 사실 가격보다 훨씬 크기 때문이다. 좋은 보험증권인 것 같은 느낌이 들 것이다. 그렇지 않은가?

당신의 마음은 이런 식으로 움직인다

실제로 그 보험증권은 아주 간단한 4단계의 공식으로 되어 있다. 만일 당신이 그 보험증권을 사서 공식을 따른다면 그 즉시 더 많은 즐거움을 갖기 시작할 것이다. 그것은 다음주, 다음

달, 다음해가 아니다. 나는 지금이라고 얘기하고 있다. 당신은 즉시 더 많은 돈을 벌게 될 것이고, 생활 속에서 더 많은 것을 얻게 될 것이다. 다시 반복하지만 이 보험증권 또는 공식은 한 푼의 돈도 요구하지 않으며, 시간도 노력도 거의 요구하지 않는다. 그러나 만일 당신이 그 공식을 따른다면 더 많은 돈을 벌 것이고, 더 많은 즐거움을 갖게 될 것이다. 이것은 당신이 인생에서 계속 찾고 있던 소리가 아닌가? 당신에게 확실히 해두고 싶은 것은, 내가 다음의 그 공식으로 인하여 얻게 되는 이익보다 더 싸게 팔고 있다는 것이다. 그 공식을 알아보기 전에 당신의 마음이 움직이는 방법을 보자. 그러면 우리는 그 공식에 도달하게 될 것이다.

마음은 하나의 채소밭처럼 움직인다. 콩을 심는다면 감자가 아닌 콩을 거두어들이게 되리라는 것은 모두가 다 아는 사실이다. 분명한 것은, 한 알의 콩을 수확하기 위해 그것을 심는 것은 아니라는 사실이다. 당신은 많은 콩을 수확하기 위해 콩을 심는다. 씨를 뿌리는 것과 거두어들이는 것 사이에는 엄청난 숫자의 증가가 있게 된다. 그것이 마음이 움직이는 방식이다. 당신이 마음에 무엇을 심든 그것은 몇 배로 늘어난다. 긍정적인 것 또는 부정적인 것을 하나 심어보라. 그러면 당신은 그 몇 배로 거두어들인다. 왜냐하면 심는 것과 거두어들이는 것 사이에 상상력이 들어가며, 그것이 그 결과를 몇 배로 늘리기 때문이다.

어떤 면에서 보면 마음은 은행처럼 작용한다. 그러나 다른 면으로 보면 아주 다르다. 예를 들면 어떤 사람이나 어떤 것(텔레비전이나 라디오 등)이 당신의 마음에 긍정적 또는 부정적인 예금을 할 수도 있다. 그러나 일반적으로 말해서 당신의 은행계좌에 예금할 수 있는 유일한 사람은 바로 당신이다.

당신은 그 은행 또는 마음에서 예금인출을 결정하는 유일한 사람이다. 은행에서 모든 인출은 그 계좌의 잔액을 감소시킨다. 마음에서의 인출은, 만일 당신이 올바른 금전 출납계원을 두고 있다면 그 효과를 증가시킨다.

마음의 은행에는 두 명의 출납계원이 있다. 그들은 당신의 명령에 복종한다. 한 사람은 긍정적이고, 긍정적인 예금과 긍정적인 인출을 취급한다. 나머지 한 사람은 부정적이며, 부정적인 예금을 받아들이고, 당신에게 부정적인 피드백(feedback)을 취급해 준다.

당신은 마음의 소유주로서 모든 인출과 대부분의 예금에 대해 완전한 통제권을 갖고 있다. 예금되어 있는 것들은 인생의 모든 경험을 대표한다. 인출은 당신의 성공과 행복을 결정한다. 그러나 예금되어 있지 않은 것을 인출할 수는 없다. 그것은 실제의 현금 은행에서도 마찬가지이다. 그렇지 않은가?

여기서 각각의 입출금 거래를 어느 출납계원에게 취급하게 할 것인가 하는 문제가 발생한다. 부정적인 출납계원과 마주서라. 그러면 그는 당신이 과거에 얼마나 일을 엉망으로 했었는지 상기시켜 줄 것이다. 그는 당신의 현재의 문제와 함께 실패를 예측할 것이다. 긍정적인 출납계원과 마주서라. 그러면 그는 과거에 어려움이 많았던 문제들을 당신이 어떻게 성공적으로 다루었는지 열정적으로 상기시켜 줄 것이다. 그는 당신의 기술과 천재성의 예를 들어줄 것이고, 당신이 문제를 쉽게 해결할 수 있다고 격려해 줄 것이다. 당신이 할 수 있다고 생각하든 할 수 없다고 생각하든 그 두 출납계원의 태도는 옳은 것이다.

당신은 긍정적인 출납계원과만 거래를 해야 하며 또 그럴 수 있다. 그렇지 않은가? 그 예금이 크고 긍정적이든 또는 비평적이고 부정적이든 당신은 마음에서 가장 최근에 예금된 것부터 인출하게 되며, 그것은 인간의 자연적인 경향이다. 나는 당신이 가장 최근에 예금을 인출하는 경향이 있다는 것을 강조하고 있다. 분명히 당신의 마음속에 있는 모든 예금은 그 인출보다 우위에 있을 것이다.

그 예금은 성실한 것인가 아니면 불성실한 것인가? 도덕적인 것인가 아니면 부도덕한 것인가? 보수적인 것인가 아니면 개방적인 것인가? 그리스도 위주의 것인가 아니면 자기중심적인 것인가? 낭비적인 것인가 아니면 절약적인 것인가? 대담한 것인가 아니면 소심한 것인가? 게으른 것인가 아니면 부지런한 것인가? 긍정적인 것인가 아니면 부정적인 것인가? 자유기업제도적인 것인가 아니면 사회주의적인 것인가?

내가 강조하고 싶은 것은, 당신의 마음속에는 많은 부정적인 쓰레기가 있으며, 지금까지 계속 쌓여왔다는 것이다. 이제 당신이 긍정적인 답변을 하도록 하기 위하여 긍정적인 예금으로 부정적인 것을 어떻게 묻어버리는가 하는 문제를 구체적으로 살펴보자.

마루에 쌓인 쓰레기 대 마음의 쓰레기

만일 내가 한 통의 쓰레기를 당신의 거실에 부어버린다면 당신은 세 가지 중 하나의 행동을 취할 것이다. 내게 육체적인 제재를 가하거나, 경찰을 불러 체포하게 하거나, 권총을 겨누고 이렇게 말할 것이다. "자, 지글러. 어서 저 거실의 쓰레기를 치워라." 나는 다시 그 쓰레기를 치워야 할 것이다. 사실 나는 그런 상황에서는 아주 말끔히 청소할 것이다. 그렇지만 재미있는 사실은, 당신은 어떤 사람이 쓰레기를 들고 왔던 이야기를 여러 달에 걸쳐 오랫동안 친구와 이웃에게 들려줄 것이다. "난 그 자를 쏘려고 했지. 그랬더니 그놈은 시키는 대로 깨끗이 청소를 했단 말야."

그렇다면 당신의 마음속에 쓰레기를 쏟아붓는 사람들에게는 어떤 조치를 취하는가? 당신의 능력 위에 판자로 천장을 치며 당신에게 할 수 없다고만 말해주는 그런 사람들에게 어떤 반응을 보이는가? 당신의 마음속에 부정적인 쓰레기를 쏟아붓는 그런 사람들에게 당신은 어떤 행동을 취하는가?" 당신은 아마 빙그레 웃으면서 이렇게 말할 것이다. "괜찮아. 그런 게 정말 나를 해치진 않아. 마음속에 쓰레기 좀 쌓는다고 내가 괴로울 건 없지." 그러나 이것은 가장 잘못된 생각이다. 만일 당신이 그 쓰레기를 마음속에 받아넣는다면 그것은 언젠가는 밖으로 나올 것이다. 당신의 마음속에 쓰레기를 버리는 사람은, 당신의 거실에 쓰레기를 버리는 사람보다 훨씬 더 큰 해를 끼치게 될 것이다.

마음속에 들어간 모든 생각은 어느 정도 영향력이 있다. 예를 들어보자. 감기에 관한 여러 조사에서는 그 원인이나 치료 방법에 대해 믿을 만한 자료를 얻지 못했다. 그렇지만 그 조사는 당신이 감정적으로 침체되어 있을 때 훨씬 더 걸리기 쉽다는 것을 발견해냈다. 쓰레기 같은 사고방식은 문제를 일으킨다. 그렇지 않은가?

또 한편으로 노먼 빈센트 필 박사는 여러 해 동안 긍정적인 사고방식에 대해 얘기해 오고 있으며 긍정적인 결론에 도달했다. 1969년 아이오와 주의 섹 시(市)에 사는 찰리 리터는 암에 걸려서 콩팥을 떼어내야만 했다. 3개월 뒤에는 폐에서 악성 종양이 발견되었다. 찰리의 몸은 수술을 견뎌낼 만한 상태가 아니었으므로 메이요 진료소에서는 그에게 실험 중인 약을 복용해 보겠느냐고 물었다. 찰리 리터는 그러겠다고 했다. 이 특수한 약은 60세 이상의 사람들에게만 효력이 있는 것이었다. 그것도 10퍼센트 정도의 효력만을 기대할 뿐이었다. 그런데 그 약은 찰리에게 적중했다. 그는 6년을 더 살다가 심장마비로 죽었다. 해부 결과 그의 신체에는 암을 앓았던 흔적이 하나도 없었다. 덧붙여 말하면 메이요 진료소의 의사들은 보통 그 약으로 암을 치료한 사람들은 두 가지 특징을 갖고 있다는 사실을 알아냈다. 그 사람들은 살려는 의지가 매우 강하며, 그 약이 자기에게 잘 맞는다고 굳게 믿고 있었다.

이것은 어이없는 일이다

우리의 마음속에 들어오는 것들의 상대적인 가치에 대한 생각이 일관성이 없다는 것에 나는 항상 놀라고 있다. 교육이 중요하다는 것은 진보적인 진지한 학생들의 공통된 의견이다. 그들은 교육의 가치를 계속해서 공부하는 것으로 증명하고 있다. 그들은 당신이 배우는 것, 즉 당신의 마음속에 들어간 것은 하나의 긍정적인 영향을 끼친다는 것을 증명하고 있다. 그러나 그들은 아이러니하게도 당신의 마음속에 들어가 있는 음탕한 출판물이나 텔레비전의 쇼프로가 아무런 영향도 끼치지 않는다면서 그런 것들에 대해 걱정하지 말라고 열렬히 주장하고 있다. 그러나 이와 같은 생각은 일관성이 없다는 것을 깨달아야 한다. 포르노 잡지나 텔레비전의 그런 장면들은 당신의 마음속에 들어가게 되며, 그것은 동기유발이나 도덕심에 부정적인 영향을 끼친다.

이것이 단순한 의견이 아니라 사실적인 진리라고 말하고 싶다. 1972년 미국의 연방의사회는 2년 동안의 연구끝에 텔레비전과 반사회적 행동 사이에는 분명한 함수관계가 있다는 증거를 제시했다. 스탠포드 대학의 앨버트 벤듀라 박사와 위스콘신 대학의 레오나르도 베리코비츠 박사는, 텔레비전에서 과격한 행동을 본 사람들은 평소보다 두 배 이상 과격하게 행동한다는 결론을 보여주는 연구를 했다. 폭력의 제시는 한 인간을 더욱더 저돌적으로 만드는 원인이 될 수 있다. 감수성이 예민한 어린이들이 훨씬 더 그런 영향을 받기가 쉽다.

부정적인 것을 심어라, 그러면 부정적인 것을 거둔다

대부분의 사람들은 부정적인 환경 때문에 최악의 상태를 기대하며, 그들은 좀처럼 실망할 줄 모른다. 그들은 부정적인 것을 심는다. 그래서 부정적인 것을 거두어들인다. 한 예를 보자. 당신이 내일 아침 출근을 해서 책상 위에 놓인 '도착하는 즉시 내게 들르시오'라는 사장의 쪽지를 보았다고 하자. 당신은 그의 사무실로 갈 것이다. 그러나 비서는 사장이 잠깐 외출했다고 말한다. 그러면 당신은 기다리며 이렇게 생각할 것이다. '무엇 때문에 나를 보자고 하는 걸까? 어제 내가 일찍 퇴근하는 걸 보았나? 조와 내가 직원들 앞에서 말싸움한 것을 알고 있을까? 아니면 뭘까……' 생각은 꼬리를 문다. 부정적인 씨앗을 심으면 거의 모든 경우 부정적인 수확을 하게 된다는 것은 진실이다.

다른 예를 들어보자. 어린 조니가 학교에서 부모님을 모시고 오라는 쪽지를 갖고 왔다. 당신은 우선적으로 이런 생각을 하게 된다. '무슨 문제가 생겼을까?' 또 이런 생각도 해볼 것이다. '조니가 무슨 잘못을 저질렀나?' 우리가 마음속에 그토록 많은 부정적인 것을 집어넣고 있다는 것은 불행한 일이다. 그 이유는 마음에 무엇을 넣든 그것은 마음 밖으로 나오기 때문이다. 우리는 그 예를 델라웨어 주의 월밍턴에 사는 테레사 존스의 이야기에서 볼 수 있다. 그녀는 심한 신장병을 앓고 있었다. 신장을 하나 들어내기 위해 수술을 해야 했다. 그녀를 마취시킨 후에 의사들은 마지막 테스트를 했다. 그 결과 수술이 필요없다는 것을 알게 되었다. 그들은 신장을 떼어내지 않았다. 그러나 마취에서 깨어났을 때 그녀의 첫마디는 "맙소사. 너무 아파요. 기분도 아주 안 좋군요. 그곳이 아파요." 테레사는 수술을 하지 않았다는 말을 들었을 때 당황했다. 분명히 그녀는 신장을 하나 떼어냄으로써 자신이 상처를 입으리라 생각하고 마취되었다가 깨어난 것이었다. 그녀는 마음속으로 마치 그 수술이 행해졌던 것처럼 아주 고통스러워했던 것이다.

당신이 마음속에 집어넣는 것이 어떤 것이든 그것은 당신의 일부분이 된다. 예를 들어 만일 당신이 중국에서 태어나 중국말을 하고 중국인의 사고방식을 갖고 있다면 당신은 사실상 중국인이다. 왜냐하면 당신은 마음속에 들어가 있는 것들의 종합적인 존재이기 때문이다. 만일 당신이 믿고 있는 대로 살지 않는다면 당신이 살고 있는 삶을 믿을 것이다. 당신이 받아들이는 모든 행동과 마음속에 집어넣는 모든 생각은 그 하나하나가 영향력을 갖고 있다.

우습지 않은가?

당신은 결혼한 지 10년이나 25년이 지나도록 자녀를 갖지 못한 사람들이 있다는 것을 알고 있을 것이다. 그런데 그들은 아이를 입양한 후 1년이나 2년 이내에 자녀를 갖게 되는 경우가 많다. 오해하지는 말라. 육체적인 결함 때문에 임신을 할 수 없는 사람도 많지만 심리적인 이유 때문에 아이를 갖지 못하는 사람이 훨씬 더 많다.

결혼하고 어느 정도 시간이 지나도 임신이 안 되면 대부분의 부부는 우울하게 되고, 아이를 가질 수 없을지도 모른다고 불안감에 휩싸이게 된다. 그들은 '너무 늦기 전에' 입양을 결심한다. 아이가 도착하면 그들은 가족과 친척들로부터 비슷한 이야기를 듣게 된다. "내 사촌, 여동생, 친구, 옆집 사람, 아는 사람 등에게 일어났던 것과 똑같은 일이 당신에게도 생긴다면 우습지 않겠어? 의사는 그들에게 아이를 가질 수 없다고 말했고, 그래서 입양을 했거든. 그런데 몇 달도 안 되어 임신한 사실을 알게 된 거야."

마음은 충실한 하인이다. 지시하는 대로 움직인다. 여러 해 동안 그 부부는 마음속에 부정적인 지시를 해왔다. "우리는 아이를 가질 수 없다." 그리고 그 지시에 따라 아이는 생기지 않았다. 후에 친구로부터 다른 사람들이 똑같은 상황에서 아이를 갖게 되었다는 긍정적인 이야기를 듣게 되었을 때 그 부부는 이렇게 말했다. "우리에게 그런 일이 생긴다면 우습지 않겠어?"

다음 이야기 속의 인물은 분명히 쓰레기 같은 사고방식을 갖고 있는 사람이다.

동맹파업 중

몇 년 전 미시간 주의 플린트에 있는 플린트 부동산 중개업자 회의에서 만찬연설을 한 적이 있었다. 연설을 하기 전 한 신사에게 다가갔다. 그때 나는 그날의 가장 큰 실수를 저질렀다.

나는 그의 사업에 대해 물었다. 그가 대답을 미처 다 끝내기도 전에 나는 마치 아빠에게 질문을 던진 꼬마처럼 되어버렸다. 아빠는 엄마에게 물어보라고 말했다. 그때 그 꼬마는 아빠에게, 그 일에 대해서 그렇게까지 자세히 알고 싶지는 않다고 말했다. 나는 정말로 그의 사업에 대해 그렇게까지 많이 알고 싶지는 않았다. 그러나 그는 10분 동안이나 자신의 사업이 아주 곤란한 지경에 빠졌다고 설명해 주었다. 그는 제너럴 모터스가 파업 중이어서 아무도 물건을 사지 않는다고 말했다. 그는 상황이 악화되어 구두·옷·차, 심지어는 음식까지도 팔리지 않는다고 했다. 게다가 집도 팔리지 않는다고 했다. "너무 오랫동안 집을 매매한 적이 없어서 이젠 매매계약서를 어떻게 작성하는지조차 잊어버릴 지경이오. 빠른 시일 내에 파업이 끝나지 않으면 난 파산할 것이오." 그는 힘주어 끝맺음을 했다. 그의 태도는 너무 부정적이어서 그가 그곳을 떠나는 것이 그 방의 분위기를 밝게 해줄 것 같았다.

결국 누군가가 다른 질문을 함으로써 그의 주의를 다른 데로 돌려주었기 때문에 나는 곤경에서 벗어날 수 있었다. 나는 재빨리 다른 숙녀에게 말을 걸었다. "저, 요즈음 어떠십니까?" 나는 그 질문이 포괄적인 대화거리를 끄집어낼 것으로 생각했다. 그것은 어떤 분야이든 그녀가 말하고 싶어하는 것에 대해서 이야기할 수 있는 그런 질문이었다. 그녀가 뭐라고 말했는지 상상이 되는가? "지글러 씨, 당신도 알다시피 제너럴 모터스가 파업 중이지요……." 나는 속으로 중얼거렸다. '오, 아니오. 난 또다시 그런 말을 듣고 싶지는 않소.' 그때 그녀는 입가에 아름다운 미소를 띄우며 말을 이었다. "그래서 사업이란 멋진 것이에요. 그들은 수개월만에 처음으로 가정을 위해 쇼핑할 수 있는 많은 시간을 갖게 되었어요. 그들 중 몇몇은 집을 보러 다니고 있어요. 어떤 부부는 집을 보러 와서 반나절이나 보냈어요. 그들은 다락방에서 시작하여 부엌·옷장·대지까지 자로 재면서 점검했지요. 파업은 곧 끝날 것이라는 걸 그들은 알고 있어요. 그리고 미국의 경제에 믿음을 갖고 있죠. 그러나 가장 중요한 것은 이 점이죠. 그들은 집을 나중에 사는 것보다 지금 사는 것이 훨씬 쌀 거라는 사실을 알고 있어요. 그래서 내 사업은 정말로 불이 일고 있어요." 그녀는 아주 자신만만해하면서 이렇게 말했다. "지글러 씨, 워싱턴에 누구 아는 사람이 없나요?" 나는 말했다. "있습니다. 내 조카가 거기서 학교에 다니고 있죠." 그러자 그녀가 말했다. "아니, 그게 아니고 제 얘기는 정치적인 영향력이 있는 사람을 알고 있느냐는 거예요." 내가 말했다. "아니오. 없습니다. 왜 그러시나요." 그녀가 대답했다. "제 생각은 이래요. 만일 당신이 이 파업을 6주간만 더 연장시킬 만한 영향력이 있는 사람을 알고 있다면, 더도 말고 6주간만 파업이 연장되면 전 떼돈을 벌 수 있을 거예요."

한 사람은 그 파업 때문에 망하고 있었으며 또 한 사람은 그 파업으로 인해서 부자가 되어가고 있었다. 외적인 상황은 똑같았다. 그러나 그들의 자세는 엄청나게 달랐다. 당신의 사고방식이 쓰레기 같다면 당신의 사업도 쓰레기 같이 될 것이다. 당신의 사고방식이 건전하다면 당신의 사업은 건전하게 될 것이다.

자세 조정의 공식 4단계 — 열정적으로 행동하라, 그러면 열정적인 사람이 될 것이다

모든 일에 열정적이기를 원한다면 그 일이 인생에 관한 것이든 직업이나 스포츠, 조국에 관한 것이든 그것에 파고들어 중요한 정보와 지식을 얻어야 한다. 새로운 도시, 이웃, 또는 자녀들이 관심을 기울이는 스포츠에 대한 어떤 것을 배워라. 이것이 출발점이다. 그러면 인생이 가져다주는 모든 일에 어떻게 열정을 개발할 수 있는지 알아보자. 심리학자들은 당신이 열정적으로 행동한다면 열정적인 사람이 될 것이라고 말하고 있다. 어떤 성향 또는 성격을 가지고 있다고 가정해 보라. 그러면 결국 당신은 그것을 소유할 것이다. 당신이 그것을 잡은 다음 순간 그것이 당신을 잡을 것이다.

이 공식은 당신의 순간적인 열정과 올바른 자세를 개발할 수 있도록 해줄 뿐만 아니라 매일 24시간 당신을 방문할 것이다. 그것은 당신의 책임감을 증가시키고 동기를 유발시켜 주며, 당신을 열정적으로 만들고 변화시켜 준다. 그럼으로써 당신은 노력의 효율성을 몇 배로 증가시킬 수 있을 것이다. 열정은 상황의 한 방식이 되어야 한다. 그래서 한 가지 일에만 열정적으로 되는 것은 바람직하지 않다. 열정을 쏟을 때 당신은 훨씬 많은 즐거움을 갖게 될 것이고, 많은 좋은 일들을 매력적으로 보게 되며, 훨씬 더 많은 것을 성취할 수 있으리라는 사실을 발견하게 될 것이다. 또한 당신은 만족할 만큼 재정에 여유가 생길 것이다.

1단계 — 열정과 함께 일어나라

인생에서 일어나는 모든 일에 대해 열정과 올바른 정신자세를 갖고 싶다면 침대에서 일어나는 방법을 고칠 필요가 있다. 자명종이 울리면 사람들은 투덜거리면서 얼굴을 베개에 파묻으며 말한다. "오, 아니야. 내게 벌써 일어날 시간이라고 말하지 마. 난 이제 막 잠든 것 같은 느낌이야." 많은 사람들이 매일 또 하나의 어제처럼 하루하루를 시작한다. 물론 그들은 어제라는 것을 좋아하지 않는다. 그러나 이런 식으로 출발한다면 좋지 않은 하루에 이어 또 다른 좋지 않은 날이 계속되는 것은 당연한 일이다. 하루를 출발하는 더 좋은 방법이 있다. 그것은 당신을 위해서 더 좋은 결과를 가져올 것이다. 이 순서 또는 절차를 따르라. 그러면 당신은 영원한 하나의 생활양식으로서 열정을 얻게 될 것이다.

이제 나는 당신에게 좋은 소식과 나쁜 소식을 한 가지씩 전한다. 나쁜 소식이 먼저이다. 이런 절차를 따라가 봄으로써 당신은 아마 바보 같다는 느낌이나 심지어는 어린애 같다는 느낌을 받을 것이다. 그러나 이러한 느낌은 (당신이 기혼자라면) 당신의 배우자만이 유일하게 그것을 알고 있다는 것을 생각하면 다소 줄어들 것이다.

이번에는 좋은 소식이다. 첫째로 당신은 자신이나 당신과 함께 일하고 있고, 함께 살고 있고, 협력하는 사람들을 위한 인생의 보다 크고 많은 즐거움을 얻을 것이다. 그때 당신은 더 많은 돈을 벌게 될 것이다. 당신은 빠른 시일 내에 그렇게 되지 않을

지도 모르지만 결국에는 돈을 벌게 될 것이다. (솔직히 말해서 당신은 그것이 더 많은 즐거움과 더 많은 돈을 의미한다면, 매일 5분 동안 우스꽝스럽게 된다 해도 그것을 감수하려 할 것이다. 그렇지 않은가?)

꽝 하고 시작하라

내일 아침 자명종이 울려퍼지면 손을 뻗어 꺼버려라. (나는 그것이 중요하다고 생각한다.) 그러고 나서 침대 위에 몸을 똑바로 세우고 앉은 다음 손뼉을 치면서 이렇게 말하라. "오, 밖으로 나가서 세상이 주는 기회를 이용하기에 대단히 좋은 날이다." 다음 행동으로 넘어가기 전에 그 광경을 자세히 설명해 주고 싶다. 당신은 침대의 한귀퉁이에 앉아 있다. 얼굴에는 아직도 졸음이 그대로 남아 있으며 머리카락은 헝클어져 있다. 그뿐 아니라 아홉 살짜리 어린애처럼 손뼉을 치면서 "오, 밖으로 나가서 세상이 주는 기회를 이용하기에 대단히 좋은 날이다."라고 중얼거리고 있다. 만일 당신이 100세까지 산다 해도 그 이상 패기 있게 얘기할 것은 없을 것이다. 강조하고 중요시해야 할 것은, 당신은 일어났으며 그것이 자명종을 울리게 해놓았을 때의 의도였다는 점이다. 말하자면 당신은 이미 자세를 조정하기 시작했다.

나는 이 책을 읽게 될 (또는 이미 읽은) 나이 불문하고 각계각층의 성공한 남녀들이 이것을 실천하고 있음을 강조한다. 어떤 사람은 어린애 같은 짓이라고 생각할지도 모른다. 만일 당신이 그렇게 생각한다면 나는 진지하고 성실하게 해보기를 권한다. 왜냐하면 그것은 당신에게 매우 필요한 것이기 때문이다. 어차피 손해보는 일은 아니다. 오히려 많은 것을 얻게 된다.

부수적으로 큰 거울이 있다면, 그래서 당신의 모습이 얼마나 우스꽝스러운지 볼 수 있다면 더할 나위 없이 좋다. 그것은 색깔 있는 하나의 코미디이며, 정상적인 인간이라면 유쾌한 웃음을 터뜨리지 않고는 이 장면을 볼 수 없을 것이다. 당신은 이제 스스로를 보며 웃고 있다. 이렇게 웃고 있는 한 당신에게 해결될 수 없는 문제는 없을 것이다. 자신을 보고 웃을 수 없는 사람은 다른 사람이 자신을 보고 웃는 것도 관대하게 보아 넘길 수 없는 사람이다. 자신을 보고 웃을 수 있다는 것은 감정이 안정되고 완숙되었다는 표시이다. 만일 남편과 아내가 함께 일어난다면 훨씬 더 좋다. 왜냐하면 당신은 이제 이중의 코미디를 보게 되기 때문이다. 당신은 상대방을 보고 웃는 것으로 시작해서 서로 함께 웃음을 터뜨리는 것으로 끝나게 된다. 이것은 인생을 더욱 재미있게 해준다.

열정과 흥분으로 하루를 시작하면 당신은 성경에 따라 사는 것이 된다. 〈시편〉 118장 24절에서는 이렇게 말한다. '이 날은 여호와의 정하신 것이라, 이 날에 우리가 즐거워하고 기뻐하리로다.' 나는 수많은 남편과 아내들로부터 받은 편지와 전화의 내용을 당신에게 알려주기 위해 지면을 할애하고 싶다. "당신도 알다시피 이 행동 덕분에 우리는 다시 함께 웃기 시작했습니다. 그리고 그것이 우리의 결혼생활을 바꾸어 놓았습니다."

샤워 중에 노래하라

이제 일어나서 샤워를 하라. 만일 잠든 어린아이가 없다면 크고 즐겁게 노래를 불러라. '그러나 난 노래를 못해'라는 옛날 재즈를 들먹이지는 말라. 내 말을 들어보라. 난 미치 밀러로부터 노래를 따라부르지 말아달라는 부탁의 편지를 받은 적이 있으며, 내 아이들도 내가 교회에서 노래 부르는 것을 질색한다. 그러나 음정이나 재능이 중요한 것은 아니다. 노래 부른다는 생각 그 자체가 중요하다. 샤워하면서 노래한다는 것은 단순한 것이다.

당신은 고음에서 막힐 수도 있다. 윌리엄 제임스는 말했다. "우리는 행복하기 때문에 노래 부르는 것은 아니다. 노래 부르기 때문에 행복한 것이다." 이와 같은 논리로 우리는 늙기 때문에 일을 멈추고 놀이를 그만두는 것이 아니라, 우리가 일을 멈추고 놀이를 그만둠으로써 늙는다."라고 할 수 있다.

한 단계 더 나아간다면 당신은 가장으로서 어느 정도 장점이 있다. 아침식사가 차려진 부엌으로 걸어가서 식탁을 두 번 정도 두드리면서 이렇게 말하라. "여보, 난 당신이 아침식사를 위해 베이컨과 달걀을 요리하는 것을 보았소. 그것이 바로 내가 당신이 해주었으면 하고 바라던 음식들이오." 비록 지난 622일 동안 매일 똑같은 음식을 먹었더라도 재미있는 일이 벌어진다. 먼저 그녀는 놀라서 당신을 쳐다볼 것이다. 놀란다는 그 자체만으로도 굉장한 가치가 있다. 사실 그 아침 식사가 그다지 맛이 없을지라도 그녀는 내일은 더 잘하겠다는 생각을 하게 될 것이다.

이것은 당신이 손해보지 않는다는 것을 의미한다.

자, 이제 이런 절차가 어떤 것들을 달성하는지 설명해 보자. 생각은 행동에 앞서 일어나기 때문에 당신은 다음날 아침에 실천하기 위하여 밤에 계획을 세운다. 이것은 긍정적으로 계획하는 습관을 길들여 준다. 그리고 원대한 결과를 얻게 된다. 왜냐하면 당신이 하나의 행동의 씨를 뿌렸을 때 당신은 하나의 습관을 수확하게 되고, 습관은 성격을 수확하게 되며, 성격은 운명을 수확하게 되기 때문이다.

이런 행동의 최종 결과들은 훨씬 더 큰 것이 될 것이다. 즉 더욱 힘찬 열정 같은 것이다. 그리고 역사는 당신의 운명이 열정적인 자세와 더불어 더욱 위대하다는 것을 증명하고 있다. 열정적으로 일어나고 열정적으로 아침식사를 하러 갈 때 당신은 좋은 날을 위한 무대의 설치를 시작하고 있는 것이다. 하루는 인생의 축소판이다. 그리고 좋은 날이 많을수록 당신의 인생은 좋은 것이다. 이것은 또한 가족이나 친구들에게도 이익을 준다. 왜냐하면 열정은 홍역보다도 전염성이 더 강하기 때문이다. 일단 당신이 열정을 갖게 되면 가족이나 동료, 그리고 모든 사람이 이익을 보게 된다.

이런 행동에는 추가적인 이익이 있는데, 그것은 정상으로 기어오르는 인간에게 가장 큰 장벽 중 하나인 '미루는 습관'에 효과적인 제어 장치를 마련해 준다는 것이다. 만일 미루는 습관을 가지고 있다면 이런 단순한 절차가 그 문제를 극복하는 출발점이 될 수 있을 것이다. 이것은 습관편을 보면 더욱 분명히 알게 될 것이다. 당신이 어딘가로 가기 위해서는 먼저 출발을 해야 한다는 것은 분명한 사실이라고 알아두자. 아침에 어떻게 일어나는가 하는 것은 인생에서 얼마나 높이 올라가는가 하는 것에 큰 역할을 담당한다는 사실 또한 분명하다.

이런 점에서 아침에 이 절차를 행하는 것은 좋은 습관이며, 모든 습관은 실행해야 하고 좋은 삶을 위해서 계속 유지되어야 한다고 생각한다. 격려가 되는 사실은, 처음부터 심지어는 그것을 시작한 첫날부터 당신은 즐겁다는 이익을 얻을 것이고, 불과 21일 후의 변화는 극적일 것이라는 점이다.

반면에 모든 나쁜 습관은 남의 눈을 피하게 되며, 점진적으로 스며들어서 당신이 그런 습관을 가졌다는 사실을 깨닫기 전에 이미 마음 속에 들어와 있다. 나는 이 부분의 마지막에 습관에 대해 두 장을 할애했다. 그러면 계속해서 공식을 보자.

2단계 ─ 기호를 만들어라

오늘날 미국인들은 근본적으로 부정적인 사회에 살고 있다. 예를 들면 모든 거리 구석구석에, 그리고 전국 교차로에 있는 수만 개의 신호등들은 '정지' 또는 '위험'신호라고 일컬어진다. 이것은 분명히 부정적이다. 왜냐하면 사실상 그 불빛들은 '가라'는 신호이기 때문이다. 만일 이것을 믿지 않는다면 그 신호등들 중의 하나가 작동되지 않을 때 무슨 일이 벌어지는지 보라. 여러 구간에 걸쳐 차가 밀리게 될 것이다. 그것은 '정지' 또는 '위험' 신호가 꺼졌기 때문이 아니라 '가라'는 신호가 꺼졌기 때문이다. 그런데 사람들은 왜 그것을 '정지' 신호라고 부르는가? 그것은 간단하다. 그들은 부정적인 영향력의 포로들이기 때문이다. 그들은 다른 사람들이 그것을 '정지' 신호라고 부르는 것을 들었으며 단순히 그 생각에 따르고 있는 것이다.

이와 관련하여 불행한 사실은, 미국인들이 연간 평균 27시간을 '가라'는 불빛이 들어오기를 기다린다는 것이다. 사람들은 대체 이 27시간 동안 무엇을 하며 보낼까? 일반적으로 그들은 세 가지를 한다. 첫째, 차가 앞으로 나가지 않도록 핸들을 꽉 잡고 있다. 둘째, '가라'는 통행신호에 대고 할 수만 있다면 말해 보겠다는 식으로 입술을 꽉 다물고 있다. 셋째이자 가장 중요한 것은 액셀러레이터를 꽉 밟은 채 자동차에 앉아 있다. 그들은 분명히 엔진을 걸고 있으며 신호가 더 빨리 바뀔 것이라는 느낌을 갖고 있다. 당신은 이런 일에 대해 범죄 사실을 인정하는가? 만일 그것을 인정하지 않으면 당신은 죄인이다. 만일 당신이 손뼉을 치면서 하루를 시작하는 것이 어리석다고 생각한다면, 신호를 바꾸기 위하여 차의 엔진을 공회전시키는 것에 대해서는 어떻게 생각하는가?

그것을 인격화하라

함께 생각해 보자. 신호를 기다리는 동안에 그렇게 있지 말고 완전히 달리 생각해 보자. 두 가지 건설적인 행동이 있을 수 있다. 첫째, 앉아서 신호등이 바뀌기를 기다리며 그 불빛을 인격화한다. 즉 신호등을 보면서 말해라. "저것은 내 것이다. 나를 위해 저기에 있다. 그 위엔 내 이름이 있다. 저것이 있음으로 해서 나는 더 멀리, 더 빨리, 더 쉽게, 더 안전하게 목적지에 갈 수 있다." 당신도 알다시피 그것은 실제로는 '가라'는 신호이다. 둘째, 당신이 누군가와 대화를 하고 있을 때라면 그 대화를 '가라'는 신호등에 대한 이야기 쪽으로 유도하라. 그러면 즐거움이 시작된다. 당신이 누구이며, 무엇을 하는 사람이며, 어디에 있든 얼굴을 꼿꼿이 들고 '가라'는 신호등에 대한 이야기를 할 것을 권한다. 당신이 '가라'는 신호등에 관한 이야기를 시작하면 즉시 두 가지 현상이 일어날 것이다. 무엇보다도 먼저 함박 미소를 지을 것이고, 당신과 대화를 나누던 사람도 역시 미소를 지을 것이다. 둘째로 당신이 '가라'는 신호등에 대한 이야기를 시작하면 당신은 즉석에서 자세가 변하기 시작할 것이다. 당신이 이 책의 앞부분을 다시 읽으면 내가 하는 말을 실질적으로 인정하게 될 것이다. 당신이 인생을 긍정적인 관점에서 바라볼 때 하나의 단어 또는 행동은 일련의 긍정적인 생각들을 촉진시킬 것이다. 그리고 그것은 긍정적인 행동의 징조이며, 그 징조는 긍정적인 결과를 낳는다.

가라는 신호등, 열기, 강한 끝

매니토바의 위니펙에 아주 가까운 친구가 있다. 사실 단순히 친구라기보다는 형제와 같다. 그의 이름은 버니 로프칙이며, 내가 만난 사람들 중 가장 긍정적인 사람이다. 너무 긍정적인 사람이어서 한 번도 감기에 걸린 적이 없었다. 비록 그가 감기(cold)에 걸린 적이 있더라도 그는 그것을 열기(worm : 감기에 걸리면 열이 난다는 의미에서)라고 불렀기 때문에, 결국 감기라는 것에는 한 번도 걸린 적이 없는 것이다. 그는 또한 주말(weekend의 week가 약하다는 뜻의 weak와 발음이 같은 것을 꼬집어서)이라는 말을 부정적이라는 이유로 강한 끝(strong end)이라고 불렀다. 이런 단어들을 읽으면서 과연 이렇게 할 필요까지 있을까라고 생각하는 것은 당연하다. 나는 이 의문에 이렇게 대답한다. "그런 것들이 없으면 평범한 사람이 될 수 있다." 그러나 나는 이미 생활에서 좀더 많은 것을 얻고 싶어한다는 사실을 증명한 당신에게 이야기하고 있는 것이다. 그렇지 않은가? (그렇다고 대답하라.) 다시 강조하지만 성공과 실패의 차이는 큰 것이 아니다. 그것은 조그마한 것들이다.

당신의 대화 속에 '가라는 신호등'과 '열기', 그리고 '강한 끝' 같은 말을 쓰기 시작할 때 생활에 극적인 변화가 일어날 것이다. 인생을 좀더 많이 즐길 것이고, 더 건강하게 되리라는 것과 더 오래 살게 되리라는 것을 의미한다. 그 이유는 이런 절차가 당신의 얼굴에는 미소를, 당신의 마음에는 웃음을 가져다줄 것이기 때문이다. 이것은 〈잠언〉에서 있듯이 '즐거운 마음은 끊임없는 축제와도 같다.' 인생에 대한 이러한 접근방법과 더불어 당신의 자세를 조정하는 세 번째 단계는 쉽고 단순해진다.

3단계 ─ 성공을 위해 자이로스코프(자율신경)를 조정하라

수년 전 '캔디드 카메라(스냅용 소형 카메라)'에 담겨진 한 장면이 내게 깊은 인상을 주었다. 한 영화배우가 사무실이 있는 건물의 복도에 서 있었다. 그녀는 크고 무거운 여행가방을 들고 있었다. 그녀는 조금 떨어진 사무실로 가방을 운반해 줄 사람을 찾고 있었다. 남자가 나타났고 그녀는 도움을 요청했다. 그 남자는 호의적이었다. 그는 가방을 들고 영화배우와 함께 복도를 걸으면서 대화를 나누었다. 여배우는 자기의 사무실을 가리켰다. 남자가 가방을 사무실 안으로 들여놓으려고 할 때 그것이 매우 어려운 일이라는 사실을 알았다. 그는 자기 혼자 들어갈 수는 있었지만 그 가방의 자이로스코프 때문에 그럴 수가 없었다.

지구상의 모든 창조물은 태어날 때부터 자이로스코프가 있다. 다른 다람쥐들과 격리되어 있는 어린 다람쥐를 보라. 추위가 오면 그는 겨울을 위해 먹이를 저장할 것이다. 비록 그 다람쥐가 겨울을 한 번도 겪어본 적이 없더라도. 이것이 자기 보존의 법칙이다. 그것이 그가 태어날 때부터 가지고 있는 자이로스코프이다. 마찬가지로 겨울을 한 번도 지내본 적이 없는 어린 오리는 비록 다른 오리들과 떨어져 있어도 남쪽으로 날아갈 줄 안다. 자기 보존의 법칙이 그것을 요구하는 것이다. 그것이 그가 타고난 자이로스코프이다.

왜 당신은 아닌가?

인간도 역시 자이로스코프를 가지고 있지만 차이가 있다. 그 차이란 인간은 스스로 자이로스코프를 조절할 수 있다는 것이다. 호수 또는 해변으로 가서 떠 있는 보트를 바라보라. 그 보트들은 360도 어느 방향으로든 가지만 바람은 한쪽 방향으로만 불고 있다는 것을 알게 될 것이다. 바람이 한 방향으로만 불고 있는데 보트들은 어떻게 여러 방향으로 떠다닐 수 있을까? 그 대답은 간단하다. 배 안에 그 배를 움직이고 있는 사람들이 타고 있기 때문이다. 배의 방향을 결정하는 것은 항해의 설정이다. 당신의 항해를 설정하는 방법은 당신이 가고자 하는 방향을 결정한다―그리고 방향은 운명을 결정한다.

큰 성공을 위한 작은 조절

앞에서 언급한 요리기구 세일즈맨을 기억하는가? 그는 매일 자신의 자이로스코프를 조절했다. 하루에도 몇 번씩 자신의 자이로스코프를 조절했다. 이것은 성공을 위해 필요했으며, 또한 당신의 성공을 위해서도 필요하다. 앞에서 말했듯이 당신이 통제하지 않으면 수많은 분기점과 일이 생긴다. 당신과 당신의 목표 사이에 있는 것을 확실하게 예측해 낼 수는 없다. 그렇지만 어떤 것이 당신을 그 코스에서 벗어나게 할 때 처음 출발했던 원점으로 되돌아올 필요는 없음을 다시 강조한다. 조금 수정하고 목표를 향해 계속 나아가면 된다. 기억해야 할 것은 볼 수 있는 곳까지 가야 한다는 것이다. 그리고 거기에 닿으면 더 멀리까지 바라볼 수가 있다.

그러면 어떻게 당신의 자이로스코프를 조절할 수 있을까? 그 대답은 간단하다. 그러나 그보다 먼저 물어보자. 오랫동안 통화를 할 때 낙서를 한 적이 있는가? 사각형과 삼각형, 또한 원을 그리는가? 통화가 더욱 길어지면 당신은 그 그림에 명암을 넣고 또 명암 속에 도안을 시작하는가? 당신은 낙서가로서의 자신을 어떻게 평가하는가? 당신도 알고 있을지 모르겠지만 어떤 진보된 낙서가들은 그 낙서가 발견되기를 바라며 낙서를 해 놓는다. 스스로 낙서한 것에 가격을 매긴다면 가장 높은 가격은 얼마인가?

많은, 너무나 많은 사람들과 일해 온 여러 해 동안 나는 낙서를 파는 사람을 한 명도 본 적이 없다. 이 사실을 염두에 두고서 낙서시장은 한정되어 있다는 확고한 의견을 갖고 있다. 비영리적인 낙서를 하는 대신 깨끗한 종이 위에 이렇게 써라. "나는 할 수 있다. 나는 할 수 있다. 나는 할 수 있다……." 그 다음 당신이 할 수 있는 것들을 구체적으로 적어 보라. 종이에 당신의 목표를 되풀이해서 써라. 그리고 욕실 거울에도 써라. 이런 과정을 통하여 당신의 목표가 잠재의식 속으로 파고들게 되며, 당신의 자이로스코프를 조절할 수 있게 된다.

《정상에서 만납시다》라는 이 책은 많은 사람들을 위하여 '좀 더 큰 성취로'라는 지표로써의 역할을 해오고 있으며, 이 간단한 공식은 그러한 여행을 시작하는 촉매제가 되어 왔다. 그것은 당신이 추구하는 일에 촉매제의 역할을 할 수 있지만, 그 공식을 따르는 데에는 어떤 위험이 있다. 당신이 그 아이디어들을 사서 자세를 교정하고 내가 추천하는 절차를 따를 때, 당신은 재미있는 현상과 마주할 것이다. 어떤 사람은 당신을 비평할 것이고 당신이 다르다고 말할 것이다. 물론 그들이 옳다. 당신은 너무도 달라서 인생의 게임에서 가진 것을 얻고자 하는 사람이기보다는, 원하는 것을 얻을 수 있으며 인생의 보물창고를 열 수 있는 얼마 안되는 사람들 중 한 명이 될 것이다. 그 가치 있는 것들을 위하여 나간다면 그런 비평에 크게 관심을 쏟지 않을 것이다. 유사 이래 비평가의 동상이 세워진 적은 없었다. 그러므로 그들은 그렇게 높이 평가받는 사람들이 아니다.

어떤 사람들은 당신을 비웃을 것이다. 그러나 강조하고 싶은 것은, 비웃는 사람은 인생의 좋은 것을 모두 놓친 세계의 소인배들이라는 사실이다.

로버트 풀턴이 허드슨 강에 증기선을 띄울 때 작은 세상의 소인배들은 비웃었지만 큰 세상 사람들은 그것을 보려고 허드슨 강가에 모여들었었다는 것을 알게 되면 당신은 만족스러울 것이다. 알렉산더 그레이엄 벨이 역사적 발명품인 전화를 만들 때 작은 세상의 소인배들은 비웃었지만 큰 세상 사람들은 시선을 집중했다. 라이트 형제가 최초로 공중을 날려고 했을 때에도 작은 세상 사람들은 비웃었지만 큰 세상 사람들은 키티 호크에 모여들었다.

작은 세상의 소인배들은 당신이 여행을 시작할 때 비웃을 것이다. 그러나 큰 세상 사람들은 당신을 지켜볼 것이라 확신한다. 무엇보다도 목적지에 도달해서 얻는 것은 당신이 목적지에 도달해서 갖게 된 인간성만큼 중요하지는 않다는 사실을 잊지 말라.

16

4단계—마음의 양식

마음을 살찌워라

자세를 조절하는 3단계는 매우 단순하다. 그 공식을 다시 살펴보자.

1단계—아침에 열정적으로 일어나서 손뼉을 쳐라.

2단계—'가라는 신호', '열기', '강한 마무리' 같은 말을 활용해라.

3단계—'나는 할 수 있다'라는 긍정적인 글을 씀으로써 자이로스코프를 조절하라.

4단계—더 많은 것을 포함하고 있기에 이 장 전부를 할애하고 있다.

육체적으로 배가 고프면 먹는다

당신은 지난 달에 어떤 것을 먹었는가? 지난 주에는? 어제는? 오늘은? 당신은 이런 질문에 당황할 것이다. 물론 당신은 지난 달에도 먹었고, 지난 주에도, 어제도, 그리고 오늘도 먹었을 것이다. 당신은 매일 뭔가 먹을 계획을 세우는가? 만일 그렇다면 그것은 오늘 먹은 것이 좋은 것이 아님을 의미하는가? 절대 그렇지 않다. 그것은 단순히 오늘 당신이 먹은 것은 오늘을 위한 것이라는 의미이다. 보통 미국인들은 매일 먹을 뿐만 아니라 일반적으로 계획에 따라 식사한다. 어떤 사람이 바빠서 식사를 걸렀다면 그는 대체로 사람들에게 이렇게 얘기한다. "너무 바빠서 점심 먹을 시간도 없었단 말이야." 그리고 듣는 사람이 분명히 알아듣도록 그 말을 되풀이한다. 그에게 있어서 식사를 거른 것은 매우 큰일이다. 그는 다른 사람이 자기의 그 '희생'을 알아주기를 원한다. 그가 정신적 식욕에 대해서 질문을 받았다고 상상해 보라. "식단표에 따라서 당신이 마지막으로 마음의 양식을 먹은 것은 언제입니까?" 그가 어떻게 답변했을까? 그 질문에 대해 당신은 어떻게 답변하겠는가? 육체적인 식욕을 갖고 있는 것처럼 정신적인 식욕도 갖고 있기 때문에 당신의 대답은 중요하다.

마음이 배고프면 어떻게 하는가?

사람들은 우습다. 배가 고픈 사람이 이렇게 말하는 것을 본 적이 없다. "배고파 죽을 지경입니다. 내가 뭘해야 할지를 모르겠군요. 뭔가 좋은 제안이라도 있습니까? 이 문제를 해결할 방법을 가르쳐줄 수 있습니까?" 아마 내가 이런 특별한 질문을 받는 일은 없을 것이다. 배가 고픈 것을 알고 있는 사람은 먹기만 하면 그 문제가 해결된다.

사람의 목 아래는 주당 60달러의 가치면 충분하다. 사람의 목 위는 그에게 무한한 가치가 있다. 그런데 우리는 어떻게 하고 있는가? 우리는 목 아래 60달러의 가치밖에 없는 우리의 위장을 매일같이 먹여주고 있다. 그런데 무한한 수익과 행복의 잠재력을 가진 마음에는 얼마나 자주 먹이는가? 우리들 대부분은 마음이 편하고 다른 할 일이 없을 때에야 그 마음을 먹인다. 우리는 보통 시간이 부족하다는 변명을 한다. 매우 우스운 일이다. 매일 당신의 60달러짜리 부분을 먹일 시간은 있으면서 잠재력이 무한한 부분을 먹일 시간은 없다는 것은 이해가 되지 않는 일이 아닌가?

나는 부정적이고, 패배적이고, 파괴적이고, 좌절하는 사람과 만난다. 만일 그들의 마음이 부정적인 곳에 있다면 시간이 없다는 것이 그들에게 적합할 것이다. 이들에게 있어서 우스운 점은, 자신들의 마음 또는 자세에 대한 감정이 비참하게 끝나는 것을 싫어한다는 것이다. 그들은 영감과 정보를 필요로 한다. 그러나 그들은 세미나에 참석하거나 좋은 책을 읽거나 동기를 유발시키는 강의를 듣지 않는다. 이런 사람의 말을 듣는 것은 정말 우습다. 아마도 이런 사람들의 상태를 '비극'이라고 불러야 할 것이다. 우리가 사람에 대해 이야기하며, 그들이 얼마나 낙관적이고 긍정적인가를 이야기할 때 실패한 사람들은 이렇게 말할 것이다. "그들이 긍정적이고 좋은 자세를 갖고 있다는 데에는 의심의 여지가 없다. 그들은 연간 5만 달러를 벌고 있다. 만일 내가 1년에 5만 달러를 벌고 있다면 나도 역시 긍정적일 수 있다." 실패한 사람들은 성공한 사람들이 1년에 5만 달러를 벌어들이기 때문에 긍정적이라고 생각한다. 이것은 분명히 잘못된 생각이다. 성공한 사람들은 올바른 정신자세를 가졌기 때문에 1년에 5만 달러를 벌고 있는 것이다.

법률·의학·세일즈·교육·코치·과학, 또는 예술 등 어느 분야이든 이것은 진실이다. 그 분야의 정상에 있는 사람 또는 정상을 향해 가고 있는 사람들은 정기적으로 비용을 지불하며 세미나에 참석한다. 그들은 좋은 책을 읽는다. 정기적으로 동기를 유발시키는 강의를 듣는다. 그들은 영감과 정보를 찾고 있다. 그 결과 계속해서 성장하고 있는 것이다.

그것을 잘하라 — 잠재의식적으로

성공한 사람들은 왜 긍정적일까? 반대로 긍정적인 사람들은 왜 성공할까? 그들이 긍정적인 이유는 좋고, 깨끗하고, 힘이 있고, 긍정적인 생각들을 정기적으로 마음에 불어넣어 주기 때문이다. 그들은 매일 음식을 먹어 육체를 살찌우는 것처럼 매일 그런 생각들을 채움으로써 마음을 살찌우고 있다. 그들은 목 위의 부분을 먹이면 목 아래 부분을 먹이는 것은 염려할 필요가 없다는 사실을 알고 있다. 그들은 나이와 관련하여 종종 발생되는 재정적인 문제들을 염려하지 않는다. 우리는 그런 과정을 배우고 몇 가지 진정한 삶의 예를 봄으로써 이것이 진실이라는 이유를 명확히 알게 될 것이다.

실제로 우리가 배우는 모든 것은 의식적인 것이다. 그러나 배운 것이 잘 운용되는 것은 그것이 잠재의식적으로 사용될 때뿐이다. 당신은 의식적으로 자동차 운전을 배웠다. 기억하는 가? 클러치와 기어를 어떻게 작동시키는지 그 방법을 배운 것을 기억하는가? 클러치를 밀어라. 액셀러레이터를 밟아라. 그리고 조심스럽게 기어를 밀어라. 당신은 기억하는가? 당신은 또한 엔진을 꺼뜨린 것을 기억하는가?

당신은 의식적으로 운전을 배웠다. 얼마 뒤에 당신은 가볍게 클러치를 밀 수 있고, 창문을 내릴 수 있으며, 껌을 씹을 수 있고, 옆좌석의 동행자와 이야기를 나눌 수도 있다. 운전과정이 의식세계에서 잠재의식 세계로 옮겨졌기 때문에 안전하게 이런 일들을 할 수 있는 것이다. 당신은 의식적으로 운전을 배웠지만 나중에 무의식적 혹은 자동적으로 된다. 그것은 거의 반사적인 행동이다.

어떤 악기를 연주하는 음악가이든 모든 음악가는 그 악기를 다루는 법을 의식적으로 배우는 과정에서 지루함과 고통을 맛본다. 이렇게 배우는 과정 동안에는 친구나 친척들은 그 악기

소리를 듣기를 피한다. 그 음악가가 본능적으로 또는 잠재의식적으로 연주하기에 이르면 비로소 솜씨 있게 연주하게 된다. 그 때는 모든 사람들이 듣고 싶어한다.

당신은 타이프 치는 법을 언제 배웠는지 기억하는가? 1분에 열 단어 정도를 치면서 한 번 칠 때마다 온 신경을 집중시켜야 했다. 당신은 의식적으로 타이핑하고 있었다. 그것은 괴로운 일이었다. 나중에 당신은 치고 있는 자판에 대해 더이상 아무런 생각도 하지 않고 단지 타이프만 칠 수 있게 되었다. 그때 당신은 그것을 무의식적으로 하고 있는 것이며, 잘하고 있는 것이다.

당신이 잘하는 모든 것은 잠재의식적으로 되고 있는 것이리라. 이것은 당신의 자세를 포함한다. 당신은 자세의 반응을 잠재의식 속으로 잡아넣게 할 수가 있다. 당신은 이것을 완전하게 할 수 있으며, 긍정적인 상황뿐만 아니라 부정적인 상황에 대해서도 본능적으로 긍정적인 반응을 보이게 된다. 그것은 하나의 약속이다. 그것은 헌신과 노력과 연습을 필요로 한다. 그러나 그것은 할 수 있는 일이다. 어떤 자극에 대한 긍정적인 반응은 반사적인 행동이나 조정된 반응 같은 것으로 될 수가 있다.

이 부분의 보너스 장에서 우리는 잠재의식과 그것의 부정적이고 조건부적인 사용에 대해 좀더 자세히 알아볼 것이다.

세 가지 동기유발 방법

정기적으로 마음에 음식을 제공하는 방법은 세 가지가 있다.

첫째는 두려움에 의한 동기유발이다. "만일 당신이 밤 11시까지 들어오지 않으면 오늘이 밖으로 나갈 수 있는 마지막 밤이 될 것이다." 간단히 말해서 두려움에 의한 동기유발은 일을 해내지 못했을 경우 보복을 가하겠다고 함으로써 생긴다. 어떤 사람들에게는 이런 동기유발이 힘을 발휘하지만 대부분의 사람들은 처음에는 동기유발이 되지만 오래지 않아 저항을 느끼게 하여 비난을 하게 되는 경우가 많다.

두 번째는 특별 상여금 또는 '당근'에 의한 동기유발 방법이다. 이것은 성취했을 경우 보상을 해주는 단순한 방법이다. 이것은 이런 식으로 이야기된다. "만일 당신이 회사를 잘 이끌어가면 하와이 여행을 하게 될 것이다. 만일 당신이 이익율을 3퍼센트 올리면 승진할 것이다." 이런 동기유발은 자유기업제도에서 일하는 사람들에게 더욱 효과적이다.

당신은 아마 마차를 끄는 당나귀의 그림을 본 적이 있을 것이다. 그 당나귀 앞에는 당근이 매달려 있다. 당나귀는 당근을 먹으려고 앞으로 나아감으로써 마차를 끌게 된다. 이런 종류의 동기유발을 위해서는 몇 가지 요소가 필요하다. 마차는 적당한 무게를 유지해야 하고, 당근을 매단 막대기는 적당히 짧아야 하며, 그 당나귀가 마차를 끌도록 유도할 만큼 적절한 것이어야 한다. 경험으로 미루어 보아 우리는 그 당나귀가 의욕을 잃지 않도록 가끔 당근을 먹도록 허용해 주어야 한다. 그렇지 않으면 당나귀는 자기의 노력이 무의미하다는 것을 알고는 마차 끄는 일을 그만둘 것이다. 당근을 먹은 당나귀는 만족한다. 당나귀가 더 이상 배고프지 않을 때는 약간의 조정이 이루어져야 한다.

예를 들어 당근을 매단 막대기의 길이를 더 짧게 하거나 당근이 더 달콤해진다거나 마차의 짐이 더 가벼워야만 당나귀가 마차를 끌 동기유발이 된다.

보상 또는 상여금이 너무 높으면 그로 인한 동기유발이 되지 않는 경우도 있다. 때때로 그 일의 관계자가 '안전한 지점'에 있어서 더 많은 보상이나 특별상여금, 또는 더 많은 안정이나 더 많은 당근을 필요로 하지 않는 경우가 있다. 당신은 지금 무얼 하고 있는가? 마부인가?

그를 목마르게 하라

그 대답은 간단하다. 그 당나귀를 경주마로 변화시켜라. 그리고 달리는 것을 원하도록 만들어라. 세 번째 동기유발의 방법은 내적인 욕구를 유도하는 것이다. "말을 물가로 끌고 갈 수는 있지만 강제로 마시게 할 수는 없다"는 옛 속담은 진실이다. 그러나 만일 당신이 이 말에게 소금 주머니를 핥게 한다면 말은 목이 마를 것이며 물을 마시고 싶어할 것이다. 태어날 때부터 낙관주의자인 나는 이 책이 당신의 '소금 가마니'가 될 것이라는 것을 믿어 의심치 않는다. 심리학자 데이비드 맥클랜드가 하버드 대학에서 25년 동안 해온 연구는 당신 자신과 환경에 대한 사고방식을 바꿈으로써 동기를 변화시킬 수 있다는 사실에 대한 분명하고 과학적인 증명을 가능하게 한다. (이 글은 리더스 다이제스트 1975년 5월호 89페이지에 자세히 실려 있다.) 그것은 분명히 이 책이 담고 있는 모든 내용을 말한다.

나는 이미 얻은 결과를 통하여, 이러한 절차와 이 책에 담긴 정보가 결합해서 당신이 자신과 자신의 환경을 변화시킬 수 있으리라는 것을 확신한다. 또한 환경과 자신의 변화는 당신의 업적을 개선시킬 것이다.

미국을 이끌어가는 다른 대학에서는, 만일 당신이 새로운 것을 한 번 보면 2주일 뒤에는 그것의 2퍼센트 정도를 기억한다는 사실을 발견했다. 새로운 것을 6주 동안 계속해서 보게 된다면 2주일 후에 그 정보의 62퍼센트를 기억할 것이다. 중요한 것은 당신이 배운 것을 행동에 옮기지 못했다는 것이다. 나는 당신이 이런 이야기를 처음 듣는 것은 아닐 것이라고 확신한다. 또한 비록 그것을 들은 적이 있거나 본 적이 있더라도 당신은 정말로 보거나 들은 것이 아님을 확신한다. 왜냐하면 당신은 최대의 결과를 얻기 위해 그 정보를 충분히 활용하고 있지 않기 때문이다. 만일 당신이 그 정보를 활용하고 있지 않다면 차라리 그 정보를 얻지 않는 편이 더 나았을 것이다.

듣거나 읽는 것, 배우는 것에는 차이가 있다. 그것이 당신 몸의 일부가 될 정도로 완전히 배우라는 것이다. 잘 배우라는 얘기는 그것을 의식적으로 알 뿐만 아니라, 잠재의식적으로 느낄 정도가 되라는 것이다. 당신은 본능적으로 또 자동적으로 인생의 부정적인 사건에 긍정적으로 반응하기 위한 이런 단계를 따름으로써 당신의 자세를 조절하는 법을 배울 수가 있다. 이것이 자세조정이다. 다음의 세 가지 예를 통하여 이 점이 입증될 것이다.

당신은 변화시키거나 변화될 수 있다

몇 년 전에 주스트 A. 미어루 박사는 《마음의 강탈》이라는 책을 썼다. 그 책에서 한국전쟁 때 포로가 된 사람들 중 일부가 미국을 거부하고 북한에 남게 된 이유를 설명하고 있다. 또한 무수히 많은 사람들이 양심을 먹거나 혼돈을 일으켜서 자기 자신과 자유기업 제도에 대한 가치관을 부정적으로 변화시키는 이유도 설명한다.

미어루는 젊은 포로들이 10시간 또는 12시간 동안 2, 3명으로 구성된 공산주의자들로부터 세뇌교육을 받았을 것이라고 설명한다. 24시간, 36시간에 걸쳐 세뇌 교육을 받는 동안 젊은 군인들은 공산주의적인 쓰레기를 강제로 입력하게 된다. 그들이 이전에 옳다고 믿었던 모든 것들이 도전을 받게 되었을 것이다. 그들의 마음은 진실, 반쯤 진실, 그리고 터무니없는 거짓말들이 뒤섞여 꽉 찼을 것이다. 아무것도 먹지 못하고 잠도 자지 못한 채 24시간 내지 36시간 이런 대우를 받게 되면 육체적으로나 정신적으로, 영적으로, 감정적으로 탈진하게 된다. 이런 과정을 수차례 거친 후에 젊은 병사들은 '수건을 던지게' 될 것이고 이렇게 외칠 것이다. "좋소, 좋아. 그렇게 하겠소. 아니 그것을 믿겠소. 제발 잠 좀 자게 해 주시오." 물론 신앙이 없는 가해자들은 그 정도에서 포로들을 재울 생각은 없을 것이다. 그들은 계속해서 젊은 군인들에게 쓰레기를 부을 것이다. 젊은이들은 그 체포자들의 얼굴에 희망을 걸지 않게 될 것이다. 미어루는 그 세뇌를 이겨내는 유일하고 예외적인 사람들은 신의 도움을 믿는 강한 신앙심을 가진 사람들뿐이라고 지적했다.

〈이사야〉 40장 31절은 그 이유를 설명하고 있다. '오직 여호와를 앙망하는 자는 새 힘을 얻으리니 독수리의 날개치며 올라갈 같을 것이요, 달음박질하여도 곤비치 아니하겠고, 걸어가도 피곤치 아니하리로다.' 신을 섬길 때 당신은 신의 힘을 빌려 자신을 강하게 변화시킬 수 있다. 그것이 당신이 할 수 있는 최선의 방법이다. 왜냐하면 당신은 할 수 없는 것들이 많기 때문이다. 그러나 당신과 신이 할 수 없는 선한 일이란 하나도 없다.

솔직히 말해서 나는 그 젊은이들이 조국을 배반했다는 말을 들었을 때 소름이 돋았다. 그러나 미어루의 책을 읽은 뒤에 그들이 맨손으로 탱크를 저지할 수 없었던 것처럼 그들의 사고방식의 변화를 저지할 수 없었을 것이라고 긍정했다. 이제 이 점에 대해서 생각해 보자. 그들은 거짓말과 파괴주의에 자신들의 의지를 제물로 바쳤다. 만일 정기적으로 좋고, 깨끗하고, 힘이 있는 메시지를 당신의 마음속에 주입시킨다면 그것으로부터 막대한 이익을 유도해 내리라는 것이 이해되는가?

다음의 이야기는 이런 관점을 좀더 강하게 뒷받침해 준다.

그 음악을 꺼라

신이치 스즈키는 많은 사람들이 이 시대의 기적이라고 부르는 것을 해낸 일본의 과학자이다. 그는 태어난 지 얼마 되지 않은 아이들의 침대 옆에서 아름다운 음악을 들려주기 시작했다.

같은 곡을 여러 번 반복해서 들려주었고, 30일 정도 지난 후에는 다른 음악을 반복해서 들려주었다. 아이가 두 살이 될 때까지 이 일을 계속했다. 그 다음 그 두 살짜리 아이가 보는 앞에서 엄마에게 3개월 정도 음악교육을 시켰다. 다음에 엄마가 줄의 움직임을 배우는 동안 아이에게 바이올린을 쥐어주었다. 이 첫 번째 수업은 불과 2분~3분쯤 지속된다. 그리고 그후 점차 한 시간 정도까지 늘렸다. 바이올린을 다루는 일이 어렵다는 것을 깨달을 나이가 됐을 때 아이는 벌써 바이올린을 마스터하고 있었다. 그리고 그 과정에 즐거움을 느끼고 있었다.

최근에 스즈키 교수는 이렇게 자란 1500명의 일본 어린이들이 협연하는 연주회를 열었다. 평균 연령이 7세 정도인 아이들은 쇼팽, 베토벤, 비발디 등의 고전을 연주했다. 스즈카 교수는 이 어린이들의 대다수가 선천적인 음악적 재능은 없다는 것을 강조했다. 그러나 그는 어린이들에게 말을 가르칠 때 사용하는 것과 똑같은 절차를 따르게 함으로써 개발될 수 있는 재능을 모든 어린이가 갖고 있다고 믿고 있다. 한 어린이가 말하는 어른들에게 둘러싸여 있으면 첫 단계로 그 말을 발견하게 된다. 다음에 그 어린이는 그 말을 흉내내려고 한다. 주위 사람들은 어린이를 격려하며 자꾸 해 보도록 동기를 유발시켜 준다. 이것이 반복의 과정이다. 어린이는 더 많은 말을 끌어모으고 그 말들을 종합하기 시작한다. 마지막 결과는 구나 절 또는 문장이 된다. 이 절차가 세련된 단계이다. 3, 4세가 되면 언어를 완전히 구사하게 된다. 그러나 여전히 글은 읽을 수 없다.

스즈키 교수는 같은 방법으로 어떤 것이든 배우게 할 수 있다고 한다. 그가 많은 사람들을 위해서 또 다른 '실패자의 변명'을 제거해 주고 있는 것처럼 보이지 않는가?

이 책에서 나는 당신의 인생에서의 보상은 당신의 탄생보다 행동에서 더 많이 얻게 된다는 것을 강조하고 있다. 또한 당신의 행동은 동료와 당신 자신이 마음속에 들어가게 한 것들에 의해서 엄청난 영향을 받고 있다. 다음 사건 역시 암시적으로 이것을 강조하고 있다.

말더듬이는 없는가

몇 년 전 미국 인디언 중 두 종족과 함께 일하던 한 과학자는 순수 인디언 혈통을 가진 사람 중에는 말더듬이가 한 명도 없다는 것을 밝혀냈다. 그는 과학자로서 이것이 우연의 일치인지 아니면 인디언들의 특성인지 알고 싶었다. 그는 흥미와 호기심으로 미국에 있는 모든 인디언 종족에 대해 연구하게 되었는데 말을 더듬는 인디언은 한 명도 발견하지 못했다. 그래서 그는 그들의 언어를 연구했으며, 그 결과 말더듬이가 없는 이유를 알아냈다. 인디언들에게는 '말을 더듬다'라는 말이나 그와 비슷한 말이 없었다. 분명한 것은 '말을 더듬다'라는 말이 없으면 인디언이 말을 더듬는 일은 불가능하다는 사실이었다. 당신은 아마 싱긋 웃으면서 아주 재미있다고 생각할지도 모른다. 그래, 그래서 어쨌다는 건가? 좀더 자세히 알아보자. 우리는 단어가 마음속에 그림을 그린다는 것과, 마음이 그 그림을 연상한다는 것을 알고 있다. 예를 들어 당신이 '실패', '할 수 없다', '거짓말쟁이' 또는 '벙어리'라는 말을 읽거나 본다면 당신은 그 말에 의해 마음에 그려진 그림을 완성시키기 위한 행동을 취한다. 자, 말더듬이라는 말이 없다면 그 마음은 말더듬이에 대한 그림을 그릴 수 없으며 그것을 연상할 수도 없다. 그 결과 말더듬이가 하나도 없게 되는 것이다.

인터내셔널 페이퍼 회사는 어휘를 많이 구사할수록 수입이 더 많다는 주장을 뒷받침해 주는 통계 자료를 가지고 있다. 어휘를 변화시킴으로써 당신의 인생을 변화시킬 수 있다고 확신한다. '증오'라는 말을 당신의 어휘에서 제거하라. 그것을 보지도 말고, 생각하지도 말고, 읽지도 말라. 그 말을 써야 한다면 대신 '사랑'이라는 말을 쓰고, 느끼고, 보고, 꿈꾸어라. '선입관'이라는 말을 당신의 어휘에서 빼버려라. 그 대신 '이해'라는 말을 써넣어라. '부정적'이란 말 대신 '긍정적'이란 말로 대체하라. 대체되고 바뀌어질 말들을 적는다면 끝이 없을 것이다. 마찬가지로 거기에 따르는 이익도 끝이 없을 것이다. 당신의 마음은 당신이 먹인 것에 따라 움직인다. 당신의 마음의 양식을 바꾸어라. 그리고 부정적인 투입물들을 제거하라.

정신적으로는 무엇을, 그리고 언제 먹는가

이제 마음속에 들어 있는 것이 당신과 당신의 미래에 있어서 얼마나 중요한 위치를 차지하게 되는지 확신할 것이다. 그러면 분명히 이런 질문이 있어야 한다. "내 마음에 무엇을 먹이는가 ─ 언제 나는 그 정신적인 음식물을 먹여야 하는가?" 이 질문에 대한 대답으로서 나는 당신에게 다시 묻겠다. 당신은 도끼를 날카롭게 가는 데 시간을 할애하지 않았기 때문에 나무 찍는 일이 고되고 생산량이 줄어든 나무꾼의 이야기를 들어본 적이 있는가?

이것에 대해서 생각해 보자. 보통 사람들은 두뇌의 바깥쪽, 즉 '외부'를 치장하는 데(면도, 이발 등) 평균 1년에 200달러 이상의 돈과 많은 시간을 소비한다. 여자들이 그 일에 얼마를 소비하는지는 아무도 모른다. (개인적으로 나는 아내가 소비하는 시간을 알고 싶지 않다.) 두뇌의 '내부'를 치장하는 데 최소한 그 정도의 돈과 시간을 소비한다면 어떨까?

내 판단에 의하면 오늘날의 가장 위대한 교육적 동기부여의 도구는 카세트이다. 동기유발과 교육을 위한 카세트를 갖지 않은 채 자수성가한 백만장자를 본 적이 없다. 사용 가능한 재료의 범위는 당신이 그것들을 사용할 수 있는 시간과 장소만큼이나 한정이 없다. 정규적으로 카세트를 듣는 사람은 내가 알고 있는 한 가장 행복하고, 가장 열정적이고, 가장 조절을 잘하는 사람이다. 이제 이것을 건전한 독서계획과 조화시켜라. 당신이 움직이고 있을 때는 들어라. 앉아 있을 때에는 읽어라. 이것들은 문자 그대로 인생에 대한 낙관적인 모습으로 당신의 마음을 채워줄 것이다. 그것은 또한 당신의 인생에서 크게 도움이 되는 특수하고도 전반적인 교육과 일련의 가치관과 자세를 제공해 준다.

읽는 것은 계획을 필요로 한다. 그래서 당신은 읽는 습관을 가져야 할 새로운 필요가 생긴 것이다. 대부분의 사람들은 시간이 없다고 말한다. 분명한 것은 시간이란 이용하기에 따라 다양해진다는 것이다. 마음을 채울 시간이 없다고 말하는 것은 단지 또 하나의 '패배자의 변명'일 뿐이다. 우리는 우리가 해야 할 것을 한다. 그리고 우리가 원하는 것을 한다. 이제 우리가 해야 할 것을 위해 시간을 낸다면 우리가 원하는 것들의 항목이 줄어드는 것을 곧 알게 될 것이다.

책을 빌리거나 빌려주지 말라. 가능한 한 사라. 그리고 앞으로 참고하기 위해서 그것들을 보관할 서재를 만들어라. 그 서재는 당신의 집에서 가장 전략적인 곳에 마련하도록 하라. (1) 당신의 침대 옆에 (2) 욕실에 (3) 텔레비전 위에 (4) 자주 앉는 의자 옆에 (5) 혼자 있을 수 있는 바로 그곳에.

이것은 하나의 착각이다

많은 사람들이 자신이 침체되어 있을 때가 아니라면 영감을 주는 책을 읽거나 카세트를 들을 필요가 없다는 잘못된 생각을 가지고 있다. 침체되어 있을 때는 그런 것들을 읽고 들을 필요성이 더 분명해지지만, 기분이 좋을 때 읽거나 듣는다면 장기적이고 전체적인 이익은 훨씬 더 클 수 있다. 그 이유를 보자. 당신이 감정적으로 침체되어 있을 때는 지푸라기라도 잡고 싶어하거나 그 반대의 행동을 취해서 많은 가치 있는 아이디어들을 거부한다. 쓰레기 속에서 침체되어 있을 때 당신의 생각은 문제의 해결보다는 문제 그 자체에 더 신경을 쓰는 경향이 있다.

기분이 좋을 경우에는 당신의 낙관주의와 야망은 언제나 작용할 것이다. 당신은 능력에 대한 긍정적인 제안들에 더 잘 반응하게 된다. 당신은 문제의식보다 해결의식이 더 강하다. 그래서 좋은 아이디어에 보다 잘 반응한다. 그것은 당신이 수행하는 일의 성취를 더 높은 수준으로 끌어올릴 것이다. 당신은 좋은 자세, 협동정신, 열정 등을 가지게 되며, 그것은 월급의 상승과 승진을 가져온다.

가장 활동적이고 완전히 동기가 유발된 사람들 중 한 명인 샌디 브레이너는 이런 생각을 다시 한 번 확인시켜 준다. 세일즈 훈련을 하고, 동기유발 계획을 가르치고 있는 샌디는, 인간은 종종 책을 읽거나 테이프를 듣고 그것을 이해하고 알게 되는 더 높은 수준에 올라갈 때 훨씬 더 많은 이익을 얻을 수 있다는 점을 지적하고 있다. 이 새로운 수준에서 전에 읽은 것을 다시 읽거나 듣는 사람은 처음엔 완전히 놓쳤던 것들을 듣거나 보게 된다. 이것은 그들을 좀더 높은 수준에서의 이해와 성취로 향하게 한다. 이것이 바로 지속적인 성장을 추구하는 성공적인 사람은 모두 예외 없이 참고하기 위한 자신의 '성공'의 서재를 만들어야 하는 이유이다.

물론 당신이 침체되어 있을 땐 동기유발에 도움을 주는 것을 찾지 말라는 뜻은 아니다. 나는 단지 그 동기부여의 책들과 카세트가, 당신이 쓰레기더미에서 벗어나도록 밟고 넘어가야 하는 돌임을 확실하게 이해하기를 원했을 뿐이다. 일차적으로 당신은 매일 읽고 들어야 한다. 일정 시간 동안 계속한 다음에는 세 가지를 발견하게 될 것이다. 즉, 당신은 그것을 즐기며, 그것에서 배우고, 읽고 배운 것을 본능적으로나 잠재의식적으로 행동에 옮기기 시작해야 한다. 다시 말하지만 정기적으로 동기부여할 재료로 자신을 살찌우는 사람들은 가장 많은 이익을 얻는 사람이다.

다음의 두 장에서 나는 좋고 나쁜 두 가지 습관에 관련된 고려할 만한 것들을 이야기할 것이다. 나는 지금 좋은 습관에 대해 말하고 있다. 그리고 당신도 알게 되겠지만 이런 좋은 습관에 따라 행동하는 것은 필요한 일이다. 아침에 일어나서 손뼉을 치고 거울을 보는 일, 가라는 신호에 대한 이야기를 일상적으로 해 나가라. 카세트를 들어라. 21일 동안 계속해 보라. 그러면 당신이 움켜잡아야 할 습관이 당신을 움켜잡을 것이다.

성공에 대한 진지한 사람들을 위해

사실 아침에 손뼉치는 일 따위는 하나의 생활습관으로 계속해야 할 중요한 것은 아니다. 그러나 근본적으로 당신이 가장 격려를 필요로 하는 시기에 격려를 해 주는 열정과 극적인 결과를 만들어 준다. 만일 당신이 21일 동안 계속 그 일을 한다면 그것이 좀더 풍부하고 좀더 열정적인 생활을 하도록 마음의 준비를 하게 해준다는 것을 알게 될 것이다. 이제 당신을 정신적으로, 육체적으로, 그리고 영적으로 계속 성장하게 할 최선의 길을 알아보자.

일어난 후, 어떤 부정적인 생각이나 정보(신문, 라디오, 텔레비전)가 마음속에 들어가기 전에 정신적 음식을 먼저 먹기 위해서 집에 마련한 조용한 '성공'의 장소로 가라. 영감을 얻는 데 도움을 주는 책을 선택해서 10분이나 15분 동안 읽어라. 다음에 15분 동안 걷거나 조깅을 하면서 당신이 읽은 좋은 것들을 마음속으로 정리해라. 그 다음에 당신의 의사(지그 지글러)가 앞에서 이야기한 훈련계획에 몇 분을 투자하라. 그리고 이런 훈련을 하는 동안에 교육적이고 동기를 부여해 주는 카세트를 들어라. 그 마음의 아침식사는 당신에게 알차고 보람 있는 날을 보증할 것이다.

그렇다. 나는 당신에게 일찍 일어나서 이런 일들을 하라고 권한다. 물론 당신은 매우 바쁘며 시간을 활용하고 있다. 그러나 그 시간은 더 큰 에너지와 열정, 그리고 가능한 몇 년의 삶을 더 연장시켜 줄 것이다. 책과 테이프에 투자한 것은 더 많은 소득과 더 풍부하고 더 보상받는 인생을 가져다줄 것이다. 나는 당신이 영구적으로 '더 풍부한 삶'을 보장받기 위해 시간과 돈을 투자할 것을 제안한다.

17

습관과 자세

나쁜 습관은 당신을 파고든다

당신이 어떤 습관을 선택한다는 것은 그 습관의 결과까지 선택하는 것이 된다. 좋은 습관은 얻기 어렵지만 그것을 간직하고 살아가기는 매우 쉽다. 나쁜 습관은 얻기 쉽지만 그것을 가지면 인생을 살아나가기가 매우 어렵게 된다. 나쁜 습관은 천천히, 그리고 즐겁게 스며들어서 당신이 그 습관에 젖은 후에라야 그런 습관이 생겼다는 것을 깨닫게 된다. 일반적으로 나쁜 습관은 처음엔 거의 혹은 전혀 고통을 주지 않는다. 물론 담배나 술을 처음으로 해보는 사람 중에는 약간의 불안을 느끼는 사람도 있다는 것은 사실이다.

심리학자 머리 뱅크는 흡연은 열등감의 확실한 표시라고 했다. '갱의 일원'이 되기 위해서 담배를 배우게 되는 경우도 있다. 당신은 이런 생각도 해봤을 것이다. "안돼, 안돼. 담배를 피우면 안돼." 그러나 당신은 친구들에게 어른처럼 보이고 싶었으며, 그들이 한 것처럼 담배를 피웠다. 당신이 담배연기로 동그라미를 처음 만들고, 그 동그라미 속에 또 하나의 동그라미를 만들었을 때 얼마나 자랑스러워했는지 기억하는가? 처음으로 기침을 하지 않고 담배를 피웠을 땐 얼마나 스릴이 있었는가? 담배를 피우면서 동시에 대화를 할 수 있게 되었을 때 얼마나 세련되어 보였을까?

댈러스의 어떤 병원에서 11년간 2만 7000명의 흡연가들을 조사한 결과 암 증상을 갖고 있지 않은 사람은 한 명도 없었다고 한다.

전문가들에 의하면 미국의 흡연가들 중 22세 이후에 담배를 배운 사람은 불과 5퍼센트 이내라고 한다. 남에게 어른 대접을 못 받으면 곤란하다는 열등감 때문에 많은 젊은이들이 22세 이전에 담배를 배운다는 사실을 짐작할 수 있다. 담배를 피우면 폐암에 걸리기 쉽다는 사실을 알고 2100만 명의 성인들과 10만 명 이상의 의사들이 금연을 했다는 것은 중요한 사실이다.

당신이 어떻게 담배를 피우는 습관을 가지게 되었는지 알아보자. 처음엔 몸이 담배를 거부했을 것이다. 그래도 당신은 담배를 피울 줄 알아야만 어른이 되는 줄 알고 계속 담배를 피웠을 것이다. 어느새 몸도 담배에 적응하게 되자 당신은 이런 결론을 내렸을 것이다. '그래, 담배를 피우자. 그러나 나는 담배 피우는 것을 좋아하지는 않는다.' 그 다음 이런 생각도 했을 것이다. '담배 피우는 것은 큰 문제가 아니다. 아무튼 담배를 계속 피자.' 그후 당신의 몸은 이런 반응을 보일 것이다. '내가 왜 담배 피우는 것을 반대했는지 모르겠군. 별로 나쁜 것 같지는 않은데.' 결국 당신의 몸은 흡연의 습관에 젖어들었다. 니코틴에 중독된 많은 사람들이 담배가 떨어졌을 때 사지 못하면 옆사람에게 얻거나, 심지어 남의 것을 훔치기까지 한다는 사실이 입증되고 있다. 그들이 내버려두었던 습관이 자기 자신을 해치고 있는 것이다.

한 번에 한 입만

과식은 하나의 습관이다. 많은 사람들이 자신들이 먹어치우는 음식의 양에 대하여 깨닫지 못함으로써 깊은 습관에 젖어들게 된다. 이것은 자식에 대한 사랑이란 곧 아무 때나 아이가 원하는 대로 먹이는 것을 의미한다는 생각을 가진, 선의적이기는 하나 잘못 인식하고 있는 부모들로부터 비롯되었을 것이다. 내 또래의 사람들은 대체로 '뚱뚱한 체구'를 과시하고 있는데, 이것은 우리 세대의 어머니들이 제대로 먹기 위해서 심한 어려움을 겪었었고, 따라서 음식이 안정을 표시하는 것이었기 때문이다. 그들은 또 음식의 낭비를 죄악으로 여겼다. 그래서 대부분의 부모들은 자식들에게 '접시를 깨끗이' 비우도록 권유했던 것이다. 정상적인 기준을 넘어선 이 여분의 음식은 매주 몇 그램의 체중을 늘게 했다. 하루에 28그램씩 체중이 늘어난다면 한 해엔 거의 11킬로그램 가까이 된다. 28그램은 적은 양이지만 11킬로그램은 대단한 것이다. 이처럼 당신이 비만이라는 문제에 부딪힌다면, 그것은 어제 하루 동안에 이루어진 것이 아닌 이상 내일 하루를 굶는다고 해결되지는 않는다. 당신은 비만이 눈앞의 사실이 될 때까지 한 번에 조금씩 초과 체중을 보태었던 것이다. 몇 가지 예외를 제외하고 당신은 자주 너무 많이 먹었을 뿐이다. 당신은 스스로 실행해 가는 방법으로 문제를 해결해야 한다. 한 번에 한 입씩만.

어떤 사람들은 취미와 기호에 길들여져서 전분과 당분의 함량이 높은 잘못된 식사습관을 가지고 있다. 이와 함께 '운동을 멀리하는' 생활방식으로 말미암아 체중은 하루에 28그램 이상씩 늘게 된다.

지나친 체중이 문제가 된다면, 제4부의 4장으로 돌아가서 체중을 줄이기 위하여 필요한 일이 무엇인지 다시 살펴보라.

내 야망―헤로인 중독자가 되는 것

오늘날의 많은 젊은이들은 마약과 술에 위협당하고 있다. 나는 과거 수년 동안 마약중독자를 정상적인 사람으로 만들기 위하여 꾸준히 노력했다. 나는 처음부터 중독자가 되고 싶어서 마약에 끌리게 된 마약 중독자와는 한 번도 대화를 나눠본 적이 없다. 술고래가 되고 싶어서 술을 마시기 시작한 술고래도 본 적이 없다. 처음에는 모두 재미나 취미로 시작했다가 결국 궁지에 몰리게 되는 것이다. 습관은 하나의 굵은 밧줄이다. 우리는 매일 그 밧줄을 튼튼하게 만들고 있다. 그리고 결국에는 그 밧

줄이 끊어버리기 어려울 만큼 견고해졌음을 깨닫게 된다. 우리를 정상으로 끌어올리는 밧줄인지, 우리를 바닥에 붙잡아두는 밧줄인지는 습관의 좋고 나쁨에 따라 좌우된다.

내 친구가 나를 팔았다

당신은 친구들이나 사랑하는 사람 때문에 어떤 습관에 길들여지기 쉽다. 왜냐하면 당신은 그들을 알고 믿기 때문이다. 사실 당신은 죄인이나 악인으로부터 나쁜 습관을 배우는 예는 거의 없을 것이다. 왜냐하면 당신은 그런 사람들을 사전에 경계하기 때문이다. 이런 점에서 보면 사실 당신이 두려워해야 할 사람은 친구요, 사랑하는 사람이라고 할 수 있다. 이유는 간단하다. 당신의 친구들이나 친지들은 죄를 저지르려고 할 때 남들도 자기와 같은 범죄에 가담하도록 함으로써 자신의 죄의식을 감소시킬 수 있다고 생각하기 때문이다. 마약들 중에서도 가장 무서운 것이 대마초이다. 그것들은 서로 밀접한 관계가 있기 때문이다. 즉 술을 즐겨 마시는 사람은 대마초의 유혹에도 쉽게 넘어간다. 아무튼 대마초는 해롭다. 어떤 청년이 한 모임에서 이런 말을 했다. "만일 대마초를 애용하는 것이 습관이 아니라면, 나는 왜 이것을 끊을 수가 없습니까?" 그 모임에 참석했던 전문가들은 그에게 확실한 답을 주지 못했다. 아무튼 술과 대마초는 인간에게 매우 해로운 것이다. 주위에서 흔히 관찰되는 예로써 우리는 그것을 분명히 알 수 있다. 또한 이런 습관이 우리에게 이익을 주지 못한다는 사실을 신문이나 다른 매체를 통해서 수시로 접하고 있다.

친구를 가려서 사귄다는 것은 중요한 일이다. 왜냐하면 이미 언급한 바와 같이 죄인이나 악인보다는 친구나 친지를 통해서 나쁜 습관을 쉽게 얻기 때문이다.

그는 그것을 의미하지 않았다

무성의한 인사는 또 다른 나쁜 습관 중의 하나이다. 나는 종 종 사람들이 '원색적인 표현'을 쓰는 것을 듣는다. 말한 사람의 친구나 아랫사람이 '그 사람은 그런 것(악담)을 의미한 것은 아 닙니다.'라고 해명한다. 아마 당신이나 나도 같을 것이다. 나는 한 사람이 어떤 때는 중요한 의미를 얘기하고 어떤 때는 그렇지 않은 의미를 얘기하는지 구별할 수가 없다. 또 상대방의 한 마 디 한 마디가 말하는 사람의 의도대로 얘기되고 있는지를 물어 본다는 것도 무례한 일이라고 생각된다.

어떤 사람이 상스러운 말과 행동을 함에 있어 그것이 그들 두 사람의 이익을 위해서 상대방에게 호의적인 영향을 끼쳤다 고는 믿기 힘들다. 그런 말과 행동을 함으로써 판매의 기회를 놓치고, 우정에 금이 가는 경우가 많다는 사실을 알고 있다. 상 스러운 말과 행동 역시 점차 몸 속에 스며들어 어느새 습관이 되었음을 깨닫지 못하게 되는 것들 중 하나이다.

강간도 역시 나쁜 습관의 결과이다. 도로시 힉스 박사는 플로리다에서 연구 조사한 결과를 발표했는데, 대부분의 강간범들은 앞의 습관들과 똑같은 식으로 강간을 시작한다고 한다. 힉스 박사는 상습적인 강간자들에 의한 강간은 섹스 행위가 아니라 폭력 행위이며, 그 행위를 할 때 강간자는 여인들을 증오하고, 그녀의 나이 또는 외모에는 관심이 없다는 사실을 밝혀냈다. 그리고 그녀에 대해서 아무것도 기억해낼 수가 없다는 것이다. 강간당한 여인들은 이렇게 말한다. 강간자들은 엿보는 것에서부터 시작하여 살며시 침실로 들어오며, 거기에서 여인들이 자는 모습을 바라본다. 그런 다음 격렬하게 되어간다고 한다.

나쁜 습관은 천천히, 그리고 쉽게 갖게 된다

당신이 갖고 있는 좋지 못한 습관이 천천히, 손쉽게 얻어졌음을 강조한다. 마리화나는 음주의 경우와 거의 같다. 음주는 정당화하면서도 마약을 비난하는 부모들이 많다. 사람들은 이렇게 말한다. "어떻게, 어디서, 왜 우리 아이가 그런 습관을 갖게 되었지? 부족한 게 없었을 텐데 어떻게 마약에 눈을 돌릴 수 있었을까?" 그 자녀들 역시 부모에게 똑같은 질문을 할지 모른다. 결국 알코올은 또 하나의 마약이다. 자기의 주장을 옳다고 여기고 화를 내는 몇몇 부모들은 이렇게 말한다. "어떻게 애들이 우리에게 이런 질문을 할 수가 있단 말인가?" 많은 부모들이 하루의 시작을 각성제를 먹는 것으로부터 시작할 것이다. 그리고 나중에는 신경을 안정시키기 위해 진정제를 먹는다. 식욕을 억제하기 위해 그들은 살빼는 약을 먹는다. 저녁을 먹기 전에 칵테일을 마시고, 잠자기 전에 다시 술을 한 잔 마시고 하루를 마친다. 그 하루 동안에 그들은 한 갑 또는 두 갑의 담배를 피웠다. 그리고 정신상태를 좋게 하기 위해서 두 알의 아스피린을 먹었다. 그럼에도 부모들은 말한다. "아이들이 어디서 마약을 복용하는 습성을 배웠을까?"

오래 전 사우스캐롤라이나의 컬럼비아에서 어머니와 함께 찰스턴으로 가는 동안 나는 미시시피 주의 야주 시(내 고향 마을)에 살고 있는 옛 친구에 대해 물었다. 어머니는 작은 목소리로 소곤거리셨다. "애야, 그는 형편없는 술고래가 되어 버렸단다." 나는 농담조로 물었다. "어머니, 형편없는 술고래가 뭔데요?" 어머니는 내 친구가 술을 사다가 집에서 조용히 마시곤 했지만 결코 가정에 해를 끼치거나, 욕설을 퍼붓거나, 주정을 부리는 일이 없다고 강조했다. 또 그의 음주가 직장에 아무런 영향도 미치지 않으며, 그 지역의 존경받는 인물들 중 한 명이라는 사실도 강조했다.

나는 조금 당황해서 다시 물었다. "그런데도 형편없는 술고래란 말예요?" 어머니는 그렇다고 힘주어 말했다. 그 이유는 간단했다. 그는 좋은 음주의 본보기를 보였고, 아이들은 아버지의 흐트러진 모습을 본 적이 없었다. 아버지는 아이들을 양육하기 위하여 열심히 일했으며, 술을 마시고 휴식을 취했을 뿐이었다. 그래서 아이들은 음주가 친절하고 사려 깊고 헌신적인 아버지로 만들어 주는 것으로 생각했다. 만일 그가 가정에 무심하고 술주정을 했더라면 그 아이들은 음주를 지긋지긋한 것이라고 여기게 되었을 것이다. 그가 직장에서 해고될 위기에 처해 있거나 노숙자였더라면 아무도 그런 사람이 되고 싶어하지 않았을 것이다. (이것이 양조업자들이 절제해서 마시기를 권유하는 이유가 될 수 있을까?)

내 어머니의 말씀을 뒷받침하기 위하여 다른 예를 보자. 프랑스는 1인당 포도주 소비량이 세계에서 가장 높은 나라이다. 그런데도 세계 어느 나라보다도 알코올 중독자 비율이 낮다. 우연의 일치라고 생각할 것 같아 칠레의 예를 들겠다. 칠레는 포도주 소비량이 세계에서 두 번째로 높은 나라이고 알코올 중독자의 비율도 두 번째로 높다.

이것은 무엇을 의미하는가. 정확한 통계는 없지만 달콤한 포도주에 대한 텔레비전 광고와 10대의 알코올 중독자 비율이 직접적인 연관을 갖고 극적인 증가 추세를 보이고 있다. 더욱 비극적인 것은, 젊은이들이 가장 많이 보는 운동경기 프로에 이런 상업적인 광고가 집중되어 있다는 사실이다. 삶과 건강을 지키려는 선수가 삶과 건강을 파괴하는 알코올의 후원을 받고 있다는 것은 지독한 위선이다.

음주 습관은 적은 양의 알코올로부터 시작된다. 일정 기간이 지나면 몸은 욕구를 증가시키고 더 많은 알코올을 요구한다. 그 결과는 비참하다. 술 마시는 부모들을 보고 자란 아이들 또한 알코올 중독자가 되지 않을까 걱정하지 않을 수 없다. 인간이 자기 자신을 알코올의 밀림 속으로 들여보내는 것은 분명 좋지 않은 일이다. 부모로서 자식들을 그 밀림 속으로 인도하는 것은 우리 시대 가장 경멸받아 마땅한 행동 중의 하나이다. 강조하지만 알코올 중독자들은 결코 알코올 중독자가 되고 싶어서 술을 마시기 시작한 것은 아니다. 그러나 모든 나쁜 습관은 천천히 점차 스며들어 깨닫기도 전에 이미 당신을 점령해 버린다.

우리는 몇 가지의 나쁜 습관에 대하여 알아보았다. 다음 장에서 이처럼 좋지 않은 습관들을 제거하는 방법에 대해 배우기로 하자. 그리고 좋은 습관들을 가지도록 하라.

18

나쁜 습관을 버리고
좋은 습관을 가져라

그 결과를 보라

나쁜 습관의 결과를 보자. 자녀가 담배 피우는 연습을 하고 있다면(대부분의 아이들이 광고에 의해 7세 이전에 담배를 피우려고 한다) 그 아이를 요양소에 데리고 가서 폐기종으로 고통받고 있는 사람과 대화할 기회를 만들어 주지 않는가? 왜 폐암 환자를 방문하지 않는가? 아이에게 그들이 얼마나 호흡을 어려워하고 있는지 보여주라. 이런 행동은 좀 심하다고 생각할지도 모른다. 그러나 이 환자들이 담배 한 개비로 시작했다는 것을 기억하라. 또한 알코올 중독자들이 처음에는 한 잔의 술로 시작했다는 것을 기억하라. 그리고 술 때문에 고속도로 위에서 죽어간 사람들이 한 해에 2만 5000명 이상 된다는 사실을 기억하라. 그들 역시 한 잔의 술로 시작했다.

엄청난 대가를 치른 호기심

마약 중독자가 무엇을 의미하는지 알고 싶다면 중독된 사람과 얘기해 보라. 일단 중독된 후에 그 습관을 끊는다는 것이 얼마나 힘든지 그들에게 들어 보라. 감옥이나 병원에 가서 나쁜 습관을 끊지 못해 그곳에 오게 된 사람들의 이야기를 들어 보라. 그 다음 그들에게 물어보라. 그것은 정말 가치 있는 일인가? 그 다음 당신 자신에게 물어보라. 그것은 정말 가치 있는 일인가? 당신이 그런 경험을 할 것인지 아닌지에 대해 적절한 결정을 내리는 일은, 바로 당신이 그런 습관의 결과를 마주할 때에만 가능해진다. '딱 한 번만' 약을 먹음으로써 그들은 '딱 한 번만' 그런 결과를 얻을 수 있었다. 그런 호기심을 만족시키기 위해 지불한 대가는 얼마나 비극적인가?

도덕과 부도덕 역시 습관이다. 매우 도덕적인 사람도 점진적인 과정을 거쳐서 부도덕하게 변할 수 있다. 도덕적인 소년 또는 소녀들도 어떤 파티에서 자유연애, 계약결혼, 상습적인 마약 복용, 스와핑, 폭음 등을 일삼는 모임에 가입할 수가 있다. 비록 처음에는 그것을 반대하고 이의를 제기하지만, 그 모임의 한 사람이 도덕적인 소년 소녀에게 그런 일에 대해 흥미를 불러일으킨다면 그 속에 휩싸일 수 있다. 더 많은 접촉이 이루어지면 자연히 그 무리에 동화되고 만다. (같은 깃털을 가진 새들끼리 모인다.)

마음은 얼마든지 조정과 합리화를 모색하는 융통성 있는 메커니즘이다. 처음에는 받아들일 수 없는 죄나 부도덕한 행위도 관대한 마음이 생기면 저항이 약해져 버린다. 관대함은 점차 수용으로 변하고, 수용은 그럴 듯한 평가를 내리게 한다. 그리고 그 평가에 따라서 그 속에 파묻히게 된다. 이 과정을 통해서 합리화의 절차는 최고 속도로 달려오는 것이다.

똑같은 과정이 포르노 잡지에도 적용된다. 포르노 잡지의 영향은 예일대학교 법대 교수인 알렉산더 M. 바이클 교수에 의해서 연구된 바 있다. 그는 포르노 잡지의 영향에 대해서 이렇게 말했다. "포르노가 만들어내는 것은 도덕적 환경이고, 그 도덕적 환경은 행동의 궁극적인 조정자이다. 어떤 것이 이야기 될 수 있고, 보여질 수 있고, 사회에 의해서 분명히 인정되면 그때 사회는 그것이 행해질 만한 것이라고 생각하기 시작한다."

가장 현명한 자와 가장 강한 자의 몰락

만일 문제가 있는 사람들과 관계를 유지해도 영향을 받지 않을 것이라고 생각한다면 오산이다. 세상에서 가장 현명한 사람이었던 솔로몬은 우상을 숭배하는 여자와 결혼했다. 어떻게 상상되는가? 오래지 않아 그의 마음은 그를 둘러싸고 있는 악에 대항할 수 없게 되었다. 그 역시 우상을 숭배하기 시작했다. 세상에서 가장 힘이 센 삼손은 데릴라의 계속적인 유혹에 빠져서 자신의 비밀을 털어놓았으며 결국 눈먼 노예로 전락하고 말았다.

환경에 대한 가장 좋은 예는 말의 '억양'이다. 당신은 남부의 어린이가 북부에 가면 몇 달 후에는 북부의 '억양'을 갖게 되는 것을 알고 있을 것이다. 당신은 당신과 관련된 것에 의해 영향을 받으며, 그것의 일부분이 된다.

최근 열한 살짜리 아들이 점심값을 달라고 했다. 나는 값비싼 점심을 먹는 것은 바람직한 일이 아니라고 달랬다. 그애는 내 말을 완강히 거부했다. 그래서 나는 좀더 구체적으로 낭비의 잘못된 점을 얘기해 주었다. 그애는 이렇게 대답했다. "예, 아빠. 그렇지만 아빠는 비싼 음식을 먹는 내 친구들과 함께 있진 않았잖아요." 이처럼 '친구들의 압력'은 젊은이들에게 마약, 의상, 섹스 등의 영향을 미친다.

이런 예들은 부정적이고 사악한 또는 파괴적인 상황이나 환경에 둘러싸여 있을 때, 처음에는 그것에 이의를 제기하는 것에서 관대해지는 쪽으로, 그 다음에는 허용하는 쪽으로, 그리고 참가하는 쪽으로 기울어지며 결국은 그것을 즐기게 된다는 점을 강조한다. 처음에 그것은 거의 눈에 띄지도 않았다. 다음의 이야기는 그것을 정리해 준다.

그러나 그것들은 너무 작다

로키산맥의 서쪽 기슭에는 거대한 세쿼이아 나무가 썩어 있다. 그 나무는 그리스도가 갈릴리 해변을 거닐 시기에는 아직 어린 나무였다. 콜럼버스가 아메리카를 발견했을 때는 꽤 성숙해 있었고, 독립전쟁 당시엔 높은 위치에서 내려다볼 정도였다.

그 나무는 산불과 홍수·폭풍·가뭄 등도 잘 견뎌냈다. 그 나무는 앞으로도 몇 세기는 더 살 것처럼 보였다. 그런데 몇 년 전 조그마한 투구풍뎅이 한 마리가 그 나무껍질에 구멍을 내고 알을 낳았다. 처음에는 대수롭지 않아 보였지만 몇 마리의 투구풍뎅이가 수백 마리로 늘어나고, 그 다음에는 수천 마리로, 결국 수백만 마리로 늘어났다. 처음에 그 풍뎅이들은 껍질을 공격했다. 그 다음에는 나무 속으로 점점 깊이 들어갔으며, 나중에는 거대한 나무의 중심부까지 파고들어갔다. 그리고 어느 날 수세기에 걸쳐 비가 오나 바람이 부나 번개가 치나 끄떡없이 버텨오던 거대한 세쿼이아 나무는 쓰러졌다. 천둥과 비바람에 쓰러진 것이 아니라 조그마한 풍뎅이 때문에 쓰러졌던 것이다. 나쁜 습관은 인간에게 그와 똑같은 영향을 미친다. 그 습관들은 그 나무처럼 인간이 쓰러질 때까지 여기저기서 몰려든다.

〈바람과 함께 사라지다〉는 상스러운 언어를 사용한 최초의 가족영화였다. 그리고 전에 없던 반발을 불러일으켰다. 특히 독실한 남부 침례교회의 반발은 극에 달했었다. 자유주의자들은 그것을 걱정하는 것이 더 우스운 일이라고 했다. 하나의 단어가 무슨 해를 끼칠 수 있겠는가? 그러나 다음 해엔 가족영화에 허용된 또 하나의 말이 추가되는 결과를 빚을 것이고, 우리는 그 말에 익숙해지게 된다. 그것은 우리가 상스러워지는 것을 뜻한다.

10년 전에 잭 파는 자신의 프로그램에 '변소'라는 말을 써서 비난을 받았다. 그때 한 방송작가는 이렇게 표현했다. "우리는 성장하기 시작했다." 원색적인 포르노 잡지가 '성인' 서점에서 가판대로 이동했다. 텔레비전에서는 점점 더 저속한 소재를 사용하게 되었고, 그것은 결국 시청자를 위해서라면 무엇이든 할수 있다는 인식으로까지 번졌다.

오늘날 당신은 '가족' 극장에서 〈파리에서의 마지막 탱고〉, 〈목구멍 깊숙이〉 같은 영화를 볼 수가 있다. 라디오나 쇼에서 자유연애, 계약 결혼, 동성연애 등의 이야기를 듣고 볼 수가 있다. 도덕성의 파괴는 가벼운 것에서부터 시작된다. 처음에는 하나, 다음에 또 하나. 그렇다. 나쁜 습관은 천천히 손쉽게 시작된다. 그리고 당신이 그 습관에 빠졌다는 것을 미처 깨닫기 전에 그 습관이 당신을 소유한다. 그리고 그 결과는 비참하다.

그것은 하나의 새로운 생활방식이다

한번 몸에 밴 습관을 버린다는 것은 매우 힘든 일이다. 그러나 나쁜 습관을 버린 결과는 훨씬 더 많은 즐거움과 보상을 준다. 흡연가와 알코올 중독자였던 사람들이 담배를 끊고 술병을 내던진 후에 느끼는 즐거움과 기쁨이 너무나 크다는 사실을 나는 주변 사람들로부터 들어 알고 있다. 과거의 흡연자는 음식의 기막힌 맛과 공기·옷·가구 등의 상쾌한 냄새에 대해 이야기한다. 그들은 2년 내지 10년 동안 그들을 감싸고 있던 습관을 버림으로써 새로 발견한 자존심과 만족에 대해 이야기한다.

과거에 과식하던 습관을 가졌던 사람은 그들의 새로운 사회생활에 대해 이야기한다. 그들의 배우자와 친구들로부터의 칭찬, 전에는 할 수 없었던 시합, 새로운 크기의 옷, 그리고 스스로 신발끈을 맸던 일, 세 개의 계단을 뛰어오르는 일 등에 관해서 이야기한다.

과거의 알코올 중독자는 새로운 친구들과 옛 친구들을 되찾은 방법 등에 대해 이야기한다. 그들은 자주 눈물을 글썽이며 다시 찾은 가정에 대해서, 그리고 새로운 자존심과 새로운 사회생활, 또 자신의 힘으로 벌어서 무엇인가를 살 때 느끼게 되는 엄청난 성취감 등을 이야기한다.

버림으로써 이긴다

재미있는 것은, 이런 사람들은 대부분 나쁜 습관을 배웠던 것과 똑같은 방법으로 나쁜 습관을 버린다는 것이다. 즉 인생에 긍정적인 목표를 세운 올바른 사람들과의 교제로 인해 그렇게 된다는 것이다.

나쁜 습관들이 당신의 마음속에 있기 때문에(성욕, 또는 담배·알코올·마약에 대한 욕구는 상대적으로 짧다) 나는 당신에게 이 부의 3장을 다시 읽으라고 권한다. 좋고 깨끗한 영감을 주며, 자신감을 주는 글이나 카세트 테이프로 마음을 채우고 바쁘게 만들어라. 당신은 동시에 두 가지에 신경을 쓸 수는 없다. 긍정적인 것으로 마음을 가득 채움으로써 나쁜 습관 대신 오래 지속되는 성공과 행복에 대한 당신의 욕망과 성격을 형성하는 것으로 대체할 수가 있다.

나쁜 습관을 제거 또는 수정하기 위하여 정기적으로 자기 이미지에 관한 부분을 다시 읽으라고 권한다. 그래야만 당신은 계속적으로 대접받을 만한 사람이라는 것을 깨우칠 수 있다. 또한 나쁜 습관을 제거함으로써 오는 보상을 받을 자격이 있다. 목표에 관한 부분으로 돌아가라. 목표 달성을 상상하고 보는 것을 배워라. 당신 자신을 그 파괴적인 습관으로부터 자유로워진 존재로 보라. 자신을 승자로 보라. 그러면 당신은 승리를 위한 큰 걸음을 내딛게 될 것이다.

나쁜 습관을 갖지 않는 최선의 방법은 그것을 처음부터 시작하지 않는 것이다. 만일 당신이 첫 담배를 피우지 않는다면, 또 첫 술잔을 마시지 않는다면, 첫번째 거짓말을 하지 않는다면, 몸에 좋지 않은 점심식사 후의 커피를 마시지 않는다면, 그러면 그 최초의 행동으로부터 발생하는 문제는 없을 것이다.

나는 이미 그것을 알고 있었다

만일 자신을 황폐하게 만드는 습관들을 갖고 있다면, 그때 당신은 나 또는 당신에게 지적해 주는 어떤 다른 사람을 원하거나 필요로 하지 않는다. 당신은 그런 습관들을 시작하지 말았어야 했다. 당신이 알고 싶어하는 것은 그런 습관을 멈추는 방법이다. 그리고 가장 간단하고, 가장 확실하며, 가장 최선의 방법은 하나님께 도움을 청하는 것이다.

그것은 알코올중독방지협회의 치료 기록에 나타나 있는 방법이다. 《십자가와 칼》의 저자 데이비드 윌커슨은, 중증 중독자들을 치료할 때 약물이나 보조도구를 사용하지 않는다고 말했다. 그들은 오로지 예수 그리스도의 은총에 힘입어 80퍼센트의 성공률을 보이고 있다.

뉴멕시코의 앨버커키에 있는 D.A.R.E.(마약중독자 갱생협회)를 방문한 적이 있었다. D.A.R.E.에서 사용하는 유일한 치료법은 예수 그리스도였다.

만일 중독환자가 그 구내에 48시간만 머무르면 80퍼센트 이상의 회복율을 보인다. 이와 대조적으로 연방정부는 켄터키 주 렉싱턴에 최신설비와 초현대식 의약품과 기술적인 조건을 갖춘 센터를 세워 운영했다. 그 센터를 짓는 데는 수백만 달러가 들었으며, 환자의 입원비도 수천 달러나 된다. 그러나 그곳에 입원해 있는 중독환자의 2퍼센트만이 습관을 고칠 수 있었다. 그 결과가 너무도 절망적이어서 센터는 문을 닫고 말았다.

질문을 해 보자. 만일 당신이 환자이고 앞의 두 가지 방법이 있다고 하자. 당신은 어느 쪽을 택할 것인가? 하나는 2퍼센트의 회복율을 보이는 곳이고, 또 하나는 80퍼센트의 회복율을 보이는 곳이다. 당신이 어느 쪽을 택할지는 분명하다. 그렇지 않은가? 마약과 알코올은 한 개인이 다룰 수 있는 범위를 뛰어넘는 문제이다. 그래서 이런 질병을 퇴치하기 위해서는 개인보다 훨씬 더 큰 무엇이 있어야 한다. D.A.R.E.의 실적은, 전능하신 하나님께 의지하면 우리를 위해 이런 문제들을 해결해 주신다는 것을 보여준다.

좋은 습관을 움켜쥐어라

나는 이 부의 2장에서 아침에 일어나는 과정에 대해 자세히 설명했다. 내 판단에 의하면 그것은 좋은 습관이다. 내가 제시한 과정을 시작하는 것이 매우 힘들 것이다. 그러나 꼭 실행해야 할 습관이다. 며칠 뒤에는 재미있는 일이 벌어질 것이다. 그것은 제법 쉬워질 것이고, 더욱이 재미있어지기까지 할 것이다. 3주 동안만 그렇게 해보라. 그러면 당신은 좋은 습관을 가지게 될 것이다. 그 결과 당신은 다른 세계에 살기 시작할 것이다. 행복하고, 동기가 부여되어 있고, 열정적인 사람이 될 것이다. 좋은 습관이라면 무엇이든 진지하게 바라보라. 그리고 그것을 얻도록 노력하라. 그렇게 한다면 당신은 일생 동안 훨씬 더 많은 것을 얻을 것이다.

처음엔 힘들다

4부에서 목표 설정에 대해 설명했다. 내가 달리기를 시작했을 때 그것을 습관화하는 것이 너무 힘들었다. 나는 나 자신을 강하게 채찍질했다. 하루, 이틀, 그리고 3일. 그러나 하루가 일주일이 되고, 또 일주일이 한 달로 바뀌자 달리는 일이 훨씬 쉬워졌다. 성취의 즐거움을 경험하기 시작했기 때문에 더 쉬워진 것이다. 달리는 것이 일보다 더 즐겁다는 것을 인식한 그날을 결코 잊지 못할 것이다. 그것은 오리건 주 포틀랜드의 어느 화창한 봄날이었으며, 나는 포틀랜드 주립대학 캠퍼스를 달리고 있었다. 발바닥으로 땅을 느꼈을 때 희열을 느꼈으며, 굉장한 시간을 보내고 있다는 것을 갑자기 실감하게 되었다.

24세에 할 수 없었던 일을 49세에도 할 수 있다는 사실을 알게 된 것은 대단한 일이었다. 지금의 나는 어찌할 수 없는 환경이 달리는 것을 불가능하게 할 때 불행해질 것이다. 모든 좋은 습관처럼 달리는 습관은 익히기 힘들다. 그러나 일단 그 어려운 습관을 얻으면 그것들은 재미있는 습관이 된다. 특히 우리가 오늘 어려운 일을 하는 것은 그것들로 인해 내일 더 큰일을 할 수 있도록 도움받는다는 것을 생각할 때 더욱 그렇다.

당신은 자신에게 빚지고 있다

돈을 저축하는 것은 좋은 습관이다. 근본적으로 당신은 다른 사람에게 지불하기 전에 자신에게 먼저 지불해야 한다. 월급이 얼마든 당신의 첫번째 의무는 자기 자신과 자신의 미래를 위해서 수입의 일부를 저축하는 일이다. 저축에 대한 열정은 당신의 계좌에 금액을 불입할 때마다 생긴다. 오래지 않아 이 좋은 습관은 당신의 일부가 된다. 중국의 속담대로 아이가 아이를 낳고, 또 그 아이가 아이를 낳는다. 이것은 돈을 저축하면 점점 불어난다는 의미이다.

그렇다. 저축은 좋은 습관이다. 그러나 근본적으로 당신은 그것을 꽉 움켜쥐어야 하며, 멋진 인생을 위해 계속 쥐고 있어야 한다. "저축하지 못하는 이유가 아무리 옳다 하더라도 저축하는 습관을 확실하게 갖고 있는 것만큼 옳지 않다." 옛날 미시시피 주 야주 시에서 내 첫번째 고용주는, 일주일에 일정한 금액을 저축하지 않을 경우 10퍼센트가 줄어든 주급을 받게 되면 나는 굶어죽을 것이라고 지적했다.

그의 말이 옳다. 저축할 수 있는 능력은 성격에 따라 좌우되며, 또 "현재의 수입에서 저축할 수 없는 사람은 앞으로의 수입에서도 저축할 수가 없다."라는 그의 말 역시 옳다.

만일 재물을 기대한다면 정기적으로 돈을 저축해야 할 필요성이 있으며, 이것은 성공한 모든 사람들이 동의하는 사실이다.

예의와 행복, 그리고 열정적인 자세는 좋은 습관이다. 만나는 모든 사람들에게 예의 바르고 행복하며, 열정적으로 대하라. 한동안 그렇게 하면 그 습관이 당신의 할 일을 인계받는다. 미소짓는 것도 하나의 습관이다. 어떤 사람은 가식적인 미소를 싫어한다고 말할 것이다. 그러나 나는 성실한 투덜거림보다는 가식적인 미소가 좋다고 생각한다. 그렇지 않은가? 다행히도 어떤 종류의 미소든 일정 기간 동안 짓는다면, 그리고 그런 습관을 갖게 된다면, 그때는 이미 가식적인 웃음이 아니게 된다. 윌리엄 제임스가 노래에 대하여 한 말을 기억하는가? 미소에 있어서도 마찬가지이다. 우리는 행복하기 때문에 미소짓는 것이 아니라, 미소짓기 때문에 행복한 것이다. 당신이 미소지어야 하는 또 다른 이유는, 다른 사람을 대하는 태도에 따라서 그 사람도 그대로 반응한다는 것이다. 미소지어라. 그러면 그들도 당신에게 미소지을 것이다. 타인에게 얼굴을 찌푸려라. 그러면 그들도 당신에게 얼굴을 찌푸리게 될 것이다. 미소의 장점을 알게 될 때 당신은 좋은 습관을 얻게 될 것이다. 그때의 미소는 내적인 감정의 외적인 표현이 될 것이기 때문에 아주 자연스럽게 될 것이다.

낙관적으로 되는 것, 아내나 남편에게 관심을 갖는다는 것, 교회에 참석하는 것들도 역시 좋은 습관이다. 한 가지 재미있는 사실은, 좋은 습관은 친구와 동료를 가지고 있다는 것이다. 무엇이든 좋은 습관을 가져라. 그러면 당신은 또 다른 좋은 습관을 보너스로 얻게 된다. 예를 들어 돈을 저축하는 습관은 생활에 안정을 줄 뿐만 아니라 자신감을 주며, 쉴 수 있게 해준다.

처음에는 이런 좋은 습관들을 얻기 위해 노력해야 할 것이다. 그러나 당신과 당신의 주위 사람들에게 끼치는 습관의 영향은 너무 극적인 것이어서, 오래지 않아 그 습관들을 가지려고 노력할 필요조차 없게 된다. 그런 습관들이 오히려 당신을 가지려 할 것이기 때문이다. 그것이 성공과 행복이 이루는 징조이다.

그렇다. 습관이 우리를 망치거나 성공하게 한다. 좋은 습관은 얻기 힘들지만 그것을 몸에 익히면 세상을 살아나가기가 쉽다. 나쁜 습관은 얻기 쉽지만 그것을 지닌 채 세상을 살아나가기는 어렵다. 우리는 행복하게 되는 것, 건강, 즐거움, 예의 바름, 부유함 등을 선택할 수 있다. 습관을 선택한다는 것은 그런 것을 선택하는 셈이다. 우리가 습관을 얻은 후에는 그 습관이 우리를 만든다. 매일 쌓아올린 습관의 벽들이 우리의 성격을 형성한다. 하나하나의 습관은 아주 사소한 것으로 보일 수가 있다. 그러나 그것은 우리가 깨닫기도 전에 우리가 살 집의 모양을 만든다.

누군가가 성공과 행복은 종착지가 아닌 여행 과정에 있다고 했다. 삶은 열정적인 것이며, 정상적으로 가는 이런 여행은 각 단계마다 당신을 더욱 열정적으로 만들 것이다. 목표에 가까이 다가갈수록 우리는 그 '마지막 결승점의 냄새'를 맡기 쉽고, 그럼으로써 속도를 더 내게 될 것이다. 나는 당신이 정상으로 가는 계단의 4단계에 서 있는 자신을 발견하고 많은 흥분을 느끼기를 희망하며, 또 그러고 있으리라 믿는다.

이곳은 4단계이며, 우리를 위해서 마련되어 있는 모든 보상과 함께 내일을 여는 유리문은 점점 더 가까워지고 있다. 나는 당신이 여기까지 온 것을 자랑스럽게 생각한다. 그러나 나는 당신이 정상을 향한 등반을 계속하고 있다는 사실을 더욱더 자랑스럽게 여긴다.

아무쪼록 읽고 또 읽어라. 지금까지 읽은 것 중에서 도움이 된다고 생각되는 것은 다시 찾아 되풀이해서 읽어라. 정상에 오르는 것은 시간 문제이다. 이 책을 모조리 당신의 것으로 만들어라. 이것은 당신의 책이다.

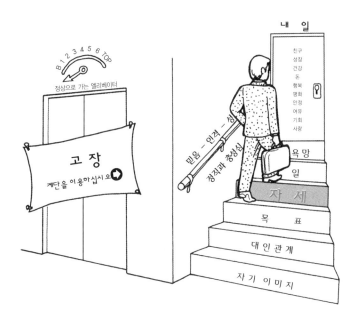

19

〈 보너스 장 〉

이상적인 직원

　당신이 한 명의 직원을 구하는 고용주라고 가정해 보자. 어떤 종류의 직원을 원할 것인가? 직원들의 목록이 제시되어 선택할 기회가 주어진다면 어떤 성격의 직원을 선택할 것인가? 당신은 그 직원이 항상 일에 매달리고, 성실하고, 당신의 지시에 잘 따르고, 똑똑하고, 능력 있고, 쾌활하고, 제멋대로 일하기보다는 당신의 의견에 좀더 동조적이라면 좋아할 것인가? 그것이 이상적인 직원처럼 보일 것이다. 그렇지 않은가? 만일 당신이 그런 직원을 채용했다면 어떻게 대우할 것인가? 이 질문에 대한 대답은 매우 중요하다. 왜냐하면 그 이상적인 직원이 일을 하는 정도는, 당신이 그를 어떻게 대우하느냐에 따라 좌우되기 때문이다. 만일 당신이 예의바르고 사려 깊은 사람이라면 그는 당신을 위해서 오랫동안 열심히 일할 것이다. 당신이 무례하고 사리 분별이 없는 사람이라면 그는 완고해질 것이고 반항할 것이다. 그를 칭찬해 주어라. 똑똑하다고 말해 주어라. 그러면 그는 일을 영리하게 처리할 것이다. 그에게 게으르고 책임감이 없다고 말해 주어라. 그러면 반항하게 되고 화가 나서 일을 멋대로 할 것이다. 그에게 사랑하고 존중한다고 말해 주라. 그는 당신의 문제가 해결될 때까지 밤늦게라도 회사에 머물러 있을 것이다. 울컥 화를 내거나 존중하지 않는다고 얘기해 주어라. 그러면 그는 너무 좌절해서 정해진 근무시간조차도 당신을 위해 일하지 않을 것이다.

모든 것을 고려한 뒤에 만일 그런 이상적인 직원이 당신의 회사 앞에 모습을 드러낸다면 그를 채용할 것인가? 어리석은 질문일 것이다. 그렇지 않은가? 우리는 그 질문에 대한 대답을 알고 있다. 그렇지 않은가?

오, 난 벌써 잊고 있었다. 그것은 다름아닌 이 이상적인 직원이 주위 사람들에 의해 쉽게 영향을 받는다는 것이다. 만일 그가 쓰레기 같은 사고방식을 가진 사람들에게 둘러싸여 있는다면 그 역시 부정적인 쓰레기 같은 사고방식을 가진 사람이 될 것이고, 그다지 생산적인 사람이 되지 못할 것이다. 긍정적인 말을 하는 사람, 긍정적인 행동가들과 함께 일한다면 그는 놀라운 생산능력을 가지게 될 것이다.

나는 당신의 이 이상적인 직원이 긍정적인 사람들에 둘러싸이도록 배려해 주기를 바란다. 당신이 멋지고 즐거운 계획을 세워서 그가 하는 모든 좋은 일들을 주의 깊게 관찰하기를 바란다. 그러면 당신은 그를 좋게 볼 수가 있고, 그렇게 해서 그는 훨씬 더 능률이 오를 것이다. 당신은 최고의 생산력을 얻기 위해서 생각하고, 노력을 기울이고, 계획을 세워야 한다는 데에 아무런 이의가 없을 것이다. 당신은 최고의 직원에게 최고의 대우를 해줌으로써 모든 것을 얻게 되고 잃는 것은 하나도 없을 것이다.

그러나 당신은 이 이상적인 직원을 잘못 다룰 위험성도 많다. 그 이유는, 잠재의식적으로 가난하고 비천한 직원이라고 생각하고 있는 수많은 사람들이 이상적인 직원을 잘못 다루고 있기 때문이다. 이 직원은 내가 설명한 이상적인 직원과 똑같이 일을 잘할 것이다. 그렇다면 지금 당신의 지시가 긍정적이든 부정적이든 명령받은 대로 일하는 이 직원(즉, 당신의 잠재의식)을 어떻게 다루어 왔는가? 그것은 당신이 원하는 것 또는 원하지 않는 것을 당신이 지시한 대로 가져다줄 것이다.

이제 우리의 이 잠재의식을 들여다보자. 우리가 잠재의식을 사용할 때 어떤 일이 일어나며, 그것을 더 훌륭하고 더 생산적인 직원 또는 하인으로 만들기 위해 정기적으로 어떻게 해야 하는지 배우자. 나는 당신에게 이 환상적인 하인의 강함과 다재다능함을 보여주기 위하여 세 가지 다른 분야에서 뽑은 몇 가지 예를 들어보겠다.

잠재의식

찰스 데니스 존스는 키가 180센티미터 정도 되는 건강한 흑인이었다. 내가 여기에 예로 들으려는 사건을 직접 본 사람들은 그를 거인이라고 말한다. 트럭 한 대가 미끄러지면서 엄청난 충격으로 나무와 부딪혔다. 엔진은 튕겨져 나왔고, 운전사의 몸은 차의 윗부분에 뒤엉켰으며 발은 클러치와 브레이크 사이에 끼여 있었다. 차 문은 산산이 부서져서 형태를 알아볼 수가 없을 정도였다. 구조대가 왔으나 차를 들어내고 운전사를 구하기에는 역부족이었다. 구조에 능한 사람들이 최선을 다했음에도 불구하고 문은 열리지 않았다. 이때 차에 불이 붙기 시작했다. 소방차가 도착하기도 전에 운전사가 죽게 생겼으므로 사람들은 당황했다.

구조대의 힘으로도 차 문을 열 수 없다는 사실에도 불구하고 찰스 데니스 존스는 자기가 할 수 일은 없는지 알아보기로 했다. 그는 발로 차의 몸체를 밀면서 문을 잡아당기기 시작했다. 그러자 천천히 조금씩 문이 열리기 시작했다. 존스가 얼마나 힘을 썼던지 셔츠가 찢어질 정도로 두 팔의 근육이 팽창했다. 결국 문이 열리자 존스는 차 안으로 들어가서 운전사의 발을 짓누르고 있는 브레이크 페달과 클러치를 벗겨내고, 손으로 불을 끈 다음 큰 상처를 입은 운전사를 안고 차 안을 기었다. 내부가 너무 좁아서 등이 차의 천장에 닿자 그는 엄청난 힘으로 천장을 들어올렸다. 이렇게 해서 존스는 운전사를 안전하게 구출할 수 있었다. 그런 다음 찰스 데니스 존스는 조용하고도 재빠르게 그 자리에서 사라졌다.

나중에 한 사람이 어떻게 그처럼 헤라클레스 같은 일을 해낼 수 있었는지 물었다. 그의 대답은 아주 간단했다. "나는 불을 증오합니다." 그에게는 그럴 만한 이유가 있었다. 수개월 전 그는 딸아이가 불에 타죽는 것을 손 놓고 구경할 수밖에 없었던 것이다.

또 다른 예가 있다. 37세 여인이 어린 아들을 구하기 위해서 1633킬로그램이 넘는 차를 들어올렸다. 그녀는 아무런 생각이나 주저함이 없이 그 일을 해냈다. 그녀 역시 하나의 이유가 있었던 것이다.

당신은 아무 생각도 없이 차를 운전한 경험이 있을 것이다. 그때 갑자기 한 가지 생각이 머릿속을 스치고 지나감과 동시에 당신은 이렇게 외친다. "그래, 그게 해답이야! 왜 좀더 빨리 생각해내지 못했을까?" 당신은 며칠 동안 씨름해 오던 문제점에 대한 해답을 막 얻은 것이다. 당신은 너무 흥분해서 어쩔 줄을 모르게 된다.

찰스 데니스 존스와 37세 여인, 그리고 당신은 똑같은 일을 한 것이다. 모두가 잠재의식의 지식과 힘을 사용하고 있었다. 사람들은 오랫동안 잠재의식의 거대한 힘을 열어보려고 노력해 왔다. 수세기에 걸쳐서 인간은 이 거대한 힘을 가끔, 우연한 경우에만 사용할 수가 있었다. 우리가 잠재의식이라고 부르는 이 수수께끼 같은 힘에 대해서는 최근까지 알려진 것이 거의 없다.

문외한의 입장에서 그것을 알아보고, 그 힘이 어떻게 작용하며 잠재의식과 어떤 관련이 있는지 알아보자. 그 다음에 이 거대한 힘을 이용할 수 있도록 몇 가지 단계를 알려줄 것이다.

의식은 당신의 마음속에서 계산하고, 사고하고, 합리화하는 부분이다. 그것은 제시된 것을 수락하거나 거절하는 능력을 가지고 있다. 일반적으로 말해서 당신이 배운 것은 무엇이든 의식적으로 배워진 것이다. 그렇지만 만일 당신이 어떤 일을 잘하게 되었다면 그것은 당신의 그 일을 하는 방법이 의식에서 잠재의식으로 옮겨간 것이 틀림없다.

잠재의식은 완전한 기억을 가지고 있다. 보고, 듣고, 냄새 맡고, 맛보고, 만져보고, 심지어 생각한 것이 잠재의식의 영원한 부분이 된다. 잠재의식은 24시간 내내 깨어 있고 반응하고 있다. 그것은 어떤 정보든 분석하거나 거부하지 않고 들리는 이야기는 모두 받아들인다. 그것은 타이프라이터가 자판을 두드리는 것처럼 지시나 명령을 확실하게 받아들인다. 잠재의식은 무한정한 잠재력과 우리가 받아들인 모든 정보를 보관할 수 있는 능력을 가지고 있다.

최면과 잠재의식의 관계

근본적으로 잠재의식을 다루는 최면술은 대부분의 사람들에게는 하나의 미스터리이다. 사람들은 실제로 그것을 이해하지 못하고 있다.

우리는 생활 전반에 걸쳐 하나의 관심에서 다른 관심으로 자신에게 최면을 걸고 있다. 대부분의 사람들이 자신들이 원하는 것을 얻는 것보다는 원치 않는 것을 원하는 쪽으로 자기 최면을 하고 있다는 것은 불행한 일이다. 최면사의 목적은 잠재의식을 편히 쉬게 하고, 집중시키게 하며, 사용하도록 도와주는 것이다.

최면은 친구나 또는 그것을 재미삼아 하는 사람과 놀이를 하는 게임이 아니다. 최면 상태에서 당신이 불성실하거나 부도덕한 어떤 짓도 하지 않으리라는 것은 반드시 진실은 아니다. 그것이 고도로 훈련된 전문가에 한해서 당신에게 최면을 걸도록 조심해야 하는 이유이다. 어떤 사람에게 최면을 건다는 것은 아주 간단하다. 그러나 그 사람을 최면 상태에서 깨어나게 하는 것은 그리 간단하지가 않다. 만일 숙달되지 않은, 솜씨가 부족한 아마추어 최면사가 최면 상태에 있는 당신에게 고통을 준다면 그 결과는 아주 심각할 수가 있다.

체중·흡연·음주·섹스 등에 관한 문제나 질병을 해결 또는 치료해 주겠다던 아마추어 최면사가 훨씬 더 중대한 문제를 남길 수도 있다. 간단히 말해서 최면이란 전문가에 의해서 적절히 사용될 때에만 좋다. 아마추어의 손에 맡겨질 때 그것은 위험할 수가 있다. 예를 들면 어떤 의사들은 아주 성공적으로 최면을 사용하며, 또 극히 좁은 범위 내에서 사용하고 있다. 최면은 분명 쓸모가 있다. 그러나 재미로 혹은 아마추어에 의해 행해져서는 안된다.

강건함과 자신감을 위한 최면

한 대학생에게 신문의 세 문단을 외우도록 했다. 그는 그 글을 완전히 외울 때까지 집중적으로 읽었다. 그는 한 단어도 틀리지 않고 세 문단을 거의 다 외웠다. 그때 심리학자가 그가 암기한 부분이 실린 신문의 다른 부분에 대해서 얼마나 많이 암기하는지 물었다. 학생은 미소를 띄우며 말했다. "나는 세 문단만을 집중적으로 보았기 때문에 그밖의 다른 것은 기억할 수가 없습니다."

심리학자는 학생에게 최면을 걸었다. 그러자 놀라운 일이 벌어졌다. 그 학생은 세 문단뿐만 아니라 그 신문에 실린 모든 기사를 기억하고 있었던 것이다. 신문에서 흡수된 정보는 직접적으로 잠재의식 속으로 들어갔으며, 그것은 기억으로 되살아났다. 이것은 당신의 시력이 정상이라면 그리 놀라운 일이 아니다. 왜냐하면 당신은 앞에 놓여 있는 글을 직접적으로 읽을 뿐만 아니라 그 글의 좌우측에 있는 글도 볼 수가 있기 때문이다. 이것이 사실이 아니라면 당신은 운전하고, 걸어 다니고, 자전거를 타고 있을 동안에 당신 자신과 사회에 큰 위협이 될 것이다.

앞에서 말한 대로 대부분의 사람들은 자기들이 원하지 않는 부정적인 이미지로 자기 최면을 걸고 있다. 다행히도 당신은 이 '대부분의 사람들'에 속하지 않는다. 그리고 이 정보의 도움과 요즈음 시장에서 구할 수 있는 쓸모 있는 책들과 카세트를 이용하면 효과적이고, 긍정적이며, 힘이 있는 쪽으로 자신에게 최면을 걸 수 있을 것이다. 간단히 말해서 당신은 이미 가지고 있는 힘과 재능과 정보를 사용하도록 최면을 걸 수 있다. 이것은 당신이 원하는 것을 얻을 수 있게 해줄 것이다.

깨끗한 책상

결근을 하거나 책상에 일거리를 쌓아놓지 않고 이 책을 읽는 사람은 없을 것이다. 책상에는 어제 신문과 오늘 급하게 처리할 일에서부터 작년의 세금 환수액과 다음달의 예산계획표까지 온갖 일거리들로 뒤덮여 있다. 당신과 그 책상의 소유자는 똑같은 말을 한다. "항상 바쁜 사람이라고 말할 수 있어……."

또한 그 책상 주인의 수입에 대해서도 알 수 있다. 책상 위에 많은 서류가 쌓여 있거나 어지럽혀져 있으면 아마도 연봉 2만 달러 미만일 것이다. 몇몇 예외가 있을 수 있는데, 그들은 책상에서 생각하고 계획을 세우는 작가나 세일즈맨, 세일즈 매니저, 그리고 기업가들이다. 깨끗한 책상이 필수적으로 많은 수입을 의미하는 것은 아니다. 그러나 연간 5만 달러 이상을 벌어들이는 사람들은 대부분 깨끗한 책상을 갖고 있다.

여기 그 이유가 있다. 당신의 책상은 해야 할 일거리들로 지저분하게 뒤덮여 있는 일이 많을 것이다. 한 가지 일을 손에 들고 있으면서 동시에 책상 위의 다른 일거리를 바라보게 된다. 손에 쥐고 있는 문제에 초점을 맞추는 대신 몇 가지 영역으로 집중력을 분산시키게 된다. 당신은 여러 가지 문제를 다루고 있으나 실제로는 어느 한 문제에도 집중할 수가 없는 것이다.

최면이란 특별한 주제에 중점을 두거나 집중을 할 수 있는 능력이다. 책상 위의 모든 것을 치워버리고 눈에 보이지 않게 한다. 그 결과 한 번에 한 가지 이상은 할 수 없게 되었기 때문에 책상 위에서도 한 번에 단 한 가지 일만 하게 된다. 그렇게 되면 세 가지 현상이 일어난다. 첫째, 책상이 깨끗해짐으로 기분도 좋아진다. 둘째, 직무를 더 잘 수행해 나갈 수 있을 뿐만 아니라 더 빨리 해나갈 수 있을 것이다. 셋째, 무엇을 필요로 하는지, 언제 그것이 필요한지 알 수 있게 될 것이다. 그것은 엄청난 시간의 절약을 의미한다.

저녁에 책상을 깨끗하게 정리하고 떠난다면 당신은 그날 일을 완전히 마무리한 셈이 된다. 심리적으로 중요한 것을 끝냈다는 느낌을 받는다. 일을 남겨 놓았다는 느낌보다는 일을 마쳤다는 느낌을 받게 되는 것이다. 거기에는 차이가 있다. 그 다음날 일을 시작할 때 당신은 어제와 같은 일로 대신 새로운 출발을 하고 있다는 느낌이 든다. 여러 가지 일을 쌓아놓고 그중에서 이것저것을 같이 처리하는 것보다는 하나에 집중하여 끝내고 다시 다른 일을 시작하는 방식이 더 많이 더 잘할 수 있다는 사실을 알게 되는 것 또한 즐거운 일이다. 그것은 이미 긍정적인 보상을 포함하고 있다.

경고

잠재의식은 아무런 의문 없이 우리가 들여보내는 것을 받아들이고 모조리 기억하기 때문에, 우리가 모든 것에 마음을 열어 놓는다면 우리에게는 많은 일들이 벌어질 수가 있다. 예를 들어 오늘날 라디오 방송국에서 들려주는 음악 중 몇 가지는 타인에게 미치는 영향을 전혀 고려하지 않은 채 계약 결혼, 프리섹스,

마약 사용 등을 조장하고 있다. 이런 종류의 쓰레기가 리듬을 타고 열린 마음속으로 들어올 때 그 결과는 비참한 것이 될 수 있다.

맨슨의 경우는 하나의 비극적인 예이다. 찰스 맨슨이 샤론 테이트와 그 친구들을 잔인하게 살인한 동기는 비틀즈의 음악에 실린 메시지가 그의 마음에 심어졌기 때문이었다. 이것이 바로 라디오를 틀어놓은 채 잠이 들면 안되는 중요한 이유이다. 깊이 잠들 수 없을 뿐만 아니라 방송되고 있는 모든 야생의 아이디어가 당신의 열린 마음속으로 들어오게 된다. 이것은 어떤 사람들의 예측할 수 없는 행동으로 보아 부분적으로나마 알 수 있을 것이다. 그리고 '열린' 마음을 '고치기 위해서 닫아야' 하는 이유를 설명해 준다. 라디오를 들으면서 잠드는 일이 좋지 않다는 것은 상식적인 이야기이다. 심리적인 카운셀링 또는 개인적인 성장을 안내해 주는 훈련되고 믿을 만한 전문가 이외의 사람에게 우리의 마음을 연다는 것이 현명하지 못하다는 것은 일반적으로 알려진 상식이 아닌가?

잠재의식을 사용하라

잠재의식은 결코 잠드는 일이 없기 때문에 우리의 의식이 잠들어 있는 동안에도 배우고, 동기를 부여받는 여분의 시간을 가지고 있다. 이런 잠재의식의 사용에 대한 개인적인 경험을 예시해 보겠다. 내 딸들 중 한 아이는 야뇨증이 있었다. 그래서 우리 부부는 '잠자는 상태에서의 교육'과 잠재의식에 대해 배우는 것에 스릴을 느꼈다. 우리는 실험을 하기로 했다. 아이가 잠든 후 우리 부부 중 한 명이 그애의 침대 옆에 앉아 이렇게 얘기했다. "너는 아주 귀여운 소녀야. 우리는 너를 굉장히 사랑하고 있어. 네가 귀엽고, 사랑스럽고, 행복하기 때문에 모두가 널 사랑하고 있단다. 우리는 네가 포근하고 마른 침대에서만 잠을 자기 때문에 너를 사랑한단다. 너는 항상 포근하고 마른 침대에서만 잔단다. 넌 화장실에 가고 싶으면 일어날 거야." 우리는 결코 '침대를 적시지 말라'고 말하지는 않았다. 그런 상황에서 부정적인 지시를 해서는 안된다. 항상 긍정적으로 말하라. 우리는 딸아이가 아주 예쁜 소녀라서 너무나 즐겁고 행복하다는 얘기와 자랑스럽게 여긴다는 등의 얘기를 해주었다. 이것은 딸아이가 직접 잠재의식 속으로 받아들이도록 해주기 위해서 의식에 긍정적인 격려를 해준 것이었다. 그 결과는 극적이었다. 10일쯤 지나자 아이는 침대를 적시는 일을 하지 않게 되었고, 그후의 어린 시절 내내 겨우 한두 번 '사고'를 저질렀을 뿐이었다.

그 단계는 쉽다

잠재의식의 사용은 당신을 위해서도 가능한 일이다. 그리고 그 혜택은 거의 무한정하다. 잠재의식을 사용하는 데에는 6단계가 필요하다. 첫째, 보고, 듣고, 냄새 맡고, 맛 보고, 만지고, 생각한 모든 것은 영원히 당신의 일부분이 되었다는 사실을 알아야 한다. 그것은 컴퓨터 속에 저장되어 있어서 당신이 사용해 주기를 기다리고 있다. 컴퓨터는 여러 해에 걸쳐 얻은 사실들을 분리시킬 수도 있고 한데 모을 수도 있다. 당신을 놀라게 했던 문제에 대한 해답을 얻을 수도 있다.

둘째, 잠재의식이 압력에 의해서가 아니라 자극에 의해서 반응한다는 사실을 알아야 한다. 그러므로 어떤 특정한 시간에 대답을 요구할 수가 없다. 그것은 작동하지 않을 것이다. 당신은 녹음된 교육적이고 동기 부여적인 것들을 들음으로써 잠재의식을 자극할 수 있다. 그 새로운 재료들이 더 강력하게, 더 열정적으로 마음속에 들어갈수록 그것은 더욱더 활용도가 높아진다. 다시 말해서 당신이 새로운 재료를 더 많이 추가할수록 이미 가지고 있던 정보는 더욱 많이 사용이 가능해질 것이다.

셋째, 당신 자신이 잠재의식을 잘못 인도하거나 바보로 만들 수 있다는 사실을 기억해야 한다. 만일 당신이 잘못된 생각이나 정보를 집어넣으면 잠재의식은 그대로 반응할 것이다. 그것이 바로 당신이 읽어야 할 책이나 회사뿐 아니라 텔레비전 프로그램이나 영화를 선택함에 있어서 조심해야 하는 이유이다. 만일 부정적인 재료를 집어넣으면 당신은 부정적인 것을 되돌려 받게 될 것이다. 쓰레기를 넣으면 쓰레기가 나온다. 그것이 바로 내가 텔레비전 프로그램에 대해 이의를 제기하는 주된 이유이다. 고난을 겪는 영웅을 보게 될 때 우리는 그와 동일시되는 경향이 있다. 우리는 종종 우리가 매일 보게 되는 그런 문제를 실제로 얻게 된다. 예를 들면 당신은 의학도들의 3분의 2가 자신들이 연구하고 있는 병을 앓고 있다는 사실을 알고 있는가? 심리학에서는 이것을 '동인(同認)'이라고 한다.

넷째, '잠자리에까지 문제를 가져가지 말라'는 것은 잘못된 충고이다. 왜냐하면 잠자리는 많은 문제를 해결하는 장소이기 때문이다. 여기에 그 방법이 있다. 밤에 잠자리에 누울 때는 마음을 편히 하라. 그리고 그날의 즐거웠던 일을 생각하라. 좋지 않았던 일들은 한쪽으로 밀어두어라. 그 상태로 조용히 누워 있어라. 이 조용함이 힘을 만들어준다. 전능하신 하나님을 믿음으로써 많은 혜택을 누리고 있는 사람들은 이 단계에서 이렇게 말한다. "신이시여, 나는 당신이 그 해답을 갖고 있다는 것을 알고 있습니다. 그래서 나는 그 질문을 당신께로 돌리려 합니다. 지금 그 문제는 당신의 손아귀에 있습니다. 나는 끈기 있게 당신의 해답을 기다릴 것입니다." 그것이 신앙이며 하나님의 능력에 대한 당신의 반응이다. 조지 워싱턴은 밸리포지에서 그런 조용한 순간에 미국을 자유로 인도할 힘을 발견했다. 그리스도는 겟세마네 동산에서의 그런 조용한 순간에 무서운 시련에 대비할 강건함을 얻었다. 침대에 누워서 당신에게 내려지는 모든 축복을 들어라. 당신이 말씀을 들을 때 조용한 자신감이 다가올 것이며, 인생의 게임에서 성공할 수 있고 행복하게 해줄 강건함을 찾게 될 것이다.

다섯째, 당신이 가지고 있는 어떤 의문에 대해서도 긍정적인 해답과 긍정적인 혜택을 기대하라. 기억할 것은, 좋은 일은 그것을 기대하고 있는 사람에게 생긴다는 사실이다. 당신의 잠재의식 속으로 좋고 힘 있는 생각들을 집어넣은 후에 이런 지시를 해라. "나는 당신이 그 문제에 대한 해답을 갖고 있다는 사실을 알고 있다. 당신이 그것을 내게 주고 싶어할 때까지 나는 자신감을 갖고 끈기 있게 기다릴 것이다."

여섯째, 침대 옆에 펜과 종이를 준비해야 한다. 잠재의식은 아주 효과적이어서, 한밤중에 그 문제에 대한 해답을 얻고 일어나게 될 것이다. 그 해답이 왔을 때 어느 정도의 수면상태에 있든지 다음날에는 그것을 기억할 수가 없다. 펜과 종이를 사용한다는 것은 그 해답 또는 아이디어가 다음날까지 남아 있을 것이다. 이런 이유로 비상사태에 대비해서 침대 옆에 반드시 펜과 종이를 갖다놓지 않으면 안된다. 결국 당신은 이유가 있어서 일어난 것이다. 5분이라도 더 자기 위해 돌아눕는 행동을 취함으로써 그 해답을 놓치는 잘못을 범하지 말라.

당신은 이런 단계를 실행함으로써 문제에 대한 해답을 얼마나 빨리 얻게 되는가에 놀라게 될 것이다. 해답을 얻을 때는 자신감이 늘어난다는 사실이 중요하다. 이것은 당신에게 더 많은 결과를 가져다줄 것이고, 그것은 다시 더 많은 자신감을 가져다줄 것이다. 그리고 그 순환은 끝없이 전개된다.

일

6

● 목적

1. 세상에는 공짜가 없다는 사실을 인식시켜 준다.

2. 대가를 받는 것과 대가를 즐기는 것의 차이를 분명하게 해 준다.

3. 직업과 관련된 새로운 자세를 소개한다.

4. 어떤 것을 얻기 전에 인생에게 중요한 것을 주어야 하는 이유를
   설명해 준다.

20

일하는 자가 승리자이다

공짜

오래 전에 현명한 늙은 왕이 신하들을 불러 명령을 내렸다. "그대들이 나를 위해 '세기의 지혜'를 책으로 만들어 주었으면 하오. 우린 그것을 후손에 물려줄 것이오." 현명한 신하들은 왕의 곁을 물러나와 오랜 기간 동안 그 일을 했다. 결국 그들은 12권의 책을 완성했으며, 이것이 '세기의 지혜'라고 자랑스럽게 외쳤다. 왕은 그 책을 보고 말했다. "여러분, 나는 이것이 '세기의 지혜'임에 틀림이 없다고 확신하오. 그리고 인류에게 남겨줄 지식을 담고 있다고 확신하오. 그렇지만 분량이 너무 많소. 나는 사람들이 그것을 읽지 않을까 두렵소. 다시 압축시키시오." 다시금 신하들이 오랫동안 열심히 작업을 한 결과 12권의 책이 불과 1권으로 압축되었다. 그들은 그것을 왕에게 들고나왔다. 그렇지만 왕은 아직도 너무 분량이 많다면서 좀더 압축시키도록 명령을 내렸다. 현명한 신하들은 1권의 책을 한 장으로 줄였다. 그 다음에는 한 페이지로, 그 다음에는 한 문단으로, 그리고 결국에는 한 문장으로 줄였다. 그 문장을 보고 현명한 늙은 왕은 기뻐하며 말했다. "여러분, 이것이 진실로 '세기의 지혜'요. 세계 곳곳의 모든 사람들이 이 진리를 배운다면 그들의 문제는 거의 대부분 해결될 것이오."

그 문장은 아주 간단한 것이었다. '공짜는 없다. 그리고 투자하는 것이 없으면 얻는 것도 없다.' 이 철학에 동의하는 책임감 있는 사람들이 종종 합법적인 게임 · 경마 · 투견 등에 참여하는 것은 아이러니이다. 한 현자는 성공한 가정은 일을 아버지처럼, 성실을 어머니처럼 여기고 있다는 사실을 관찰했다.

일은 모든 사업의 기초이며, 모든 번영의 근원이며, 발명의 부모이다. 일은 자식을 부모보다 더 발전시키며, 부모보다 더 부유하게 만든다. 일은 저축의 상징이며, 모든 행운의 기초를 만든다. 일은 우리의 생활에 맛을 더해주는 소금이지만, 일에 대한 대가나 결과를 기대하기 전에 우리는 일을 사랑해야 한다. 일을 사랑할 때, 그것은 인생을 달콤하고 가치 있게 해주며, 풍성한 수확을 거두게 해준다.

고정관념

일의 중요성을 알아보려면 마음의 문을 열어야 한다. 당신도

이미 알고 있을지 모르지만 어떤 사람들의 마음은 콘크리트와
도 같다. 모든 것이 혼합되어 영원히 굳어버린 상태이다. 그러
나 우리는 낙하산처럼 마음이 활짝 열려 있을 때에만 제기능을
다할 수 있다는 것을 알고 있다.

우리는 또한 당신이 1초보다도 더 짧은 시간 안에 38625킬
로미터나 떨어진 곳에도 메시지를 보낼 수 있다는 사실을 알고
있다. 그러나 4분의 1인치 밖에 안되는 두개골에게 메시지를
보내는 것은 종종 몇 년이 걸리기도 한다.

나는 사람들이 인생에 있어서 그들에게 더 많은 것을 약속하
는 철학을 통해 동기가 유발되고 열정을 부여받는 것을 종종 보
아왔다. 그들은 올바른 정신자세, 건전한 자기 이미지, 목표 설
정과 모든 긍정적인 면의 철학이 가져다주는 아름다움, 행복과
즐거움, 그리고 이익에 대해 주의깊게 듣는다. 그러나 불행히도
그 철학의 실제적인 적용에 대한 말은 대체로 한쪽 귀로 듣고
한쪽 귀로 흘려보낸다. 내가 강조하고 싶은 것은 이것이다. 즉,
세상에서 가장 실질적이고, 가장 아름답고, 가장 호소력 있는
철학도 당신이 실천하지 않으면 쓸모없는 것이다. 한 현인은 그
것을 이렇게 표현했다. "교육은 드넓은 땅을 뒤덮고 있다. 그러
나 교육은 그 땅에서 아무것도 경작하지 않을 것이다."

불행히도 너무나 많은 사람들이 직업을 찾자마자 일을 찾는
것을 그만둔다. 어떤 사람이 그가 회사를 위해 얼마나 오랫동안
일을 했느냐는 질문을 받았다. 그는 이렇게 대답했다. "회사에
서 나를 해고시키겠다고 위협한 때부터 열심히 일했습니다."
어떤 사람이 한 고용주에게 얼마나 많은 사람이 당신을 위해 일

하느냐고 물었다. 그의 대답은 이러했다. "절반 정도요." 일을 무슨 저주나 되는 것처럼 피하고 있는 사람이 그렇게 많다는 것이 놀랍지 않은가?

일은 거의 모든 병을 치료한다

양지 쪽에서 일하기를 원하면 몸에 물집이 생기는 것을 감수해야 한다. 이것을 알면 많은 일을 해낼 수 있다. 일은 성공의 고속도로를 달리기 위해 우리가 지불하는 대가이다. 소매를 걷어붙임으로써, 우리의 의복을 잃게 되는 일을 가장 잘 방비할 수 있다. 많은 사람들이 성공은 얼마나 땀을 흘리느냐에 좌우된다고 믿고 있다. 미국은 노젓기를 멈추고 있는 사람들에 의해서가 아니라 일하고 노젓는 사람들에 의해서 세워졌다.

일의 진행 상태가 얼마나 부드럽고 쉬운가 하는 따위는 문제가 되지 않는다. 일을 천천히 하는 사람들도 있기 때문이다. 같은 논리로 진행 상태가 얼마나 어려운가 하는 것도 문제가 되지 않는다. 왜냐하면 사람에 따라서는 일을 점진적으로 처리하는 사람도 있기 때문이다. 미국의 한 중요한 고무제품 회사의 이사회 의장은 일이란 재미가 있어야 한다고 말했다. 윌 로저스는 그것을 이렇게 말했다. "성공하기 위해서는 하고 있는 일을 알아야 하며, 하고 있는 일을 좋아해야 하며, 하고 있는 일을 믿어야 한다." H. M. 그린버그가 18만 명이 넘는 직원을 대상으로 한 심리학적 평가에 따르면 거의 80퍼센트가 마지못해 직장에

나가고 있다고 한다. 그들은 자신의 일을 좋아하지 않고 있었다. 그것은 비극이다. 이런 상태에서 2류, 3류의 일을 해낸다는 것은 이상한 일이 아니다.

나는 종종 자신의 일에 대한 질문에 부정적으로 대답하는 사람들이 많다는 사실에 놀란다. 한 사람에게 어떻게 일하고 있느냐고 물어보면 그는 이렇게 대답할 것이다. "월요일에는 그다지 일이 싫지는 않습니다."라거나 "금요일 이후부터는 일이 그다지 싫진 않습니다."라고. 시계의 거의 80퍼센트가 직원에게 퇴근시간을 알려주는 데 사용되고 있다는 것은 불행한 일이다. 대부분의 근로자들이 근면한 사람보다는 일하기 싫어하는 사람으로서 인식된다는 것은 의심의 여지가 없다.

최근 라스베이거스에서 강연하는 도중 나는 그곳에는 축구장 두 개를 합쳐놓은 것만큼 큰 카지노가 있다는 말을 들었다. 고객들의 돈을 털기 위한 수백 가지 기구들이 이 맘모스홀에 비치되어 있다. 라스베이거스에 설치된 다른 모든 도박장에서와 마찬가지로 이 카지노에서도 시계는 찾아볼 수 없다. 그 이유는 분명하다. 도박을 하는 이유는 여러 가지가 있겠지만 즐기기 위해서라는 것이 가장 타당할 것이다. 사람들은 도박에 너무 깊이 빠져 있어서 대개 시간을 잊게 된다. 카지노의 소유주들은 도박꾼들에게 시간을 알려줄 시계를 원하지 않는 것이리라. 그러면 많은 사람들이 오랜 시간 동안 도박을 할 것이기 때문이다. 어떤 경우에는 그들이 가진 돈을 모두 잃을 때까지, 또는 테이블에 쓰러져 잠이 들 정도까지 도박을 한다. 나는 도박꾼들이 그들의 직장 일에 그렇게 깊이 빠진다면 도박판에서는 결코 만족시킬 수 없는 심리적 욕구를 만족시킬 수 있으며 재정적인 모든 것도 얻을 수 있으리라 확신한다.

일은 하나의 자세이다

내가 사업에 뛰어들은 후 정상으로 올라가기 위해서는 엄청난 희생을 각오해야 한다는 이야기를 연사들로부터 자주 들었다. 나중에 내가 연사가 되자 나 역시 이러한 정신자세에 대하여 되풀이해서 이야기했다. 그렇지만 시간이 지날수록 정상으로 가는 사람들의 대부분이 성공을 위한 대가를 지불하고 있는 것은 아니라는 사실을 알게 되었다. 그들은 진실로 그 일을 좋아하기 때문에 열심히 하고 있었다. 어떤 분야에서든 정상에 있는 사람은 그들이 하고 있는 일에 깊이 파묻혀 있으며, 성공은 그들이 하고 있는 일을 사랑한 결과로 이루어진 것이다. 그들은 기꺼이 일로 시간을 보낸다. 그들은 직업을 가지고 있다. 그러나 더 중요한 것은 그 직업이 그들을 소유하고 있다는 것이다. 간단히 말해서 그들은 직업을 짜증스러운 것에서 순수한 즐거움으로 변화시키는 자세를 가지고 있다. 이것이 올바른 자세를 갖는 것이 중요하다고 강조하는 이유 중 하나이다.

몇 년 전 강연을 하기 위해 호주를 순회하던 중 자신의 일에 대해 올바른 정신자세를 갖고 있는 존 네빈이라는 젊은이를 만났다. 그는 인생과 가족, 그리고 직업과 사랑에 빠져 있었다. 그는 《세계대백과사전》을 파는 직업을 갖고 있을 뿐만 아니라 그 직업에 흠뻑 빠져 있었다. 그것은 그의 빠른 발전이 당연하다는 것을 의미했다. 그는 처음엔 시간제 우유 배달부로 일했었다. 그리고 13년만에 호주의 필드 엔터프라이즈의 관리이사가 되었다. 최근에는 미국의 필드 엔터프라이즈의 의장으로 선출되었는데, 그 자리에 외국인이 선출된 것은 두 번째였다. 그는 재정적으로도 안정되어 있으며, 자유기업제도를 믿고 있는 나라에서 살며 일하고 있다는 사실에 감사하고 있다.

찰스 게츠가 〈가이드포스트〉 지에서 말한 다음의 이야기는 성공을 위하여 그 과정을 즐기는 자세를 가지라는 점을 강조하고 있다.

프랑스의 위대한 화가 피에르 오그스트 르누아르는 노년에 관절염으로 고생하고 있었다. 관절염으로 인해 손은 뒤틀리고 움직일 수조차 없게 되어버렸다. 그의 예술 친구인 헨리 마티스는 르누아르가 손가락 끝으로 간신히 붓을 잡고 고통 속에서 그림 그리는 것을 보고 가엾게 생각했다. 어느 날 마티스는 르누아르에게 그런 고통을 받으면서까지 그림을 계속 그리는 이유가 뭐냐고 물었다. 르누아르는 이렇게 대답했다. "고통은 한순간이다. 그러나 아름다움은 영원히 남는다."

이것이 승진의 길

당신의 현 상황 또는 현 직장에서 제시간에 맞추어 일하고,

성실히 하루의 노력을 다하며, 고용주에게 충성을 다하고, 월급 액수를 충분하다고 받아들일 때 당신과 고용주 사이는 매우 평탄할 것이다. (불경기나 공황이 없다면) 당신은 직장을 잃지 않을 만큼만 일하고 있다. 고용주가 당신에게 월급을 더 주고 싶어하거나 승진되기에는 충분치가 않다. 고용주는 당신에게 더 많은 금액을 지불하게 되길 원하고 있으나, 그렇다고 해서 그가 자선 사업을 하고 있는 것이 아닌 이상 까닭없이 월급을 인상해 주지는 않을 것이다. 고용주가 당신에게 더 많은 월급을 지불하게 하기 위해서는 자신을 좀더 가치 있는 존재로 만들어야 한다. 그렇게 되려면 더 많은 충성심과 더 많은 열정, 더 많은 시간, 더 많은 책임감을 갖고 일해야 한다.

간단히 말해서 전혀 혼잡하지 않은 고속도로를 달리는 속력으로 계속 달려야 하는 것이다. 이런 단계들은 불경기에는 당신의 직장을, 호경기에는 월급 인상과 승진을 보장해 준다.

로 스코트가 부사장으로 있는 국제관리자협회는 전세계적으로 300개의 사무실을 갖고 있다. 그리고 미국에서 가장 많은 관리자를 배출시키고 있다. 그들의 사무실에 배치된 사람 중 95퍼센트 이상이 그 회사에 들어옴으로써 직업인으로서의 첫발을 내딛고 계속 그 회사에 몸담고 있다는 통계를 보이고 있다. 그들 중 대부분이 월급보다 더 많은 일을 함으로써 엄청난 직업적 안정성을 유지하고 있다. 로는 말한다. "적어도 그런 사람들을 해고시킬 수는 없다."

그렇다. 극적인 결과를 만들어내는 것은 여분의 것들이다. 우리는 월급만큼의 일만 하고도 승진했다거나 월급이 인상되었다는 사람의 이야기는 별로 들어본 적이 없다. 그 이유는 경쟁이다. 사실 사람들은 모두 주당 40시간은 기꺼이 일하려고 한다. 그러나 그 시간이 지나면 대부분 흥미없어 한다. 그래서 경쟁력이 뚜렷하게 낮아진다. 경쟁자가 경쟁을 포기한 경우, 그 경기 또는 경쟁에서 이기는 것은 너무나 쉬운 일이다.

나는 대공황 시절에도 승진할 수 있었기 때문에 일에 대한 내 사고방식과 태도가 잘못되었다고는 생각하지 않는다. 소년 시절 나는 어른들이 어떤 일이든 닥치는 대로 하려고 찾아나서는 것을 보았다. 그 사람들은 그저 일을 찾아다녔고, 일자리를 얻었을 때에는 더할 나위 없이 기뻐했다. 그것은 내게 깊은 인상을 주었다. 나는 일하는 것을 하나의 특권으로 생각한다. 왜냐하면 그것은 단순히 사는 것보다 더 많은 것을 주며, 다음 이야기가 지적하듯이 우리의 인생을 풍부하게 해주기 때문이다.

한 농부에게 여러 명의 자식이 있었다. 그는 자식들에게 열심히 밭일을 시켰다. 어느 날 이웃 사람이 찾아와서 농사를 이유로 자식들에게 심한 일을 시킬 필요는 없지 않느냐고 말했다. 그 농부는 조용히 그러나 단호하게, 자기는 밭농사를 짓는 것이 아니고 자식농사를 짓는 중이라고 말했다.

조금 포기하면 많이 잃게 된다

나는 스모키 산에 사는 한 노인의 이야기를 즐겨 인용한다. 오래 전에 몇 마리의 돼지가 스모키 산으로 도망쳐 왔다. 몇 세

대가 지나는 동안 그 돼지들은 점점 야생으로 변해 길을 가는 사람에게 해를 끼치게 되었다. 숙련된 사냥꾼들이 돼지들을 잡아 죽이려고 했다. 그러나 그 돼지들은 그 지역에서 가장 뛰어난 사냥꾼들의 노력을 헛되이 만들었다.

어느 날 한 노인이 조그마한 당나귀가 끄는 마차를 타고 이 야생 돼지들의 거처에서 가장 가까운 계곡 마을로 왔다. 마차에는 목재와 곡식이 실려 있었다. 그 마을 사람들은 노인이 어디서 왔고, 또 무엇을 하러 왔는지 궁금해했다. 돼지를 잡으러 왔다고 말하자 사람들은 노인을 비웃었다. 왜냐하면 그 지방 사냥꾼들도 할 수 없었던 일을 노인이 할 수 있으리라곤 믿지 않았기 때문이었다. 두 달 후 노인은 마을로 돌아와서 야생 돼지들이 산꼭대기 우리에 갇혀 있다고 말했다.

그러고 나서 그는 어떻게 돼지들을 잡았는지 설명했다. "내가 제일 먼저 한 일은 돼지들이 음식을 먹으러 내려오는 장소를 찾는 것이었소. 그리고 그 장소의 중앙에 곡식을 뿌려놓음으로써 그놈들을 유혹했소. 돼지들은 처음엔 접근을 하지 않았지만 결국 호기심에 끌려 접근해 왔고, 우두머리 같은 늙은 수퇘지가 주위를 돌며 냄새를 맡기 시작했소. 그놈이 첫 입을 대자 나머지들도 가담해서 먹었소. 다음날에는 그곳에 좀더 많은 음식을 놓아두었소. 그리고 몇 미터 떨어진 곳에 널빤지를 하나 놓았소. 그 널빤지는 잠시 동안 그들을 경계하게 했지만 공짜 음식이 그들의 경계심을 풀게 만들었고, 그들은 그리 오래지 않아 다시 음식을 먹었소. 돼지들은 그것이 무엇인지 몰랐소. 그러나 놈들은 이미 내 손아귀에 들어온 거요. 내가 해야 할 일이라곤 매일같이 그들이 좋아하는 음식 옆에 판자를 더하는 일뿐이었소. 그리고 나서 구멍을 하나 파고 첫번째 망대를 세웠소. 내가 하나씩 더할 때마다 그들은 조금 주춤하기는 했지만 결국에는 그것이 아무것도 아니라고 생각하고는 음식을 먹으러 오곤 했소. 우리가 다 지어졌을 때 그 문은 돼지들에게 일하지 않고도 먹을 수 있는 장소를 상징하게 되었고, 돼지들이 그 속에 들어가서 음식을 먹을 때 나는 문을 닫았소. 나는 돼지들의 '공짜' 심리를 이용했는데, 그것은 너무나 쉬운 일이었소."

이것은 실화이며, 그 요점은 아주 간단하다. 음식을 미끼로 짐승을 잡아 집짐승을 만들었을 때, 당신은 그 짐승의 살아가는 힘을 빼앗아버리는 것이 된다. 그와 같은 논리는 인간에게도 적용된다. 만일 당신이 한 사람을 불구로 만들고 싶다면 그에게 두 달 동안 목발을 짚고 다니게 해라. 아니면 그에게 그런 습관이 밸 때까지 '공짜'를 제공하라.

어려운 일

세 가지 어려운 일이 있다. 하나는 당신에게 기대어 세워놓은 담장을 기어오르는 일이다. 또 하나는 당신에게서 멀어지려는 여자에게 키스하는 것이다. 세 번째는 도움받고 싶어하지 않는 사람을 도와주는 일이다. 솔직히 말해서 난 그 담장을 기어올라 본 적이 없다. (당신은 그것에 대해 잠시 생각해 볼 필요가 있다.) 대부분의 사람들은 이런 말들을 한다. "만일 누군가 내게 많은 돈을 준다면, 그래서 한번에 빚을 다 갚고 은행에 1000달러를 예금할 수 있게 된다면 남은 인생을 나 스스로 살아갈 수 있을 텐데." 불행한 일은, 많은 사람들이 이 말을 믿는다는 것이다. 그래서 그들은 누군가가 다가와서 그런 출발을 할 수 있게 도와주기를 기다린다. 나는 남을 돕는 사람을 옹호한다. 그러나 앞에서 지적했듯이 "물고기 한 마리를 주면 당신은 그 사람을 하루 먹여주는 것이 된다. 그러나 고기잡는 법을 가르쳐준다면 그를 평생 먹여살리는 셈이 된다." 나는 고기 잡는 법을 가르쳐야 한다고 생각한다. 어떤 사람에게 그저 돈을 준다거나 한꺼번에 풍요롭게 되도록 도와주는 것은 일반적으로 잘못된 방법이다. 그 이유는 사람은 원래 돈을 번 방법대로 쓰는 습성이 있기 때문이다. 아무 노력도 없이 돈을 얻게 되면 역시 일시에 아무 쓸모 없는 곳에 써버리게 된다. 그들은 가난했던 시절에 하고 싶었던 모든 것을 해보려고 한다. 결국 그들은 도움을 받기 전과 똑같은 상태로 돌아가게 된다. 그 기간 역시 짧다.

예를 들어 60년대에는 퀴즈쇼가 많았었다. 많은 사람들이 이런 쇼들을 기억하고 있을 것이다. 상금은 7만 5000달러, 10만 달러, 그리고 그보다 더 많은 것도 있었다. 7년 뒤에 그 쇼에서 승리한 사람들을 대상으로 설문조사를 했다. 재미있게도 게임에서 이긴 사람들 중에 상금을 받기 전보다 더 많은 재산을 가진 사람은 한 명도 없다는 사실이 밝혀졌다.

노동시간을 늘려라

미국 인디언의 비극적인 이야기는 다른 사람이 당신을 돌볼 때 어떤 일이 벌어지는지 잘 알려준다. 19세기 말 미국 정부는 인디언 부족, 특히 서부지역의 인디언들과 일련의 조약을 체결했다.

그 조약에는 많은 조항이 있었지만 중요한 내용은 인디언이 보호구역으로 가는 것이며, 미국 정부가 그들을 돌보아준다는 것이었다. 오늘날 그 보호구역을 찾아가서 인간이 타인에게 자존심을 넘겨주었을 때 어떤 현상이 일어나는지 관찰해 보라. 당신이 어떤 사람에게 위문품을 준다면 그것은 그의 존엄성을 부인하는 것이 된다. 그리고 존엄성을 부인한다는 것은 그의 운명을 빼앗아버리는 것이 된다. 나는 오늘날의 워싱턴이 많은 공짜에 취해 있다는 것을 인정한다. 그러나 그 공짜들은 모두 위탁품이다. 그것을 받은 모든 다른 사람들처럼 당신과 나도 조만간에 이자와 함께 그 값을 모두 지불하게 될 것이다.

오늘날 우리는 주당 근무시간을 바꾸는 문제에 대해 이야기를 하고 있다. 많은 사람들이 일주일에 40시간 대신 30시간만 일해야 한다고 생각한다. 그들은 일주일에 5일 대신 4일만 일하고 싶어한다. 나는 노동시간을 줄이는 데(weak work) 신경을 쓰기보다는 노동시간을 늘리는 데(work week) 신경을 쓴다면 더 많은 것을 성취할 수 있으리라 믿는다.

일을 피하느라 등이 굽은 사람보다 일을 열심히 해서 등이 굽은 사람이 더 적다. 실제로 인생은 맷돌과 같은 것이다. 일하는 정도에 따라 당신의 인생은 빛이 나는 것이다.

당신의 삶을 위해 일하라

여러 곳을 순회하면서 많은 기업체 및 사람들과 대화를 나누었다. 그리고 그들에게 미래에 가장 바라는 것이 무엇이냐고 물었다. 가장 많이 얘기되는 것은 안정이었다. 나는 일의 존엄성과 그것이 가져다주는 안정성에 대해 언급하기에 앞서 한 가지 중요한 예를 들겠다. 나는 그 예에 그다지 놀라지는 않는다. 왜냐하면 그것은 당연한 현상이기 때문이다. 그것은 지난 수년 동안 스웨덴에서 일어난 일들을 말한다. 스웨덴 정부는 모든 국민에게 요람에서 무덤까지 모든 복지를 보장해 준다고 했다. 성경에서 일하지 않는 자는 먹지도 말라고 했음에도 불구하고 많은 스웨덴 인들은 정부가 그들의 생계와 자신들을 돌보아주리라 믿고 있다.

스웨덴 정부의 역할은 매우 광범위하다. 치과나 병원에 갈 때 진료비가 없으면 정부가 지불해 준다. 아이가 태어날 때도 정부가 입원비를 지불해 주고 어머니와 아기의 양육비를 보조해 준다. 최저 생활조차 유지하지 못할 정도로 소득이 낮으면 정부가 그 차액을 보조해 준다.

얼핏 보기에는 그런 엄청난 혜택을 받고 있는 스웨덴 인들이 세계에서 가장 행복한 사람들인 것 같다. 그러나 과연 그런가? 스웨덴은 서구 여러 나라 중에서도 가장 세율이 높으며, 청소년

범죄의 증가율, 마약 중독자의 증가율, 이혼 증가율, 교회의 결석율이 가장 높은 나라이다. 이런 모든 문제들은 지금도 두통거리이지만, 쌓이고 쌓여서 미래에는 더 큰 문젯거리가 될 것이다. 이 자료의 대상은 젊은층과 중년층이다. 그렇다면 스웨덴의 노동자들은 어떠한가? 이 '안정의 나라'에서는 서구의 어느 나라보다도 퇴직자들의 자살율이 높다. 이로써 당신의 안정성을 스스로 도모하는 것과 어떤 사람이 돌보아주리라는 예정하에 퇴직하는 것과는 엄청난 차이가 있다는 사실이 분명해졌다. 그렇다. 진정한 안정은 일 속에서 이루어진다. 그것은 남이 주거나 제공해 줄 수 없다.

바쁘게 일하라, 그리고 최선을 다하라

미국에서 여가 시간은 제2차 세계대전 이후 30년 동안 엄청난 속도로 증가해 왔다. 같은 시기에 사회문제와 병폐 또한 그와 같은 속도로 증가했다. 좌절 · 정신분열증 · 이혼 · 알코올 중독자 · 마약 · 범죄율 등은 아무것도 하지 않는 시간이 너무 많다는 것과 직접적인 관련이 있다. 이 사실을 못 본 체하고 넘어가려는 우리의 자세와 그것을 허락하고 있는 우리의 문화로 미루어 볼 때 그 문제는 더욱 가중될 것이다.

노동자들은 종종 그들의 솜씨나 기술에 대해 긍지를 잃는 경우가 있다. 그래서 업무실적이 떨어지기 시작한다. 실적이 하강할 때는 질 떨어지는 상품이 생산되는데, 미국 소비자들은 질을 중요시하기 때문에 이런 상품들은 시장에서의 판매가 불가능하게 된다. 소비자는 외국 수입상품에 눈을 돌리게 되고, 미국 생산자들은 낮은 판매고와 더불어 경쟁의 이중고를 부담하게 된다.

이런 현상이 가중되면 나라는 파멸하게 된다. 우리는 조금 일하고 많은 것을 얻겠다는 생각을 버려야 한다. 파멸을 막는 유일한 길은 우리의 내적인 신념을 변화시키는 길뿐이다. 우리는 적정한 가격에 소비자들이 요구하는 양질의 제품을 생산해야 한다. 그렇지 않으면 소비자들은 점점 더 수입상품으로 눈을 돌리게 될 것이다.

우선 시작하라

고용주들은 직원이 현재의 직장보다 더 좋은 직장을 갖고 싶어한다는 사실에 동의를 표하고 있다. 대부분의 사람들이 갖고 있는 큰 문제는, 자신이 완전한 직원이 되지 못한다는 사실은 인정하지 않고 완전한 직장만을 찾으려 한다는 것이다. 그들이 신경쓰는 것이라곤 휴가나 병가, 그리고 퇴직금 정도이다. 기억해야 할 것은, 정상에서부터 출발하려는 사람들은 제 무덤을 파고 있는 사람들이라는 점이다. 그들은 언제나 함정에 빠짐으로써 인생을 끝낸다.

당신은 어디에서든 일을 시작함으로써, 그리고 그것이 절실히 필요하다는 느낌을 가짐으로써 어떤 사업에서든 정상에 오를 수가 있다. 어느 지점에서든 일단 출발하게 되면 앞으로 계속 나아가는 것은 어렵지 않다. 일이 힘들고 즐겁지 않다면 더욱 열심히 하라. 오래 기다릴수록 그것은 어려워지고 싫어지게 된다. 그것은 처음에는 수영장의 다이빙대에 서 있는 것과 같은 것이다. 당신이 풀로 다이빙을 할 것인지 안할 것인지를 결정해야 할 때, 오래 머뭇거릴수록 다이빙을 할 기회는 더 적어진다.

21

준비하라

인내와 끈기와 땀

자세가 없이 일을 한다는 것은 불가능하다. 토머스 에디슨은 일과 자세의 관계를 설명해 주는 대표적인 예이다. 젊은 기자가 에디슨이 오랫동안 연구하고 있던 발명에 대해 질문했다. 그때 에디슨은 자기의 비밀 중 하나를 털어놓았다. 젊은 기자가 물었다. "에디슨 씨, 당신은 지금까지 그 발명에 1만 번이나 실패했는데 어떤 기분이신지요?" 에디슨이 대답했다. "젊은이, 자네의 장래에 큰 도움이 될 수 있는 사고방식을 알려주겠네. 나는 만 번 실패한 것이 아닐세. 나는 효과 없는 만 가지의 방법을 발견해내는 데 성공했다네."

에디슨은 전구를 발견하는 과정에서 1만 4000번의 실험을 했다고 기술하고 있다. 그는 효과 없는 많은 방법을 발견해내는 데에 성공했다. 그런 발견은 전구가 발명될 때까지 계속되었다.

포기하지 않으면 실패하지 않는다

포기하기 전까지는 실패한 것이 아니다. 위대한 농구선수 제리 웨스트는 어렸을 때 신체조건이 아주 나빠서 이웃 어린이들은 그를 농구 게임에 참가시켜 주지도 않았다. 그러나 일과 연습이 그의 생애를 바꾸어 놓았다.

그리스의 유명한 웅변가 데모스테네스는 처음엔 수줍음이 많고 내성적이었다. 아버지는 그에게 엄청난 토지를 물려주었다. 그러나 그리스의 법에 따르면 대중 앞에서 자신이 그 토지의 소유자라는 것을 선포해야만 소유권이 인정되었다. 그는 지나치게 내성적이고 수줍어해 도저히 그 일을 할 수가 없었고, 결국 유산으로 상속받은 막대한 토지를 잃었다. 그러고 나서 그는 웅변을 배우기 시작했다. 그의 노력은 그를 불후의 대웅변가로 만들었다. 데모스테네스의 업적에 대한 자세한 역사적인 기록은 없지만, 학교에서 수십 세기에 걸쳐 그에 대하여 가르치고 있다. 당신이 얼마나 많이 넘어지든 그 숫자에 관계없이 다시 한 번만 더 일어난다면 당신은 성공할 수 있다.

실패로 인해서 겁쟁이가 되지 말라

최선을 다했지만 성공하지 못했을 때 포기하지 말라. 또 다시 다른 일을 시작하라. 가까운 친구가 부속품을 취급하는 사업에 나를 끌어들였다. 다행히도 나는 사업이 망하기 전에 그 일에서 손을 뗐다. 그러나 내 친구는 수천 달러의 손실을 보았다. 완전히 파산한 후 그가 말했다. "지그, 자네도 알다시피 나는 손해보는 일을 무척 싫어하네. 그러나 사실 염려가 되는 것은, 이 일에 실패했기 때문에 다른 사업을 할 때도 겁을 집어먹지나 않을까 하는 것일세. 만일 그렇게 된다면 그때의 손실은 수십 배로 커질 걸세." 얼마나 옳은 말인가. 옳고 또 옳은 말이다.

한 젊은이는 자기에게 이런 일이 일어나지 않게 했다. 그는 석유사업에 투자했다가 돈을 모두 날리게 되자 자기의 주식을 동업자에게 모두 팔아버렸다. 많은 시간과 노력을 투자한 후 그 동업자는 다시 일어섰는데, 그 회사가 바로 훗날의 시티스 서비스이다. 오늘날 우리는 그 회사를 시트고(CITGO)로 알고 있다. 그러나 사업에서 손을 뗀 젊은이는 나중에 의류업을 시작했다가 석유사업 때보다 더 최악의 상태에 직면했다. 그는 파산했다. 그래도 그는 용기를 잃지 않았다. 그후에 그는 정계에 진출했다. 그는 두 차례의 큰 실패를 경험한 적이 있는 미국 대통령이 되었다. 해리 S. 트루먼이 바로 그 사람이다.

성공은 기회가 철저한 준비와 만날 때 이루어진다. 충분히 일을 하고 있다면 성공에 대해서 걱정하지 않아도 된다. 캘빈 쿨리지는 이렇게 썼다. '땀이 차지하고 있는 장소에 대신 들어설 수 있는 것은 하나도 없다. 재능도 그렇게 할 수 없다. 재능을 가지고도 성공하지 못했다는 것은 너무나 많다. 천재가 언제나 성공하는 것은 아니다. 대우받지 못하는 천재도 많다. 교육이 성공하게 하지는 않는다. 세상은 교육받은 낙오자들로 꽉 차 있다. 땀과 결심, 그리고 열심히 일하는 것이 성공을 이루게 된다.'

인내는 장애물을 극복한다

정상으로 가는 여행을 계속할 때 기억해야 될 것은, 그 계단은 아무리 높이 뛰어도 한 단계밖에 오를 수 없도록 만들어져 있다는 것이다. 그것은 당신에게 거기서 쉬라고 만들어진 것은 아니다. 우리는 피곤해지면 용기를 잃는다. 그러나 헤비급 챔피언 제임스 코벳은 늘 이렇게 말했다. "1라운드만 더 뛰면 챔피언이 된다. 모든 일이 힘겹겠지만 당신은 1라운드만 더 싸우면 된다."

윌리엄 제임스에 의하면 우리에게는 두 번, 세 번, 네 번, 다섯 번, 여섯 번, 그리고 심지어는 일곱 번이라도 다시 도전할 만한 잠재력이 있다고 지적하고 있다. 각 개인의 내부에는 엄청난 잠재력이 있지만 당신이 그것을 깨닫지 못하거나 사용하지 않는 한 그것은 아무런 가치도 없는 것이 되고 만다. 세계적으로 유명한 첼리스트 파블로 카살은 예술가로서 세계적인 명성을 얻은 후에도 매일 6시간씩 연습했다. 어떤 사람이 그에게 왜 그렇게 계속 연습하느냐고 물었다. 그의 대답은 간단했다. "나는 진보하고 있다고 생각하기 때문이오."

위대해지는 기회는 우리의 내부에 있는 것이지 다른 곳에서 찾을 수는 없다. 그렇지만 우리는 내부의 그것을 얻기 위해서 일을 해야 한다. 쇠는 달구어졌을 때 두들겨야 한다는 말은 좋은 충고이다. 그러나 더 좋은 충고는 두들겨서 쇠를 뜨겁게 하라는 것이다. 그렇다. 인내와 노력은 중요하다. 당신의 솜씨와 재능을 계발할 때 당신의 날은 오는 것이다. 또한 비록 당신의 날이 오지 않더라도 그래도 큰 승리자라는 사실을 지적하고 싶다.

당신이 가진 것으로 최선을 다하라. 인생을 이런 식으로 산다면 언젠가는 꼭 성공할 것이고 보람을 느낄 것이다.

빈스 롬바르디, 세계 풋볼 챔피언 결정전에서 팀을 세 번이나 승리로 이끈 유일한 코치인 그는 이렇게 말한 적이 있다. "마음 씀씀이가 깊은 사람치고 벌을 싫어하는 사람을 본 적이 없다. 좋은 선수들은 벌을 필요로 하고 그것을 요구하고 있다."

게으른 사람은 이 세상에 없다

이 6부에서 일과 당신을 '파는' 것에 대해서 말했다. 그러므로 지금 내가 "게으른 사람은 이 세상에 없다. 있다면 그는 아프거나 영감을 받지 못했을 뿐이다."라고 말한다면 당신은 조금 놀랄지도 모르겠다. 누구든 아프면 의사에게 가야 한다. 만일 영감을 받지 못한 사람이라면 그가 해야 할 일은 여러 가지가 있다. 그는 이 책을 읽고 또 읽어야 하며, 동기유발적인 연사에게 강연을 들어야 하며, 영감을 얻고 있는 사람들과 교류를 해야 한다. 올림픽 챔피언이었으며 지금은 미국의 가장 위대한 연설가 중 한 명인 밥 리차드는 교류를 함으로써 영감을 얻을 수 있었다고 말한다. 그는 올림픽에서 선수들이 기록을 갱신할 수 있는 것은 참가 선수들이 항상 위대한 선수들과 함께이기 때문이라고 말한다.

세계 곳곳에서 몰려든 선수들이 기록을 갱신하려고 노력하는 것을 볼 때 기록을 깨뜨리겠다는 영감을 받는다. 최선을 다하고 있는 사람은 어림없는 일도 무난히 달성해낼 만한 능력이 있다. 그리고 리차드는 챔피언들과의 교류는 챔피언이 되도록 만든다는 사실을 지적하고 있다. 단순하게 이야기하는 것 같지만, 나는 게으른 사람들에게는 이미지와 자세가 문제라고 믿고 있다. 그들은 마지못해서 자신들의 직업에 노력을 쏟고 있다. 그들은 온 힘을 다 쏟아도 그 일을 해내지 못할 것이라는 생각을 갖고 있다. 그래서 구실을 찾기 위해 절반 정도의 노력만 기울이고는 온 힘을 기울이면 할 수 있었다고 합리화한다. 그들은 실제로 노력해 보지 않았기 때문에 패배자의 감정을 느끼지 않게 된다. 그들은 이따금 어깨를 으쓱해 보이고는 이렇게 말하곤 한다. "난 아무렇지도 않아." 많은 노동자들이 그런 식이다. 일하고 싶지 않은 현상은 다른 노동자들에게 감염되며 더 많은 문제를 일으킨다.

이 모든 점을 고려하면서 자신을 다시 한 번 바라보라. 이 시점에서 만일 당신이 불건전한 자기 이미지를 갖고 있다는 느낌이 든다면 2부를 다시 읽어라. 그리고 자기 이미지가 개선될 때까지 그 부분을 파고들어라.

22

붓고 저으면 생산할 수 있다

펌프에 물 붓기

전국을 돌면서 즐겨 이야기한 것들 중 하나는 구식 펌프에 대한 것이다. 나는 그 이야기를 좋아하는데, 그 이유는 미국, 자유기업제도, 인생에 대한 이야기를 대변해 주기 때문이다. 적어도 한 번쯤은 이처럼 시대에 뒤떨어진 펌프를 사용할 기회를 가져보라. 그런 경험은 당신이 일련의 사고방식들의 중요성을 인식하는 데 도움을 줄 것이다.

몇 년 전에 내 친구 버나드 헤브굿과 지미 글렌은 차를 몰고 사우스앨라배마의 산허리를 돌고 있었다. 때는 8월의 무더운 여름날로 그들은 갈증을 느꼈다. 버나드는 뜰에 펌프가 있는 낡은 농가로 차를 몰았다. 차에서 뛰어내려 펌프로 달려간 버나드는 잠시 펌프질을 해보더니 낡은 양동이를 가리키며 지미에게 근처의 냇가에 가서 물을 퍼오라고 했다. 모든 펌프가 그렇듯이

1. 온 힘을 다해 시작하라.

2. 펌프에 물을 부어라.

3. 끈기와 인내로 저어라.

4. 당신은 마침내 성공할 것이며 많은 보상이 돌아온다.

그 펌프도 처음에 어느 정도 물을 부어주어야만 제구실을 하게 된다.

인생이라는 게임에서도 어떤 것을 얻기 위해서는 무엇인가를 넣어주어야만 한다. 불행히도 인생의 스토브 앞에서 많은 사람들은 이렇게 말한다. "스토브야, 내게 열기를 다오. 그러면 내가 네게 장작을 주겠다."

비서는 사장에게 이렇게 말한다. "월급을 더 올려주세요. 그러면 일을 더 잘하겠어요. 그리고 더욱 신경을 쓰겠어요." 세일즈맨은 종종 사장에게 이렇게 말한다. "저를 세일즈 매니저로 임명해 주십시오. 그러면 제가 그 일을 잘할 수 있다는 것을 보여드리겠습니다. 지금까지 제가 일을 못했다는 것은 사실입니다. 그러나 저는 일을 더 잘하기 위해서 책임을 맡고 싶습니다. 그러니 저를 세일즈 매니저가 되게 해주시고 계속 지켜봐 주십시오." 그들의 이야기는 바로 이런 의미이다. '내게 보상을 해달라. 그러면 나는 생산을 증대시키겠다.' 그러나 인생이란 그런 식으로 되는 것이 아니다. 인생에서 어떤 것을 얻기 전에 당신은 먼저 무엇인가를 인생에 집어넣어야 한다. 만일 당신이 지금의 이 지식을 남은 인생에 옮겨 적용한다면 많은 문제점들을 해결할 수가 있을 것이다.

농부는 가을의 수확을 위해 봄이나 여름에 씨앗을 뿌려야 한다. 또한 농작물을 수확하기 전까지 많은 양의 노동을 투자해야 한다. 학생은 지식과 점수를 얻기 전에 수백 시간의 노력을 쏟는다. 내일의 관리자가 될 오늘의 비서는 자신의 일에 엄청난 노력을 투자한다. 내일의 챔피언이 될 운동선수는 챔피언이라는 보상을 받기 전에 땀과 노력을 투자해야 한다. 내일의 사장이 될 오늘의 중간관리자는 일에 몰두해야 한다. 내일의 세일즈매니저가 될 오늘의 세일즈맨은 펌프에 물을 붓는 원리를 이해하고 있는 사람이어야 한다. 당신이 보상의 법칙에 따라 무엇인가를 넣을 때, 당신은 결과물을 얻을 것이다.

지금 멈추지 마라

자, 사우스앨라배마의 내 친구들의 이야기로 돌아가자. 사우스앨라배마의 8월은 너무나 더웠다. 그래서 몇 분 동안 펌프질을 한 버나드는 비오듯 땀을 흘렸다. 그는 물을 얻기 위하여 어느 정도까지 일을 하고 싶은지 자신에게 묻기 시작했다. 노력의 대가로 받게 될 보상의 양에 관심이 있었다. 잠시 후 그는 말했다. "지미, 난 이 우물에 물이 없다고 믿지는 않아." 지미가 대답했다. "그래, 물은 있어, 버나드. 사우스앨라배마의 우물들은 깊고, 깊은 우물의 물은 좋고 깨끗하고 순수하고 맛이 좋기 때문에 이 우물물 역시 좋을 것임에 틀림없어." 지미 또한 인생에 대해서 이야기하고 있는 것이다. 그렇지 않은가? 우리가 얻기 위하여 일하는 바로 그것은 우리가 가장 높이 평가하는 것들이다.

이제 버나드는 점점 더 더워졌으며 피곤해졌다. 그래서 그는 펌프에서 손을 떼고 말했다. "지미, 이 우물에 물은 없어." 지미가 재빨리 그 펌프의 손잡이를 잡고 펌프질을 계속하면서 말했다. "지금 멈추지 마, 버나드. 만일 네가 멈추면 올라오던 물이 도로 내려가 버린단 말이야. 그러면 처음부터 다시 시작해야 한 다구." 이 말 역시 인생에 대한 이야기이다. 나이·성별·직업 에 관계없이 물이 안 보인다면 펌프질을 멈추는 것이 당연하다 고 사람들은 생각한다. 만일 당신 역시 이따금 그런 느낌을 받 게 되면 당신 곁에는 많은 친구가 있다는 사실에 안심하라.

딱 한 번만 더

이제 분명한 사실을 알아보자. 물을 길어 올리기 위해 두 번 만 더 펌프질해야 하는지 또는 200번 더 해야 할지 우리는 알 수 없다. 인생의 승부를 들여다볼 방법도 없다. 그리고 내일 일 을 그만두어야 할지 또는 그 일이 1주일, 한 달, 1년, 아니면 그 이상 걸릴 것인지를 알 수 있는 방법도 없다.

당신이 무엇을 하고 있든 내가 분명히 알고 있는 것은, 만일 충분히 오랜 시간 펌프질을 한다면, 열심히 그리고 열정적으로 일을 한다면 조만간 그 노력이 보상으로 돌아올 것이라는 사실 이다. 일단 물이 흘러나오기 시작하면 당신이 해야 할 일은 지 속적으로 펌프에 압력을 주는 일뿐이다. 그러면 당신이 사용하 려는 것보다 더 많은 양의 물을 얻게 될 것이다. 이것은 인생에 있어서는 성공과 행복이다.

그 속에 담긴 메시지는 분명하다. 당신이 무슨 일을 하든 올 바른 자세와 올바른 습관을 가지고 임하라. 그러나 무엇보다도 인내와 지구력으로 그 일을 계속하라. 물이란 종종 단 한 번의 펌프질을 더함으로써 뿜어져 나오는 경우가 많은 것처럼, 성공과 승리의 맛 역시 종종 언덕 위나 구석진 곳처럼 예측할 수 없는 가까운 곳에 있다.

당신이 어떤 일에 종사하든 일단 물이 뿜어져 나오게 하면 그 다음은 아주 작은 노력으로도 그 물이 계속 뿜어져 나오도록 할 수 있다.

나는 펌프의 이야기가 인생과 자유기업제도를 대변하는 이야기라고 믿는다. 이렇게 말하는 이유는, 그 이야기는 나이나 교육 수준과는 아무런 관계가 없으며, 흑인이든 백인이든, 남성이든 여성이든, 뚱뚱하든 왜소하든, 외향적이든 내향적이든, 또는 가톨릭 교도이든 유태 교도이든 프로테스탄트이든 관계가 없기 때문이다.

정상을 향해 가려면 이 펌프 이야기를 기억하라. 만일 마지못해서 펌프질을 시작한다면 당신은 영원히 펌프질을 하게 될 것이다. 열심히 펌프질을 해라. 그리고 물이 흘러나올 때까지 펌프질을 계속하라. 그 다음에는 굉장한 일이 벌어질 것이다. 일단 물이 흘러나오기 시작하면 일정한 압력을 유지하라. 그러면 그 보상은 매우 커서, 당신이 원하는 모든 것을 얻을 때가 올 것이다.

기관차를 처음 출발시키기는 어려운 일이다. 그러나 일단 움직이기 시작하면 계속 앞으로 나아가는 데는 출발할 때보다 훨씬 적은 연료가 들게 된다.

이제 당신은 정상으로 가는 계단의 '일'이라는 계단 위에 서 있는 자신의 모습을 보게 된다. 당신은 이제 '욕망'의 계단을 밟을 준비가 되어 있다. 그 계단은 당신을 '내일'이라는 유리문 앞에 서게 할 것이며, 그 유리문은 당신에 의해 열릴 준비가 되어 있다. 여기에서 분명한 사실은, 당신은 그 문을 있는 힘껏 당길 필요가 전혀 없으며 살짝 밀기만 하면 된다는 것이다. 그러나 친구여, 계속 나아가라! 당신은 인생의 대연회장에서 열광적인 한 스텝을 막 밟고 있는 것이다.

욕망

◎ 목적

1. 평범이라는 온수를 욕망의 증기로 바꿀 수 있도록 동기유발의 불
   꽃을 화염으로 부채질한다.

2. 당신에게 총명한 무지를 소개해 주며, 인생의 레몬을 얻는 방법과
   그것으로 레몬수를 만드는 법을 가르쳐 준다.

3. 더 풍요로운 삶으로 가는 길에 솟아 있는 돌을 딛고 넘어감으로써
   장애물을 이용하는 법을 가르쳐 준다.

4. 자유기업을 선전하며 그 장점을 소개한다.

5. 당신이 유지해야 할 여러 단계들을 분명히 해 준다.

23

평범에서 비범으로

평형장치

과거 서구에는 사람을 대등하게 만드는 물건이 있었다. 사람들은 그것을 육혈포라고 불렀다. 그것은 작은 사람이나 큰 사람을 모두 대등하게 만드는 것을 가능하게 했다. 오늘날 육혈포는 사라졌지만 그 평형기구는 남아 있다. 그것은 '욕망'이라고 불리는 것이다. 욕망은 온수를 가진 평범한 사람을 성공의 증기로 변화시키는 요소이다. 그것은 평범한 능력을 지닌 사람들로 하여금 훨씬 더 큰 능력을 지닌 사람들과 성공적으로 경쟁할 수 있게 해주는 요소이다. 욕망은 조그마한 차이를 만드는 '엑스트라'에 불과하다. 인생에 있어서 큰 차이를 만드는 것은 바로 그 조그마한 차이이다.

욕망은 엑스트라이다. 그것은 당신을 포근하게 해주는 침대 위에 있는 한 조각의 담요이다. 물론 증기로 바꾸는 것은 그 조그마한 엑스트라이다. 99.4도의 물은 면도를 하거나 커피를 마시기에 적당한 물의 온도이다. 좀더 열을 가하면 그 뜨거운 물은 기관차를 움직이고 증기선을 운항하게 하는 증기로 변한다. 그 조그마한 엑스트라는 당신을 사다리의 정상으로 보내줄 것이다. 예를 들면 티 코브는 큰 욕망을 가졌었다. 그랜틀랜드 라이스는 욕망과 그와의 관계를 이렇게 말한다. "나는 코브가 39.4도라는 고열에 시달리면서 경기하던 날을 기억한다. 의사는 며칠간 누워서 안정을 취해야 한다고 지시했지만 그의 팀은 그날 경기가 있었다. 티 코브는 경기에 참가했으며, 3개의 히트와 3개의 베이스 스틸에 성공하고 승리했다. 그리고는 벤치에 나가떨어졌다."

욕망에 대해 얘기할 때마다 생각나는 또 한 사람의 야구선수가 있다. 불멸의 사나이 피트 그레이가 바로 그이다. 젊었을 때 그의 야망은 메이저 리그에 출전하는 것이었다. "나는 정상으로 갈 것이다." 그는 그 이야기를 되풀이했다. 그의 가장 큰 야망은 양키 스타디움에서 경기를 하는 것이었다. 1945년에 그레이는 메이저 리그에의 꿈을 실현했다. 그는 불과 1년 동안 경기에 출전했다. 그것도 주전선수가 아니었으며, 그 1년 동안 홈런을 하나도 치지 못했다. 그럼에도 불구하고 나는 피트 그레이가 뉴욕의 쿠퍼스타운에 있는 홀 오브 페임에 속할 불멸의 사나이임을 주장한다.

그 이유는, 오른팔이 없다는 사실에도 불구하고 정상에 올랐기 때문이다. 그는 자신의 신체적인 결함을 경멸하지 않았다. 그 대신에 자신이 가지고 있는 것을 존중했다. 인생에 있어서의 성공은 손이 가져다주는 것이 아니다. 성공은 당신이 다루고 있는 손으로 당신의 능력을 최대한 쓸모있게 만듦으로써 이루어진다.

욕망은 한 개인으로 하여금 그가 하는 일에서 자신의 능력을 최대한 이용하도록 해준다. 욕망은 최고의 속도로 전진하게 해준다. 내 판단에 의하면 우리가 하고 있는 일 하나하나는 우리의 능력을 최고로 사용해서 이루어져야 한다. 그것이 시험을 보는 일이든, 또는 육상경기에 참가하는 일이든 우리는 그것에 최선을 다해야 한다. 왜냐하면 욕망의 힘은 경제적인 힘보다 더 중요하기 때문이다.

누트 로크는 많은 사람들이 훌륭한 패배자이거나 나쁜 승리자여야 한다는 생각을 갖고 있다고 지적했다. 그는 이것이 아주 잘 못된 선택이라고 생각한다. 또한 그는 훌륭한 사람이 되기 위해서 실패한 경험을 갖고 싶은 마음은 없다고 했다. 그는 이렇게 말했다. "내게 훌륭한 실패자를 보여달라. 그러면 나는 당신에게 한 명의 패배자를 보여줄 것이다. 내게 11명의 실패자를 보여 달라. 그러면 나는 당신에게 전국적인 시합에서 우승한 축구팀을 보여주겠다." 나도 이 말에 동의한다. 어떤 한 사람이 이기는 과정은 그의 성격을 보여준다. 그리고 그가 실패하는 과정은 그 사람의 모든 점을 보여준다. 그렇지만 나는 이기기 위한 의지와 결심, 그리고 욕망에 대해 얘기하고 있다. 우리는 단순히 훌륭한 패배자와 나쁜 승리자 사이에서만 선택해야 하는 것은 아니다. 우리는 훌륭한 승리자가 될 수 있으며, 승리의 경험을 많이 할수록 좋은 승리자의 성격을 갖추는 것은 더 쉬워진다. 그것은 운동 경기에서도 마찬가지이며, 개인에게도 그리고 당신에게도 적용되는 말이다.

비축물을 꺼내라

욕망은 적어도 이론적으로는 불가능한 압도적인 상대와 싸워 이기게 할 수 있다. 빌리 마이스케가 이에 해당되는 사람이었다. 그는 학생시절부터 권투선수였다. 그는 토미 기본스, 해리 그렙, 그리고 베틀링 레빈스키 같은 사람들과 싸웠다. 전성기였던 25세 때 중병으로 병원에 입원했는데, 의사는 그에게 링을 떠나라고 권고했다. 그는 그 말에 따라야 했다. 그러나 권투는 그가 할 수 있는 유일한 것이었다. 29세가 되었을 때는 콩팥에 이상이 생겼다. 그는 자기가 브라이트 병으로 죽어 가고 있다는 사실을 알았다. 그리고 그는 그 해에 단 한 번의 경기를 했다. 몸이 너무 쇠약해져서 체육관에도 갈 수 없었고, 병이 너무 깊어서 다른 직업을 찾을 수도 없었다. 그는 가족들과 함께 집에 눌러앉게 되었고 가정 형편이 절망적인 상태가 되어가는 것을 알게 되었다.

크리스마스가 다가오고 있었다. 그는 가족들을 위해 '즐거운 크리스마스'를 보내게 해 주고 싶다는 생각으로 가득 찼다. 12월에 마이스케는 친구이자 매니저인 잭 레디에게 경기를 주선해 달라고 부탁하기 위해 미니아폴리스로 찾아갔다. 처음에 레디는 펄쩍 뛰며 완강히 거절했다. 그는 마이스케의 건강 상태를 잘 알고 있었으며, 그런 경기로는 벌이도 신통치 않을 것이었다. 마이스케는 자신의 심정을 얘기하면서 간청했다. 결국 레디는 허락했다. 마이스케는 자기가 너무 쇠약해져서 경기를 잘할 수 없다는 사실은 알고 있지만 좋은 경기를 해 보이겠다고 약속했다.

레디는 오랜 친구인 빌 브레넌과의 경기를 주선했다. 경기는 네브래스카의 오마하에서 열릴 예정이었다. 브레넌은 거칠고 어려운 상대였다. 그는 뎀프시와 12라운드까지 갔던 경력이 있는 선수로서, 죽어가고 있는 마이스케에게는 어려운 상대였다.

마이스케는 연습할 만한 기력이 없었기 때문에 힘을 비축하기 위해서 집에 있었다. 그는 경기 시간이 다 되어서야 오마하에 도착했다. 경기가 끝났을 때 빌리 마이스케는 2400달러가 든 지갑을 들고 가족과 크리스마스를 보내기 위해 집으로 왔다. 그는 가족들이 필요로 하는 것과 원하는 것을 사는 데에 그 돈을 다 썼다. 그 해의 크리스마스는 마이스케의 가족에게는 가장 성대한 크리스마스였다. 12월 26일, 마이스케는 잭 레디를 불러서 자기를 성 바울 병원으로 데려다달라고 했으며, 결국 1월 1일에 죽었다. 그의 최후의 경기는 세상을 떠나기 6주 전에 있었던 것이다. 그의 친구들은 그것을 믿을 수가 없었다. 빌리는 쇠약했으며 죽어가고 있었다. 그로서는 그냥 녹아웃되는 것이 쉬웠을 것이다. 그렇지만 가족을 위해 최선을 다해야겠다는 자존심과 욕망은 그에게 믿을 수 없을 만한 힘을 쏟게 했다. 빌 브레넌은 4라운드에서 녹아웃되었다. 당신의 비축물 역시 사용할 욕망이 있을 때는 유용하게 쓰일 수 있다.

온힘을 기울여 어떤 일을 할 때 우리는 그 대가에 관계없이 승리한다. 왜냐하면 총체적인 노력에 대한 개인적인 만족이 우리를 승리자로 만들기 때문이다. 앞에서 얘기했던 랜디 마틴은 1972년에 처음으로 보스턴 마라톤에 출전했다. 아주 험난하고 언덕이 많은 코스를 41킬로미터나 달리는 경기였다. 마틴 박사는 끝까지 완주하는 선수는 모두 다 상을 받게 되어 있다고 말했다. 선수들 대부분이 자기가 우승할 수 있다는 믿음을 갖고 참가한 것은 아니었다. 그러나 완주한 사람은 누구나 다 승리자이다. 왜냐하면 어떤 잘된 일에 대한 진실한 보상은 그것을 할 수 있었다는 것이기 때문이다. 이것은 아주 중요한 생각이다. 왜냐하면 실제로 당신은 자신과 경쟁을 하고 있기 때문이다. 당신이 갖고 있는 능력을 최대로 발휘해서, 당신이 최선을 다했다는 사실을 스스로 아는 것만큼 만족스러운 것은 없다. 최선의 노력은 당신에게 특별한 승리를 가져다준다. 당신 자신에 대한 승리를.

승리자의 기질

욕망에 대해 말할 때면 첫번째로 손꼽을 수 있는 사람이 있는데, 그는 벤 호건이다. 모든 것을 고려해 볼 때 호건은 아마도 가장 위대한 골프 선수였다. 그는 동료 골프 선수들처럼 그다지 많은 능력을 지니고 있지는 않았다. 그러나 능력 부족을 끈기와 결심, 그리고 욕망으로 보충했다.

벤 호건은 실제로 두 가지 경력을 갖고 있었다. 운동선수로서의 절정기에 그는 치명적인 사고를 당했다. 어느 안개 낀 날 아침, 그와 아내 발레리는 고속도로를 달리고 있었다. 커브를 돌 때 그들의 앞으로 곧장 달려오고 있는 그레이하운드의 불빛을 보았다. 벤은 아내를 보호하기 위하여 순간적으로 몸을 아내 앞으로 내던졌다. 이 행동은 믿을 수 없게도 그 자신의 생명을 구한 것이 되었다. 왜냐하면 달려오던 차가 벤이 앉아 있던 운전석으로 깊이 파고들어와 박혔기 때문이다. 입원한 며칠 뒤 그는 위험한 고비를 넘겼다는 의사의 말을 들었다. 그러나 전문적인 골프 선수로서의 생활은 끝났으며, 다시 걷게 되면 그것만으로도 천만다행한 일이라고 말했다. 그러나 그들은 벤 호건의 의지와 욕망은 계산에 넣지 않았던 것이다.

처음 고통스런 몇 걸음을 걸을 수 있게 되자마자 그는 위대한 골프 선수가 되겠다는 자신의 꿈을 되찾았다. 그는 두 손으로 끊임없이, 장소 불문하고 연습을 했다. 집에서 겨우 설 수 있는 정도의 두 다리로 버티고 서서 골프채를 휘두르는 연습을 했다. 그는 일하고, 걷고, 상처난 다리를 강하게 하고는 골프장에 가서 연습을 했다. 처음에는 몇 개 정도 밖에 칠 수가 없었다. 그러나 점점 더 많이 치게 되었으며, 결국 골프계로 복귀하는 날이 오고야 말았다. 그가 다시 경쟁에 뛰어들었을 때 뒤에서부터 위로 올려치는 동작은 매우 빨랐다. 이유는 간단하다.

벤 호건은 자신을 우승자로 보았다. 그는 이겨내려는 강한 욕망을 갖고 있었다. 그렇다. 욕망은 평범한 사람들과 챔피언을 구별지어 주는 요소이다.

24

총명한 무지

땅벌은 날 수가 없다

　욕망은 총명한 무지를 창조했다. 지적인 무지란 당신이 할 수 없다는 사실을 모르고 어떻게든 하려는 능력 또는 성격이다. 이것은 불가능에 가까운 것을 달성하게 해준다. 예를 들어 한 세일즈맨이 새로 입사를 했다. 세일즈 경험이 전혀 없는 그는 판매에 대해서도 아는 것이 하나도 없었다. 다행히도 그는 자기가 모른다는 사실도 모르고 있으며 누군가가 그에게 동기를 부여해 준다. 그 결과 그는 너무 열정적으로 되어서 세일즈 분야에서는 그 회사를 이끌어나가게 된다. 자기가 그 일을 할 수 없다는 사실을 모르는 채 그는 그것을 하고 있다. 아마 그것은 게으른 세일즈맨보다 신입 세일즈맨이 더 나은 이유일 것이다.

　땅벌이 날 수 없다는 것은 잘 알려진 사실이다. 그것에 관한 과학적인 증거는 충분하다. 땅벌은 날 수가 없다. 그의 몸은 너무 무겁고 날개는 너무 가볍다. 기체역학적으로 땅벌이 난다는 것은 불가능하다. 그러나 땅벌은 그런 책을 읽지 않으며, 그는 날고 있다.

엔진을 만들어라

헨리 포드는 아주 비범한 사람이었다. 그러나 40세가 될 때까지도 재정적인 성공은 이루어지지 않고 있었다. 그는 정규교육을 받은 적이 없었다. 그는 자신의 제국을 세운 뒤에 V-8 엔진에 대한 생각을 품게 되었다. 그는 엔지니어들을 모아놓고 이렇게 말했다. "나는 여러분이 V-8 엔진을 만들기를 바랍니다." 이 똑똑하고 많은 교육을 받은 사람들은 수학과 물리, 그리고 엔지니어링의 원리를 알고 있었다.

그들은 가능한 일과 불가능한 일을 알고 있었다. 그들은 이런 태도로 포드의 얼굴을 쳐다보았다. "저 늙은 사장이 웃기고 있군." 그들은 포드에게 V-8 엔진이 경제적으로 불가능하다는 사실을 끈질기게 설명했다. 그리고 그것이 왜 경제적으로 만들어질 수 없는지에 대한 이유도 설명했다. 그렇지만 포드는 그들의 말을 일축하고 간단히 이렇게 말했다. "여러분, 나는 꼭 V-8 엔진을 가져야겠습니다. 내게 그것을 만들어 주시오."

그들은 한동안 내키지 않는 일을 했다. 그리고 다시 포드에게 보고했다. "우리는 V-8엔진이 기술적으로도 불가능하다는 것을 전보다 더 확신하고 있습니다." 그러나 포드는 쉽사리 그 말에 동의하지 않았다. "여러분, 나는 V-8 엔진을 가져야겠습니다. 그것도 빠른 시일 내에 만들어 주시오." 다시 사장실을 물러나온 그들은 좀더 열심히 일하고, 좀더 많은 시간을 바치고, 좀더 많은 돈을 들였다. 그들은 처음과 같은 보고서를 가지고 다시 포드에게 갔다. "포드 씨, V-8 엔진은 절대적으로 불가능합니다."

그러나 불가능이란 말은 포드의 사전에는 없었다. 그는 이미 모델 T와 모델 A를 하루 임금 5달러에 조립생산함으로써 산업계에서 혁명을 일으켰었다. 헨리 포드는 눈에 불을 켜고 말했다. "여러분들은 이해를 못하고 있소. 나는 V-8 엔진을 가져야만 합니다. 당신들은 내게 그것을 만들어 줄 것입니다. 이제 가서 그것을 만드시오." 어떻게 생각하는가? 그들은 결국 V-8 엔진을 만들었다. 그들은 그 일이 불가능하다는 것을 모르는 무지한 한 사람 때문에 그것을 만들었다. 우리는 매일 이 V-8을 본다. 그렇지 않은가? 한 사람은 할 수 없다고 하면서 하지 않는다. 그러나 다른 한 사람은 할 수 있다고 하면서 해낸다.

'나는 할 수 있다(I can)'는 생각은 매우 중요한 것이다. 토마스빌에 있는 센트럴 고등학교의 마미 맥컬로우 선생님은 자신의 학급에 '나는 할 수 있다(eye can)'는 사상을 도입할 생각을 가지고 있었다. (그녀는 교과서인 '더 풍부한 인생'이라는 과목을 맡고 있다.) 그녀는 학생들에게 깡통(can)을 가져오게 한 다음 거기에 눈(eye) 그림을 붙였다. 그래서 그것은 문자 그대로 아이캔(eye can)이 되었다. 만일 한 학생이 '나는 할 수 없어'라고 말하면 학급의 모든 친구들은 '나는 할 수 있다'는 학급이라는 사실을 상기시켜 주었다. 이 긍정의 결과는 극적이었다.

너무 많은 부정적인 것들이 가르쳐지는 현실에서 작은 창조적인 상상력과 긍정적인 사고방식이 해내는 일을 본다는 것은 신선하고 굉장하지 않은가? 당신은 마미 맥컬로우 같은 사람이 만 명 정도가 되어서 전국에서 이 철학을 가르친다면 얼마나 많은 효과를 낼 것인지 상상이나 할 수 있겠는가?

무지 + 레몬 = 레몬수

제2차 세계대전 중 크레이튼 에이브람스 장군과 부하들은 적에게 완전히 포위되었다. 적은 동서남북 어디에나 있었다. 이 급보를 듣고 그는 말했다. "제군들, 사상 처음으로 우리는 어느 방향으로든 마음대로 적을 공격할 수 있는 위치에 있게 되었다." 에이브람스 장군은 살았을 뿐만 아니라 전투에서도 승리를 했다. 중요한 것은 상황(레몬)이 아니라 그 상황에 대처하는 우리의 반응(그것을 사용하는 것)이다.

총명한 무지란 무엇인가? 총명한 무지란 인생에서 약속되지 않았거나 부정적인 상황에 대처하는 방법이다. 그것의 특징은 레몬을 버리지 않고 레몬수를 만들 수 있게 해주는 것이다. 그것은 소아마비에 걸린 두 사람의 태도에서 자세히 볼 수가 있다.

한 사람은 워싱턴 거리의 거지가 되었고, 다른 한 사람은 프랭클린 델러노 루스벨트였다. 총명한 무지는 인간에게 일어나는 모든 일에 좋은 결과를 약속하는 희망의 씨앗이다. 간단히 말해서 어떤 레몬 같은 인생이 우리에게 주어지더라도 우리는 그것을 레몬수로 변화시킬 수 있다.

찰스 케터링은 조금 다른 레몬을 가졌다. 그것은 부러진 팔이었다. 오래 전 그가 집 앞에서 차에 시동을 걸고 있을 때 갑작스런 사고가 생겨 팔이 부러졌다. 그는 어떻게 했을까? 처음엔 고통을 못 이겨 팔을 움켜쥐었다. 그러나 그와 동시에 이렇게 생각했다. "차의 이런 시동법은 무서운 사고를 일으킨다. 더 쉽고, 더 좋고, 더 안전한 시동법이 개발되어야 한다. 그렇지 않으면 차를 갖고 싶은 생각이 사라질 것이다." 그 결과 그는 '자동 시동기'를 발명했다. 그의 레몬, 즉 부러진 팔은 우리의 레몬수이다.

야곱 시크의 레몬은 그가 금을 캐고 있을 때 영하 40도로 떨어진 기온이었다. 그는 면도를 할 수가 없었다. 그래서 최초로 전기면도기를 발명했으며, 그것이 그의 금광이었다.

베일러 팀의 세 번째 쿼터백이었던 닐 제프리는 너무 크고 말을 더듬는다는 레몬을 갖고 있었다. 그는 코치에게 첫번째 쿼터백을 맡고 싶다고 말했다. 닐의 불타는 욕망은 꿈을 실현시키고야 말았다. 그리고 1974년에 베일러 팀을 50년만에 사우스웨스트 콘퍼런스 챔피언으로 만들었다. 닐은 그 대회에서 최우수 선수로 선정되었다.

미키 웰던은 한 자루의 레몬을 갖고 있었다

미키는 한 살 때 소아마비에 걸렸고, 두 살 때는 목발의 명수가 되어 있었다. 16세 때에는 병이 악화되어 하반신 불구가 되었다. 그래서 휠체어에 몸을 의지하게 되었다.

1971년 8월, 21세의 미키는 시간당 2달러 99센트를 받던 엔지니어링 서기직에서 해고되었다. 당신도 알다시피 21세 하반신 불구자에 대한 노동시장에서의 수요는 그리 많지 않다. 그러나 헌신적이고 열정적인 노동자에 대한 수요는 언제나 있다. 그래서 꼭 한 달만에 1300명 이상 고용하고 있는 국제관리자 추천회사의 일리노이 주 록포드 지부에 직업소개인 겸 카운셀러로 채용되었다.

1975년 3월, 소네스타비치 호텔에서 미키 웰던은 그 회사에서 뽑는 '이 해의 카운셀러'라는 영광을 차지했다. 다른 사람이 원하는 것을 얻도록 충분히 도움을 준다면 자신이 원하는 모든 것을 얻을 수 있다는 사실을 믿었기 때문에 미키는 자신의 생애를 타인을 돕는 데 바쳤으며, 그 결과 불황이었던 1974년에 6만 달러 이상의 수입을 올렸던 것이다. 그는 자신에게 능력이 없다고 믿지 않았다. 그리고 사람들은 모두 그가 '패배자의 변명'을 가지지 않았다고 말하고 있다. 미키는 인생이 자기에게 한 자루의 레몬을 주었기 때문에 한통 가득히 레몬수를 만든 것은 당연하다고 생각하고 있다.

잘못된 가정(假定)

　제2차 세계대전 당시 미국인들은 일본군이 진주만을 공격했을 때부터 전쟁이 시작되었다는 것을 알고 있었다. 진주만에 살고 있던 일본계 미국인들은 부끄럽게 생각했으며 집안에서 나오지도 않았다. 나중에야 잘못된 생각이었다는 사실이 증명되었지만, 그 당시 미국 정부는 이 일본계 미국인들에게는 미국에 대한 충성심이 없을 것이라고 가정했다. 결국 여러 가지 조사와 권고가 있은 후에 이 일본계 미국인들에게도 전쟁에 참여해서 미국을 위해 싸울 기회가 주어졌다. 그것은 그들의 충성심을 증명할 기회였다.

　일본계 미국인으로 구성된 442전투부대가 창설되었다. 재미있는 사실은 이 부대가 미국 역사상 어떤 부대보다도 더 많은 전과를 거두었다는 것이다. 전후에 이 일본계 미국인 집단은 미국에서 사는 어떤 다른 이민 1세들보다도 대학 졸업자의 비율이 높았다. 그들은 부정적이고 지극히 감정적인 환경에서 긍정적으로 대처했다. 그들은 레몬을 취해서 레몬수로 만들었다.

　찰스 굿이어의 레몬은 감옥이었다. 그는 법정모독죄로 수감 중이었다. 감옥에 있는 동안 그는 불평을 하거나 투덜거리는 일이 없었다. 그 대신 주방의 보조가 되었다. 주방에 있으면서 오로지 한 가지 생각으로 열심히 일했다. 그러던 중 고무의 경화법을 발견했다. 그의 레몬인 감옥은 우리의 레몬수가 되었다. 우리는 품질이 향상된 타이어를 갖게 되었는데, 그것은 더 편한 여행과 더 좋은 생활양식을 의미한다.

마틴 루터의 레몬은 바르트부르크 성에 머무르게 된 것이었다. 그의 레몬수는 성서의 독일어 번역이었다.《천로역정》은 존 버니언의 레몬수였다. 그것은 그가 감옥에 있는 동안 저술된 것이다.

승리자와 새로운 챔피언

스포츠 신문을 읽는 사람이라면 잭 뎀프시를 물리치고 권투에서 세계 헤비급 챔피언이 된 진 터니를 알고 있을 것이다. 그러나 사람들은 터니가 레몬으로 레몬수를 만들 수 있었다는 사실은 모른다. 처음 권투를 시작했을 때 그의 두 주먹은 누구든 녹아웃시킬 수 있는 무서운 선수였었다. 그런데 제1차 세계대전 중 프랑스 원정경기에서 두 손이 모두 부러졌다. 의사와 매니저는 부러진 손 때문에 세계 헤비급 챔피언이 되겠다는 꿈은 결코 실현시킬 수 없을 것이라고 말했다. 그러나 터니는 결코 낙담하지 않았다. 그는 이렇게 말했다. "펀치의 힘으로 챔피언이 될 수 없다면 기교파 권투선수로서 챔피언이 되겠다." 역사는 진 터니가 자기방어의 기술에 능통했다는 것을 얘기해 주고 있다. 그는 사각의 링에서 가장 과학적이고 숙련된 스텝을 밟으며 싸운 선수들 중 한 명이 되었다. 이 기술은 터니를 아웃복서로 자라게 했고, 그것으로 세계 헤비급 챔피언 잭 뎀프시를 쓰러뜨렸다.

권투 전문가들은, 손이 부러지지 않았더라면 터니는 결코 헤비급 세계 챔피언이 될 수 없었을 것이라고 말한다. 터니가 자신의 펀치력만 믿고 스텝을 개발하지 않았더라면 권투선수로서의 그의 기술과 기교를 사용하지 못했을 것이고 헤비급 챔피언도 될 수가 없었을 것이다. 그의 레몬은 부러진 양손이었고, 그것은 세계 헤비급 챔피언이라는 레몬수로 바뀌었다.

지금까지의 이야기에 담긴 의미는 명확하다. 만일 인생이 당신에게 레몬을 안겨준다면 당신은 레몬수를 만들 수 있는 주재료를 얻은 것이다. 우리에게 일어나고 있는 어떤 악조건이 문제가 아니다. 수양·헌신·결심, 그리고 욕망을 가지고 긍정적으로 대처한다면 그것은 오히려 우리에게 승리를 위한 기회를 만들어준다. 총명한 무지와 레몬, 그리고 많은 욕망은 생애를 통해 당신이 원하는 것을 얻도록 도와줄 것이다.

25

데이비드와 골리앗

내가 사겠습니다

데이비드 로프칙의 이야기는 이 책에서 내가 말하려고 했던 모든 것을 이야기해 준다. 1965년에 나는 미국의 정상급 연사 6명과 함께 캔자스 시에서 열린 한 세미나에서 연설을 하고 있었다. 토요일 저녁, 세미나가 끝나자 나는 혼자서 저녁식사를 하러 가고 있었다. 엘리베이터에서 내려 뮬바흐 호텔 로비로 나왔을 때, 매니토바 주의 위니펙에서 온 버니 로프칙의 목소리를 들었다. "어디 가시는 길입니까, 지그 씨." 말끔히 차려입은 그가 로비 저쪽에서 소리를 지른 것이다. 나는 대답했다. "저녁식사를 하러 가는 길이오, 버니." 그는 이렇게 말했다. "나는 내가 하려는 일을 얘기하고 싶소. 지그, 저녁식사를 같이 할 수 있다면 내가 사겠소."

누군가 식사를 사겠다고 할 때면 나는 그렇게 하도록 내버려둔다. 식탁에 마주앉았을 때 버니와 나는 친구라기보다는 형제 같은 친밀감을 느꼈다. 우리는 그날 밤 일상적인 질문들을 했다. "여기서 무얼하고 있느냐?", "가족은 몇이냐?" 이런 종류의 질문들이었다. 얼마 후에 나는 버니에게 먼 길을 왔겠다고 말했다. 그는 이렇게 대답했다. "그래요. 그러나 내 사업을 키우는 데 도움이 되는 좋은 아이디어를 많이 얻었기 때문에 그럴 가치는 있었지요." 나는 위니펙에서 캔자스 시까지는 너무 먼 거리이며, 장거리 여행을 하려면 비용이 많이 들 것이라고 말했다. 버니는 미소를 지으며 말했다. "그래요. 그러나 내 아들 데이비드에게 감사하고 있어요. 난 돈 문제는 신경쓰지 않는답니다." 내가 말했다. "그건 좀 이상하게 들리는군요. 자세하게 얘기해 줄 수 있겠소?" 이 말에 버니는 마음을 활짝 열고서 내가 이제껏 들어온 그 어느 것보다도 스릴 넘치는 이야기를 시작했다. "내 아들이 태어났을 때 우리 부부는 말 그대로 한없이 기뻐했습니다. 우리에겐 이미 두 딸아이가 있었고 데이비드가 태어나자 우리 가족은 완전해진 겁니다. 그러나 오래지 않아 우리는 뭔가 잘못되었다는 것을 알게 되었지요. 아들의 머리는 오른쪽으로 너무 기울어져 있었습니다. 그리고 정상적인 아이들과는 다르게 아주 이상한 소리만 냈습니다. 담당의사는 아무것도 잘못된 것은 없다고 우리 부부를 안심시켰습니다. 그리고 이 문제는 해결될 것이라고 했습니다. 그러나 우리는 잘 알고 있었습니다. 우리는 그애를 전문가에게 데려갔고, 그 병원에서는 몇 주 동안 아들을 검사했습니다."

당신의 아들은 뇌성마비

"우리는 문제가 훨씬 더 심각하다는 것을 알았습니다. 그래서 캐나다 최고 전문가 중 한 사람에게 데이비드를 데리고 갔습니다. 정밀검사를 한 다음 그는 말했습니다. '이 아이는 뇌성마비입니다. 대뇌는 마비상태에 있습니다. 걸을 수도, 말할 수도, 심지어는 열까지도 셀 수 없을 것입니다.' 그러고 나서 아이와 가족의 행복을 위해 공공기관에 맡기라고 했습니다." 버니는 불타는 눈빛으로 말했다. "지그 씨, 당신도 아시다시피 나는 구매자가 아니라 판매자입니다. 나는 아들을 식물로 여길 수는 없었습니다. 나는 그애를 행복하고 건강한 성인으로 자라서 생산적인 삶을 살 수 있는 아이로 보았습니다. 이런 생각으로 나는 그 의사에게 도움을 받을 수 있는 곳을 알고 있느냐고 물었습니다. 의사는 좀 굳은 표정으로 우리에게 최선의 충고를 해주었다고 말하고 일어서면서 상담은 끝났다고 했습니다."

버니는 그 이야기를 들려주며 말했다. "그 전문가가 해준 유일한 일은 문제를 해결하는 데 관심이 있으며 그것을 어렵게 여기지 않는 의사를 찾아가야 한다고 우리를 일깨워준 것뿐이었습니다."

문제 위주가 아닌 해결 위주

로프칙은 그런 의사를 찾아내려고 아들을 20명 이상이나 되는 전문가에게 데려갔었다. 그때마다 의사들은 같은 이야기와 충고만을 해줄 뿐이었다. 결국 그들은 시카고에 있는 펄스타인 박사의 이야기를 들었다. 그는 뇌성마비에 대해서는 세계적인 권위자였다. 세계 곳곳의 환자들이 그에게로 몰려들었고 이미 1년 이상 예약이 되어 있었다. 펄스타인 박사는 다른 의사들의 추천을 통해서 일했기 때문에 버니는 주치의의 도움을 받게 되었다. 데이비드에게 행해진 모든 테스트 자료를 펄스타인 박사에게 보냈지만, 불행히도 예약이 너무 밀렸으므로 주치의에게 나중에 진찰해 주겠다고 연락해 왔다. 주치의가 버니에게 이 사실을 알려주며 더 이상 어떻게 해볼 도리가 없다고 했을 때, 버니는 자신이 직접 펄스타인 박사를 만나서 데이비드를 좀 진찰해 달라고 부탁해야겠다고 결심했다. 많은 노력을 기울인 끝에 결국 버니는 어느 날 저녁에 박사와 통화를 할 수 있었다.

로프칙은 데이비드를 좀 보아달라고 설득했다. 그 결과 11일 후로 데이비드와 펄스타인 박사와의 운명적인 약속이 이루어졌다.

그 병(골리앗)은 모르고 있었지만 그에게는 새로운 적이 생겼다. 몇 시간에 걸친 검사의 결과는 마찬가지였다. 데이비드는 뇌성마비였다. 그의 대뇌는 마비된 상태였다. 그러나 만일 버니가 끝없이 엄청난 돈을 지불하려고만 한다면 희망은 있었다. 로프칙 부부는 아들에게 삶의 기회를 주는 값이 아무리 비싸더라도 그것을 지불해야 한다고 생각했다. 그래서 그들은 열심히 어떤 조치를 취해야 하는지를 물었다.

펄스타인 박사와 치료진들은 자세한 지시를 내려주었다. 버니와 엘레인 부부는, 그 일은 오랜 시간을 필요로 하며, 어려울 뿐만 아니라 때때로 희망이 없는 투쟁을 해야 한다는 사실을 알게 되었다. 펄스타인 박사는 일단 이런 일련의 행동을 시작하면 영원히 계속해야 한다는 점을 강조했다. 그는 만일 도중에 포기하거나 게을리한다면 데이비드는 원래의 상태로 돌아가며 그동안 해온 모든 일이 헛수고로 돌아간다는 사실을 힘주어 말했다. 그렇다. 골리앗에 대항한 데이비드의 싸움은 시작되었다. 로프칙 가족은 희망을 가졌으며, 그 희망은 신빙성이 있었다. 그들은 좀더 가벼운 발걸음과 가벼운 마음으로 집으로 돌아와 앞으로의 싸움에 대한 준비를 시작했다.

물리 치료사와 바디빌더가 고용되었고 작은 체육관이 세워졌다. 수개월 동안 헌신적인 노력을 기울인 끝에 아주 작은 희망이 솟아나기 시작했다. 데이비드는 움직일 수 있게 되었다. 비록 시간은 오래 걸렸지만 그는 스스로 몸을 움직일 수가 있었다. 하나의 거대한 이정표가 세워진 것이다.

그는 준비되어 있다

버니는 사무실에서 전화를 받았다. 전화기를 통해 물리 치료사의 흥분한 목소리가 들려왔다. 버니는 급히 사무실에서 뛰어나와 집으로 갔다. 그가 도착했을 때 그 무대는 이미 마련되어 있었으며, 데이비드는 초인적인 노력을 시도할 준비가 되어 있었다. 그는 팔굽혀펴기를 시도하려 하고 있었다. 데이비드는 젖

먹던 힘까지 짜내고 있었다. 그의 몸이 위를 향해 올라오기 시작했을 때 그 감동적인 육체의 분발은 너무나 위대했으며, 조그마한 몸 어느 한 군데도 땀에 젖지 않은 곳이 없었다. 한 번의 팔굽혀펴기를 마쳤을 때 매트리스는 마치 물을 쏟아놓은 것처럼 보였다. 데이비드, 물리치료사, 엄마, 아빠, 모두가 분명하게 눈앞에서 일어난 사실에 뜨거운 눈물을 흘렸다. 행복은 즐거움이 아니다. 그것은 승리이다.

미국의 대표적인 어느 대학에서 데이비드를 진찰한 결과 몸의 오른쪽에는 운동신경이 전혀 없는 것으로 나타났다는 사실을 알게 되면 당신은 더더욱 주목하게 될 것이다. 균형감의 결여로 그는 걷는 법을 배움에 있어서 아주 큰 어려움을 겪으리라고 예상되었다. 그리고 그는 결코 수영이나 스케이트, 또는 자전거 타기 등을 할 수 없을 것이었다. 그렇다. 그 병, 골리앗은 혀를 날름거리고 있었다. 더욱 중요한 것은 골리앗을 벌주고 있을 동안에 데이비드는 경험으로부터 배우고 있었으며, 인생의 진실로 위대한 교육을 몸으로 익히고 있었다. 그의 전진은 꾸준했으며, 전문가의 지시에 그대로 따르고 있었다. 데이비드는 진실로 괄목할 만한 진보를 보여준 놀라운 아이였다. 그러나 그의 부모는 데이비드를 건강하게 자라나는 총명한 아이로 보았기 때문에, 그들에게 그것은 그리 놀라운 일이 아니었다.

현재 데이비드는 날이 너무 더워서 스케이트를 탈 수 없거나 또는 차를 운전하지 않을 때는 벌써 네 번째로 구입한 자전거를 타고 질주하곤 한다. 스케이팅을 배우는 일은 고통스러웠다. 비록 하키 스틱의 도움을 받아가면서 스케이트를 신고 빙판 위에서는 데만 꼬박 1년이 걸릴지라도 나날이 진보를 보였다. 이러한 성공이 있은 후에도 의사는 여전히 그가 수영을 하려면 적어도 2년은 걸릴 것이라고 했다. 그러나 데이비드는 그때부터 첫 번째 여름이 끝나기 전인 2주만에 수영을 배웠다. 데이비드는 하루에 1000번의 팔굽혀펴기를 했으며, 한 번은 쉬지도 않고 10킬로미터를 달렸다. 그는 11세에 골프를 쳤고, 그 열정과 결심의 결과 이미 90타를 치고 있다.

데이비드의 성장과정을 본다는 것은 매우 흥분되는 일이다. 그가 발전시키는 모든 특징과 육체적으로 학문적으로 성공하기 위해서 적용한 모든 원칙들은 자신이 원하는 분야를 선택해서 발전시킬 수 있을 정도로 만들었다. 데이비드가 성공한 것처럼 당신도 그와 같은 성격을 계발하고 그런 원칙들을 적용한다면 인생에서 그와 같은 수준까지 도달할 수 있다는 사실을 안다는 것은 중요하다.

데이비드는 정신적으로도 육체적인 성장과 대등한 성장을 했다. 그는 1969년 7월에 성존스 라벤 코트 학교에 입학이 허용되었다. 그 학교는 캐나다에서 가장 인기 있는 사립학교 중 하나였다. 7학년을 다니고 있는 동안 데이비드는 9학년 수준의 수학을 거뜬히 해냈다. 그것은 의사가 열까지도 셀 수 없을 거라고 말했던 그 소년에게 있어서는 기적이었다. 1971년 10월 23일, 아내와 나는 데이비드 로프칙의 바 미츠바에 참석하게 되었다. 그것은 성인이 되는 의식이었다. 나는 당신도 거기에 참석해서 데이비드가 성인으로의 거대한 첫발을 내딛는 것을 볼 수 있었더라면 좋았을 거라고 생각한다. 총명한 눈동자, 우렁찬 목소리, 그리고 중심을 잃지 않는 스텝과 더불어 그는 미국과 캐나다에서 온 친구와 친척들이 보는 앞에서 한 남자가 되었다. 그가 이룩한 것은 괄목할 만한 것이었다. 그러나 놀라운 일은 아니다. 왜냐하면 그는 그때를 위하여 전생애 동안 준비를 해왔기 때문이다.

나가떨어졌다―그러나 녹아웃은 아니다

그렇다. 골리앗은 분명히 바닥에 나가떨어졌다. 그러나 그는 분명히 녹아웃된 것은 아니다. 그리고 아마 결코 앞으로도 그러지 않을 것이다. 데이비드는 남은 생애 동안도 끊임없이 규칙적인 훈련과 연습을 해야만 한다. 단 며칠이라도 쉬어서는 안된다. 그는 다른 17세 소년들과 마찬가지로 친구들과 노는 때가 수없이 많다. 그러나 연습할 시간이 되면 체육관으로 발길을 돌린다. 물론 항상 그렇게 놀다가 돌아와야 하는 경우만 있는 것은 아니다. 왜냐하면 그에게는 같이 놀아줄 부모와 두 누이가 있으며, 많은 친척들과 집으로 와서 놀아주는 친구들이 있기 때문이다.

1974년 2월, 데이비드에게 있어서 중대한 한 가지 일이 일어났다. 그의 생명에 대해 10만 달러의 생명보험증권이 발행되었다. 그 증권이란 내 지식으론 어떤 표준에 의해 발행되는 것이었으며, 대뇌마비 상태에 있는 사람이 그런 보험계약을 맺은 것은 데이비드가 첫번째였다.

성취는 전염성이 강하다

로프칙 가족을 알고 있는 사람들은 즉시 당신에게, 가족 각자가 데이비드의 삶에 중대한 역할을 하며 그와 함께 성장할 수 있는 특권이 부여되어 있었다는 사실을 말하려고 할 것이다.

이 이야기의 가장 중요한 부분의 하나는 데이비드의 놀라운 성장 및 개발과 더불어 버니의 성장 역시 그와 마찬가지로 놀라웠다는 사실이다. 버니는 내가 알고 있는 한 완전한 교육을 받은 적이 없는 사람이었다. 그는 공식적으로는 7학년을 마쳤다. 그러나 매일 인생의 학교에서 생활했다. 그는 모든 사람으로부터 배우고 있으며, 내가 지금껏 만나본 사람들 가운데서 가장 빈틈없는 사업적인 수완을 가진 사람의 하나이다.

필연적으로 버니는 사업과 생활에서 더욱 열심히 그리고 더욱 재능있게 일해 나갔다. 7년 동안 단 하루만 빼고 매주 일곱 번의 낮과 밤을 일로 보냈다. 이것은 그가 엄청난 헌신과 결심과 욕망과 몰두의 화신이라는 사실을 지적해 준다. 그는 성공적이고 행복한 생을 보내는 가운데, 타인이 원하는 것을 얻도록 도와준다면 자신도 얻고 싶은 모든 것을 얻을 수 있다는 사실을 발견했다. 이 원리를 사업에 적용시킴으로써 그는 캐나다에서 가장 큰 요리기구 회사를 세웠으며, 그 과정에서 재정적인 풍요도 이루어졌다.

어떤 분야에서든 데이비드나 그를 도와준 사람들은 아주 성공적으로 살고 있다. 그것은 골리앗을 바닥에 때려눕히는 데 중요한 역할을 했던 각 개인들로 구성된 집단의 싸움이었고, 집단의 승리였다. 또 그들 각자는 지금도 골리앗이 다운된 상태에서 일어나지 못하게 하는 데 한 역할을 담당하고 있다.

모든 요소들

데이비드 로프칙의 이야기를 머릿속에 그리면서 '정상으로 가는 계단'의 도표를 보자. 어린아이였을 적에 데이비드는 분명히 그 그림의 1단계인 자신의 건전한 이미지를 가질 수가 없었다. 그럼에도 불구하고 부모의 눈에는 데이비드는 인생을 통해서 기회를 갖게 될 특별한 아이였다. 부모들은 마음의 눈으로 데이비드를 오늘날의 데이비드로 본 것이다. 그리고 자신들을 그에게 그런 기회를 줄 수 있는 능력자로 보았다. 건전한 자기 이미지의 원리는 이 이야기에서 지극히 분명하게 드러났다.

정상으로 가는 두 번째 단계 또는 원리는 대인관계이다. 데이비드 로프칙의 성장과 개발에 중요한 역할을 한 사람들은 많았다. 의사, 간호사, 물리 치료사, 선생님 등 모두가 제각기 한 가지의 역할을 했다. '피와 땀과 눈물'은 데이비드와 그의 부모, 그리고 그에 관련된 전문가들의 관계를 통해서 개발된 인내와 사랑 때문에 더욱더 값진 것이었다. 도움이 없었더라면 데이비드의 상황은 절망적이었을 것이다. 다행히도 그는 필요로 하는 도움을 받았으며 승리자가 되었다. 데이비드를 도와준 사람들 역시 승리자가 되었는데, 그 이유는 다른 사람이 올라가도록 도와주는 사람이 가장 높이 올라간다는 원리 때문이다.

우리가 배운 세 번째 원리는 목표의 중요성, 목표의 설정 방법, 그리고 목표의 달성 방법이었다. 데이비드의 이야기에 있어서 목표 설정의 모든 것은 명확했다. 데이비드를 위해 가진 가족적인 목표와 함께 버니는 또한 그 자신의 개인적 · 재정적, 그리고 사업에 관련된 목표를 설정했다. 근본적으로 버니는 데이비드의 치료에 드는 엄청난 치료비를 쉽게 감당해 낼 수가 없었다. 그러나 그는 언제나 어떤 분야에서든 챔피언이 하는 일들을 했다. 그는 일어섰다. 이제 그는 데이비드와 다른 사람이 원하는 것을 얻도록 도와줌으로써 자신의 인생에서 원하던 모든 것을 얻었다.

네 번째 원리는 올바른 정신자세였다. 데이비드 로프칙의 이야기는 그것을 완전하게 예시해 주고 있다. 가족들이 취하는 태도는 데이비드에게로 옮아갔다. 그들은 한 번에 한 계단씩 나아가는 것과 장애물을 이용하는 것, 그리고 모든 부정적인 상황에 대해 긍정적으로 대처하는 것을 그에게 보여주었다. 로프칙 가정보다 더 긍정적인 가정은 결코 없을 것이다. 근본적으로 그들은 데이비드를 위해서 긍정적이었다. 나중에 그들의 긍정적인 자세는 데이비드에게도 옮아갔다.

일에 관한 다섯 번째 원리와 데이비드의 이야기는 아주 잘 들어맞는다. 하루에 24시간밖에 없다고 불평하는 마음이 솟아오를 때에는 데이비드 로프칙을 기억하라. 그는 여러 해 동안 하루에 21시간만을 가져야 했었다. 왜냐하면 뇌성마비와 싸우기 위한 육체적인 전투에 하루 중 세 시간을 투자했었기 때문이다. 오늘날에도 여전히 빼앗기는 시간은 많다. 만일 그가 매일 그것을 하지 않으면 그의 골리앗이 다시 움직일 것이다. 그렇다. 그는 일을 해야 한다. 그러나 데이비드와 그의 가족들은 좋은 건강의 가격이 나쁜 건강의 가격보다 싸다는 것을 이해하고 있다. 그들은 가격을 지불한다기보다 그 대가를 즐긴다고 생각하고 있다.

데이비드의 이야기는 욕망에 대한 토의가 이루어진 여섯 번째 원리에 딱 들어맞는다. 나는 진심으로 수없이 많은 사람들을 다루었지만 로프칙 가족만큼 욕망이 있고 또 그 욕망이 분명한 가정은 결코 만나본 적이 없다고 말할 수 있다. 데이비드에게 삶의 기회를 주자는 그들의 불타는 욕망은 행동으로 옮겨졌고, 그래서 데이비드는 삶의 기회를 얻을 수 있었다. 그런 행동들은 사실 너무나 힘든 것들이었다. 왜냐하면 그들의 특별한 사랑은 천성적인 동정을 넘어설 것을 요구하는 그런 깊이 있는 것이었기 때문이다. 버니와 엘레인이 의사의 지시에 따라 엄격하게 훈련을 시킬 때면 대개의 경우 데이비드는 울거나 좀 쉽게 하자고 애원하곤 했다. 또 딱 하룻밤 집을 뛰쳐나간 적도 있었다. 버니와 엘레인은 데이비드가 원하는 것은 모두 주었다. 그러나 그들의 사랑은 너무 깊어서, 데이비드의 훈련에 대한 게으름에는 가혹할 정도로 철저히 대했다. 데이비드의 사정을 봐준다는 것은 데이비드를 사랑하는 것이 아니라는 것을 잘 알고 있었기 때문에 가슴이 아프지만 그렇게 했던 것이다. 데이비드의 이야기를 살펴보면 인격·정직·충성심·신념, 그리고 성실이 처음부터 끝까지 갖추어져 있었다는 것을 알게 될 것이다.

이 책의 제1부에서 나는 당신에게 부족한 어떤 것을 얻을 수 있다는 사실을 얘기했었다. 나는 데이비드의 이야기가 이 사실을 증명해 주고 있다고 믿는다. 그를 보게 되면 당신은 그에게 잘못된 점이 있었다고는 믿기 힘들다는 사실을 깨닫게 될 것이다. 나는 여러 번, 만일 데이비드가 정상적인 아이였더라면 얼마나 놀라운 인생을 살았을까 하고 생각하곤 한다. 그가 만일 정상아였더라면 지금보다 더 크고, 더 강하고, 더 날쌘 상태에 있었으리라고 상상하는 것은 어려운 일이 아니다. 그런데 어느 날 진실이 1톤의 벽돌처럼 내 머리를 때렸다. 만일 데이비드가 더 좋은 상태에서 인생을 시작했더라면 그는 더 나쁜 상태로 끝을 맺었을 것이다. 나는 그가 오히려 뇌성마비이기 때문에 더 많은 것을 가지고 있다고 확신한다. 그것이 하나님께서 범사에 감사하라고 말씀하신 분명한 이유이다(〈데살로니가서〉 5장 18절). 그렇다. 로프칙 부부가 아들을 인생의 경기에 참가할 기회를 가지게 될 아이로 본 것은 놀랍고도 특별한 기적이었다. 그들은 그를 출발시켰으며, 바통을 넘겨받은 나이 든 데이비드는 달려오던 대로 그렇게 달리고 있다.

데이비드의 이야기 중 가장 훌륭한 부분은 아직 기록되지 않았다. 왜냐하면 데이비드는 아직 인생의 도중에 있기 때문이다. 나는 데이비드가 미래에 할 일이 과거에 했던 일을 훨씬 초과할 것이라고 믿는다. 내게 있어서 그것은 삶에 대한 환희이다. 미래는 지금부터이다. 그리고 그것은 당신의 미래이다. 데이비드처럼 당신도 당신이 원하는 대로 그것을 할 수가 있다

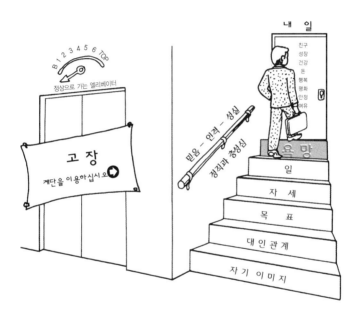

26

조국이여, 아름다워라

자유기업제도와 공산주의

이 책을 통해서 나는 당신과 나와 같은 사람들에 대한 수많은 이야기를 해오고 있다. 앞에서 언급한 대로 나는 인생이란 하나의 이야기라고 믿고 있다. 그래서 나는 당신이 더 많이 갖게 되고 더욱 크게 되도록 도와주기 위하여 인생에 이러한 이야기들을 연관시켜 왔다. 그것은 바로 모든 종족과 모든 분야의 사람들에 대한 이야기들이다. 그들은 여러 면에서 다르다. 그러나 그들 각자는 자신들의 능력을 더욱 완전히 사용할 수 있게 해주는 자유기업제도 속에 공동 부담을 지고 있다.

나의 강연 내용과 저술한 책에 호주에서 프랑스까지 여행한 경험을 합치면 자유기업제도와 그밖의 경제제도를 비교할 수 있을 정도의 지식은 될 것이다. 간단한 예를 보자. 자유기업제도하에서 일하는 미국의 평범한 신문팔이 소년은 세계 노동자들의

50퍼센트보다 더 많은 돈을 벌고 있다.

내가 여기서 자유기업제도를 강조하는 이유가 있다. 그것은 이 책에 있는 몇몇 원리들은 철의 장막이나 죽음의 장막에서는 결실을 맺을 수가 없기 때문이다. 이 마지막 장에서 나는 우리가 직면하는 어려움에 대해 경고하겠다. 그리고 당신이 할 수 있는 일은 조국과 당신을 자유롭게, 그리고 위대하게 간직하는 것이라는 사실을 이야기하겠다.

자유기업제도와 공산주의의 비교를 위해 쿠바를 보자. 1958년 카스트로와 공산주의가 들어서기 전 쿠바 노동자들의 연평균 소득은 475달러였다. 모든 것이 풍부했으므로 배급받는 것은 없었다. 그리고 원하면 여행을 할 수도 있었다. 오늘날 쿠바에서 개인의 자유는 과거의 유물이 되었고, 그것에 대한 각 개인의 바람은 하나의 추억이 되었다. 공산주의하에서 1974년 쿠바 노동자의 평균소득은 325달러였다. 그것은 1958년 475달러에 비하면 3분의 1 정도의 가치밖에 없는 것이었다. 사실상 오늘날의 쿠바는 모든 것이 배급제이다. 여행은 제한되고 있으며, 아무도 그 나라를 떠날 수가 없다. 카스트로는 자유의 나라 미국으로 이주시켜 주겠다는 조건으로 자유를 사랑하는 수천의 쿠바인들로부터 재산을 인수받고는 이주를 금지시켰다. 공산주의의 모체인 소련에서도 개인의 자유는 너무 제한되어 있어서, 운동선수들이 외국 원정을 나갈 때는 철저한 감시를 받게 된다. 그리고 소련의 노벨상 수상자들은 종종 시상식에 참석할 수가 없다. 종교의 자유란 희미한 안개 속의 추억이며, 정치적 불만은 지옥에의 초대장이다. 그리고 타국으로의 이민은 100만 명에 한 명 있을까 말까 할 정도이다.

소득면에 있어서 소련인들은 보통 자동차를 한 대 사려면 1000일을 일해야 하며, 그 차를 인도받기 위해서는 6년이라는 긴 세월을 기다려야 한다. 게다가 여행은 제한되어 있고, 가솔린은 비싸다. 그리고 포장된 도로는 거의 없다. 이와 비교해서 미국인은 100일만 일하면 보통의 자동차를 살 수 있고, 200가지의 다양한 모델 중에서 선택하여 즉시 인도받을 수 있다. 그리고 미국 전역 어디에나 갈 수가 있다.

소련인은 냉장고를 사려면 300시간 일해야 하며, 그것을 인도받으려면 수개월이 걸린다. 미국에서는 30시간만 일하면 그보다 훨씬 더 좋은 냉장고를 즉시 인도받을 수 있다. 자유기업제도의 땅에서는 소련보다 감자를 60퍼센트 이상 더 생산하고 있으며, 소련인의 우유의 절반과 달걀의 75퍼센트와 고기의 절반을 제공해 주고 있다. 인센티브(특별 상여금)는 당신의 나라에 관계없이 성공의 핵심이다.

지구상의 공산국가치고 자체 식량조달이 가능한 나라는 없다. 공산주의는 너무나 비효율적이어서, 전문가들은 소련에 가 있는 미국의 농경기술 전문가들을 불러들인다면 15년 이내에 소련은 파산할 것이라고 믿고 있다. 사회주의를 신봉하는 사람이 있다면 공산주의인 서부 베를린을 벽 너머로 바라보거나 쿠바나 중국 또는 소련을 찾아가 이론 대신 공산주의의 실체를 보라. 공산주의자들은 자기들이 모두 공평하다고 말한다. 그것은 사실이다. 그들은 모두 공평하게 가난하다. 윈스턴 처칠은, 자본주의의 문제점은 부의 불공평한 분배에 있지만, 사회주의의 덕은 참혹의 공평한 분배에 있다고 했다.

한 나라의 문제점들을 알아볼 때면 나는 두 종류의 사람들에 대해 관심을 갖게 된다. 한 그룹은 자신이 암에 걸렸다고 의심을 하기 때문에 병원에 가서 진단받기를 거부하는 무리이다. 그들은 장님처럼 이렇게 말한다. "우리나라는 아무 문제도 없다." 또는 이렇게도 말한다. "걱정없다. 우리나라는 언제나 잘 되어왔어. 문젯거리라니, 그런 소리는 하지도 마." 그리고 그 두 번째 그룹은 이렇게 말한다. "내가 뭘 할 수 있단 말인가, 나 혼자서. 그리고 지금은 너무 늦었어."

만일 집이 불타고 있다면 당신은 어느 정도의 상태인지 알아보려고 할 것이다. 그래서 그 불을 끄기 위한 몇 양동이의 물을 필요로 할 것이다. 이 장의 목적은 당신의 집(나라)이 불에 타고 있다는 것을 당신에게 알려주는 것이며, 당신에게 몇 양동이의 물을 제공하는 것이며, 그렇게 함으로써 당신이 화염에 물을 끼 얹도록 도와주는 것이다. 집을 태우고 있는 그 불은 식용 개구리를 삶는 것처럼 그렇게 시작되었다.

식용 개구리

당신은 식용 개구리를 뜨거운 물에 넣어서 삶을 수는 없다. 왜냐하면 그것은 당신이 솥 안에 넣을 때보다 더 빨리 밖으로 뛰쳐나오기 때문이다. 당신은 개구리를 찬물에 넣고 열을 가해야 할 것이다. 물이 따뜻해지면 개구리는 안심하고 낮잠을 잔다. 당신

그는 잠에서 깨어났을 때 죽게 된다.
안심이 그를 죽인다.

은 그 이야기의 결과를 알고 있다. 잠을 깼을 때 그 개구리는 죽게 된다. 그것은 죽은 채 삶아진다.

오늘날의 적은 미국을 집중 공격하지 않을 것이다. 제1차 세계대전의 독일, 제2차 세계대전의 일본은 그런 직접적인 전술을 사용했다가 비참한 패배를 맛보았다. 오늘날 우리가 대치하고 있는 적은 독일이나 일본보다 더욱 강하고 까다로운 상대이며, 그 정체를 포착하기가 더욱더 어렵다. 그 적은 공산주의이다. 그리고 그 적은 30년대에 새로운 깃발을 들고 시작되었다. 그 당시 미국인들은 중앙집권된 워싱턴 정부와 손을 잡음으로써 자신들의 부를 증가시킬 수 있을 것이라는 '공짜' 개념에 사로잡혀 있었다. 그래서 우리는 가장 '약속을 잘 지키는' 대변인을 뽑기 시작했다. '개구리'는 물 속에 들어앉았고, '열'은 올라가고 있었다. 해가 감에 따라 선출되고 싶은 정치가는 그런 그들의 반응에 호의를 표했다. 나는 아주 공정하게 모든 정치가들이 사무실에 있지 않다는 사실을 지적해야겠다. 많은 정치가들은 두 가지 요구에 의해서 선출된 시민들이었다. 그 첫째는 그들의 연방정부의 우스꽝스러울 정도로 높은 정부 지출을 줄이기 위한 어떤 일을 해야 한다는 것이다. 그리고 두 번째로 그들은 연방자금을 더욱더 많이 자신들의 출신지역에서 사용하도록 유도하는 방법을 강구해야 한다는 것이다.

연방의 재정부담은 너무 무거웠고 정부는 원조의 범위를 지나치게 확장했기 때문에, 오늘날 몇몇 경제학자들은 1990년까지 미국인의 50퍼센트가 나머지 50퍼센트를 부양하게 될 것이라고 예측하고 있다. 이것은 너무나 점진적으로 오기 때문에, 많은 사람들은 그것이 여러 해 동안 이루어져 왔다는 사실을 깨닫지 못하고 있다. 내 관심은 식용 개구리(미국)가 뜨거운 물 속에 있으며, 그 물은 점점 더 뜨거워지고 있다는 것이다. 그러나 나는 주의를 일깨운 시민만이 그 문제를 해결할 수 있다는 확신을 가지고 있다.

많은 미국인들은 그것이 언제나 있었던 현상이라고 경솔하게 말하고 있다. 우리는 극심한 불황을 겪어보지 못한 1억의 미국인을 데리고 있다. 우리는 그들이 성공과 번영에 어떻게 반응하는지를 알고 있다. 그러나 사실 우리는 그들이 역경에 어떤 반응을 보일지는 알지 못한다. 그들은 전쟁에 이겨본 경험이 전혀 없다. 한국전쟁은 막다른 골목이었고, 베트남전은 파멸이었다. 그들은 자유민에게 승리와 스릴을 주는 달콤함을 맛본 적이 없다.

미국인 중 1억 3000만 명이 25세 이하이며, 25세 된 사람들은 연평균 1만 8000시간을 텔레비전 시청으로 보냈다. 이 시간에 그들은 4만 명의 살인자, 상스러운 말투, 분노, 유괴 등의 말을 진저리가 나도록 보았을 것이다.

커다란 거짓말

이 책을 통해서 나는 심은 대로 거두어들일 것이라는 점을 강조했다. 어떤 것을 되풀이해서 보고 듣게 될 때의 효과를 살펴보기 위해 다음의 글을 보자. '윈스턴'은 피워야 할 담배 같은 맛을 풍긴다. 그 상업광고는 10년 전부터 텔레비전 광고에 나오고 있다. 당신은 충분한 시간 동안 어떤 이야기를 계속 듣게 되면 이미 그것을 믿고 기억할 것이기 때문에 옳은 것으로 받아들이게 된다.

40년 전 아돌프 히틀러는 어떤 이야기를 어느 정도 계속 들려주면 사람들이 그 '커다란 거짓말'을 믿게 된다는 사실을 입증했다.

미국인의 '커다란 거짓말' 중 첫번째를 보자. 지난 25년 동안 자유주의자들은 우리 세대는 섹스란 더러운 것이라는 가르침을 받았다고 말했다. 그러나 과연 그랬던가? 우리 세대를 대상으로 한 조사에서는 그렇지 않다는 사실을 보여주었다. 섹스에 대해서 배우거나 토의할 때, 우리는 섹스란 개인적인 것이며 남편과 아내 사이에 신성하게 존재하는 것이라는 얘기를 들었다. 성서 역시 남편과 아내의 섹스에 대해 신성하고 아름다운 것이라고 강조하고 있다. 자유주의자들은 더러운 것이 아닌 한, 그리고 섹스 행위가 '의미 있는' 관계인 한 어느 누구와도 가능한 것이라고 말하고 있다.

'커다란 거짓말'의 두 번째. 지난 25년 동안 우리는 '가난이 범죄를 낳는다'란 말을 귀에 못이 박히도록 들어왔다. 그러나 1940년 역사상 가장 혹독한 경제적 불황이 지난 지 10년 후에 범죄 발생율은 초기보다 더 낮았다. 중요한 것은, 범죄가 가난과 상관관계가 있다는 분명한 연구 조사는 아직 없었다는 점이다. 범죄는 성격과 인격에 관계가 있다. 우리가 자식들에게 가르치는 것은, 그 아이들이 법을 준수하는 사람으로 자랄지 또는 법을 어기는 사람으로 자랄지 결정한다. 어린아이들에게 가르쳐지고 있는 것은 무엇인가? 수백만이 텔레비전에 빠져 있으며, 인스턴트 커피, 인스턴트 차, 인스턴트 감자 속에 살면서 인스턴트 행복과 인스턴트 성공, 그리고 인스턴트적 만족감에 정신이 팔려 있다. 어린이들의 관심이 큰 집, 큰 차, 수영장 등을 갖는 것에 있듯이, 진실한 성공과 행복에 대해 잘못된 생각을 갖고 있는 것은 당연한 일이다.

사회적·경제적으로 혜택을 받지 못한 젊은이들이, 텔레비전에 등장하는 사람이 가지고 있는 것과 자신을 비교하는 것은 당연하다. 그 결과 그들은 혜택받지 못했다는 불만을 갖게 된다.

'커다란 거짓말'의 세 번째. 인구는 가난과 비례한다. 인도가 그것을 증명한다. 사실 그런가? 인도는 가난에 찌든 나라이다. 그러나 영국은 평방마일 당 인구밀도가 더 높다. 그리고 네덜란드는 인도보다 5퍼센트 더 인구가 조밀하다. 그러나 모두 높은 생활수준을 유지하고 있는 것이다. 아프리카는 인구 밀도가 아주 낮다. 그러나 매우 가난하다. 미국은 낮은 인구 밀도와 지극히 높은 생활수준을 유지하고 있다. 인구는 가난의 원인 중 하나는 될 수 있지만 결정적인 요소는 아니다. 그렇지만 이 '커다란 거짓말'은 미국의 인구증가율이 더 낮아져야 한다는 이론을 낳게 한다. 1975년의 출생율은 100대 1.9였다. 그리고 우리가 현재의 인구를 그대로 유지하기 위해서는 100대 2.1 정도는 되어야 한다.

40년 이내에 미국은 노년층의 비율이 역사상 가장 높게 될 것이다. 그것은 당연한 결말이다. 이러한 비율은 다시 말하자면 미국 역사상 총인구에 대한 노동 가능자의 비율이 가장 낮을 것이라는 것을 의미한다. 우리는 신을 두려워하며 법을 준수하는 어린이들을 키우기 위한 더 많은 헌신적인 미국인을 필요로 한다. 적당히 사랑받고, 가르침을 받고, 동기가 유발된 이런 어린이들은 문제에 대한 해결점이지 문제의 원인은 아닌 것이다.

그렇다―우리는 문제를 갖고 있다

포르노 영화를 보고 마리화나를 피우는 남학생들의 실태조사 계획에 정부가 특별히 지출(12만 1000달러)하는 것은 엄청난 낭비이다. 그중 5000달러가 《나는 이것이 두렵다》란 책을 쓴 에리카 정에게 주어졌다. 200만 달러가 유고슬라비아의 마샬 티토를 사들이는 데 소비되었다. 이런 금액은 국제시장 가격으로 220억의 가치가 있는 7억 달러를 다른 6개국에 원조하는 것에 비하면 극히 작은 금액이다. 그런데 그들은 우리를 파멸시킬 수 있는 것을 다시 우리에게 수출함으로써 또 돈을 벌고 있다.

나는 국민들이 일자리를 얻기 위하여 어떤 회사든 들어갈 수 있도록 적정한 법률제도에 관심이 있다. 이론적으로 이런 법률들은 노동자들을 위한 것이다. 그러나 그 법률이 항상 의도대로 적용되고 있는 것은 아니다. 왜냐하면 일할 권리를 부여한 법률을 가진 나라들이 그렇지 않은 나라들보다 반드시 실업자의 비율이 낮은 것은 아니기 때문이다.

나는 범죄에 관심이 있으며, 여성 범죄의 증가와 전체적인 수감자의 증가, 마약, 알코올, 포르노 잡지, 그리고 그밖의 수많은

문제들에 관심이 있다. 그러나 반드시 그 문제들에 대한 해결책
은 있으리라고 확신한다.

이중에서도 특별히 관심을 갖고 있는 것은 미국의 젊은이들이
자유기업제도에 동의하지 않는다는 점이다. 상공회의소와 프린
스턴협회의 조사에 따르면 고등학교 졸업생의 67퍼센트가 사업
이란 이윤을 필요로 한다는 사실을 믿지 않으며, 그들의 50퍼센
트 정도는 공산주의보다 우월한 자본주의의 이점을 하나도 얘기
할 수 없다고 한다. 고등학생의 93퍼센트가 은행과 철도, 그리고
강철회사는 연방정부가 소유경영해야 한다는 생각을 가지고 있
다. 놀라운 것은, 그들 중 60퍼센트는 노동자가 최선의 노력을
발휘해서 생산을 해야 한다고 생각지 않는다는 것인데, 그것은
불성실이 다른 형태로 표출된 것이다.

공산주의와의 거래

나는 공산주의와 특히 최근의 대공산외교정책에 대해 관심이
있다. 왜냐하면 소련은 그들에게 이익이 있을 것이라고 생각될
때에만 협상이나 조약을 맺기 때문이다. 1000개 이상의 조약에
대한 최근의 조사는 소련이 조약 파기의 챔피언이라는 사실을
증명해 주고 있다. 핀란드, 체코, 폴란드, 헝가리, 그리고 동독
등이 소련과의 조약에 서명한 이후에 노예처럼 예속된 사실만
보아도 알 수 있다.

케네디 대통령 시절에 쿠바에 설치한 미사일을 제거하는 문제

에 직면했던 적이 있다. 소련은 대세가 기울어진 후에야 미사일을 철거했다. 만일 그들이 쿠바에 대한 처음의 조약을 파기하는 것이 기회에 적절했더라면 그들은 결코 미사일을 철수시키지는 않았을 것이다. 그러나 키신저와 레오니드 브레즈네프가 서명을 했을 때 상황은 달라졌다. 데탕트는 효과가 있었으며, 소련은 그들이 알고 있는 어떤 위급한 상황에 대한 정보를 제공해 주곤 했다. 그러나 공산주의의 본성은 여전히 남아 있었다. 소련은 이스라엘에 대한 아랍 제국의 공격을 미리 알고 있었다. 그러나 어떤 정보도 미국에 넘겨주지 않았다. 아랍 군대가 이스라엘을 침공한 처음 며칠간의 전투기간에 키신저는 브레즈네프에게 그것을 중지시켜 달라고 했다. 그러나 브레즈네프는 모른 척했다.

전쟁이 장기화하고 이스라엘이 아랍 군대를 포위하게 되자 브레즈네프는 키신저에게 전쟁을 중지시키자고 제의하기 시작했다. 미국은 이스라엘에게 전투병력을 철수시키라는 압력을 가했다. 내가 확신하는 것은, 미국은 소련이 바라는 대로 했다는 점이다.

소련과 거래를 한다는 것은, 신을 믿지 않고 인간성에 대해 전혀 고려하지 않으며, 조약을 파기할 때는 조약서를 흰 종이쪽지처럼 여기는 그런 이데올로기를 가진 지도자와 거래를 하는 것이다. 브레즈네프는 인간에 대해서는 아무런 고려도 하지 않고 가능한 한 군사적 우위를 유지하기 위하여 고도의 계략을 가지고 일을 꾸몄다. 우리는 그 분쟁을 해결하기 위해서 힘을 소비했으며, 그것은 상대적으로 소련의 군사력을 우월하게 만든 계기가 되었다.

힘을 가지고 있는 한 그것을 사용할 필요는 없으며, 따라서 우리는 그것을 사용하지는 않을 것이다. 만일 우리에게 힘이 없다면 그 힘을 필요로 해야 한다는 것은 역사가 주는 교훈이다. 보험회사의 한 친구는, 보험이란 필요하지만 안 가지고 있는 것보다 가지고 있는 것이 더 좋은 것이라고 이야기한다.

미국인은 물(식용 개구리를 기억하라)이 참을 수 없을 정도로 아주 뜨거워졌으며, 그들의 집(조국 또는 미국)이 불타고 있다는 것을 인정하고 있다. 대부분의 미국인은 이제 한 양동이의 물(무엇을 해야 할지 인도하는)을 가져다줄 사람을 요구하고 있다. 물이 있어야 그들은 불을 끌 것이다. 다행스럽게도 이 장의 나머지 부분은 당신에게 몇 '양동이의 물'을 제공해 줄 것이다.

당신은 무엇을 할 수 있는가

당신은 즉시 모든 것을 할 수는 없다. 그러나 당신은 즉시 어떤 일을 할 수가 있다. 1974년 4월호 〈가이드포스트〉 지에는 5학년까지 마친 이탈리아계 이민자 리타 워렌의 기사가 실려 있다. 매사추세츠 주가 공립학교에서의 기도를 금지시키자 리타는 주를 상대로 싸움을 해서 그들을 물리쳤다.

시립도서관에서 시작해 연이은 법적 절차를 배워가는 일 등의 투쟁과정은 길고도 아름다운 이야기였다. 그 이야기 속에는 주지사의 거부권 행사 등을 포함해서 많은 시련과 가슴 아픈 일들이 있었다. 그러나 나는 리타 워렌에게 감사한다. 지금 매사추세츠 주의 학교에는 1분 동안의 기도 시간이 있다.

당신이 지금 막 읽은 것에 대해 생각해 보라. 한 여성이 역사를 바꾸었으며 인류에게 혜택을 주었다. 당신도 한 사람이다. 투표에 의해서 미국의 대통령이 되는 것도 한 사람이다. 제너럴 모터스, 포드, 듀퐁, A.T. & T. 등 모두가 한 사람의 마음에서 시작되었다. 반복해서 말하지만 당신은 한 사람이다. 바흐는 아무 의심도 없이 이렇게 썼다. '이 세상에는 위대한 것이 세 가지 있다 —대양, 산맥, 그리고 헌신적인 인간.' 미국의 모든 주에 리타 워렌 같은 여성이 단 한 명씩이라도 있다면 산도 움직일 수 있으며, 우리의 많은 문제를 해결할 수 있을 것이다.

이 책은 당신을 자극해서 중요한 일을 할 수 있는 중요한 사람을 만들기 위해 씌어졌다. 다음의 시는 내 감정을 잘 표현해 주고 있다.

출발점

하나님은 더 좋은 세상을 만들라고 말씀하셨다.

그러나 나는 어떻게 할 것인가?

세상은 차갑고 어두운 곳이며, 지금은 아주 복잡하다.

그리고 나는 너무 어리고 쓸모없는 인간이다.

내가 할 수 있는 일이란 하나도 없다.

그러나 하나님은 조용히 이렇게 말씀하셨다.

"오직 더 나은 너를 만들라."

더 나은 당신을 만드는 것은 더 나은 나라를 만드는 첫 단계이다. 해결은 당신으로부터 시작되며, "만일 모든 사람이 제각기 하나씩 해결을 맡는다면 이 나라엔 아무런 문제도 없을 것이다."

플로리다 주의 성 피터즈버그에 있는 감리교도들은 공립학교에서 성경을 가르치도록 하고 싶었다. 그들은 그 일을 불가능한 것으로 보지 않았고 그 일을 관철시켰다. 법적인 절차를 밟는 데 거의 2년이 걸렸다. 그러나 오늘날 플로리다 주의 성 피터즈버그에 있는 모든 학교에서는 성경을 가르치고 있다.

나는 국가를 구성하는 가족의 변천에 관심이 있다. 세계 역사상 88개의 문명권이 탁월한 위치에 서서 발달했다. 어떤 문명권은 빨리 일어났으며, 어떤 문명권은 서서히 일어났다. 그러나 모든 문명권이 예외없이 모두 한 세대에서 끝나고 말았다. 그것들은 가족 단위가 파괴된 후에 파멸했다. 그 모든 파멸의 형태는 동일했다. 즉 혼음, 스와핑, 동성연애 등에 의한 포르노 행위가 진행됨으로써 도덕적 가치관이 희박해진 것이다. 문명한 국가라면 이런 88개 문명권의 예에서 무엇인가를 배울 수 있을 것이다.

훌륭한 가정의 예로서 오하이오 주의 콜럼버스에 있는 제임스 그리핀과 마거릿 그리핀의 가정을 들 수 있다. 지난 23년 동안 제임스 그리핀은 낮에는 공중위생계에서 트럭을 몰았고 밤에는 강철회사에서 일했다. 게다가 그는 또 두 군데에서 경비를 맡고 있었다. 주말마다 두 군데 학교에서 경비를 보았다. 지난 23년간 제임스 그리핀은 7남 1녀를 부양하기 위하여 하루에 평균 20시간씩 일했다. 마거릿은 언제나 그의 곁에 있었다. 그리핀 부부는 자녀들이 삶이 기회를 갖게 되기를 원했기 때문에 이렇게 일해 온 것이다. 제임스 그리핀이 밖에서 오랫동안 일을 하는 동안 큰아들 조가 우두머리가 되었고, 그의 지휘 아래에서 모두가 친밀한 관계를 유지했다. 그리핀 부부는 그들의 능력을 사용할 기회를 부여해 준 조국에 감사하고 있다. 그들은 금요일 저녁이면 시간을 내서 자녀들이 축구하는 모습을 지켜보곤 했다. 그들은 우수한 플레이어들이었다. 아들 중의 한 명인 아키 그리핀은 1975년에 풋볼 역사상 최초로 두 번이나 하이스만 트로피를 거머쥔 선수가 되었다.

진행 보고

문제점보다는 그 문제의 진행과정을 살펴볼 필요가 있다. 문제를 해결하는 최선의 길은 문제를 감추는 것이 아니라 그것을 밝히는 데 있다고 믿는다. 그 다음 순서로 어떤 문제에 대한 주된 해결요소가 희망과 격려라는 것을 기억할 필요가 있다. 예를 들어 인종 문제를 보자. 모든 사람들이 그 문제를 갖고 있다. 그러나 대부분의 사람들이 문제 해결이 어느 정도 진전되었는지 모른다. 그 결과 문제에 대한 해결책이 없다고 절망한다. 해결책이 없다는 것은 그 문제 해결을 위한 노력을 포기하게 만든다.

긍정적으로 대하라—특히 문제점에 대해서

1974년과 1975년에 엉터리 예언자들은 인플레와 불경기, 그리고 실업이 미국을 파국으로 몰고 갈 것이라고 말했다. 그보다 2년 전에 그 예언자들은 미국이 가솔린 부족으로 죽음의 도시가 될 것이라고 했다. 또 그보다 5년 전에는 캠퍼스의 폭도들이 국가를 파멸로 이끌 것이라고 했다. 1957년 10월 4일, 소련이 인공위성 스푸트니크를 쏘아올렸을 때 그들은 이렇게 말했었다. "소련은 우리의 모든 기밀을 빼내갈 것이다. 우리를 2류 국가로 밀어내릴 것이며, 우리는 달까지 빼앗기게 될 것이다." 그러나 역사는 스푸트니크를 인공위성이 미국의 종말을 의미한 것은 아님을 보여준다. 사실상 소련은 일본인들이 1941년 진주만을 폭격한 것과 똑같이 국민들을 잠에서 깨어나게 했다. 그들이 먼저 시작했음에도 불구하고 우리는 쉽게 그 경기에서 이겼다. 오늘날 우리는 소련인이 달에 갈 수 있는 유일한 방법은, 미국인이 그곳으로 데려다주는 것이라는 사실을 알고 있다.

나는 소련의 경제적·기술적인 힘에는 아무런 두려움도 느끼지 않고 있다. 다만 세계정복이라는 그들의 목표, 이데올로기, 그리고 그것을 위한 헌신을 두려워한다. 올림픽을 보라. 한 소련 선수가 금메달을 받으면서 감격적으로 이렇게 말하고 있다. "나는 내 조국 소련의 영광을 위해서 승리했다."

과거 높이뛰기 세계기록 보유자였던 팻 매츠돌프의 이야기를 예로 들어 보자. 그는 소련 선수와의 대전에서 세계 기록을 세웠다. 재미있는 것은, 그보다 6주 전에 그는 대학 경기에서 큰 부상을 당했었다. 그러나 소련 선수와 경쟁이 시작되자 대학 때보다 훨씬 더 높은 5.5인치를 무난히 점프해 냈다. 신기하게 여긴 기자가 팻에게 극적인 기록갱신에 대한 설명을 요구했다. 팻은 고개를 숙이고 운동복에 새겨져 있는 USA라는 글자를 가리키며 말했다. "나는 전에는 이것을 그다지 대단하게 생각해 본 적이 없었습니다." 이런 종류의 긍지는 수백만의 국민 모두에게도 있을 수 있으며 계발되어야만 한다.

문제를 통해서 우리는 유머감각을 지녀야만 한다. 만일 당신이 최근에 일어난 문제들을 심각하게 생각한다면 역사책을 들추어서 1858년의 역사를 보고 진짜 문제를 대하라. 그러면 유머감각을 지녀야 한다는 이유를 알게 될 것이다. 그 해에 세계적인 고래 전문가들은 고래 기름이 부족할 뿐만 아니라 미래에는 지금처럼 양질의 고래기름을 얻을 수 없을 것이라고 말했다. 당시의 엉터리 예언자들은 모든 등잔이 빛을 잃을 것이고, 자손들이 어둠 속에서 자라날 것이며, 교육은 몰락하게 될 것이라고 예언했다. 그때 누군가가 석유를 발견했다.

지금도 그때와 같은 국가적인 긴급함과 당신의 인생에 있어서의 많은 위기가 있다. 그렇지만 노먼 빈센트 필 박사가 종종 말하고 있듯이, 문제를 갖고 있지 않은 유일한 사람들이란 공동묘지에 있는 사람들이다. (그리고 나서 그는 눈을 빛내며 속으로 중얼거린다. "그리고 공동묘지 속의 몇몇 사람에게도 문제는 있다.") 만일 당신이 문제를 갖고 있다면 그것은 당신이 살아 있음을 의미한다. 당신이 가진 문제가 많으면 많을수록 당신은 그만큼 더 살고 있는 것이다. 노먼 박사는 심지어 농담처럼 제안하기를, 만일 당신이 인간으로서는 어찌할 수 없는 문제를 갖고 있다면 무릎을 꿇고 신에게 자신을 맡겨야 한다고 했다.

자원 대결

국민적인 헌신은 우리의 가장 위대한 자원인 국민들을 활용할 수 있으며, 그렇게 되면 그들은 다른 자원을 개발할 것이다. 이 것은 발견되었거나 발견되지 않았거나, 알려졌거나 알려지지 않은 모든 것을 포함한다. 나는 하딩 대학의 빌리 레이콕스의 말에 동의한다. "우리의 주요 문제는 자원 부족이 아니라 그것을 이용할 사람의 부족이다."

석유와 가스 저장량은 바닥이 나고 있다. 그러나 우리의 숨겨진 자원은 그런 자원보다 더 많은 것을 변수로 갖고 있다. 콕스 박사는 불과 300년 전에 사람들은 똑같은 석탄을 사용하고 있었으며, 40년 전에는 우라늄을 사용하게 되리라곤 상상도 못했었다는 사실을 지적하고 있다. 불행히도 우리는 알려진 자원 중 많은 부분을 활용하지 못하고 있다. 세계 곳곳에는 많은 석탄과 석유들이 경제적 이유 때문에 버려진 채로 개발을 기다리고 있다. 그러나 기술은 좀더 발달하는 과정에 있으며, 기술의 발달로 경제적 타당성이 증대될 것이다. 이러한 경제적 타당성을 증대시키는 것은 바로 풍부한 인간 자원의 힘이다. 간단히 말해서 여기 '레몬'이 하나 있다. 나는 당신이 레몬수의 원리를 이용할 것을 확신한다.

태양열과 에너지는 나날이 개발되어 가고 있으며, 몇몇 전문가들은 집중적인 노력을 기울임으로써 가까운 장래에 그것으로 집과 사무실에 난방을 공급할 수 있다고 확신하고 있다. 엄청난 잠재력은 또한 해저유전 개발에도 있다. 이 지구의 불과 4퍼센트만이 석유탐사와 시추에 이용되어 왔다. 개발되지 않은 자원의 목록은 끝없이 작성될 수 있다. 나는 한 국가의 국민들이 문제해결에 긍정적인 반응을 보인다면 에너지 문제뿐만 아니라 그밖의 많은 문제들도 해결할 수 있으리라고 확신한다.

어떤 도시에서는 쓰레기를 에너지화하고 있으며, 닭똥을 자동차 연료로 사용하는 방법을 개발하고 있다. 유럽에서는 물을 주연료로 사용하는 실험이 진행되고 있다.

자랑스럽게 국기를 흔들어라

우리는 한 나라의 국민으로서 국가의 영웅들과 도덕적인 가르침을 역사책에 수록하도록 요구해야 한다. 토머스 제퍼슨 연구협회에 의하면 미국이 독립을 이루었을 때는 종교와 도덕심이 교과서 내용의 90퍼센트를 차지했었는데, 1926년에는 불과 6퍼센트 정도로 엄청나게 줄어들었다고 한다. 그리고 오늘날에는 거의 찾아볼 수 없을 정도이다. 역사가 증명하고 있는 것은, 만일 우리가 영웅들과 도덕적 원칙을 자식들에게 가르친다면 그들은 영웅이 될 것이고 도덕적인 삶을 영위하게 될 것이라는 사실이다. 우리는 자식들에게 어렸을 때부터 과거의 영웅들에 대해서 가르쳐야 한다. 우리는 그들에게 조국에 대한 이야기를 해줄 필요가 있다. 조국의 위대함과 조국의 정신이 담겨 있는 것이기 때문에 조국 이야기는 반드시 가르쳐야 한다.

젊은이들에게 패트릭 헨리의 불멸의 명언을 들려주어야 한다. 그것은 그가 조지 3세 앞에서 주먹을 휘두르며 외쳤을 때부터 역사책에 수록되어 전해내려 오고 있다. "인생이란 평화롭고 달콤해야 한다. 인간이 노예로서 매매된다는 것은 있을 수 없는 일이다. 그것을 중지하라. 전능하신 신이시여! 다른 사람들은 어떻게 생각할지 모른다. 그러나 나로서는 자유가 필요하다. 내게 자유를 달라. 아니면 죽음을 달라!" 이것은 자존심과 애국심의 결과였지만 진부한 이야기이다. 그러나 그것은 또한 더 나은 조국을 세우려는 의지로 점철된 조국에 대한 사랑이었다.

또한 존 폴 존스의 이야기를 들을 필요가 있다. 그는 배와 대포가 모두 고장난 상태에서 영국 해군의 항복 권고에 대해 자존심 있는 사람답게 대답했다. "나는 아직 싸움을 시작하지도 않았다." 분명히 그는 시작하지 않았다. 왜냐하면 전쟁은 갑자기 상황이 돌변했으며 중대한 싸움에서 승리를 얻었고, 미국은 새롭고도 필요한 영웅을 얻게 되었기 때문이다.

우리는 후손에게 매일 국기를 숭배하고 조국을 존경하도록 가르칠 필요가 있다. 조국에 대한 충성과 사랑을 매일 심어줌으로써 젊은 세대들이 조국을 자랑스럽게 여기게 될 것으로 확신한다.

중학교 2년 중퇴자에게 들어보자

사랑하는 미국을 보여주기 위하여 나는 당신과 함께 상상 속의 여행을 떠나고 싶다. 나는 당신에게 이 위대하고 아름다운 나라와 이 나라의 중요한 인물들을 소개해 주고 싶다.

댈러스에서 우리는 소떼와 기름진 평원을 가로질러 서부로 향하고 있다. 그 평원은 미국의 번영에 많은 기여를 했다. 우리는 처음 골프장의 캐디로 출발하여 미국의 탁월한 골프 선수이며 인격자가 된 멕시코인 리 트레비노의 고향 엘파소 위를 날고 있다. 우리는 북쪽으로 진로를 바꾸어서 그랜드캐년의 길게 뻗은 산줄기와 자연의 아름다움을 본다. 그리고 로스앤젤레스로 칼 카처를 만나러 가는 길이다. 아래에는 모하비 사막이 펼쳐져 있다.

카처는 레스토랑을 경영하고 있으며, 전능하신 하나님을 믿는 신앙심 깊은 중서부의 점잖고 엄청난 부호이다. 재정적인 성공은 그가 중학교 2학년을 중퇴한 때부터 시작되었다. '칼의 주니어 레스토랑'은 127개나 되며, 3800명의 직원이 있다. 칼이 신앙·정직·성실·충성심, 그리고 인격에 기초를 두고 성공적인 인생(열두 자녀가 있으며, 마가렛 하인츠와의 37년간의 결혼생활에 대한 책을 펴낼 정도)과 성공적인 사업을 이룬 사실은 그리 놀라운 것도, 또 처음 듣는 이야기도 아니다.

장님에게 들어보자

우리는 로스앤젤레스에서 샌머테이오로 가고 있다. 그리고 부동산 매매업을 하는 퍼첸을 만난다. 퍼첸의 월수입은 1000달러이며 거의 20년 가까이 그 직업에 종사하고 있다. 그러나 퍼첸은 자기가 판 집을 결코 본 적이 없었다. 그는 시각장애인이었다. 그는 자유기업제도를 채택하고 있는 미국에서 살고 있기 때문에 그 나름의 방법으로 지불을 할 수도 있고, 또 사회에 기여할 수도 있다.

과거의 신문팔이 소년에게 들어보자

제트 여객기의 뒷좌석에 앉아서 해변을 내려다보며 잠시 관광을 하자. 오른쪽에는 로키산맥이 뻗어 있고, 바로 아래에는 거대한 아메리카 세쿼이아 숲과 레드우즈 숲으로 뒤덮여 있다. 이제 우리는 시카고 위를 날고 있다. 시카고는 과거 신문팔이 소년이었던 클레멘트 스톤의 고향이다. 한 기업가가 보험을 팔기 위한 더 좋은 아이디어를 개발하여 300만 달러의 재산을 벌었다. 바로 그 기업가인 스톤 씨는 오늘날 자신의 성공 비결을 책과 강의 테이프, 그리고 〈무한정한 성공〉이라는 잡지 등을 통해 널리 알리고 있다.

두 명의 사업가에게 들어보자

계속해서 우리는 미시간 호수를 가로질러 북동쪽으로 방향을 돌리고 있다. 그리고 잠시 후면 오늘날 미국에서 자유기업제도로 인해 가장 성공한 두 사람, 리치 디보스와 제이 밴 앤델의 고향인 미시간 주의 에이다에 도착한다. 자유기업제도에 대한 그들의 신념은 개인적인 경험에 근거를 두고 있다. 1957년에 그들은 서비스 스테이션으로 사업을 시작했다. 그들의 자본은 한정되어 있었고, 문젯거리는 끝이 없었다. 그러나 신에 대한 사랑은 끝이 없었으며, 미국은 일할 수 있는 기회를 한없이 부여해 주었다. 오늘날 그들의 암웨이 회사는 미국과 호주 · 홍콩 · 영국 · 독일 · 캐나다에 지점을 두고 있으며, 1975년 매출액은 2억 5000만 달러를 넘어섰다. 지점은 25만 개나 되는데, 사업을 시작한 지 19년째의 성과이다.

이민 온 사람에게 들어보자

다음에는 잠시 미시간 주의 디트로이트에서 멈추어 보자. 그곳은 헝가리에서 탈출하여 미국에서 뿌리 내리고 살고 있는 이오나 짐머스만의 도시이다. 그녀는 한밤중에 걸어서 헝가리를 탈출했었다. 나는 5년 전 디트로이트의 세일즈맨 경연대회에서 상을 받은 그녀를 만난 적이 있었다. 그녀와 얘기할 때면 나는 아주 열심히 들어야 한다. 왜냐하면 그녀는 알아듣기 힘든 억양으로 말하기 때문이다. 어떤 억양으로 말하든 그녀가 성공한 이유는 분명하다. 그녀는 집을 파는 것이 아니다. —그녀는 세계에서 가장 위대한 나라 미국의 한 조각이라고 볼 수 있는 가정을 판다. 나는 당신이 이오나 짐머스만과 테네시 주 내슈빌에 있는 샘 모어를 포함한 많은 다른 망명자들을 만나보기를 희망한다. 그들은 정말로 미국과 다른 나라를 비교하는 식으로 세일즈를 할 것이다. 24년 전에 샘은 레바논에서 미국으로 이주해 왔다. 그는 눈물을 글썽이며 감사하는 마음으로 자신을 잡화상의 청소부에서 토머스 넬슨 출판사의 이사회 의장이 되도록 허용해 준 이 나라를 받들기 위하여 모든 힘을 기울이고 있다.

흑인에게 들어보자

우리는 디트로이트에서 테네시의 언덕과 켄터키의 아름다운 초원을 지나 남쪽으로 가고 있다. 다니엘 제임스가 어린시절을 보낸 플로리다 주의 펜서콜라에 있는 알카니즈 거리로 가는 도중 앨라배마 주의 버밍햄 철강공장 위를 날고 있다. 다니엘의 어머니는 펜서콜라에 있는 흑인학교로는 만족할 수가 없었다. 그녀는 학생들이 돈을 구할 수 있을 때까지 하루에 5센트를 받으면서 90명의 학생을 수용하는 학교를 세웠다. 다니엘 제임스는 이렇게 말한다. "우리는 자선사업을 하고 있는 것이 아닙니다. 우리는 자신을 스스로 양육할 수 있습니다. 우리의 두뇌를 좀더 나은 수준으로 계발했을 뿐입니다." 미국 공군부대의 사령관인 제임스 장군은 자신의 머리를 한층 더 높은 곳에 위치하게 했다.

제임스 여사는 만일 배움의 기회가 열려 있다면 이런 말은 필요가 없을 것이라고 되풀이해서 말하고 있다. "잠깐 기다려요. 내 가방을 가져와서 시작할 거예요." 제임스 여사는 만약 그런 말을 듣게 된다면 이렇게 말할 것이다. "너는 이미 가방이 준비된 상태다. 너는 애국심이 있다. 명예도 갖고 있고 충성심도 있다. 너는 목적이 있다. 너는 이미 모든 준비가 되어 있는 것이다." 그것은 제임스 장군을 가르친 열한 번째 말이었다. "중지하지 마라. 그리고 네 아이들은 네가 받은 것보다 더 좋은 교육을 받도록 만들어라."

우리의 영웅들에게 들어보자

펜서콜라에서 우리는 서쪽으로 가고 있다. 우리의 눈 밑에는 뉴올리언스가 보인다. 그곳은 앤드류 잭슨과 테네시에서 온 그의 흑인 영웅들이 미국 역사에 화려한 한 페이지를 장식했던 곳이다. 그들은 미국을 침범하려던 영국을 패배시켰다. 뉴올리언스에서 우리는 역사적인 알라모가 있는 산안토니오로 간다. 그곳은 트래비스, 후엔테스, 크로켓, 보이, 구에레로, 그리고 그밖의 헌신적인 몇 사람이 역사를 만든 곳이다. 그들은 자유를 원하는 사람들의 가슴속에 영원히 살아 있을 것이며, 그들의 전투는 독재에 항거한 하나의 예가 되고 있다.

마지막으로 제임스 브레즐튼 워커를 만나러 텍사스 와코에서 멈추자. 캐나다 위니펙의 데이비드 로프칙처럼 태어날 때부터 불구자였던 브레즐튼 워커는, 이 책의 마지막에 그의 이야기를 쓰고 싶다고 말하자 우리가 토의해 온 원리들을 정리해 주었다. 워커는 열대어에 대한 글을 써서 국제적으로 인정을 받았다. 1968년에 그는 와코 제이시스 봉사상을 받았으며, 미국의 뛰어난 젊은이 중 한 명으로 인정받았다. 그는 작가, 연사, 그리고 사진작가로서의 일을 즐겼으며, 그 일로부터의 수입도 보장받았다.

이것이 전형적인 미국인의 성공담처럼 들리는가? 그렇지 않다. 워커는 19세 때 소아마비에 걸렸으며, 허파와 근육 그리고 신경이 굳어져서 목 아래는 거의 쓸 수 없게 되었으므로 기계의 도움을 받아가며 호흡을 해야 했다. 그는 제너럴 일렉트릭에서 특별히 고안해낸 기구의 도움을 받아 입으로 원고를 타이프하고 있다.

워커는 그를 사랑하는 헌신적인 부모를 포함한 많은 사람들로부터 도움과 격려를 받았다. 그는 인생이란 보장되지 않은 선물이며, 약점은 부족한 능력을 의미하는 것이 아니라 신이 부여한 재능과 상상력을 제대로 발휘하고 사용할 수 있는 기회라고 믿고 있다. 워커는 자신이 발휘할 수 있는 역사의 시간 속에 살고 있으며, 그 유일한 나라에 살고 있는 것에 진정으로 감사하고 있다. 그는 활용할 것을 많이 갖고 있지는 않았다. 그러나 그는 가지고 있는 것을 사용함으로써 가지고 있지 않은 것을 무용지물로 만들어 버렸다.

당신은 무슨 말을 할 것인가

당신과 나는 어느 날 길에서 마주칠 것이다. 왜냐하면 나는 매년 수십 번씩 전국을 돌아다니면서 수많은 사람들을 상대로 연설을 하기 때문이다. 만일 우리가 만났을 때 당신이 "안녕하세요"라고 인사하며 내 노력에 대한 효과에 관해 이야기할 것이다. 만일 당신이 이 책을 즐겁게 읽었다고 말한다면 나는 미소를 지을 것이다. 그러나 내가 바라는 것은 당신이 그 이상의 이야기를 해주는 것이다. 만일 이 책에서 많은 것을 얻었다고 말한다면 나는 더 환한 미소를 지을 것이다. 그러나 그래도 나는 당신이 좀더 많은 이야기를 해주기를 바랄 것이다. 만일 당신이 이 책을 읽은 이후로 좀더 풍부하고 좀더 보상받는 인생을 누리고 있다고 말한다면 그때 나는 진실로 만족을 느낄 것이다.

내가 이런 말을 하는 이유는, 비록 당신이 이 책을 재미있게 읽고 또 읽기를 바라지만 이 책이 단순히 읽혀지기 위해서 씌어진 것만은 아니기 때문이다. 비록 내가 이 책 속의 메시지에 많은 정보가 포함되어 있다는 사실을 믿고 있을지라도 이 책은 당신에게 정보를 주기 위해서 씌어진 것은 아니다. 이 책은 당신에게 동기를 부여해서 행동하도록 씌어졌다. 당신은 행동해야 한다. 왜냐하면 당신의 잠재능력을 사용할 수 있는 유일한 존재는 바로 당신이기 때문이다. 그것은 막중한 책임이다.

웹스터 사전에 '기회'란 '적절한 시기'라고 정의되어 있기 때문에 당신은 행운아이다. 왜냐하면 지금이 바로 '적절한 시기'이기 때문이다. 이 책에 적절히 사용된 정보는 당신에게 잠재능력을 사용할 수 있도록 해줄 것이며, 가고 싶은 곳으로 갈 수 있도록, 하고 싶은 일을 할 수 있도록, 가지고 싶은 것을 가질 수 있도록, 당신이 원하는 인물이 될 수 있도록 도와줄 것이다. 당신은 지금 양손에 당신이 내일의 인생에서 찾으려 하는 재물을 얻게 해주는 정보와 영감을 쥐고 있다.

나는 또한 내가 실행해 온 대로 이 책에 썼다는 사실을 확신시켜 주고 싶다. 당신이 책을 끝까지 읽은 후에 얼굴에 활짝 핀 미소가 떠오르는 것을 보고 싶다. 다음 페이지에서는 당신의 상징인 그 그림 속의 사람이 자신 앞에 펼쳐진 인생의 모든 것들과 마주한 채 서 있다. 당신 앞에 있는 모든 것들은 쓸모 있는 것들이며 당신의 것이다. 단, 당신이 정말로 그것들을 원하고, 성실·정직·신앙·인격, 그리고 충성심의 기초 위에 인생을 세우려 할 때에만 그러할 것이다.

이제 나는 이런 인생으로부터 어떻게 더 풍부한 보상을 거두어들이는가 하는 문제를 당신과 함께 생각하고 싶다. 〈마태복음〉 6장 33절을 보자.

"너희는 먼저 하나님의 나라와 그의 의를 구하라. 그리하면 이 모든 것을 너희에게 더하시리라." 16장 26절에는 왜 이것이 좋은 충고인지 얘기해 주고 있다. "가라사대 자녀의 떡을 취하여 개들에게 던짐이 마땅한 처신이겠느냐?"

시작 (Beginning)

혼란스러운가? 그렇지 않아야 한다. 나는 당신이 지금 막 이 책의 첫 여행을 끝냈다는 것을 알고 있다. 대부분의 사람들이 '끝'이라는 단어를 생각하고 있을 것이라는 것도 알고 있다. 그러나 당신은 그 대부분의 사람이 아니다. 당신은 당신이며, 이제 결코 대부분의 사람이 될 수 없다. 당신은 자신이 천사보다는 부족한 존재로서 신의 이미지 안에서 창조되었다는 것을 알고 있다. 당신이 이 사실을 안다면 다른 사람들 역시 그럴 것이므로, 당신은 결코 어떤 사람이든 경멸해서는 안된다. 당신의 허락 없이는 어느 누구도 당신에게 열등감을 느끼게 할 수 없다는 것이 바로 여기에서 비롯된 이야기이다. 다른 사람이 원하는 것을 얻도록 충분히 도와준다면 당신도 원하는 모든 것을 얻을 수 있다는 사실 역시 알고 있다. 또한 당신을 정상에 올려놓는 것은 능력이지만 그곳에 머무르게 하는 것은 성격이라는 것을 이해하고 있다. 정상에는 많은 방이 있지만, 그곳은 앉을 곳이 충분치 않다.

당신도 보다시피 이곳은, 행복이란 만족이 아니며 승리임을 분명히 하는 새로운 인생의 시작이다. 아마도 가장 중요한 것은, 시작은 언제나 시작으로 남아 있어야 한다는 사실을 알고 받아들여야 한다는 것이리라. 왜냐하면 성공과 행복은 종착지가 아니라 끝없는 여행이기 때문이다. 그래서 나는 시작에 "어서 오십시오"라고 말하고, 옛날의 당신 및 당신의 사고방식에는 "안녕"이라고 하면서 이 책을

'다르게' 끝내려 한다. '다르다'고 하는 것이 당신을 놀라게 하지는 않을 것이다. 왜냐하면 나는 이 책을 '다르게' 시작했기 때문이다. 당신 자신과 동료, 나라, 하고 있는 일, 전능한 신을 믿는다면 좋은 날들은 앞으로 영원히 펼쳐질 것이다. 그리고 나는 정말로 당신을 정상에서 만날 것이다.

나의 신조

아무리 깊은 바다, 아무리 높은 산, 아무리 힘센 동물이라도 믿을 수는 없습니다. 단지 인간만이 믿을 수 있습니다. 인간의 성공의 높이는 그의 믿음의 깊이로 결정된다는 것을 우리는 믿습니다.

뿌린 대로 거둔다는 불변의 우주법칙을 우리는 믿습니다. 기회는 책임을 가져옵니다. 실례는 가장 좋은 선생입니다. 그리고 공정한 경기는 누가 옳은가보다 무엇이 옳은가를 추구한다는 것을 우리는 믿습니다.

성실한 노동으로 흘러내린 이마의 땀은 인생의 가장 영광스런 모습이고, 동료에게 일의 존엄성과 가치를 보여주는 것은 자신의 지위와 가치를 증가시키는 것이며, 만족은 온몸으로 기울인 노력에서 온다는 것을 우리는 믿습니다.

성실과 충성심으로 결합된 자기 인정과 개인적 성장은 인간에게 성공과 행복에 필요한 내적인 평화와 힘을 주며, 성실과 신앙 그리고 인격은 더할 나위 없는 위대함의 기초라는 사실을 우리는 믿습니다.

　　내가 행한 것은 너희도 할 수 있다고 하신 예수 그리스도의 말씀을 우리는 믿습니다. 인간은 신의 이미지 속에서 창조되었으며, 성취를 위해 설계되었고, 성공을 위해 만들어졌으며, 위대하게 될 소질을 갖고 있다는 사실을 우리는 믿습니다. 이런 사실을 믿는다면 인간은 그 누구든 경멸하지 말아야 한다는 사실을 우리는 믿습니다.

　　산다는 것은 사랑하는 것이며, 사랑하는 것은 돕는 것이며, 돕는 것은 조력과 구걸의 차이를 이해하는 것이라는 사실을 우리는 믿습니다. 다른 사람이 원하는 것을 얻도록 충분히 도움을 준다면 우리가 인생을 통하여 얻고 싶은 모든 것을 얻을 수 있다는 사실을 우리는 믿습니다.

　　우리는 믿고 사랑하기 때문에, 인생에 있어서의 우리의 목적은 당신과 자신을 돕는 것입니다.

지그 지글러